Horst H. Geerken

Hitlers Griff nach Asien

Horst H. Geerken

Hitlers Griff nach Asien

Das Dritte Reich und Niederländisch-Indien.

Aufbau deutscher Marinestützpunkte.

Eine Dokumentation, Band 1

A BukitCinta Book

Bibliografische Information der Deutschen Bibliothek:
Die Deutsche Bibliothek verzeichnet diese Publikation in der
Deutschen Nationalbibliografie; detaillierte bibliografische
Daten sind im Internet über http://dnb.dbd.de abrufbar.

Umschlaggestaltung: Idee von Horst H. Geerken
Umsetzung: Sabine Berner, Barbara Bode
Foto Buchrückseite: Anette Bräker
Landkarten: Sabine Berner nach Skizzen von Horst H. Geerken
Lektorat: Anette Bräker, Michaela Mattern
Layout und Design: Arthur Bartl, Barbara Bode
Gesetzt in Adobe Garamond Pro

Verlag: BoD · Books on Demand GmbH, Überseering 33,
22297 Hamburg, bod@bod.de
Druck: Libri Plureos GmbH, Friedensallee 273, 22763 Hamburg
Printed in Germany

ISBN 978-3-8192-9736-6

In Erinnerung an meine vielen indonesischen Freunde,
die als Freiheitskämpfer ihr Leben für die Unabhängigkeit
ihres Vaterlandes Indonesien riskierten, und
für Anette

Inhalt

Dank

Meine Lebensgefährtin Anette Bräker hörte mir immer geduldig zu, wenn ich ihr Geschichten aus meinem früheren Leben erzählte. Immer wieder regte sie an, diese oder jene Geschichte aufzuschreiben, damit sie nicht verloren ginge. Ich befolgte ihren Rat, und nach einigen Schwierigkeiten lag mein erstes Buch ‚DER RUF DES GECKOS‘ vor, das die 18 Jahre, die ich in Indonesien verbracht habe, ebenso wie die Kolonial- und die neuere Geschichte Indonesiens zum Inhalt hat. Ohne Anettes Anregung und Unterstützung wäre auch das jetzt vorliegende Buch nicht entstanden. Daher möchte ich ihr zuallererst danken. Weiterhin bin ich ihr und Michaela Mattern großen Dank schuldig, da mir beide als Lektorinnen außerordentliche Dienste geleistet haben.

Während meines langjährigen Aufenthalts in Indonesien und bei meinen Recherchen zu dem Buch ‚DER RUF DES GECKOS‘ stieß ich immer wieder auf Verbindungen, die im Dritten Reich zwischen Deutschland und Indonesien, dem damals von Japan besetzten Niederländisch-Indien, geknüpft worden waren. Mein Interesse wurde geweckt. Ich forschte in deutschen und indonesischen Archiven und Nationalbibliotheken und fand neue, bis heute nicht bekannte und nicht veröffentlichte Dokumente aus dem Zeitraum von 1942 bis 1945. Während dieser Zeit hatte Deutschlands Achsenpartner Japan Niederländisch-Indien besetzt.

Besonderer Dank gebührt der Nationalbibliothek *(Perpustakaan Nasional Republik Indonesia)* und dem Nationalarchiv *(Arsip Nasional Republik Indonesia)* der Republik Indonesien in Jakarta und dem Soekarno-Archiv *(UPT Perpustakaan Proklamator Bung Karno)* in Blitar (Ostjava). Von allen von mir besuchten Archiven und Bibliotheken erhielt ich in Indonesien die mit Abstand beste und schnellste Betreuung! Mikrofilme waren in wenigen Minuten zum Anschauen bereit, Fotokopien erhielt ich in kürzester Zeit. In Deutschland dauerte dies oft Wochen. Hier kann man von einem sogenannten Entwicklungsland noch eine ganze Menge lernen.

Meinen besten Dank für eine freundliche und effektive Unterstützung möchte ich besonders dem Archiv des Auswärtigen Amts in Berlin ausdrücken. Auch viele Informationen, die ich im Institut für Zeitgeschichte in München gefunden habe, flossen in das vorliegende Buch ein.

Ebenso möchte ich dem Journalisten Iwan Ong Santosa und dem Historiker Didi Kwartananda in Jakarta meinen Dank aussprechen. Bei gemeinsamen Gesprächen brachten sie mich auf neue Spuren.

Meinem Freund Jürgen Graaff danke ich für seine Recherchen über Sendeanlagen, die aus Deutschland nach Niederländisch-Indien und Shanghai geliefert wurden. Mit Hilfe seines Privatarchivs und der von ihm verwahrten ‚Historischen Senderliste' konnten die technischen Daten und Wege der Geräte bis in den Fernen Osten und nach Australien rekonstruiert werden.

Hardy Zöllner, der noch als Schüler die ehemalige Deutsche Schule in Sarangan besucht hatte, danke ich für die freundlichen Gespräche und die erhaltenen Informationen. Aufgrund seiner Initiative wird heute durch eine in Sarangan angebrachte Plakette an die ehemalige Deutsche Schule und die deutsch-indonesische Freundschaft erinnert.

Auch der Zeitzeuge Friedrich Flakowski, der mit seiner Mutter und Schwester in Niederländisch-Indien interniert war und nach Japan abgeschoben wurde, unterstützte mich dankenswerterweise mit wichtigen Informationen, Bildmaterial und Originaldokumenten, die in das Buch eingeflossen sind. Leider ist er in der Zwischenzeit verstorben.

Das Tagebuch des mit mir befreundeten und schon vor Jahren verstorbenen Günther Fust, eines weiteren Zeitzeugen, wurde mir freundlicherweise von Herrn Dr. Walter Jäcker zur Verfügung gestellt. Dafür danke ich ihm sehr. Einige interessante historische Begebenheiten aus der Zeit von Günther Fust in China sind in dieses Buch mit eingeflossen.

Ebenso danke ich Herrn Dr. Claus Dieter Heinze. Herr Heinze wurde auf Sumatra geboren und hat mir freundlicherweise ein Briefdokument seiner Mutter zur Verfügung gestellt.

Mein besonderer Dank gebührt meinem Freund Horst Jordt, dem Präsidenten der Walter-Spies-Gesellschaft-Deutschland, und Baronin Victoria von Plessen für die Bereitstellung von Dokumenten und Fotos aus dem privaten Archiv über Victor[1] Baron von Plessen in Wahlstorf.

Posthum möchte ich dem Asienexperten Professor Dr. Hans Bräker und dem Stabsarzt der ‚Indischen Legion', Dr. R. Madan, für viele Informationen zu Subhas Chandra Bose, dem indischen Freiheitskämpfer, danken.

Auch meinem langjährigen Freund Hans Mauder möchte ich posthum danken. Als Soldat bei der Deutschen Luftwaffe war er während des Zweiten Weltkriegs in Kondor-Aufklärungsmaschinen im Atlantik als Funker und Navigator eingesetzt. Stundenlang konnte er mir Geschichten über den U-Boot-Krieg im Atlantik erzählen.

---

1   In der Literatur wird von Plessens Vorname Victor oft mit ‚k' geschrieben. In diesem Buch wird Baron Victor von Plessen des Öfteren vorkommen. Ich habe immer das korrekte ‚Victor' mit ‚c' verwendet, so wie von Plessen auch seine Briefe und Dokumente unterschrieben hatte.

Für Informationen und Fotos zu den Aktivitäten der Autofirma Borgward in Indonesien, die in Teil 2 der Dokumentation folgen, danke ich Frau Monica Borgward und dem Autor von mehreren Büchern über die Firma Borgward, Herrn Peter Kurze, ganz herzlich.

Frau Ayumi Schürmann danke ich für ihre Hilfe bei der Übersetzung des in japanischer Schrift geschriebenen Buches von *Kiyokazu Tsuda* über das Nachbauprojekt der Radaranlage Würzburg, zu dessen Realisierung der mir persönlich bekannte Telefunken-Ingenieur Heinrich Foders mit einem U-Boot über Singapur nach Japan entsandt wurde.

Mein ganz besonderer Dank und meine große Achtung gehört den vielen indonesischen Freiheitskämpfern, die mir noch Anfang der 1960er Jahre von der Zeit der japanischen Okkupation, den Anfängen der von Soekarno gegründeten freiwilligen Armee der ‚Verteidiger des Vaterlandes' PETA (Pembela Tanah Air) und des anschließenden fast fünfjährigen Freiheitskampfes berichteten. Über diesen Themenbereich habe ich mich oft mit meinen lieben indonesischen Freunden Wibowo, General Otty Soekotjo, Lt. Col. Daan Jahja, Umar Kayam und General M. Ng. Soenarjo unterhalten. Viele Informationen dieser Zeitzeugen sind in dieses Buch mit eingeflossen. Daan Jahja und Wibowo – mit denen ich 18 Jahre lang vertrauensvoll zusammengearbeitet habe – hatten besonders am Aufbau der ersten Volksarmee des Landes, der PETA, ab 1942/43 und beim Kampf für die Unabhängigkeit Indonesiens bis Ende 1949 aktiv mitgewirkt.

Ebenso danke ich posthum Admiral Martadinata, dem Oberbefehlshaber der indonesischen Marine ALRI, für interessante Gespräche über den deutschen Marine-Stützpunkt in Surabaya und die Deutsche Schule in Sarangan. Er war ein Offizier der ersten Stunde und erhielt ab 1945 als junger Kadett in der Zweigstelle der ersten indonesischen Militärakademie SORA in der ‚Deutschen Schule Sarangan' Deutsch- und Sportunterricht. In der provisorischen Militärakademie in Yogyakarta wurde er von deutschen Marineoffizieren unterrichtet.

Die vielen indonesischen und deutschen Zeitzeugen, von denen ich in den 1960er Jahren und danach Informationen erhielt, kann ich leider nicht alle aufführen. Ihnen gebührt jedoch mein besonderer Dank für die vielen offenen und ehrlichen Gespräche.

Horst H. Geerken
Im Winter 2014/15

Abb. 1
Übersichtskarte ‚Südraum' (Niederländisch-Indien und Malaya)
Die Niederlande im Größenvergleich

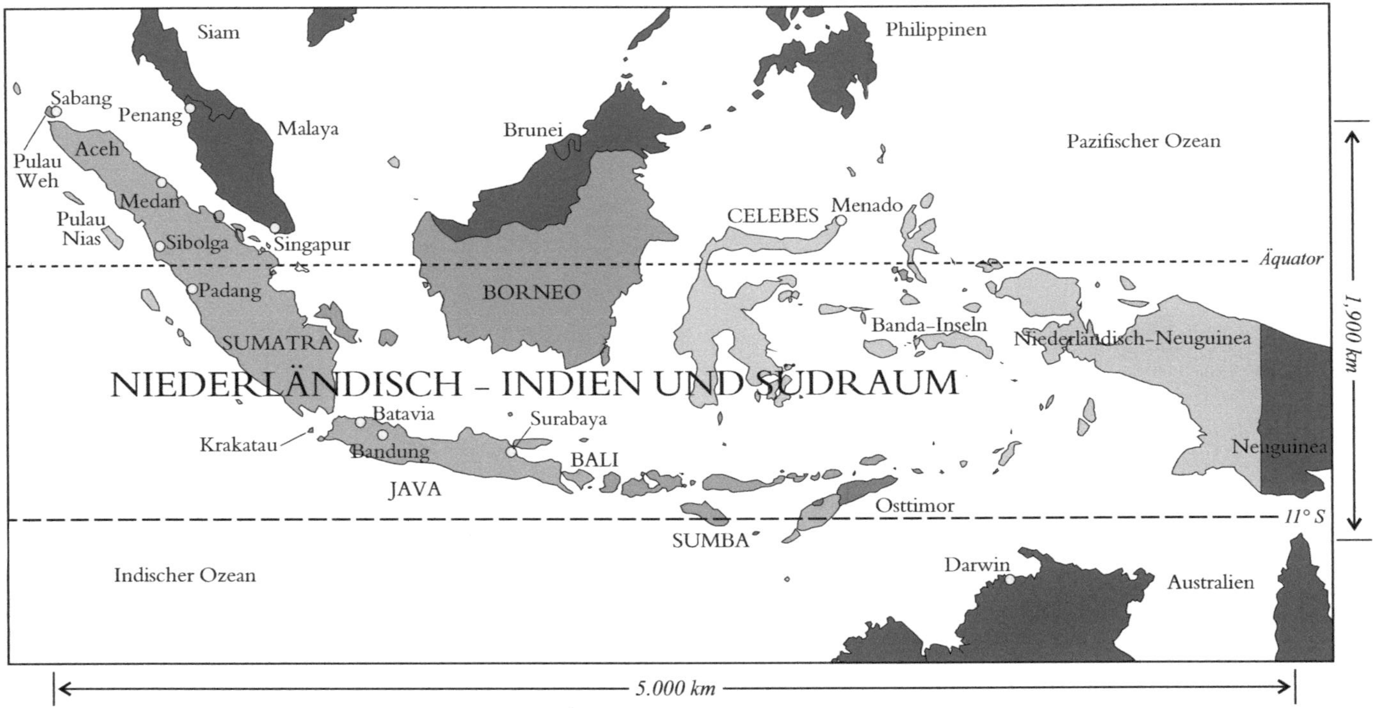

Die Niederlande im Größenvergleich:  (keine detailgetreue und nicht streng maßstäbliche Zeichnung)

1. Vorwort

Als mein Buch ‚A MAGIC GECKO, CIA's Role Behind the Fall of Soekarno‘ im Sommer 2011 in Indonesien veröffentlicht wurde, besuchte ich mit meiner Lebensgefährtin Anette die große GRAMEDIA-Buchhandlung in Kuta auf Bali. Zu unserem großen Schrecken mussten wir sehen, dass jeweils etwa 50 Exemplare meines Buches in Englisch und Bahasa Indonesia direkt neben einem Stapel der Übersetzung von Hitlers *Mein Kampf* platziert waren. Hitlers *Mein Kampf* wurde auf Bahasa Indonesia übersetzt und war gerade ein Bestseller in Indonesien.

Ganz in der Nähe meiner Bücherstapel lag ein anderer Bestseller mit dem Titel *Hitler mati di Indonesia*, übersetzt: ‚Hitler starb in Indonesien‘. Wie kommt es, dass Hitler – trotz der durch ihn begangenen Gräueltaten und Kriegsverbrechen – bis heute auf Indonesier eine so große Faszination ausübt, die teilweise sogar in Verehrung gipfelt?

Schon in den Jahren 1963 bis 1981 – als ich beruflich in Indonesien tätig war – hatte ich dies immer wieder beobachtet, aber damals fehlte mir die Zeit und auch das Interesse, mich intensiv mit dieser Thematik zu beschäftigen. Ich hatte berufliche Aufgaben, die mich voll in Anspruch nahmen.

Dem Phänomen der Hitler-Verehrung wollte ich aber nun nachgehen, und ich begann zu recherchieren. Neue Hinweise und Aspekte, die ich in Deutschland und in Indonesien fand, veranlassten mich, die Ergebnisse meiner Recherchen in einem Buch festzuhalten. Zu meiner großen Überraschung waren die Beziehungen Hitlers und des Dritten Reichs zu Indonesien – dem damaligen Niederländisch-Indien – erheblich vielfältiger und intensiver, als ich zunächst angenommen hatte. Genauso überrascht war ich, herauszufinden, dass einer der engsten Vertrauten Hitlers der Schlüssel zu der Verbindung nach Niederländisch-Indien war. Die Wichtigkeit dieses wenig beachteten Mannes wurde in der historischen Aufarbeitung des Dritten Reichs bisher nicht erkannt.

In dem vorliegenden Buch habe ich viele für mich überraschende Fakten zusammengefasst, die bisher nicht näher untersucht worden sind. Wer weiß heute noch, dass deutsche Marinesoldaten in Niederländisch-Indien, Malaya und Singapur stationiert waren? Oder dass indische Truppen in Europa an Hitlers Seite kämpften? Oder dass deutsche Unterseeboote bis nach Australien und in den Pazifik vorgedrungen sind?

Im Blickpunkt dieses Buches stehen nicht die allgemein bekannten Verbrechen Hitlers mit den moralischen Aspekten, sondern primär die politischen, technischen und logistischen Gesichtspunkte des deutschen Kriegsschauplatzes im fernen Asien.

Keinesfalls soll der Eindruck erweckt werden, Hitler in einem positiven Licht darstellen zu wollen. Seine Verbrechen gegen die Menschlichkeit sind historisch belegt und in keiner Weise entschuldbar. Darüber ist schon viel geschrieben worden. Sie gehören nicht zum Themenbereich dieses Buches. Hier sollen lediglich die Fakten des Kriegsschauplatzes im fernen Asien, die Entbehrungen der deutschen Soldaten bei den monatelangen Fahrten in den U-Booten und die zu meisternden technischen Herausforderungen beleuchtet werden. Der geschichtlichen Wahrheit wegen soll man allerdings auch historisch belegte Kriegsverbrechen, die von Seiten der deutschen Kriegsgegner – der Alliierten – begangen wurden, nennen dürfen.

Es ließ sich natürlich nicht vermeiden, dass bei einem Buch über das Dritte Reich aus historischen Gründen oft der Name des damaligen Staatsoberhaupts und Oberbefehlshabers der deutschen Wehrmacht, Adolf Hitler, sowie Namen von Personen seiner näheren Umgebung erwähnt werden. Auf einigen in diesem Buch veröffentlichen Aufnahmen sind auch das Hakenkreuz, der Hitlergruß und andere Nazi-Symbole zu sehen. Dies geschieht aus rein historischen Gründen und dient nicht der Verherrlichung der Nazi-Zeit. Diese historischen Aufnahmen haben oft eine schlechte Qualität, aber aus dokumentarischen Gründen habe ich sie trotzdem in dieses Buch aufgenommen.

Der Seekrieg im Atlantik wurde bereits in hunderten Büchern beschrieben. In den Marinearchiven findet man über fast jedes Atlantik-Boot Unterlagen zu Einsätzen, Auftrag und Besatzung. Die Präsenz der Deutschen Kriegsmarine während des Zweiten Weltkrieges in Südost-Asien, in Australien, vor der Küste Neuseelands und besonders in Niederländisch-Indien wird in diesen Untersuchungen kaum erwähnt. Dabei hatte die Präsenz des nationalsozialistischen Dritten Reichs, zusammen mit dem Achsenpartner Japan, in Südost-Asien ungewöhnlich große Auswirkungen. Die Kolonialmächte wurden vertrieben und viele Länder erhielten ihre Unabhängigkeit. Die Machtverhältnisse in diesem Raum haben sich grundlegend geändert.

Lag es an der Kriegsmüdigkeit der Deutschen oder an dem geringen Interesse, das man Niederländisch-Indien und Malaya – dem Gebiet, das während des Zweiten Weltkriegs als ,Südraum' bezeichnet wurde – nach Kriegsende entgegenbrachte? Über diesen Kriegsschauplatz im fernen Asien findet man in den Marinearchiven nur wenig. Auch die Dokumentation über den Einsatz deutscher U-Boote in diesem Raum ist äußerst lückenhaft. Alle Einsätze in diesem Raum wurden durch die Deutsche Kriegsmarine als streng geheim eingestuft, mache Einsätze waren sogar so geheim, dass keinerlei Dokumente darüber angefertigt werden durften. Selbst der Oberbefehlshaber der deutschen U-Boote, Admiral Karl Dönitz, scheint nach Kriegsende den Seekrieg der Deutschen Kriegsmarine in Südost-Asien vergessen zu haben. In dem über 500 Seiten umfassenden Buch über seine Erinnerungen von 1935 bis 1945, *10 Jahre und 20 Tage,* erwähnt Dönitz den Einsatz von deutschen U-Booten in Südost-Asien nur nebensächlich auf mageren 40 Zeilen!

Vielleicht war der deutsche Kriegsschauplatz für die Berichterstattung zu fern. Unter den annähernd sechshundert deutschen Kriegsberichterstattern fand ich nur einen einzigen, der den ‚Südraum' bereiste. Es war Heinz Tischer, der auf der zweiten Fahrt des Hilfskreuzers *Thor* nach Japan reiste. Der Hilfskreuzer *Thor* wurde bei einem Feuer im Hafen von Yokohama zerstört. Dabei verbrannten auch sein Bildmaterial und seine Berichte. Es wird wohl noch ein zweiter Kriegsberichterstatter erwähnt, ein Leutnant Hermann Kiefer, der im April 1944 an Bord von U 861 nach Südost-Asien fuhr. Das Boot erreichte erst Ende September 1944 Penang. Da dies nur wenige Monate vor der Kapitulation des Deutschen Reichs war, konnte ich wohl aus diesem Grund keine Berichte von ihm finden. Kiefer blieb zunächst in Penang und kam nach der Kapitulation Japans in Singapur in britische Kriegsgefangenschaft.

Ein weiterer Grund, weshalb aus dem weit entfernten ‚Südraum' nicht so intensiv wie von den anderen Fronten berichtet werden konnte, lag sicherlich auch an den damals noch nicht so gut entwickelten Kommunikationsmöglichkeiten.

Nach Ende des Zweiten Weltkriegs wollten die Deutschen nichts mehr von Krieg hören. Inzwischen ist genügend Zeit vergangen, aber leider sind nun auch die meisten Zeitzeugen gestorben, die glaubwürdige und zuverlässige Informationen hätten liefern können. Der deutsche Seekrieg in Südost-Asien ist ein vergessener Krieg geworden. Zum Glück hatte ich mich schon Anfang der 1960er Jahre in Indonesien mit diesem Thema – wenn auch nur am Rande – befasst und noch viele Hinweise von indonesischen und deutschen Zeitzeugen sammeln können.

Mancher Leser wird sich fragen, was ein Kapitel über die deutsch-britischen Beziehungen mit einem Werk, das sich primär mit Südost-Asien beschäftigt, zu tun hat. Der Indische Ozean war von Südafrika bis zur Malaiischen Halbinsel mit Singapur von britischen Kolonien und Besitzungen umgeben. Der Indische Ozean war eigentlich ein britisches Meer. Daher waren die Beziehungen Deutschlands zu Großbritannien von entscheidender Bedeutung. Mehrere Frauen um Hitler versuchten auf höchster Ebene eine Allianz zwischen dem Deutschen Reich und dem Vereinigten Königreich gegen den Bolschewismus im Osten zu schmieden. Unter diesem Gesichtspunkt und den damit zusammenhängenden interessanten Geschehnissen habe ich dieses Thema mit aufgenommen. Auch bei dem Kapitel über Hitlers Pianisten besteht ein enger Zusammenhang mit Niederländisch-Indien.

Die deutsche Militärpräsenz in Niederländisch-Indien hat eine lange Geschichte. Bereits im 17. Jahrhundert traten viele Tausend abenteuerlustige deutschsprachige junge Männer die Reise nach Niederländisch-Indien an, um als Matrosen oder Soldaten, aber auch als Handwerker, Kaufleute oder Beamte in die Dienste der Niederländer zu treten. Oft waren mehr als die Hälfte der Menschen im Dienste der VOC[2] Ausländer: Deutsche, Österreicher, Polen und Schweizer. Der Anteil der deutschen Söldner war immer am größten.

Ende des 18. Jahrhunderts sandte der Herzog Carl Eugen von Württemberg für 300.000 Gulden ein Söldnerheer mit 2.000 Soldaten und Offizieren zur Unterstützung der VOC in die niederländische Kolonie. Es waren meist Abenteurer, die Glück und Wohlstand in dem unbekannten tropischen Land suchten. Viele trieb aber auch die pure Not in die Klauen der Werber. Die Söldner wurden ausgebeutet und erniedrigt. Die Verpflegung, die Ausrüstung und die ärztliche Versorgung waren katastrophal. Malaria, Cholera, die Vitaminmangel-Erkrankung Beriberi und andere tropische Krankheiten grassierten in ihren Reihen. Unterhaltung gab es keine, dafür floss der billige Arak, ein aus Palmzuckersaft und Reismaische gewonnener Branntwein, in Strömen. Trunk- und Spielsucht waren die Regel.

Die Sterberate war durch das feuchte und heiße Klima in den Tropen, durch unbekannte Tropenkrankheiten und durch eine fehlende Hygiene extrem hoch. Schon bei der monatelangen Überfahrt auf den Segelschiffen starben 10 bis 20% der Passagiere. Es sind mehr Soldaten an Seuchen und Krankheiten zugrunde gegangen als an Kampfhandlungen. Vertragsgemäß wurden laufend Ersatzmannschaften nachgeschickt. Selbst seine eigenen Söhne verschacherte der Herzog von Württemberg an die Holländer, allerdings als Offiziere. Er hatte genügend Kinder zur Auswahl. Seine Frauen und Konkubinen gebaren ihm rund 150 Nachkommen, darunter knapp 80 anerkannte Söhne. Den Familiennamen seiner nach Niederländisch-Indien verkauften Söhne, ‚von Franquemont' – benannt nach einer kleinen Grafschaft in Ost-Frankreich, die damals zu Württemberg gehörte – konnte man bis zum Zweiten Weltkrieg in Indonesien verfolgen. Einige der ‚von Franquemont' müssen sich – wie die meisten der einfachen Soldaten – mit einer hübschen Javanerin in den Tropen häuslich niedergelassen haben.

---

2   Vereenigde Oost-Indische Compagnie/Vereinigte Niederländisch-Ostindische Compagnie

Nur ein paar Dutzend der mehreren Tausend deutschen Söldnern fanden den Weg zurück in die europäische Heimat. Nach Ablauf ihrer Dienstzeit bekamen sie meist keinen Schiffsplatz auf den Schiffen der VOC. Auf den mit Pfeffer, Muskat und anderen Produkten ihrer Kolonie voll beladenen Schiffen war für das ausgediente Menschenmaterial kein Platz vorgesehen. Der Profit war den Niederländern wichtiger als das Wohl der ausgedienten Soldaten – und der Herzog von Württemberg kümmerte sich auch nicht mehr um sie. Der Gewinn für den Herzog von Württemberg war auf jeden Fall gewaltig: Durch den Verkauf der Söldner, durch das Kopfgeld für die Gefallenen und die Einsparung von deren Renten.

Auch die Marine des Norddeutschen Bundes, der Königlich Preußischen Marine und danach der Kaiserlichen Marine waren in Südost-Asien und im Pazifik präsent, um deutsche Interessen in diesem Raum anzumelden. Bis dahin hatten die Briten, die Franzosen, die Niederländer und die Vereinigten Staaten dort bereits Gebietsansprüche geltend gemacht.

Ab 1859 waren es die Segelfregatte *SMS (Seiner Majestät Schiff) Thesis*, der Schoner *SMS Frauenlob* und das Transportschiff *SMS Elbe*, die unter dem Kommando des Flaggschiffes *SMS Arcona* in Ostasien operierten. Die Durchschlagkraft und die Zahl der Kriegsschiffe wurde im Deutschen Kaiserreich immer weiter ausgebaut, von der ‚Ostasiatischen Kreuzerdivision‘ zum ‚Deutsch-Ostasien-Geschwader‘. Ab 1896 waren dann auch Panzerschiffe und Große Kreuzer wie die *SMS Kaiser*, die *SMS Deutschland*, die *SMS Kaiserin Augusta*, die *SMS Fürst Bismarck*, die *SMS Scharnhorst* oder die *SMS Gneisenau* in diesen Gewässern im Einsatz. Bis zu 20 Kriegsschiffe waren im ‚Deutsch-Ostasien-Geschwader‘ vereint. Für die Versorgung der Schiffe und für Reparaturen mussten immer noch fremde Häfen angelaufen werden. Dies änderte sich, als Deutschland im Jahre 1897 Tsingtau in China besetzte und dort einen ersten Marinestützpunkt aufbaute.

Ab 1885 erwarb Deutschland Gebiete in Neuguinea und im Pazifik und errichtete die folgenden Schutzgebiete, die sich ab 1899 als Kolonien unter der direkten Verwaltung des Deutschen Reichs befanden und nun ebenfalls deutsche Marinestützpunkte erhielten:

- das Kaiser-Wilhelms-Land, das war der nordöstliche Teil der Insel Neuguinea, der zweitgrößten Insel der Welt,
- das Bismarck Archipel mit Hunderten Inseln, deren bekanntesten Neu-Pommern (heute: New Britain), Neu-Mecklenburg (heute: New Ireland) und Neu-Hannover (heute: New Hanover) waren.

Das Kaiser-Wilhelms-Land und der Bismarck Archipel bildeten zusammen die Kolonie Deutsch-Neuguinea. Weitere deutsche Schutzgebiete waren:

- die Bougainville-Inseln, die alle Teil des heutigen Papua-Neuguineas sind,
- die heute unabhängigen Salomonen-Inseln,
- die nördlichen Marianen, heute Außengebiet der USA,
- die heute unabhängigen Marshallinseln, die Palauinseln, die Karolinen und Nauru, sowie
- Deutsch-Samoa, das heutige unabhängige West-Samoa. (West-Samoa ist nicht zu verwechseln mit den östlichen Samoa-Inseln, dem American-Samoa, einem großen Militärstützpunkt der USA.)

Abb. 2
Deutscher Kolonialbesitz in China, Südost-Asien und dem Pazifischen Ozean vor dem Ersten Weltkrieg

Vor und während des Ersten Weltkriegs kreuzten besonders viele deutsche Kriegsschiffe in den Gewässern von Niederländisch-Indien. 1910 besuchten *SMS Scharnhorst*, *SMS Leipzig* und *SMS Luchs* Sumatra sowie Borneo (heute: Kalimantan). 1911 besuchte *SMS Scharnhorst* Batavia (heute: Jakarta). 1913 kam die *SMS Scharnhorst* zusammen mit *SMS Gneisenau* erneut nach Batavia. Anschließend besuchten die beiden Schiffe die Kleinen Sunda-Inseln. Bereits 1914 war das Schlachtschiff *SMS Scharnhorst* erneut in Sumatra und Borneo. Deutschland hatte während dieser Zeit noch seine Kolonien in Südost-Asien und im Pazifik, womit die starke Präsenz der deutschen Marine mit nun bis zu 24 Kriegsschiffen und 17.000 Mann Besatzung in diesem Raum zu erklären ist.

Nach dem Ersten Weltkrieg besuchte 1927 und 1931 der neue Kreuzer *SMS Emden III* Batavia. 1926, 1927 und 1931 waren der Leichte Kreuzer *SMS Hamburg*, 1933 *SMS Köln* und 1934 *SMS Karlsruhe* in verschiedenen Häfen Niederländisch-Indiens. 1937 war die *SMS Emden III* nochmals in Surabaya und in Belawan/Ostsumatra. Die vielen Besuche deutscher Kriegsschiffe in Niederländisch-Indien nach dem Ersten Weltkrieg stärkten das Zusammengehörigkeitsgefühl der dort lebenden und tätigen Deutschen.

Mir liegt der Brief einer Mutter, Melanie Heinze, vom 14. Dezember 1937 vor, die über den letzten Besuch der *SMS Emden III* mit seiner 665 Mann starken Besatzung in Sumatra ausführlich und begeistert berichtet: *Es war herrlich, wieder mal ein Erlebnis, das man nie vergessen wird.* Die *SMS Emden III* war auf einer mehrmonatigen Weltreise und legte am 11. Dezember 1937 im Hafen Belawan in Nordsumatra an. Der Hafen Belawan ist nur wenige Kilometer von Medan entfernt, der bis heute größten Stadt Sumatras.

Der Flottenbesuch der *SMS Emden III* wurde mit großem Aufwand gefeiert. Ein Höhepunkt für einige deutsche Familien war die Taufe ihrer Kinder auf deutschem Boden, an Bord des Schiffes. Am Sonntag, 12. Dezember 1937 wurden in der Offiziersmesse durch den Marinepfarrer Werner zwölf deutsche Kinder getauft und von Kapitän Brückmeier ein Ehepaar getraut. Jedes Kind bekam einen Offizier der *SMS Emden III* zum Paten. Frau Heinze schreibt:

Es war selten schön. [...] Wir Mütter saßen mit den Täuflingen in der vordersten Reihe und dahinter in strammer Haltung die Offiziere, die Paten der Kinder![...] Es war, Ihr könnt es Euch denken, ganz wunderbar!

Es gab ein Fußballspiel, ein Mittagessen mit einer wohlschmeckenden Reistafel und viele persönliche Begegnungen mit der Mannschaft. Fünf Tage lag das Schiff in Belawan. Dieses Beispiel soll zeigen, wie positiv ein Flottenbesuch während des Dritten Reichs von den in Niederländisch-Indien tätigen Deutschen aufgenommen wurde.[3]

Wie kam es, dass Hitlers Interesse an Niederländisch-Indien – dem so weit von Deutschland entfernten Land – viel größer war als an den ehemaligen deutschen Kolonien in diesem Raum? Und von wem wurde Hitler so gut über Niederländisch-Indien informiert?

Diese Frage war für mich auch ein Initiator zu diesem Buch! Die Antwort auf diese Frage erschloss sich mir sehr bald in der Person Walther Hewels. Er hat bisher in den Untersuchungen über das Dritte Reich kaum eine Rolle gespielt, obgleich niemand außer Eva Braun das Privatleben Hitlers so vertraulich und innig teilte wie dieser Mann. Walther Hewel werden wir in beiden Bänden dieses Buches immer wieder begegnen. Es ist erstaunlich, dass bis heute kein Historiker die Akten und Dokumente von Hewel, die in verschiedenen Archiven verteilt liegen, ausgewertet hat. Hewel hatte in Berlin die Schlüsselrolle für alle Vorgänge inne, die Niederländisch-Indien betrafen.

---

3   Mit freundlicher Genehmigung von Herrn Dr. Claus Dieter Heinze, dem auf Sumatra geborenen Sohn von Frau Melanie Heinze. Die kursiv geschriebenen Textteile sind Originalzitate

Leider ist es mir trotz mehrmaliger Versuche nicht gelungen, mit den Nachkommen und der Verwandtschaft von Walther Hewel in Kontakt zu kommen. Vermutlich sieht man nicht gerne, dass die so gut wie unbekannte Rolle, die Hewel im Dritten Reich spielte, ans Tageslicht gebracht wird. Dabei hat Walther Hewel – wie wir noch sehen werden – im Dritten Reich in vieler Hinsicht sogar eine durchaus positive Vermittlerrolle gespielt.

Viele Informationen in diesem Buch basieren auf Gesprächen mit indonesischen Zeitzeugen, die selbst noch auf den deutschen Stützpunkten auf Java und Sumatra und in der von Soekarno gegründeten Armee während der japanischen Okkupation, der PETA (Pembela Tanah Air/Verteidiger des Vaterlandes), gedient hatten. In neuerer Zeit hatte ich weitere Gespräche mit indonesischen Fachleuten, Sammlern und Historikern, die gegenüber einem in ihren Augen neutralen Ausländer – wie ich es bin – viel offener reden, als sie es je einem ehemaligen Kolonialherrn, einem Niederländer, gegenüber tun würden. Ich habe daher, wenn ich über die Niederländer spreche, die Stimmung und Gefühlslage meiner indonesischen Partner so wiedergegeben, wie diese die damaligen Ereignisse empfunden haben.

Je tiefer ich bei meinen Recherchen in indonesischen und deutschen Archiven und Bibliotheken in die Materie einstieg, desto interessantere Funde zeigten sich. Leider sind viele Dokumente über die deutsche Militärpräsenz in Südost-Asien den Wirren des Zweiten Weltkriegs zum Opfer gefallen.

Im Gegensatz zu den vielen Büchern, die über den Seekrieg des Zweiten Weltkriegs im Atlantik geschrieben wurden, habe ich über die Operationen der deutschen Marine in Südost-Asien bisher kaum Literatur gefunden. Auch meine vielen Gespräche in neuerer Zeit mit Offizieren der indonesischen Marine ALRI, die erst lange nach Kriegsende in den Dienst der Marine traten, blieben fruchtlos. Alle hatten die Zeit des Zweiten Weltkriegs entweder gar nicht oder nur als Kind erlebt und mussten nach dem endgültigen von der Weltgemeinschaft erzwungenen Abzug der Kolonialmacht Niederlande im Dezember 1949 ihre ganze Kraft dem Wiederaufbau ihres Landes und der neuen Streitkräfte widmen.

Hinzu kommt, dass in der Regierungszeit von Soeharto, dem zweiten indonesischen Präsidenten, versucht wurde, vorhergehende politische Ereignisse aus dem Gedächtnis der indonesischen Bevölkerung zu streichen. Soeharto stand im Schatten des ersten Präsidenten Soekarno, dem Kämpfer für die Unabhängigkeit. Soeharto versuchte, dies durch die Unterdrückung von Informationen über Soekarno zu ändern. Selbst die indonesischen Schulbücher wurden entsprechend geändert. Es gelang ihm allerdings nicht: Soekarno war und bleibt der wahre Held des Volkes, der Indonesien in die Unabhängigkeit führte.

Mehrere Gespräche Anfang der 1960er Jahre mit Admiral Martadinata, dem Oberbefehlshaber der indonesischen Marine und einem Mitstreiter und Unterstützers Soekarnos, gaben mir viele Hinweise über den deutschen Marinestützpunkt in Surabaya und die Deutsche Schule in Sarangan. Leider kam er, nur kurz nachdem Soeharto durch einen von der CIA unterstützten Putsch an die Macht kam, auf mysteriöse Weise ums Leben.

In den 1960 und 70er Jahren habe ich alle ehemaligen deutschen Marinestützpunkte besucht, Surabaya, Batavia (heute: Jakarta), Sabang, Singapur und Penang. In keinem dieser Orte konnte ich noch nennenswerte Überbleibsel der damaligen kurzen deutschen Militärpräsenz finden.

Die fast 350 Jahre dauernde niederländische Kolonialzeit und der anschließende fünfjährige Unabhängigkeitskampf gegen die rückkehrenden Niederländer ist für jeden Indonesier eine peinliche und beschämende Periode, die man am besten vergessen möchte. Um diesen dunklen Zeitabschnitt auszuklammern, beginnt das Geschichtsbewusstsein der Indonesier eigentlich erst ab 1950. Ich musste also in den 1960er Jahren auf Informationen von Zeitzeugen zurückgreifen, die bereits in der von Soekarno aufgestellten freiwilligen Armee der ‚Verteidiger des Vaterlandes‘ gedient hatten. Zum Glück gewann ich viele Freunde unter diesen. Viele davon sind im Laufe der Jahre in verantwortungsvolle Positionen der indonesischen Verwaltung und der Streitkräfte aufgestiegen. Sie konnten mir noch viel über den südostasiatischen Kriegsschauplatz erzählen.

Es ist mir nicht gelungen, heute noch deutsche Zeitzeugen zu finden, die auf einem U-Boot oder Blockadebrecher der Deutschen Kriegsmarine in indonesischen Gewässern oder auf einem der deutschen Stützpunkte im ‚Südraum‘ gedient hatten. Ich konnte mich lediglich mit zwei Ehefrauen unterhalten, deren Männer – einer als Kommandant – im U-Boot Krieg im weit von Niederländisch-Indien entfernten Atlantik eingesetzt waren. Als ich 1963 nach Indonesien kam, hätte ich noch die Möglichkeit gehabt einige deutsche U-Boot-Männer zu befragen. Allerdings hatte ich damals – wie schon gesagt – wegen meiner Aufgaben als Delegierter eines deutschen Konzerns nicht die Zeit, mich mit diesem Thema intensiver zu beschäftigen. Außerdem wurde damals dieses Thema, mit dem Rückblick auf den Zweiten Weltkrieg, fast noch tabuisiert.

Anfang der 1960er Jahre waren noch einige Mitglieder von U-Boot-Besatzungen in Indonesien anzutreffen. Mir waren zwei Hilfskräfte an der Deutschen Botschaft bekannt. Einer war als Mitglied einer U-Boot-Besatzung auf Java geblieben. Der zweite war auf dem Stützpunkt Sabang tätig. Auch ein leitender Angestellter bei Siemens-Indonesia gehörte zu einer U-Boot-Mannschaft, ein weiterer, ein U-Boot Kommandant, war in den

1960er Jahren in Bandung für einen deutschen Chemiekonzern tätig. Bis auf einen blieben alle bis zu ihrem Lebensende in ihrer neuen Wahlheimat Indonesien. Eine ganze Reihe von ihnen kämpfte sogar auf Seiten der indonesischen Freiheitskämpfer zunächst gegen die Briten und danach gegen die zurückkehrenden Niederländer, bis die Unabhängigkeit Indonesiens endgültig besiegelt war.

In den 1960er und 1970er Jahren besuchte der U-Boot Kommandant, Oberstleutnant zur See Horst Geider, noch mindestens zwei Mal Indonesien. Er war zunächst bis November 1942 Kommandant von U 61, und ab Dezember 1942 bis Februar 1944 Kommandant von U 761. Weitere Details wie Einsatzpläne und Einsatzorte konnte ich nicht in Erfahrung bringen, aber vermutlich war Kommandant Geider mit einem anderen Boot für eine geheime Mission in Niederländisch-Indien. Bei seinen beiden Besuchen kam er auf dem Weg nach Malang in Ostjava durch Jakarta. In Malang wollte er eine befreundete indonesische Familie besuchen. Die Freundschaft mit dieser Familie stammte aus der Zeit, als er mit seinem U-Boot in der deutschen Marinebasis Surabaya lag. Von den Nachfahren dieses Mannes, der nach dem Krieg eine leitende Stelle bei Mercedes-Benz in Stuttgart innehatte und 1993 verstarb, hätte ich sicherlich noch Hinweise erhalten können. Trotz intensiver Bemühungen meinerseits scheiterte eine Kontaktaufnahme mit seinen Nachkommen am Datenschutz.[4]

Im Internet, aber auch in Fachbüchern habe ich viele Verwechslungen und Fehler bei den Kennnummern der deutschen U-Boote und der entsprechenden Kommandanten feststellen müssen. Nach meinen gründlichen Recherchen habe ich hier nach bestem Wissen und Gewissen die meiner Meinung nach richtigen Bezeichnungen und Daten verwendet. Eine Gewähr dafür kann jedoch nicht übernommen werden.

Auch bei Datums- und Zeitangaben gibt es oft eine Differenz. Dies hängt auch mit dem Zeitunterschied zwischen Deutschland und Südost-Asien zusammen, je nachdem, von wo aus das Geschehen betrachtet wurde.

Der Name Indonesien für die ehemalige niederländische Kolonie Niederländisch-Indien wird offiziell erst ab der Unabhängigkeitserklärung vom 17. August 1945 gebraucht. Es war der deutsche Schiffsarzt und Wissenschaftler Adolf Bastian, der Ende des 19. Jahrhunderts den Namen ‚Indonesia' geprägt hatte, der sich dann auch international durchsetzte. Diese Bezeichnung, die den gesamten Archipel umfasste, wurde von der indonesischen Unabhängigkeitsbewegung aufgegriffen. Das Wort ‚Indonesia' war politisch aufgeladen und durfte während der holländischen Kolonialzeit öffentlich

---

4   Information von Karl Schulz, ehemaliger Mercedes-Mitarbeiter, der mit seiner Ehefrau Herrn Geider bei seinen beiden Besuchen in Jakarta betreute.

nicht ausgesprochen werden. Die Holländer sahen darin einen Angriff auf ihren Machtanspruch. Jede Bestrebung für eine Vereinigung der Einwohner des Archipels, über die Grenzen von Stammeszugehörigkeit, Rasse, Religion und Sprache hinweg, wurde von der Kolonialregierung mit allen Machtmitteln verhindert. ,Teilen und Herrschen' war ihr Prinzip für den Machterhalt. Das Wort ,Indonesia' stärkte jedoch das Nationalbewusstsein und den Zusammenhalt der Nation.

Für die Zeit des Dritten Reichs verwende ich für den indonesischen Archipel die damals offizielle Bezeichnung ,Niederländisch-Indien' und für den Raum Niederländisch-Indien und Malaya, in dem sich die Stützpunkte der deutschen Kriegsmarine befanden, den von der Deutschen Kriegsmarine geschaffenen Begriff ,Südraum'.

Obwohl die Bezeichnung Indonesien für den Archipel schon während des Zweiten Weltkriegs immer öfter von Deutschen und Japanern und auch von der indonesischen Bevölkerung benutzt wurde, verwende ich das Wort Indonesien der historischen Korrektheit wegen erst nach der offiziellen Unabhängigkeitserklärung durch Soekarno vom 17. August 1945.

Krieg und Politik haben so viel junges Leben auf beiden Seiten der Fronten zerstört, das für etwas Schöneres und Besseres vorbestimmt sein sollte. Alle Menschen, Sieger und Verlierer, haben nach diesem Krieg gelitten. Zerstörte Seelen und zerstörte Landschaften blieben auf beiden Seiten zurück – auch in dem von Europa so fernen Kriegsschauplatz in Südost-Asien. Die blaue und stille Javasee wurde ein großes Seemannsgrab!

Viele Informationen aus den verschiedensten Quellen habe ich nun zusammengefügt. Im Zuge der Recherchen wurde der Umfang des gefundenen Materials so groß, dass ich das Werk in zwei Bände aufteilen musste.

2. Hitlers Machtergreifung und wie mein Interesse für Niederländisch-Indien geweckt wurde

Wie mir meine Mutter erzählte, war der Sonntag im August 1933, als ich im Sternzeichen des Löwen um vier Uhr am Morgen in Stuttgart das Licht der Welt erblickte, ein sehr heißer Sommertag. Der 13. August war ein ereignisreicher Tag: Genau sieben Jahre vor mir wurde Fidel Castro geboren, und 28 Jahre nach meiner Geburt begann der verhängnisreiche Mauerbau, der Deutschland viele Jahre in Ost und West trennte.

Ich wurde genau 195 Tage nach dem Ende der Weimarer Republik durch die Machtergreifung Hitlers und in dem Jahr geboren, in dem Albert Einstein, Bertold Brecht und Heinrich Mann Deutschland verließen. Nach schlimmer Arbeitslosigkeit, Inflation und allgemeiner Verarmung feierte die große Masse der Deutschen Hitler als den ‚Retter des Vaterlandes‘. Der verlorene Erste Weltkrieg, die Erniedrigung danach und die Probleme der Weimarer Republik ebneten den Weg für Hitlers anfänglich überwältigenden Erfolg.

In ganz Deutschland wurden Autobahnen gebaut, innerhalb von nur drei Jahren hatten Millionen Arbeitslose wieder Arbeit, und einen Volkswagen konnte man für nur 1.000 Reichsmark bestellen. Hitler baute die modernste Armee Europas auf. Es ging wieder aufwärts! Schon Mitte der 1930er Jahre hatte Deutschland den höchsten Lebensstandard seiner Geschichte zu verzeichnen. Hitler schien alles zu gelingen! Nach der Schmach des Versailler Vertrags waren die Deutschen wieder stolz und jubelten ihm zu.

Ich hörte als Kind nur Positives und Bewundernswertes über unseren ‚Führer Adolf Hitler‘: keine Arbeitslosigkeit, Weltenwende, Zeitenwende! Die chaotischen Zustände der Weimarer Republik waren zu Ende und es kam etwas Neues! Kein Wunder, dass der Nationalsozialismus für viele auf den ersten Blick attraktiv war. Man hoffte auf bessere Zeiten und glaubte, nur Hitler könne dieses Wunder vollbringen. Den Anfang dazu hatte er schon gemacht!

Hitler prägte den Ausspruch von der ‚Neuen Ordnung‘, der dann auch von den Achsenmächten übernommen wurde. Italiens Mussolini sprach von der *Ordine Nuovo* und der japanische Politiker und Premierminister Fürst *Konoe Fumimaro* von *Shintesai*. Selbst der zweite indonesische Präsident Soeharto nannte noch 1966 sein Programm zum Aufbau der Nation *Orde Baru*, Neue Ordnung!

Durch die Olympiade 1936 konnte Hitler seine internationale Akzeptanz festigen. Alle Gäste berichteten von der sich toll entwickelnden Reichshauptstadt Berlin, dem Trubel der unzähligen Menschen aus vielen Nationen, den vielen Autos, dem imposanten wogenden Fahnenmeer und den großen Erfolgen der deutschen Sportler. Besonders beeindruckt waren die ausländischen Gäste von dem neuen Olympiastadion mit 100.000 Sitzplätzen, das nach nur zweijähriger Bauzeit anlässlich der Olympiade 1936 eröffnet wurde. Es war eine Meisterleistung der Architekten, Planer und Baumeister.

Dieses bereits gigantische Olympiastadion sollte nach den Plänen Hitlers und seines Architekten Albert Speer an Größe noch weit übertroffen werden. Bis in den Krieg hinein wurde in der Nähe von Nürnberg an dem mit Abstand größten Stadion der Welt gebaut. Es sollte 90 Meter hoch werden und 405.000 Menschen fassen. Aufzüge für 100 Personen sollten die Menschen zu den oberen Rängen bringen. Die Bauarbeiten für dieses gigantische Projekt wurden erst gegen Ende des Zweiten Weltkrieges eingestellt.

Noch gigantischer waren die Pläne und Modelle, die Hitler 1936 für Berlin enthüllte. Berlin sollte zur ‚Welthauptstadt Germania‘ umgebaut werden. Monumentale Gebäude waren geplant. Die ‚Große Halle‘ sollte mit einer Grundfläche von 315 mal 315 Metern und einem 320 Meter hohen Dom die größte Halle der Welt werden und über 180.000 Menschen fassen. Es sollte ein architektonisches Meisterstück werden. Ein Triumphbogen, viermal größer als der in Paris, war geplant. Der Größenwahn Hitlers nahm seinen Anfang!

Die pompöse ‚Neue Reichskanzlei‘ mit einer Gebäudefront von 420 Metern wurde nach Hitlers eigenen Plänen in einer Rekordbauzeit von nur gut einem Jahr Anfang 1939 fertiggestellt. Für den Innenausbau wurden nur Marmor und andere wertvolle Baustoffe verwendet. Die ‚Welthauptstadt Germania‘ war eine Machtdemonstration. Die Nazi-Ideologie sollte in Stein gehauen sein!

Durch die Bombenangriffe der Alliierten und bei dem Kampf um Berlin kurz vor Kriegsende wurde die ‚Neue Reichskanzlei‘ nur leicht beschädigt. Auf Befehl der Sowjetunion wurde sie von 1949 bis 1953 nach und nach gesprengt und dem Erdboden gleichgemacht. Das Olympiastadion hat die Kriegswirren allerdings fast unbeschadet überstanden. Nach Umbauarbeiten, einer Modernisierung und einer Teilüberdachung, fasst das Olympiastadion in Berlin nun 75.000 Besucher. Es ist das einzige Gebäude der geplanten ‚Weltstadt Germania‘, das bis heute erhalten geblieben ist und auch genutzt wird.

Meine Eltern waren eifrige Rundfunkhörer. Wenn Hitler seine Ideen, Ideologien und politischen Programme darlegte, saßen sie vor unserem Volksempfänger. Der Volksempfänger, ein einfaches Rundfunkgerät in einem schwarzen Bakelit-Gehäuse, wurde im Auftrag von Propagandaminister

Joseph Goebbels entwickelt und war ein wichtiges und gelungenes Instrument zur Beeinflussung der Massen. Für einen Preis von 75 Reichsmark, für den einfacheren ‚Kleinempfänger‘ sogar nur 35, wurden die Geräte millionenfach produziert. Bis zur Einführung des Volksempfängers gab es weniger als vier Millionen Radiogeräte in Deutschland. 1941 waren es bereits knapp 16 Millionen[5]. Bisher hatte noch keine Nation der Welt das Radio zu einer so massiven Massenbeeinflussung eingesetzt wie Hitler.

Die Volksempfänger wurden mit großem Aufwand und einprägsamen Schlagworten wie *Deutscher! Kauf den Volksempfänger!* oder *Ganz Deutschland hört den Führer mit dem Volksempfänger!* beworben. Alle Bürger sollten für die Parolen des Führers über den Volksempfänger – im Volksmund ‚Goebbelsharfe‘ genannt – erreichbar sein.

Mein Vater rauchte damals viel. Aus meiner Sicht als Kind konnten er und seine Gäste gar nicht genug rauchen, denn ich sammelte Zigarettenbildchen. Jeder Packung Zigaretten lagen Bildchen bei, die wir Kinder sammelten und tauschten, bis der Satz für ein Album komplett war. Sammeln und Einkleben waren aber nicht nur bei uns Kindern Mode, auch die Erwachsenen sammelten kräftig mit. Die Auflage der Zigarettenbilder ging in die Milliarden. Es gab die verschiedensten Themenbereiche wie Sport (zum Beispiel die Olympiade 1936 in Berlin), Film, Deutsche Kolonien, Flaggen und Uniformen, oder die Hetzschrift ‚Raubstaat England‘. Für mich war der Themenbereich ‚Deutsche Kolonien‘ der Wichtigste. Schon damals war ich von den farbigen Menschen und den exotischen und tropischen Landschaften, mit blauem Meer und einfachen Hütten unter Kokospalmen, fasziniert.

Wenn ich für meine Mutter etwas einkaufen sollte, ging ich gerne in den Kolonialwarenladen in unserer Straße. Schon der Name ‚Kolonialwarenladen‘ ließ Assoziationen von fernen exotischen Ländern aufkommen. Es gab immer noch den ‚Kolonialwarenladen‘, obwohl die deutschen Kolonien schon seit Ende des Ersten Weltkriegs nicht mehr existierten.

Hier war das Eldorado meiner jugendlichen Fantasiewelt! Eine Welt mit bunten Emaille-Schildern von tropischen Landschaften, von exotischen Gerüchen und fremden Lebensmitteln. Auf den Päckchen mit Sago stand als Ursprungsland ‚Bismarck Archipel‘ mit einem bunten Bild von zwei dunkelhäutigen Eingeborenen, die einen Baumstamm aushöhlten. Ich war als Kind fasziniert! Dort konnte man sogar Baumstämme essen!

Auf den Emaille-Schildern wurde geworben für ‚Hollandia Cacao‘, ebenso wie für Suppenwürfel und Kaffee aus der ehemals deutschen Kolonie Togo. Überseeische Erzeugnisse wie Kaffee, Reis, brauner Zucker, Kokosflocken, Grieß und Bohnenkerne standen in offenen Säcken auf dem Fußbo-

5   Frei/Schmitz, *Journalismus im Dritten Reich*, S. 84

den. Petroleum und süßen Portwein gab es vom Fass. Manchmal gab es sogar Bananen. In den großen Schubladen hinter der Theke wurden die verschiedensten Gewürze, Tabak und vieles andere lose aufbewahrt. Neben hölzernen Kaffeemühlen mit einer Handkurbel standen bunt verzierte Blechdosen in den Regalen. Dies ließ meine Kinderaugen leuchten und weckte in mir schon damals Sehnsüchte und Träume nach der großen weiten Welt.

Wir waren – und sind es noch – eine kosmopolitische Familie, die über mehrere Kontinente verstreut ist. So war es nicht ungewöhnlich, dass meine Mutter schon in jungen Jahren mehrmals im europäischen Ausland war. Mit 17 oder 18 Jahren war sie bereits ein Jahr in Toulouse in Südfrankreich. Danach war sie noch länger bei unseren Verwandten in Holland. Dort hatte meine Mutter auch die niederländische Sprache erlernt. Die Beziehungen meiner Eltern zu den Niederlanden waren eng. Meine Mutter hat schon in jungen Jahren mein Interesse für Niederländisch-Indien geweckt und das hat sich bis heute kontinuierlich verstärkt. Dieses faszinierende Land war das ferne Land, das mir seit meiner frühen Jugend am nächsten war!

Neben der Musik haben mir meine Eltern die Freude an Literatur vorgelebt. Die reichhaltige Bibliothek meiner Eltern war immer ein Anziehungspunkt für mich. Es gab viele bebilderte Bücher über die ehemaligen deutschen Kolonien in Afrika und dem Pazifik. Vermutlich durch die verwandtschaftlichen Beziehungen meiner Mutter zu Holland, gab es auch viele Bücher über Niederländisch-Indien in holländischer Sprache.

Meine Eltern wollten schon in frühem Alter das Interesse ihrer Kinder für Bücher wecken. Daher wurden immer wieder gezielt Bücher in meine Reichweite gelegt, deren Bilder mich in ihren Bann zogen. Als ich noch nicht lesen konnte, faszinierten mich bereits die Fotos und Zeichnungen von Reisterrassen auf Java oder von dem tropischen Dschungel auf Sumatra. So hatte ich bereits im Alter von drei oder vier Jahren meinen ersten Kontakt mit dem heutigen Indonesien. Dieser Anreiz fruchtete, denn ich habe früh mit dem Lesen begonnen. Schon als Junge hatte ich durch die Bilder von Niederländisch-Indien das Andere, das Fremde, das Tropische im Auge. Leider haben nur wenige dieser Bücher die Wirren des Zweiten Weltkriegs überlebt.

3. Meine Einschulung und Kriegsbeginn

Das Jahr 1939 war besonders ereignisreich. Ich war nun schon sechs Jahre alt und kann mich daher noch an viele Einzelheiten erinnern. Das ganze Jahr über lag schon eine besondere Anspannung über dem Land, meine Eltern lauschten fasziniert den Reden Hitlers und den Nachrichten aus dem Volksempfänger: man spürte, dass etwas passieren würde!

An vielen öffentlichen Gebäuden wurden Schilder mit der Aufschrift ‚Juden ist der Zutritt verboten' aufgestellt. An der Türe unseres Kolonialwarenladens wurde ein Schild mit der Aufschrift ‚Juden nicht erwünscht' angebracht. Immer weniger Menschen mit dem diskriminierenden Judenstern auf der Brust waren auf den Straßen zu sehen. Damals wusste ich noch nicht, warum sie nach und nach verschwanden. Proteste gab es in der Bevölkerung gegen die Euthanasie-Programme der Nationalsozialisten, gegen die Deportation der Juden blieben sie aus!

Am 1. September 1939 war es so weit! Vom frühen Morgen bis in die Nacht hinein dröhnte Hitler mit der Sondermeldung aus dem Radio: *Seit 5.45 Uhr wird jetzt zurückgeschossen und von jetzt ab wird Bombe mit Bombe vergolten!* Der Panzerkreuzer *Schleswig-Holstein* nahm die Danziger Westerplatte unter Beschuss. Schon Monate zuvor wurde immer wieder erzählt, dass die Polen die in Schlesien lebenden Deutschen unbegründet drangsalierten, vertrieben und töteten, dass sie dort schon seit März Truppen mobilisieren würden und dass die Polen einen Krieg gegen Deutschland planten. Nun sagten die Deutschen, Hitler habe die Polen oft genug gewarnt, endlich die Übergriffe gegen die Deutschen in Schlesien einzustellen. Die Geduld des Führers sei zu Ende und die Polen müssten nun *endlich fühlen, wenn sie nicht hören wollten!* Hitler sagte: *Wir werden von nun an mit den Polen in der gleichen Sprache reden, wie sie mit uns!*

Auch in Südost-Asien änderte sich mit Beginn des Zweiten Weltkriegs schlagartig das Leben der dort lebenden Deutschen. Zum Beispiel wurden in den britisch besetzten Gebieten Malaya, Singapur und Birma alle deutschen Bürger interniert. Nur wenige Tage vor Kriegsbeginn wurden einige vom Deutschen Konsulat in Singapur aufgefordert, sich schnellstmöglich auf ein im Hafen liegendes deutsches Handelsschiff zu begeben, das sie nach Batavia bringen würde. Dadurch gelang noch einigen in Singapur lebenden deutschen Männern die Flucht in das zunächst noch neutrale Niederländisch-Indien. Nach Kriegsausbruch gaben die Briten auch den deutschen Frauen und Kindern noch 48 Stunden Zeit, Singapur zu verlassen. Viele verließen mit dem niederländischen Dampfer *MS Both* Singapur und wurden nach Batavia gebracht.[6]

Diese Männer, Frauen und Kinder entgingen zunächst einer Internierung durch die Briten. Sie kamen jedoch in Niederländisch-Indien nach dem Einmarsch deutscher Truppen in die Niederlande vom Regen in die Traufe. In den Internierungslagern der Niederländer hatten sie ein viel schwereres Los zu ertragen.

Nur zwei Tage nach der Kriegserklärung Großbritanniens an das Deutsche Reich wurde durch das Oberkommando der Kriegsmarine der zuvor erteilte Befehl zum Seehandelskrieg nach Prisenordnung wieder aufgehoben. Hitler hatte angeblich vor, nach Beendigung des Feldzuges gegen Polen wieder Frieden mit seinen Nachbarn Großbritannien und Frankreich zu schließen. Nachdem die Verhandlungen scheiterten, begann Anfang Oktober 1939 ein intensiver Seehandelskrieg.[7]

Heute ist mir natürlich klar, dass die Expansionspolitik Hitlers nach Osten eindeutig und von langer Hand geplant war. Die deutsche Bevölkerung wurde durch eine gezielte Propaganda auf einen Krieg vorbereitet. Hitler wollte einen deutschen Korridor bis zu dem vom Mutterland getrennten Ost-Preußen schaffen. Nur 17 Tage nach der Deutschen Wehrmacht marschierte die Rote Armee von Osten her in Polen ein. Kurz zuvor war der Hitler-Stalin-Nichtangriffspakt geschlossen worden.

Noch bevor ich in die Schule kam, nahm mich meine Mutter ab und zu mit ins Kino. In der Wochenschau zeigte sie mir stolz den ‚Führer‘ und die deutschen Soldaten, die an jedem Frontabschnitt siegreich waren. Hier sah ich, wie Bomben abgeworfen wurden, wie Granaten an der Ostfront einschlugen, wie die Feinde sich mit erhobenen Händen ergaben. Wir Kinder jubelten. Ein richtiger Krieg! Wir Kinder, aber nicht nur wir Kinder, waren beeindruckt von den Propaganda-Aufmärschen der Sturmabteilung SA der NSDAP, den gewaltigen Fahnenwäldern und den Soldaten, die im Stechschritt an Hitler vorbei defilierten.

Die Sprengung des durch die britische Marine stark beschädigten Schlachtschiffes *Admiral Graf Spee* durch ihren Kapitän wurde in der Wochenschau nicht erwähnt. Kurz nach Kriegsbeginn hatte der Kapitän in einer ausweglosen Lage vor der Küste Uruguays das stolze Schiff versenkt, um seiner Mannschaft das Leben zu retten. Der ‚ruhmlose‘ Untergang der *Admiral Graf Spee* führte bei Hitler zu einem heftigen Wutausbruch. Er wollte, dass alle Männer den Heldentod sterben sollten, nicht nur Kapitän Langsdorff, der freiwillig aus dem Leben schied.

---

6   Information durch den Zeitzeugen Fred Flakowski

7   *Bericht über Aufenthalte in Japan von Admiral P. W. Wenneker, Marineattaché Deutsche Botschaft Tokio*, www.deutsches-marinearchiv.de, S. 2

Wie in jedem Krieg wurde auf beiden Seiten gelogen. Erfolge wurden aufgebauscht und Niederlagen verschwiegen. Aber diese Erkenntnis blieb nicht nur mir als Kind, sondern offenbar auch vielen Erwachsenen damals verborgen. Erst die heutigen Kommunikationsmittel erlauben viel weitreichendere Informations- und Aufklärungsmöglichkeiten.

Ich war sechseinhalb Jahre alt, als ich im Frühjahr 1940 in Stuttgart in die Grundschule kam. Der Schulunterricht begann mit einem lauten und deutlichen ‚Heil Hitler'. Im Dritten Reich herrschte Grußpflicht! An besonderen Tagen, wenn die deutsche Armee wieder einen Sieg zu vermelden hatte, standen noch das *Deutschlandlied* und das *Horst-Wessel-Lied* auf dem Morgenprogramm. Die Schule war im Dritten Reich ein Ort des Gehorsams und sie diente der Weiterverbreitung des nationalsozialistischen Gedankenguts. Überall auf der Welt ist die Jugend am leichtesten beeinflussbar und das Naziregime wusste, wie man Kinder für sich einnimmt: Wandern, Sport, Abenteuerromantik, Lagerfeuer, gemeinsames Singen, Kameradschaft!

Siegesmeldungen der deutschen Truppen wurden täglich vom Klassenlehrer verkündet; wir malten schwerbewaffnete deutsche Kriegsschiffe mit Hakenkreuzfahnen; wir sangen *Es zittern die morschen Knochen der Welt vor dem großen Krieg [...]*', und man wollte uns beibringen, dass die Franzosen auf ewig unsere Todfeinde seien. Die Nationen und Rassen wurden in wertvolles und wertloses Menschenmaterial eingeteilt.

Fast täglich wurden uns in der Schule die nach dem Ersten Weltkrieg durch den Vertrag von Versailles verlorenen Gebiete aufgezählt. Das Sudetenland, Pommern, Lothringen, die ehemaligen deutschen Kolonien. Sie sollten für das Deutsche Reich zurückerobert werden. Die Lehrer sprachen von der ‚Koloniallüge' der damaligen Siegermächte. Wir Kinder verstanden das nicht, aber wir spürten die Spannung! Als Hitler 1936 wieder das Rheinland besetzt hatte, nahmen Großbritannien und Frankreich diesen Bruch des Versailler Vertrags ohne großen Protest hin. Hitler fühlte sich in seiner Expansionspolitik gestärkt und hoffte, dass diese beiden Mächte erneut einlenken würden.

Die Fronten verlagerten sich immer weiter nach Osten und Westen und unsere Lehrer sprachen stolz von den tapferen Soldaten an der Front und vom schnellen Endsieg. In jeder Schulklasse hing eine bunte Landkarte Europas, auf der die Lehrer täglich die Fähnchen, welche die deutsche Front markierten, weiter nach Osten und Westen schoben. Hitler kam seinem Ziel, einem neuen Europa mit einem Großdeutschen Reich als Mittelpunkt, zunächst schnell näher. Nun grüßten wir nicht nur mit ‚Heil Hitler', von nun an riefen wir auch ‚Sieg Heil'. Wir Kinder wurden mit irrsinnigen heldischen Parolen trunken gemacht. Der Funke der Begeisterung sprang auf uns über, denn wir waren noch jung und konnten nicht hinterfragen, was uns die Erwachsenen sagten.

Der Blitzkrieg gegen Frankreich war im Grunde eine Fortsetzung des Ersten Weltkriegs. Er dauerte nur vom 10. Mai bis zum 25. Juni 1940. Bereits am 14. Juni 1940 fand die Siegesparade deutscher Truppen in Paris statt. Am 25. Juni 1940 wurde in Compiègne in dem historischen Eisenbahnwaggon, in dem Deutschland 1918 die Kapitulationserklärung unterzeichnen musste, das Waffenstillstandsabkommen mit Frankreich unterzeichnet. Diesmal diktierte Hitler die Bedingungen. Hitler schrie ins Mikrophon: *Ich habe den Versailler Vertrag den Franzosen vor die Füße geworfen!* Nach dem verlorenen Ersten Weltkrieg und der Erniedrigung und Knebelung durch den Versailler Vertrag waren die Deutschen wieder stolz und wurden wieder gefürchtet! Das deutsche Volk jubelte!

Der Waffenstillstand kam einer Kapitulation Frankreichs gleich und teilte Frankreich in das freie Vichy-Regime im Süden unter Marschall Henry Philippe Pétain, dem Generalinspekteur der französischen Armee, und in eine deutsche Besatzungszone im Norden. Pétain reichte Hitler die Hand und bot seine Zusammenarbeit mit dem Nazi-Regime an. Er machte die Juden und die Kommunisten in Frankreich für die Niederlage verantwortlich. Ohne Widerspruch aus der Bevölkerung begann die Auslieferung der französischen Juden an Deutschland und die französischen Bürger begannen, für die deutsche Kriegsindustrie zu arbeiten. Nach Kriegsende wurde Pétain wegen seiner Kollaboration mit Deutschland zu lebenslanger Haft verurteilt.

Für die Aufrüstung des Militärs musste mit den Ressourcen in Deutschland sparsam umgegangen werden. Man wurde im Reichsrundfunk laufend mit Parolen ermahnt, wie:

Gas sparen hilft Siegen! Heize nicht elektrisch! Kampf dem Verderb!

Überall in den Städten und Dörfern erinnerten Plakate daran, Energie zu sparen. Die elektrische Energie wurde nun für die Kriegsindustrie benötigt. Auch vor Spionage wurde mit Plakaten wie *Feind hört mit!* gewarnt, in Deutschland, wie auch bei unseren Kriegsgegnern.

Ab Anfang 1940 heulten immer öfter die Luftschutz-Sirenen. Im Wohnort meiner Eltern, Stuttgart, wurden schwere Luftangriffe erwartet und die Bevölkerung sollte gewarnt werden. Zur Verdunklung wurden die Rollläden geschlossen und man nähte große schwarze Tücher, die noch zusätzlich an den Fenstern aufgehängt wurden. Kein Lichtstrahl durfte nach draußen dringen, um den feindlichen Bomberverbänden kein Angriffsziel zu liefern. Auch die Scheinwerfer der Kraftfahrzeuge wurden verdunkelt und bis auf einen schmalen Schlitz abgedeckt, damit kein Lichtstrahl nach oben dringen konnte.

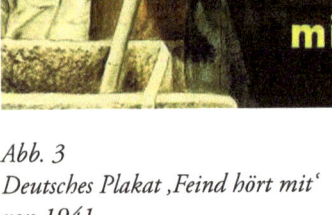

Abb. 3
Deutsches Plakat ‚Feind hört mit'
von 1941

Abb. 4
Auch britische Plakate warnten vor
Spionage

Der Zweite Weltkrieg war nun vor unserer Haustüre! Anfangs waren es nur feindliche Aufklärungsflugzeuge, doch schon bald folgten die Bomber mit ihren Begleitjägern. Dann erfüllte das angsterregende Dröhnen und Brummen der in geordneter Formation anfliegenden Bombergeschwader die Luft. Die Ankündigung Churchills, Luftangriffe auf deutsche Städte zu fliegen, wurde nun Realität.

Die ersten Angriffe der RAF (Royal Air Force) erfolgten am 11. und 12. Mai 1940 auf Mönchengladbach. Darauf folgten weitere Bombardements auf Wilhelmshafen, Berlin, Hamburg und das Ruhrgebiet. Die deutsche Luftwaffe flog ab dem 7. September 1940 nun auch Angriffe auf London und ab 15. November 1940 auf Coventry. 1943 änderten die Alliierten ihre Strategie. Bisher wurden hauptsächlich militärische, strategische oder industrielle Ziele bombardiert. Betroffen waren hier besonders Essen im Ruhrgebiet, Münster und Köln. Aber nach einem Beschluss des britischen Kriegsministeriums und der Royal Air Force sollte nun gezielt die zivile Bevölkerung getroffen werden. Die Verluste sollten möglichst hoch sein, um die Moral zu untergraben. Alle Städte Deutschlands mit mehr als 100.000 Einwohnern sollten zerstört werden. Es folgten groß angelegte Flächenbombardements der Royal Air Force mit bis zu 1.000 Flugzeugen pro Angriff. Churchill bezeichnete diese Angriffe als ‚Moral Bombing'.

Churchill wollte den Widerstand der Bevölkerung gegen Hitler stärken, aber er erreichte genau das Gegenteil. Durch die Bombenangriffe wurden das deutsche Volk und das Regime noch enger zusammengeschweißt. Selbst Bürger, die bisher skeptisch gegenüber dem Dritten Reich eingestellt waren, wollten nun durchhalten.

Erst Ende 1941, nachdem das Deutsche Reich den Vereinigten Staaten von Amerika den Krieg erklärt hatte, traten die USA offiziell in den Krieg ein. Zuvor schon hatten die USA Großbritannien massiv mit kriegswichtigem Material versorgt. Das Ziel der US-Luftwaffe war im Gegensatz zu Großbritannien zunächst nicht die Massenvernichtung der deutschen Zivilbevölkerung. Sie wollten mit möglichst wenigen, aber zielgenauen Bomben strategisch wichtige Ziele wie Produktionsstätten der Rüstungsindustrie, Raffinerien, Eisenbahnbrücken oder Stromkraftwerke zerstören. Gegen Kriegsende wurde diese Taktik aber nicht mehr befolgt und sie schlossen sich den Briten und damit dem Flächenbombardement an.

Nur wenige Menschen wissen heute noch, dass über zwei Millionen deutscher Schulkinder während des Krieges evakuiert wurden, Kinder, die oft nur sechs oder sieben Jahre alt waren, so wie ich selbst. Die Kinder aus den Großstädten wurden von den Eltern getrennt, um sie vor den Luftangriffen zu schützen. In ländlichen Gebieten wurden sie bei Familien einquartiert. Für die zwei Millionen Kinder bedeutete dies Trennung von der Mutter, oft über mehrere Jahre, mit Heimweh, Hunger und Misshandlung. Zehntausende sahen ihre Eltern nie wieder.

Ich war noch nicht einmal sieben Jahre, alt als ich von meinen Eltern und Geschwistern getrennt wurde. Erst fünf Jahre später, mit knapp 12 Jahren, durfte ich gegen Ende des Zweiten Weltkriegs wieder nach Hause. Hitler ist also nicht nur verantwortlich für Millionen vergaster Juden, Millionen gefallener Soldaten auf beiden Seiten, für zerstörte Landschaften und Städte, sondern auch für viele gebrochene Kinderseelen. Nach Kriegsende wurden diese Kinder vergessen. Man überließ sie ihrem Schicksal. Man hatte größere Sorgen als psychologische Betreuung.

4. Traumziel Niederländisch-Indien im Dritten Reich

Wie bereits erwähnt, wurde ich schon im Kindesalter durch Bilder und Zeichnungen aus Büchern meiner Eltern mit Niederländisch-Indien vertraut. In der Grundschulzeit machten Abenteuerromane aus Sumatra und Celebes bei uns Schülern die Runde. Aber mein ganz besonderes Interesse für den Archipel am Äquator hatte mein Geographie-Lehrer im Gymnasium durch seine Erzählungen über den riesengroßen Archipel verstärkt. Auch ein großer Teil der deutschen Bevölkerung war von Niederländisch-Indien und besonders von Bali verzaubert! Seit Anfangs des letzten Jahrhunderts wirkt die Insel Bali wie ein Magnet auf Maler, Musiker, Filmemacher, Schriftsteller, Schauspieler und die oberen Zehntausend.

Gregor Krause, ein Deutscher, der nach Abschluss seines Medizinstudiums eine Asienreise machte, trat in den Dienst der niederländischen Kolonialregierung ein und wirkte Jahrzehnte an verschiedenen Stellen des Archipels als Arzt, unter anderem auch um 1912 auf Bali. Er machte Bali durch seine ab 1920 erschienenen Bücher bekannt. Besonders nach seinem mit vielen Illustrationen erschienen Werk *Bali: Volk, Land, Tänze, Feste, Tempel* war es die vermögende Crème de la Crème der Gesellschaft Europas und der Vereinigten Staaten, die eine ganz exklusive Abwechslung von ihrem Alltag auf der Insel Bali suchte.

Den Charme der Insel machen aber nicht nur die Vulkane, die Berge, die langen Strände, die wunderschöne tropische Landschaft, die exotischen Rituale und vielen Tempelfeste, die einzigartige und nur auf Bali zu findende Hindukultur oder das trotz Äquatornähe gemäßigte Klima aus. Es sind besonders die friedlichen, freundlichen und attraktiven Balinesinnen und Balinesen, deren ganzes Leben von Magie und Religion durchdrungen ist. Bali ist ein Land der geborenen Künstler, obwohl jeder Balinese in erster Linie einem Erwerb als Reisbauer oder Handwerker nachgeht. Aber jede Arbeit wird für einen Balinesen zur Kunst, beim Bau von Reisterrassen oder beim Bau von Tempelanlagen. Bali ist eine malerische Insel, die es geschafft hat, ihre einzigartige Kultur und Tradition über Jahrhunderte hinweg zu bewahren, selbst während der 350 Jahre andauernden niederländischen Kolonialherrschaft.

Im Jahre 1931 fand in Paris eine ‚Kolonialausstellung‘, die *Exposition Coloniale Internationale* statt, die sechs Monate geöffnet war. Sie wurde von 35 Millionen Menschen aus aller Welt besucht. Obwohl Deutschland die Ausstellung mit dem Argument ‚Frankreich und die andern Kolonialmächte wären Ausbeuter der Kolonien' kritisierte, fanden dessen ungeachtet Hunderttausende deutsche Bürger – wenn nicht Millionen – den Weg nach Paris. Die deutsche Kritik hing sicherlich auch mit dem Verlust der eigenen Kolonien nach dem Ersten Weltkrieg zusammen. Bücher, Filme, Bildberichte und Ausstellungen wie diese, in denen die vergangene Kolonialzeit verherrlicht wurde, waren bei den Deutschen immer noch sehr beliebt und weckten große Sehnsüchte nach fremden Ländern.

Die Kolonialmächte präsentierten auf der *Exposition Coloniale Internationale* stolz ihre Kolonien und deren Produkte. Sie wollten der übrigen Welt zeigen, wie ‚gut‘ es der einheimischen Bevölkerung unter ihrer Herrschaft ging. Über Profit, Ausbeutung und Erniedrigung der Einheimischen erfuhr man natürlich nichts.

Neben anderen Staaten hatten auch die Niederlande einen Pavillon, in dem die Stile des kolonialen ‚Niederländisch Ost-Indien‘ repräsentiert wurden. Neben einer javanischen Moschee gab es auch einen balinesischen Hindutempel zu sehen. In einem balinesischen Theater wurden Tänze einer Tanzgruppe aus Bali gezeigt, die unter der Leitung von Tjokorde Gede Raka Sukawati nach Paris gereist war. Tjokorde Gede Raka Sukawati war der Fürst von Ubud auf Bali und ein Mitglied des *Volksraat* (People's Council) der niederländischen Kolonialregierung. In Paris ehelichte er eine europäische Zweit- oder Drittfrau und hatte dadurch, nach seiner Rückkehr in seinem Heimatort Ubud auf Bali, für erhebliches Aufsehen gesorgt.

Entgegen anderslautenden Darstellungen in der Literatur und im Internet, war Walter Spies – der auf Bali lebende deutsche Maler und Musiker – zur Kolonialausstellung selbst nicht in Paris. Es gilt aber als sicher, dass die Tänze der balinesischen Tanzgruppe unter dem Einfluss von Walter Spies entstanden, da dieser eng mit Tjokorde Gede Raka Sukawati befreundet war. Bei künstlerischen Projekten arbeiteten die beiden immer eng zusammen. Auf Walter Spies werde ich an anderer Stelle noch zurückkommen.

Anlässlich der Ausstellung wurde von R. Goris, einem holländischen Beamten und Liebhaber Balis, die schöne Broschüre *The Island of Bali: Its Religion and Ceremonies* (Batavia 1931) herausgegeben. Darin sind auch Fotos von Walter Spies enthalten. Primär war diese Broschüre jedoch ein Werbeprospekt der holländischen Regierung, um den Tourismus auf Bali zu fördern.

Der Indonesische Archipel spielte schon seit dem 17. Jahrhundert eine bedeutende Rolle in der deutschsprachigen Literatur. In der *Bibliographie deutschsprachiger Literatur über Indonesien* von meinem leider schon früh verstorbenen Freund Werner Müller sind 1.962 Titel aufgeführt. Offensichtlich angeregt durch die Pariser Kolonialausstellung wurde nach 1931 ein richtiggehender Boom deutschsprachiger Literatur, die sich mit Niederländisch-Indien befasste, ausgelöst. Dieser Boom erreichte im Dritten Reich einen Höhepunkt. Diese Bücher waren Abenteuerromane, Kinderbücher, Fachliteratur, Reiseerzählungen, Kunstbände, Sprachführer, Romane, Groschenhefte, Schriften der christlichen Missionen und so weiter.

Eine Zusammenstellung der Neuerscheinungen deutschsprachiger Bücher über den Archipel von 1930 bis 1945 ist als Anlage 1 am Ende des Buches zu finden. Sie geht weit darüber hinaus, was Werner Müller über diesen Zeitraum aufgezeigt hat. Viele Veröffentlichungen der christlichen Missionen oder Werke über spezielle Sprachforschungen wurden nicht mit aufgeführt, da sie auch im Dritten Reich nicht von allgemeinem Interesse waren. Die Zusammenstellung soll lediglich einen Eindruck von der Vielzahl der Neuerscheinungen vermitteln.

Von 1930 bis Kriegsende erschienen weit über 300 neue Publikationen über den indonesischen Archipel. Selbst während der Kriegsjahre von 1939 bis 1945 waren es noch annähernd 90 Neuerscheinungen, deren Anzahl mit den Kriegsjahren allerdings stark abnahm. Auffallend ist, dass für die Region Niederländisch-Indien viele Autoren in ihren Werken schon den von dem deutschen Arzt und Wissenschaftler Adolf Bastian geprägten Namen ‚Indonesien' verwandten, obwohl der Archipel noch unter niederländischer Kolonialherrschaft stand. Die Nennung des Begriffs ‚Indonesien' für den Archipel war – wie bereits erwähnt – in der niederländischen Kolonie streng verboten.

Von vielen Autoren wurde auch oft der von dem deutschen Arzt, Zoologen, Biologen, Philosophen und Maler Ernst Haeckel geprägte malerische Namen ‚Insulinde' für den Archipel verwandt. Dieser malerische Begriff hat sich international leider nicht durchsetzen können.

Die Werke des Barons Victor von Plessen (veröffentlicht 1936 und 1944) und von Hans Hasso von Veltheim-Ostrau (veröffentlicht 1943) erregten in Deutschland – obwohl der Krieg bereits in seiner Endphase war – noch beträchtliches Aufsehen. Neben dem Buch *Bei den Kopfjägern von Borneo* von Victor von Plessen erschien 1941 über diese Expedition auch der Erlebnisbericht von Dr. Walther Schreiber, *Mit der Kamera unter Kopfjägern: Die Filmexpedition des Barons von Plessen ins Innere Borneos. Ein Erlebnisbericht.* Der Autor hat diesen Bericht mit Zeichnungen vermutlich aus den Einträgen der Tagebücher des Barons von Plessen und seines Kameramanns Dr. Friedrich Dalsheim zusammengestellt.

Victor von Plessen war ein hervorragender Kenner Niederländisch-Indiens. Bereits 1924/25 unternahm er seine erste Bali-Expedition, bei der er den herrlichen ‚Weißen Star' (Leucopsar) der Insel wieder entdeckte. Seine zweite Expedition führte ihn nach Celebes (heute: Sulawesi) und zu den kleinen Inseln der Flores-See. 1930/31 drehte er in Bali seinen Film *Insel der Dämonen* und 1934/35, bei seiner vierten und letzten Expedition, auf der Insel Borneo den Film *Die Kopfjäger von Borneo*.

Abb. 5
Erlebnisbücherei Heft 24/1941, Borneo-Expedition von Baron von Plessen[8]

Veltheim-Ostrau war 1938 Gast bei Walter Spies auf Bali. Er schwärmt in seinem 1943 veröffentlichten Buch *Tagebücher aus Asien 1937-1939* noch von Bali als dem ‚paradiesisch, friedvoll und weltfernen Eiland‘. Bei der Veröffentlichung seines Buches im Jahre 1943 operierten in den Gewässern bei Bali bereits deutsche U-Boote und nur wenige 100 Kilometer westlich von Bali, in Surabaya, waren deutsche Marinesoldaten und eine deutsche Flugstaffel stationiert. In den Gewässern Niederländisch-Indiens waren schon Tausende Seeleute, Kriegsgefangene, Internierte und Zwangsarbeiter umgekommen. Von ‚paradiesisch und friedvoll‘ keine Spur! Der Krieg war bereits in Niederländisch-Indien angekommen! Wie alle Deutschen wusste dies Veltheim-Ostrau vermutlich nicht, denn aus diesem Raum gab es praktisch keine Kriegsberichterstattung.

---

8   Die Skizzen in dem Heft sind alle mit ‚Pl‘ paraphiert, was aber nicht ‚Plessen‘ bedeutet. Die Zeichnungen stammen aus der Feder von Walter Plantikow.

Besonders bei den Jugendbüchern fiel die Vielzahl der Literatur auf, in der die niederländisch-indische Region eine Rolle spielte. Die Jugendbücher von Julius Moshage, wie *Weiße Kohle am Tigerberg, Bau einer deutschen Wasserkraftanlage in Sumatra* oder *Schätze der Südsee* wurden von uns Kindern mit großer Begeisterung gelesen. Seine Bücher *Die Abenteuerfahrten der ‚Juliana'* oder *Der Zauberer von Nias, Eine Erzählung aus der Südsee* wurden bei Jugendlichen von Hand zu Hand gereicht.

Julius Moshage war ein Kenner des Inselreichs mit seinen liebenswerten Menschen, der wunderschönen Landschaft und der vielseitigen Kultur. Er erzählte spannend und präzise. Während des Dritten Reichs arbeitete er als Ingenieur auf Sumatra und Java. Durch seine Bücher lernten wir Kinder bereits viele Worte in Malaiisch kennen, wie *Tuan, Mau apa?* (Herr, Was willst du?) oder *Toko Obat* (Apotheke), die dann als ‚Geheimsprache' in unseren jugendlichen Sprachschatz eingingen. Wir riefen aber auch *‚Heia Safari'*, wie der General der deutschen Schutztruppe während des Ersten Weltkriegs in Ost-Afrika, Lettow-Vorbeck, der uns Kindern in Schule und Elternhaus als Vorbild deutschen Heldentums genannt wurde.

Zu den vielen Neuerscheinungen während des Dritten Reichs kamen noch unzählige Heftromanserien mit Abenteuergeschichten, wissenschaftlichen Themen und historischen Ereignissen hinzu, wie zum Beispiel die Heftromanserien:

Erlebnisbücherei; Kolonial-Bücherei; Kriegsbücherei der deutschen Jugend; Aufwärts Jugendbücherei; Neue Jugend; Sun Koh; Pitt und Patt; Rolf Torrings Abenteuer; Jörn Farrow's U-Boot-Abenteuer; die Abenteuer von *Tom Shark; Afrika-Bücherei* und *Jan Mayen.* Die Auswahl war riesengroß! All diese Serien berichteten neben anderen Themen auch viel über Niederländisch-Indien.

Nachdem die Nazis 1933 an die Macht kamen, wurden die neu erscheinenden Bücher und damit auch die Trivialliteratur der Heftromanserien durch die ‚Reich-Schrifttumskammer' zensiert, um englische und amerikanische Einflüsse einzudämmen. Amerikanische Helden wurden verboten, aber die gegen die weißen Siedler kämpfenden Indianer wurden verherrlicht. Ab 1933 waren die Abenteuer-Scrienhefte für die deutsche Jugend fast immer mit der nationalsozialistischen Ideologie versehen und im Sinne der Wehrpropaganda abgefasst. Diese Serienhefte lieferten immer spannende Themen, die auch in der Schule behandelt wurden. Da die Jugend damals tagtäglich mit nationalsozialistischer Ideologie konfrontiert wurde, empfanden wir Kinder dies als normal und richtig. Wir wurden gezielt indoktriniert! Wie heute unter Fachleuten bekannt ist, sind Jugendliche zwischen dem siebten und fünfzehnten Lebensjahr am einfachsten formbar. Und genau so alt waren die damals evakuierten Kinder – auch ich!

In der Serie der *Kolonial-Bücherei* wurde von Erlebnissen und Abenteuern tapferer, wagemutiger Deutscher in den ehemaligen deutschen Kolonien in fernen Ländern und auf fernen Meeren berichtet. Von 1940-1942 erschienen 88 Ausgaben mit Schwerpunkt der Geschichte deutscher Kolonien. Die Südost-Asien und den Pazifik betreffenden Ausgaben waren:

Heft 13: *Die ,Erlangen' in der Südsee,* (Reise des Dampfers *Erlangen* von 1940);

Heft 18: *Albatros im Kampf mit Kannibalen, Strafexpedition eines deutschen Kreuzers in der Südsee;*

Heft 29: *Der Emden letztes Gefecht;*

Heft 34: *Plüchow über Tsingtau, Der erste deutsche Marineflieger inFernost;*

Heft 45: *Kanonenboot ,Eber' vor Samoa;*

Heft 49: *Drohende Wolken über Samoa.*

Bis 1935 umfasste die Romanheftserie *Sun Koh* mit dem gleichnamigen Helden 150 Hefte. In der Nachfolgeserie *Jan Mayen,* die ab 1935 erschien, war der Held ein deutscher Abenteurer und Millionär, der mit einem atomgetriebenen Flugzeug (!) die ganze Welt bereiste. Mit Atomenergie befreite er zum Beispiel auch die Insel Grönland vom ewigen Eis und errichtete dort ein fruchtbares tropisches Paradies. Der Phantasie waren keine Grenzen gesetzt. *Jan Mayen* war seiner Zeit weit voraus. Wir Jugendlichen waren begeistert!

Besonders beliebt waren bei der Jugend die Heftromane der *Erlebnisbücherei*. Mit sieben Jahren konnte ich schon flüssig lesen. Wir Kinder lernten damals schnell, denn als wir alleine in der Fremde waren, wurden Bücher unsere besten Freunde. Für die Allgemeinheit gab es noch kein Fernsehen, und an andere Unterhaltungsmöglichkeiten war in den Kriegsjahren ohnehin nicht zu denken. Wir verschlangen ein Abenteuerheft und ein Buch nach dem anderen. Ich kann mich heute noch erinnern, dass mein erstes Buch, das mich ungemein gefesselt hat, *Bei den Kopfschnellern auf Borneo* von Hermann Gerstmayer war.

Von 1940 bis 1944 erschienen 105 Ausgaben der *Erlebnisbücherei* für jeweils 20 Reichspfennige. 30 Prozent der Hefte beinhalteten wissenschaftliche Themen, meist Expeditionsberichte, wie *Alfred Wegener aus Station Eismitte,* oder *Mit Sven Hedin durch die Wüste Gobi.* Weitere 30 Prozent beinhalteten historische Ereignisse, wie *Die schwarzen Tage von Peking-Boxeraufstand* oder *Aufruhr in Indien* oder *Krieg der Buren* gegen die Engländer. Die restlichen 40 Prozent waren Abenteuerdokumentationen, von denen die nachfolgend aufgeführten Ostasien betrafen:

Heft 19:   *‚Iltis' bezwingt die Taku-Forts. Tatsachenbericht über den Einsatz des deutschen Kanonenboots in Ostasien*;

Heft 24:   *Mit der Kamera unter Kopfjägern: Die Filmexpedition des Barons von Plessen ins Innere von Borneo. Ein Erlebnisbericht nach Tagebucheinträgen* (1941);

Heft 26:   *Im Fiebersumpf der Orchideen*;

Heft 30:   *Die Brücke über den Djambi*;

Heft 70:   *Kulis aus Ping-Hu*;

Heft 89:   *Auf der Fährte des Säbelzangentigers*;

Heft 91:   *Der Chinesenmord von Batavia* (Autor: Julius Moshage);

Heft 98:   *Raubtierjagd auf Sumatra* (Autor: John G. Hagenbeck);

Heft 104: *Silbergrube auf Sumatra*[9]

Obwohl die Paperback-Ausgabe von Baron von Plessens Buch *Bei den Kopfjägern von Borneo* über seine Filmexpedition erst 1944 erschien, hatten wir den Abenteuerbericht dieser Expedition in der Schule bereits mit dem 1941 erschienenen Serienheft der ‚Erlebnisbücherei' behandelt. Der gewaltige, gefährliche und unheimliche Fluss *Kayan* war uns Schülern damals schon ein Begriff.

Die Groschenroman-Serie von Wilhelm Reinhardt *Jörn Farrow's U-Boot-Abenteuer* hatte von 1932 bis 1940 über 350 Ausgaben. Der Preis betrug auch hier 20 Pfennige pro Heft. Diese Reihe beschreibt fast ausschließlich U-Boot-Abenteuer in der Inselwelt Niederländisch-Indiens, aus dem Indischen Ozean und dem Pazifik. Obwohl zu jenem Zeitpunkt selbst die höchsten Entscheidungsträger Nazi-Deutschlands noch nicht ahnen konnten, dass einmal deutsche U-Boote in dieser Gewässern operieren würden, wurden in den Groschenromanen Abenteuer eines deutschen U-Boots erzählt, das immer noch von der Entente des Ersten Weltkriegs gejagt wurde. Aber damals waren die Niederländer neutral und das Boot suchte immer wieder Schutz in den Gewässern von Niederländisch-Indien. Die Titel waren zum Beispiel:

Heft 22:   *Sumatra Jonny*;

Heft 53:   *Im Papua Golf*;

Heft 55:   *Das Rätsel Menados*;

Heft 59:   *Die Dajaks*;

Heft 62:   *Der Schrecken von Penang*;

Heft 63:   *Auf den Andamans*;

---

9   Peter Wanjek: *Bibliographie der deutschen Heftromane*
Heinz Galle: *Volksbücher und Heftromane*, Bd. 2: *Vom Kaiserreich zum Dritten Reich*
www.wikipedia.org/Kolonial-Buecherei
www.wikipedia.org/Erlebnis-Buecherei

Heft 156: *Unheil auf Bali*;
Heft 159: *In Javas Sandsee;*
Heft 163: *Der Tod bei Kota Radja* (heute Banda Aceh);
Heft 175: *Das Rätsel der Nikobaren;*
Heft 257: *Streifzug ins Innere Borneos*;
Heft 268: *In den Wäldern Sumatras* oder
Heft 275: *Der Mann aus Padang*

Uns Jugendlichen waren damals alle Inseln und viele Städte dieser Region bekannt, zumal immer wieder Landkarten der entsprechenden Region auf der Rückseite der Hefte abgebildet waren. Die Serie *Jörn Farrow's U-Boot-Abenteuer* und andere Serienromane waren in Bezug auf die Geographie und anderen Themen sehr lehrreich. Auf den Innenseiten des Umschlags standen immer wissenschaftliche Erklärungen zur Sprache, Schrift oder Kultur des Landes. Einige Serien wurden sogar in mehrere Sprachen übersetzt und in Europa zum Beispiel in Spanien und Rumänien vertrieben.

Die Jugendlichen im Dritten Reich wurden auf einen glorreichen Endsieg und die Errichtung und Sicherung eines neuen deutschen Kolonialreichs vorbereitet. Zum Beispiel warb die Marine 1941 in Heft 19 der Erlebnisbücherei: *[...] Der Großdeutsche Freiheitskampf wird unserem Volke den berechtigten Anspruch auf überseeischen Kolonialbesitz für alle Zeiten sichern.[...] Willst du, deutscher Junge, teilhaben an dieser schönen Aufgabe, willst du deinen Blick weiten und die Schönheiten fremder Länder und Erdteile mit eigenen Augen kennenlernen, so komm' zur Kriegsmarine. [...]*[10]

Die Deutschen, jung wie alt, waren im Dritten Reich viel besser über Niederländisch-Indien informiert als heute über das nun Indonesien genannte Land. Der tropische Archipel, dessen Inseln sich wie ein Gürtel aus Perlen um den Äquator winden, wurde uns im Dritten Reich ganz nah gebracht. Zum Beispiel veröffentlichte die ‚Stuttgarter Illustrierte' in ihrer Ausgabe vom März 1942 einen großen Bildbericht von einem Verfasser Antonescu über *Java, Bali und Sumatra.*[11]

Ein richtiggehender Bali-Mythos entstand jedoch in Deutschland durch mehrere Filme, die nach 1931 in die deutschen Kinos kamen. Zunächst war es der Film *Der Kris* oder *Das flammende Schwert* (englischer Titel: Goona Goona) von André Roosevelt und Armand Denis, der 1928/29 auf Bali gedreht wurde. Walter Spies hatte bei diesem Film beratend mitgewirkt. Der Film wurde 1930 in den USA uraufgeführt und kam 1931 in die deutschen Kinos.

---

10   *Erlebnisbücherei*, Heft 19
11   Archiv AA R27471

Ein noch früherer Film wird von Robert Genin in seinem 1929 erschienenen Buch *Die Ferne Insel: Aufzeichnungen von meiner Fahrt nach Bali* erwähnt. Auf seiner Reise nach Bali durchquerte er auch Java. Darüber schreibt er:

[...] Die herrlichsten buddhistischen Denkmäler sind nahe dabei, und der Kraton, der Sitz des Sultans, hat neuerdings eine große Anziehungskraft für Europa. Ein großer Film, ‚Auf den Höfen des Sultans‘ ist bereits aufgenommen worden. Und was wird heute nicht alles in Zeitungsaufsätzen darüber berichtet! Wir interessieren uns für den Sultan von Dyokya (heute: Yogya, Abkürzung für Yogyakarta)*, als ob er unser leiblicher Vetter wäre. [...]*[12]

Leider ist es mir nicht gelungen Details über diesen frühen, vermutlich sogar ersten Film über Bali herauszufinden.

1933, nur wenige Tage vor Hitlers Machtergreifung war die Erstaufführung von Victor Baron von Plessens Film *Insel der Dämonen*, den er von 1930 bis 1931 mit seinem Kameramann Dalsheim und unter Mitwirkung von Walter Spies auf Bali gedreht hatte.

Abb. 6
Filmplakat aus dem Jahr
1933

Nur drei Jahre später, 1936, war die Erstaufführung eines weiteren Films von Plessen mit dem Titel *Die Kopfjäger von Borneo* in den deutschen Kinos. Beide Filme waren nicht nur in Deutschland, sie waren weltweit ein großer Erfolg. Im Jahre 1941, also schon mitten im Krieg, kam ein neuer Schnitt des Films *Insel der Dämonen* mit dem Titel *Bali - Kleinod der Südsee* in die deutschen Kinos. Dieser Film hat-

---

12 Genin, *Die Ferne Insel*, S. 125

te eine neue Fassung und eine neue Vertonung. Er wurde in deutschen Kinos bis zum Kriegsende gezeigt. Mitten im Krieg war der Film *Bali - Kleinod der Südsee* über die märchenhafte Landschaft mit friedlichen Menschen in einer heilen Welt ein Gegenpol zu den grausamen Erlebnissen an den Kriegsfronten und in den zerstörten Städten.

Die Nationalsozialistische Partei versuchte darüber hinaus, Kulturfilme und Programme im Reichsrundfunk, wie zum Beispiel die Sendung *Bali, das Paradies* (1934), für ihre Zwecke zu missbrauchen. Die Verantwortlichen schreckten nicht einmal davor zurück, den ‚indo-arischen Bluteinschlag‘ der hinduistischen Bevölkerung Balis hervorzuheben.[13]

Berthold Brecht schrieb 1929 sein sehr erfolgreiches Lied *Surabaya Johnny*. Als 1933 alle seine Werke verboten wurden, flüchtete Brecht ins Ausland. *Surabaya Johnny* wurde aber trotz Verbot in privaten Kreisen weiterhin gerne gehört.

In einem Brief vom 24. Dezember 1940 schreibt Rechtsanwalt Dr. Hans Heinrich Hiller, ‚Generalbevollmächtigter für Lichtspiel- und Theaterbetriebe im Generalgouvernement‘, über eine Operette ‚Bali‘ an den *Geheimrat und Gesandten Walther Hewel*:

Als ich das letzte Mal mit Ihnen zusammen war, sprachen wir über Bali und meine geplante Operette. Nun habe ich sie vollendet. Und was könnte ich Schöneres tun, als sie dem Manne zuzueignen, welcher Bali und seine Schönheit aus eigener Anschauung kennt. So lege ich dieses erste Exemplar Ihnen auf den Weihnachtstisch und verbinde damit die herzlichsten Wünsche für ein frohes Fest. Heil Hitler, gez. Hiller.

Bei der handschriftliche Anmerkung von Hewel links unten: *Anlage auf ... [Anm. d. Verf.: unleserlich] Bücherbord im Arbeitszimmer von ...[Anm. d. Verf.: unleserlich, eventuell ‚H‘]* ist kaum anzunehmen, dass Hewel dieses Kürzel respektlos für Hitler benutzte.[14] Nachforschungen betreffend der ‚Operette Bali‘ blieben leider in Deutschland und Ungarn ohne Erfolg. Diese Operette scheint verschollen zu sein. Allerdings lief 1939 in Ungarn ein Film mit dem Titel *Mámoros Báli éj* (Berauschtes Bali). Ob dieser Film mit der oben genannten Operette identisch ist, konnte ich auch nicht in Ungarn klären.[15]

Die Filme, Bücher und Berichte über das tropische Niederländisch-Indien waren sicherlich auch eine Art Reise-Ersatz während der Isolation der Kriegsjahre. In der deutschen medialen Darstellung des Dritten Reichs war Bali das Paradies unserer Welt. Bali wurde zum Ort der Sehnsucht hochstilisiert. Die Deutschen suchten eine friedliche paradiesische Alternative zu der

---

13 Gottowik, *Die Ethnographen...*, S. 202f
14 Archiv AA R27468. (Die kursiv geschriebenen Textteile sind Originalzitate.)
15 www.szineszkonyvtr.hu

modernen westlichen Lebensweise und der andauernden Bedrohung und Angst durch den von Hitler verursachten Zweiten Weltkrieg.

Auch in Niederländisch-Indien wurden deutsche Filme von der einheimischen Bevölkerung mit großer Begeisterung aufgenommen. Immer häufiger wurden während des Dritten Reichs Filme wie die Neuinszenierung der *Czardasfürstin* mit Martha Eggerth und Georg Jacoby von 1934 oder Filme mit der Schauspielerin Karin Hardt in den Hauptrollen in den Kinotheatern Niederländisch-Indiens gezeigt. Martha Eggerth wirkte zwischen 1933 und 1938 in 14 Filmen, Karin Hardt von 1933 bis 1945 in 10 Filmen mit, meist in den Hauptrollen. Beide Filmschauspielerinnen waren bei der einheimischen Bevölkerung äußerst beliebt.

Besonderes Aufsehen erregte der 1933 gedrehte U-Boot-Film *Morgenrot* mit Hans Albers. Die Kinotheater in Niederländisch-Indien waren bei jeder Vorführung eines deutschen Films bis auf den letzten Platz besetzt. Es war eine Form von Propaganda, die die Sympathie der einheimischen Bevölkerung gegenüber Deutschland noch weiter verstärken sollte. Um auch die Aufmerksamkeit der Niederländer auf die deutschen Filme zu lenken, waren bei einer Premiere in Batavia die Werbeplakate oft größer als das Kinotheater selbst.[16]

Als ich 1963 nach Indonesien kam, beklagten sich viele Indonesier, dass seit Kriegsende kein deutscher Film mehr in Indonesien gezeigt wurde. Daraufhin beschaffte ich mir über die Presse- und Informationsstelle des Auswärtigen Amtes deutsche Filme und organisierte für indonesische Freunde und Kunden private Filmvorführungen in meinem Haus in Jakarta. Diese Vorführungen kamen so gut an, dass ich immer wieder zu einer baldigen Wiederholung gedrängt wurde. Erst Mitte der 1970er Jahre kam wieder offiziell ein deutscher Spielfilm in indonesische Kinos.

Der deutsche Maler und Musiker Walter Spies ist im Zusammenhang mit den oben genannten Büchern und Filmen schon mehrfach erwähnt worden: Walter Spies kam 1923 nach Java und 1927 nach Bali. Auf Bali wirkte er bis zu seinem Tod im Jahre 1942. Leider ist der außergewöhnliche Künstler Walter Spies in Deutschland fast nur in Fachkreisen bekannt, während sein Name in der internationalen Kunstwelt und besonders in der balinesischen – mehr als 70 Jahre nach seinem Tod – immer noch voller Bewunderung genannt wird. Walter Spies war der Brückenbauer zwischen den Kulturen.

Der deutsche Architekt Curt Grundler entwarf 1910 das ethnographische ‚Museum Bali' in Denpasar. Bereits 1917 wurde das Museum durch den Ausbruch des Vulkans Gunung Batur und die nachfolgenden Erdbeben zerstört. Durch die Initiative von Walter Spies wurde das Museum in sei-

---

16   Wilson, *Orang dan Partai Nazi...*, S. 110

ner heutigen Gestaltung neu errichtet. Spies war der erste Kurator des 1932 neu eröffneten Museums. 1936 gründete er zusammen mit Tjokorde Gede Agung Sukawati, dem balinesischen Maler I Gusti Nyoman Lempad und dem niederländischen Maler Rudolf Bonnet die Künstlervereinigung Pita Maha, der bis zu 150 balinesische Künstler angehörten.

Abb. 7
Walter Spies mit Äffchen
und Kakadu

Das Buch *Liebe und Tod auf Bali,* das Vicki Baum als Gast von Walter Spies und mit dessen fachlicher Beratung schrieb, wurde 1937 veröffentlicht. Es wurde sofort zum Bestseller und ist ein Klassiker geblieben. Das Buch hat bis heute von seiner Faszination nichts verloren.

Nicht nur während des Dritten Reichs, auch nach Kriegsende war die Begeisterung für die neue Republik Indonesien ungebrochen. Eine Flut von Jugendbüchern und Abenteuerromanen über Java, Sumatra, Celebes, Neuguinea und Bali war noch aus den Kriegsjahren auf dem Markt. Neue Bücher und Wiederauflagen alter Bücher kamen hinzu. Zum Beispiel wurden alle Jugendbücher von dem Forschungsreisenden, Geographen und Ethnologen Karl Helbig über die indonesische Inselwelt, wie *Tuan Gila – Ein verrückter Herr wandert auf Sumatra* oder *Til kommt nach Sumatra – Das Leben eines deutschen Jungen in den Tropen* nach Kriegsende neu aufgelegt. Alleine von Karl Helbig sind 19 Bücher über Niederländisch-Indien erschienen.

Während in Indonesien nach Ende des Zweiten Weltkriegs ein grausamer Kolonialkrieg der Niederländer gegen die freiheitsliebenden Indonesier tobte, begrüßten wir Schüler uns nach Kriegsende friedlich mit dem malaiischen Grußwort *Tabeh Tuan.* Von den Gräueltaten der Niederländer, die sie bei dem Versuch, ihre ehemalige Kolonie zurückzuerobern verübten, erfuhren wir nichts – nicht wir Kinder, aber auch nicht die Erwachsenen. Die Niederländer verstanden es geschickt, ihre an der indo-

Abb. 8
Walter Spies, The Village Street

nesischen Bevölkerung begangenen Verbrechen viele Jahrzehnte lang zu vertuschen.

Diese Flut von Büchern und Filmen kann nicht alleine die Ursache für Hitlers besonderes Interesse an Niederländisch-Indien gewesen sein. Außer den vielfältigen Rohstoffen des Archipels muss es einen weiteren Grund gegeben haben, durch den seine Aufmerksamkeit auf dieses Land fiel.

Der bereits erwähnte Walther Hewel wurde der vielleicht engste Berater und Vertraute Hitlers, ja, es entwickelte sich sogar eine dauerhafte lebenslange Freundschaft zwischen den beiden. Bis zum Tod Hitlers blieb Hewel einer seiner wenigen persönlichen Freunde. Dieser Mann fesselte mich und ich begann über ihn zu recherchieren.

War Walter Hewel der Schlüssel für Hitlers Interesse an dem an Bodenschätzen so reichen Archipel? Es scheint so! Hitler selbst war nie in Niederländisch-Indien, aber das Land der vielen Tausend Inseln wurde ihm – wie wir noch sehen werden – durch Walther Hewel näher gebracht!

Neben meiner Mutter und meinem Geographie-Lehrer weckten besonders die vielen Jugendbücher und Abenteuer-Serienhefte jener Zeit mein Interesse für Niederländisch-Indien. So kam es, dass ich als Schuljunge in einer kleinen Stadt in Süddeutschland schon von den exotischen Großen und Kleinen Sundainseln träumte. Mein Traum wurde wahr. Ich durfte 18 Jahre in dem wunderschönen Land mit seinen freundlichen und kultivierten Menschen wirken.

Obwohl die Literatur über Niederländisch-Indien im Dritten Reich eine so große Rolle spielte, wurde die deutsche Bevölkerung in den Medien über den Einsatz deutscher Soldaten in Südost-Asien so gut wie nicht informiert. Das Augenmerk lag auf dem Seekrieg im Atlantik und der West- und Ostfront. Der Großteil der deutschen Bevölkerung hat sogar bis heute wenig Ahnung über die Kriegsschauplätze im Indischen Ozean und der Javasee. Dieses Buch möchte diese Lücke schließen.

5. Walther Hewel und Adolf Hitler sowie Emil Helfferich, Freiherr von Trott und Ernst A. Bohle

Walther Hewel hatte schon durch seine Familie eine enge Beziehung zu Niederländisch-Indien. Sein Vater, Anton Hewel, war Gesellschafter einer Kakaofabrik auf Java. Nach dessen Tod im Jahre 1913 führte seine Mutter Elsa, eine geborene Freiin von Lindenfels, die Firma weiter. Die Familie der Mutter und deren Vorfahren hatten ausgedehnte verwandtschaftliche Verbindungen nach England.

Walther[17] Hewel wurde nach seinen eigenen Angaben am 25. März 1904 in Köln geboren.[18] Im Verzeichnis des Bundesarchivs wird fälschlicherweise der 25. April 1904 genannt und im Internet kursiert der 2. Januar 1904 als Geburtstermin. Alleine diese Differenzen zeigen schon, wie wenig in der Vergangenheit über diesen Mann recherchiert wurde. Nach erfolgreichem Abschluss des Abiturs und einem Praktikum in Köln studierte er ab 1923 an der Technischen Universität in München die Fachrichtungen Technik und Wirtschaftsingenieur.

Abb. 9
Walther Hewel (Oktober 1940)

Schon früh suchte Walther Hewel die Nähe zum Nationalsozialismus und wurde Mitglied des nationalsozialistischen paramilitärischen Verbandes ‚Stoßtrupp Hitler‘, eines Vorläufers der SS (Schutzstaffel der Nationalsozialistischen Deutschen Arbeiterpartei NSDAP). Der ‚Stoßtrupp Hitler‘ wurde zunächst zum persönlichen Schutz Hitlers gegründet. Der Student Hewel beteiligte sich im November 1923 als Fahnenträger am Hitlerputsch in München und wurde danach wegen Beihilfe zum Hochverrat zu 30 Goldmark Strafe und drei Monaten Haft auf Bewährung verurteilt. Nachdem er wegen weiterer Aktivitäten für die NSDAP

---

17 in einigen Briefen und Dokumenten auch ‚Walter‘
18 s. Anlage 6, Heiratsurkunde und Abb. 16, SS Karteikarte

erneut aufgefallen war, wurde die Bewährung aufgehoben und er musste seine Strafe in der Haftanstalt Landsberg antreten.

Hier, in der Festungshaftanstalt Landsberg, lernte der Student Hewel die Mitgefangenen Hitler und Rudolf Hess näher kennen. Walther Hewel, der in der Zelle neben Hitler untergebracht war, betätigte sich während der Haft als Kammerdiener Hitlers. Rudolf Hess, der Sekretär Hitlers, wurde ab 1933 Hitlers Stellvertreter. Hewel hatte sich somit schon sehr früh eine enge und vertrauliche Verbindung zu den beiden mächtigsten Personen des Dritten Reichs aufgebaut.

Nach den Unruhen und der Hektik vor dem Novemberputsch 1923 kam Hitler nun der zwangsweise Ausschluss vom politischen Leben und anderer Aktivitäten zugute. Er diktierte während der Gefangenschaft sein zweibändiges Werk *Mein Kampf* seinem damaligen Sekretär Rudolf Hess. Auch Hitlers Ideen von einer Autobahn durch Deutschland oder einem für jeden erschwinglichen ,Volkswagen' nahmen hier Gestalt an.

Hitler hatte in der Haftanstalt Landsberg mit seinen rund 40 Mithäftlingen vom Novemberputsch komfortable Haftbedingungen und alle Freiheiten. Es war im Grunde ein angenehmer Aufenthalt. Hier wurden Pläne geschmiedet und Feste gefeiert. Hitler wurde in der Haftanstalt 35 Jahre alt und wurde mit vielen Blumen und Geschenken gefeiert. Alle Sonderwünsche wurden ihm von der Gefängnisleitung erfüllt. Bis zu sechs Stunden täglich konnte Hitler Besucher empfangen. Selbst die Mahlzeiten konnte er gemeinsam mit seinen Mithäftlingen an einer langen Tafel unter der Hakenkreuzfahne einnehmen.[19]

Hewel wurde am 30. Dezember 1924 auf Betreiben Hitlers vorzeitig auf Bewährung aus der Haftanstalt entlassen. Hitler selbst kam bereits zehn Tage vor Hewel frei.[20]

Während seiner Festungshaft war Hitler nicht untätig. Er schrieb nicht nur sein Buch *Mein Kampf,* er bekehrte auch das Gefängnispersonal zum Nationalsozialismus. Als Hitler die Festung Landsberg verließ, sagte der Anstaltsleiter, Gefängnisdirektor Leybold: *Ich glaube heute bin ich selbst Nationalsozialist.*[21]

Seit der gemeinsamen Haft bestand ein dauerhafter enger Kontakt zwischen Hewel, Hitler und Hess. Rudolf Hess, als Sohn einer deutschen Kaufmannsfamilie in Alexandria in Ägypten geboren und aufgewachsen, sprach fließend Arabisch. Er war weltoffen und an fernen Ländern interessiert,

---

19 Fest, *Hitler,* S.287ff
20 s. Anlage 4, Hewels Lebenslauf
21 Dokument Festungshaft von Manfred Deiler, www.buergervereinigung-landsberg.de

genauso wie Hewel. Der weitere Lebensweg von Hewel wurde sicherlich nicht nur durch die Verbindung seiner Familie mit Niederländisch-Indien geprägt, sondern auch durch seine Freundschaft mit Hess. Sie hatten eine gemeinsame Basis, den Nationalsozialismus und ihre Bewunderung für Hitler, und beide schwärmten von fernen Ländern. Durch ihre Verbindungen ins Ausland wünschten sich beide, dass alle Auslandsdeutschen noch enger zu einer Volksgemeinschaft zusammenwachsen sollten.

Walther Hewel wurde durch die gemeinsame Haft mit Hitler schon früh in den innersten Kreis der Berater um Hitler aufgenommen. Die enge Freundschaft mit Hitler und Hess legte den Grundstein für Hewels steile Karriere im Dritten Reich. Aber wie kam nun eine Verbindung Hitlers mit dem damaligen Niederländisch-Indien zustande? Wie kann es sein, dass bis heute die Hitler-Forschung dem Leben von Walther Hewel mit seiner engen Bindung zu Hitler keinen Raum eingeräumt hat? Das regte mich zu meinen eigenen Recherchen an, und ich war überrascht, welch außergewöhnliches Material in deutschen und indonesischen Archiven zu Tage gefördert wurde. Ich bin sicher, dass in den kommenden Jahren weiteres Material über diesen Mann gefunden werden wird. Meine Nachforschungen können nur ein Anfang sein. Zunächst müssen wir jedoch noch einige Jahre aus Hewels Jugend betrachten.

Abb. 10
Schiffsticket von Walther Hewel von Amsterdam nach Batavia mit der SS Rembrandt

Noch während seines Studiums wurde Walther Hewel auf besonderen Wunsch Hitlers zu einer Veranstaltung des ‚Nationalklubs von 1919' am 28. Februar 1926 ins Hotel Atlantik in Hamburg eingeladen.[22] Nach abgeschlossenem Studium ging Hewel im Jahre 1926 nach Großbritannien, um seine englischen Sprachkenntnisse zu vervollkommnen. Dort nahm er mit dem Plantagenkonzern ‚Anglo-Dutch Plantations of Java Ltd', 5 & 7 Eastcheap, London, Kontakt auf. Auf eigene Faust reiste er nach Java, um – wie er sagte – die Welt kennen zu lernen.[23] Am 9. März 1927 fuhr Hewel in

---

22   s. Anlage 2, Einladungsschreiben
23   s. Anlage 4, Hewels Lebenslauf

der Zweiten Klasse mit der *SS Rembrandt* der niederländischen Schifffahrtsgesellschaft ‚Stoomvaart-Maatschappij Nederland' aus Amsterdam ab. Das
Ziel war Batavia.

Hewel arbeitete knapp zehn Jahre auf dem ‚Neglasari Estate' bei Garoet
(heute: Garut) im westlichen Teil Javas. Er konnte in der Hierarchie der
‚Anglo-Dutch Plantations of Java Ltd' bis zum ‚Leitenden Assistenten' auf-
steigen. Das war eine wichtige Position direkt unter dem Verwalter.

Aus Neglasari ist ein freundschaftlicher Brief Hewels vom 7. Oktober
1933 an Dr. Karl Aloys Schenzinger erhalten geblieben, in welchem er ihm
Briefe aus der Festungshaft in Landsberg zur Veröffentlichung überlässt. In
dem Brief erwähnt Hewel die Monatsschrift *Der Braune Reiter*. Herausgeber
und Schriftleiter dieses nationalsozialistischen Hetzblattes war Dr. Schenzinger. Die Monatsschrift erschien von 1933 bis Ende 1940 in Berlin.

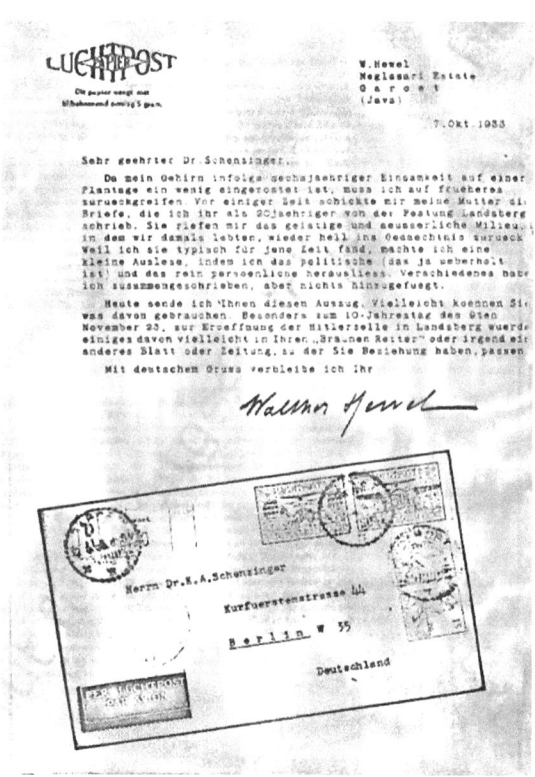

Hewel und Schenzinger
müssen sich schon seit
den 1920er Jahren ge-
kannt haben. Dr. Schen-
zinger war Arzt und
ein Starautor der natio-
nalsozialistischen Bewe-
gung. Sein Jugendbuch
Der Hitlerjunge Quex
erreichte von 1932 bis
1945 eine Auflage von
über 500.000 Stück.
1933 wurde das Buch
verfilmt. *Der Hitlerjun-
ge Quex* war der erste
Nazi-Propagandafilm,
der speziell für die deutsche Jugend gemacht
wurde. Der Reichsju-
gendführer Baldur von
Schirach hat für diesen
Film eigens den Text für
das Lied *Die Fahne flat-
tert uns voran* verfasst.
In den Büchern von Dr.
Schenzinger kam seine

Abb. 11
Schreiben Hewels an Dr. Schenzinger vom 7. Oktober
1933

Sympathie für Hitler deutlich zum Ausdruck und die Ziele des Nationalsozialismus wurden immer wieder hervorgehoben, obwohl Schenzinger selbst nie eingetragenes Mitglied der NSDAP war. Neuauflagen seiner Bücher wie *Anilin* (Erstauflage 1934) und *Metall* (Erstauflage 1939) wurden neben vielen anderen auch in der Nachkriegszeit zu auflagestarken Bestsellern. Schenzinger konnte seinen Ruhm aus dem Dritten Reich uneingeschränkt in die Nachkriegszeit hinüber retten.

Walther Hewel muss Anteile seines Stammhauses, der ‚Anglo-Dutch Plantations of Java Ltd‘, besessen haben, denn unter seiner Privatkorrespondenz fand ich Briefe dieser Gesellschaft, die auf Dividendenzahlungen aus Großbritannien für die Jahre 1936, 1937 und 1938 hinwiesen, also für einen Zeitraum, in dem Hewel bereits bei Hitler in Deutschland war.[24]

Auch bei der Gründung von Ortsgruppen der NSDAP in Niederländisch-Indien spielte Walter Hewel eine wichtige Rolle. Bereits 1931 erfolgten die ersten Zusammenschlüsse von Organisationen, die Hitler unterstützten. Wie Augenzeugen berichteten, standen im November 1933 rund 1.000 Deutsche vor dem NSDAP-Parteibüro in Batavia, um sich als Mitglieder der Partei eintragen zu lassen.[25] Neben der NSDAP gab es zu jener Zeit noch den rechten ‚Vaterländischen Club‘ mit knapp 10.000 Mitgliedern.

Nach Hitlers Machtergreifung im Jahre 1933 wurden im Ausland die verschiedenen NSDAP-Zusammenschlüsse und andere rechtsextreme Gruppierungen straff in Ortsgruppen organisiert. Hitler versuchte, in ausgesuchten Ländern, besonders in Nord- und Südamerika sowie in Indien und Fernost, durch seine nationalsozialistische Ideologie Fuß zu fassen. Fest etablierte Nazi-Organisationen gab es in Indien, Japan, China, Australien und Niederländisch-Indien. Deutsche Schulen, Kirchen und deutsche Zeitungen in diesen Ländern erhielten eine finanzielle Unterstützung durch die Reichsregierung.

Ende der 1920er Jahre lebten etwa 357.000 Reichs- und Volksdeutsche in Asien und auf den Pazifischen Inseln. Das Hitler-Regime trennte die Deutschen in ‚Reichsdeutsche‘, das waren Deutsche mit deutscher Staatsangehörigkeit, und in ‚Volksdeutsche‘, das waren Deutsche mit deutschen Wurzeln, zum Beispiel diejenigen Deutschen, die die niederländische Staatsangehörigkeit angenommen hatten. Durch die bereits erwähnten Besuche deutscher Kriegsschiffe in Niederländisch-Indien und die Unterstützung deutschsprachiger Zeitungen und Einrichtungen wurde versucht, die Bindung der Auslandsdeutschen an ihre ursprüngliche Heimat Deutschland zu intensivieren.

---

24   AA, R 27480
25   Wilson, *Orang dan Partai...*, S. 109

Aufgrund der ausgeprägten Handelsbeziehungen mit Niederländisch-Indien war Hitler besonders an einem verstärkten Einfluss in dieser Region interessiert. Deutschland bezog von dort neben Lebensmitteln wie Kokosfett oder Sago auch Gummi, Zinn, Öl, Tabak, Chinin sowie das für die deutsche Industrie besonders wichtige Aluminiumerz Bauxit.

Alle offiziellen deutschen Positionen in Niederländisch-Indien wurden nach 1933 mit regierungstreuen Beamten besetzt. So war F. K. Trautmann, der 1. Landesgruppenleiter der ,NSDAP Niederländisch-Indien', ein überzeugter Nationalsozialist. Beruflich war er der Administrator der ,Kedondong Plantage' bei Lampong in Süd-Sumatra. Ebenfalls ein überzeugter Nationalsozialist war der Leiter des Deutschen Konsulats in Batavia, Konsul Tiemann. Seinen liberalen Vizekonsul, Dr. Kleiber, wollte er loswerden. Aufgrund einer vorgeschobenen Frauenaffäre wurde dieser dann 1937 nach Deutschland zurückgerufen.[26]

Das Deutsche Konsulat im ehemaligen Batavia war die zentrale Leitstelle für die Verbreitung nationalsozialistischen Gedankenguts in Niederländisch-Indien. Das Konsulat war der Deutschen Botschaft in Tokyo in Japan unterstellt. Teile des ehemaligen Konsulats in Batavia sind bis heute erhalten geblieben. Sie sind nun ein Teil des Komplexes der US-amerikanischen Botschaft in Jakarta.

Schon lange vor dem Dritten Reich gab es in Niederländisch-Indien, in Singapur und Malaya viele deutsche Bürger, die national eingestellt waren und Vereinigungen, die diese Ideologie pflegten. Beispiele hierfür sind in Niederländisch-Indien die ab 1915 herausgegebene Halbmonats-Zeitschrift *Deutsche Wacht*, der ebenfalls 1915 gegründete ,Deutsche Bund' mit 3.000 Mitgliedern und das am 26. November 1926 in bester Lage am Koningsplein im Stadtteil Weltevreden von Batavia eingeweihte ,Deutsche Haus'. Gründer und Initiator dieser drei Einrichtungen war der deutsche Kaufmann Emil Helfferich.

Der Kaufmann Emil Helfferich war ein herausragendes Beispiel für die nationale Einstellung vieler Deutscher in Niederländisch-Indien. Er handelte zunächst mit Pfeffer und leitete später das ,Straits and Sunda Syndicate'. Er war Anfang des 20. Jahrhunderts eine bedeutende Persönlichkeit unter den deutschen Kaufleuten in Niederländisch-Indien.

Emil Helfferich kam 1899 in Penang in Malaya an und ging kurze Zeit später nach Süd-Sumatra, um dort seine erste eigene Firma zu gründen. Später wirkte er in Batavia, wo auch seine Glanzzeit war. Neben seinen Aktivitäten für den ,Deutschen Bund' und seinen regelmäßigen Beiträgen für die

---

26 *Journal of Contemporary History,* April 1977, Vol. 12 und *McKale: The Nazi Party in the Far East, 1931-45,* S. 291 und 300

Deutsche Wacht, bemühte er sich sehr um eine Festigung der deutschen Wirtschaftsbeziehungen mit Niederländisch-Indien. 1924 gründete Emil Helfferich die erste deutsche Auslands-Handelskammer in Niederländisch-Indien. 1928 kehrte er nach Deutschland zurück.

Abb. 12
Einweihung des Deutschen Hauses am 26. November 1926, Emil Helfferich ist vorne Mitte in Schwarz

Bei der Gründung der Halbmonatsschrift *Deutsche Wacht* im Januar 1915 sagte Helfferich: *Um der gegen die Deutschen gerichteten feindlichen Kriegspropaganda zu entgehen, musste ein Organ gegründet werden, das den deutschen Standpunkt vertritt.* Helfferichs Reden und Beiträge für die Zeitschrift waren voll von glühendem Patriotismus – es war bereits Nationalismus! Seine Reden in dem Buch *Dienst am Vaterland*, das ihm anlässlich seines 60. Geburtstag am 17. Januar 1938 von den ‚Gefährten seiner Tropenjahre‘ überreicht wurde, legen ein Zeugnis davon ab. Helfferichs Zeitschrift *Deutsche Wacht* zeigte eindeutig nationalsozialistische Tendenzen. Laufend werden Worte verwendet, wie: *Dienst am deutschen Vaterland; Vaterlandsliebe; Blutopfer; vaterländischer Stolz; Deutschtum; deutsches Heldenvolk* und *heilige Pflicht fürs Vaterland.* Er redet vom *deutschem Drang nach Höherem und Reinerem;* von *Blut und Eisen;* der *Geschichtsarmut und Mangel an guter Kinderstube Amerikas* und dem *Antagonismus, der zwischen Holländern und Deutschen besteht.*

Abb. 13
Emil Helfferich, Batavia 1927

Emil Helfferich wurde nach seiner Rückkehr nach Deutschland Vorsitzender des Aufsichtsrats der ‚Hamburg-Amerikanischen Paketfahrt-Actien-Gesellschaft' (HAPAG) und Vorsitzender des einflussreichen ‚Ostasiatischen Vereins' (OAV) in Hamburg. Er behielt diese Positionen auch nach Kriegsende bei.

Da Walther Hewel ein Jahr vor Emil Helfferichs Abreise aus Batavia dort eintraf, ist so gut wie sicher, dass sich die beiden bereits aus der gemeinsamen Zeit in Niederländisch-Indien persönlich kannten. Beide waren prominente Persönlichkeiten innerhalb der deutschen Gemeinschaft Niederländisch-Indiens. Auf jeden Fall fand Walther Hewel bei seiner Ankunft in Niederländisch-Indien im Jahre 1927 bereits ein durch Helfferich gut vorbereitetes Feld und eine stark national bis nationalistisch eingestellte deutsche Gemeinschaft vor.

Deutsche Wacht

Schriftleitung und Geschäftsstelle,
Batavia-Centrum,
Kebon Sirih 12.

Bezugspreis im voraus zahlbar; für Niederländisch-Indien jährlich fl 12.- für Ausland fl 15.-

No. 5 — Batavia, 14. März — 1939

Kolonialpolitik und Rassenfrage
Die Kolonialgesetze der europäischen Nationen.

In der ausländischen Presse hat man verschiedentlich versucht, die Erörterungen in der Kolonialfrage damit abzutun, dass der deutsche Rassenstandpunkt die Übertragung eines Mandates von vornherein verbiete und unmöglich mache. Denn, so sagte man, aus allgemein menschlichen Gründen könne man den Eingeborenen eine deutsche Schutzhoheit nicht zumuten. Selbst die Engländer, die einen ausgesprochenen Rasseninstinkt besitzen und diesen in ihrer kolonialen Praxis nie verleugnet haben, wenn sie auch weniger davon gesprochen haben, haben diesen Vorwand aufgegriffen und glaubten damit, die Angelegenheit im Keime zu ersticken.

Diese bekannten Ablenkungsmanöver können auch nämlich getauft oder nicht getauft — unterschied, blieben dennoch dank dem meist vorherrschenden Instinkt und dank der persönlichen Disziplin der Mehrzahl der Weissen die Rassenunterschiede allgemein erhalten. Erst im 18. Jahrhundert reifte die grundsätzliche Änderung heran. Man besann sich nun, im Zeitalter des aufkommenden Liberalismus und der Aufklärung, der „allgemein menschlichen Verpflichtungen", die ein Herrenvolk gegenüber seinen Kolonien besitzt.

Auf Grund seiner rassisch bedingten Weltauffassung, dass nämlich er allein der Träger der wahren Kulturerkenntnis sei, erkannte z.B. der Franzose seine Aufgabe zur „Menschheitsbeglückung". Für

Abb. 14
‚Deutsche Wacht', Batavia, 14. März 1939, Kolonialpolitik und Rassenfrage

Sie müssen sogar gut befreundet gewesen sein, denn nach Hewels Rückkehr in die alte Heimat gab es einen regen freundschaftlichen Schriftwechsel zwischen ihnen. Unter den 139 Weihnachts- und Neujahrsgrüßen, die Hewel zum Jahreswechsel 1938/39 versandte, war neben einem für Gretl Braun, der Schwester von Hitlers Geliebten Eva Braun, auch einer an Emil Helfferich dabei.

In einem Brief Hewels an den *Lieben Staatsrat Helfferich* vom 24. August 1940 bedankte sich Hewel für zwei Postkarten, die er von Helfferich aus Japan erhielt. Hewel schreibt:

[...] Es hat mich riesig gefreut und nicht weniger geehrt, dass Sie in diesem fernen Land, bei den großen Aufgaben, die Sie dort in Händen hatten, an mich gedacht haben. [...][27]

In einem weiteren Schreiben Hewels vom 30. September 1940 an den *Lieben Staatsrat Helfferich* bittet er diesen, ihm die Kopie einer statistischen Zusammenstellung über Niederländisch-Indien zu überlassen, da *[...] ich mich gerne über Niederländisch-Indien weiter informieren möchte, um dem Führer, der sich öfters über Indien*[28] *erkundigt, Auskunft erteilen zu können. [...]*[29] Das Antwortschreiben Emil Helfferichs vom 2. Oktober 1940, adressiert an den *SS-Standartenführer Walther Hewel, Leiter des Persönlichen Stabes des Reichsministers des Auswärtigen* und den *Lieben Parteigenossen Hewel* ließ nicht lange auf sich warten. Helfferich übersandte Hewel die gewünschte Ausarbeitung. In einem weiteren Schreiben bittet Hewel um zwei Hefte der Reiseskizzen und der Vorträge, die Helfferich in Japan hielt. Hewel wollte diese dem ‚Führer‘ vorlegen.[30] Aller Schriftverkehr, der Niederländisch-Indien und den Fernen Osten betraf, lief über Hewels Schreibtisch.

Helfferich reiste im Jahre 1938 mit der Transsibirischen Eisenbahn zu Wirtschaftsgesprächen nach Mandschukuo und Japan. Er versuchte vergeblich, den Ostasien-Handel mit Deutschland zu beleben. Da aber seine überlieferten Reden in Japan von Anfang 1940 datieren, ließ sich nicht klären, ob es sich um eine erneute Reise handelt oder ob Helfferich sich die ganze Zeit über in Fernost aufgehalten hatte. Seine Reden in Japan beinhalteten nicht nur wirtschaftspolitische Themen, sie sprühten auch von nationaler Begeisterung:

[...] Hitler hat es verstanden, sein Volk aus den Niederungen, aus dem Sumpf des Daseins auf die Höhe der Menschheit zu führen. [...] Er hat ein armes,

---

27   AA, Handakte Hewel 2, R 27469

28   Die Niederländer und die in Niederländisch-Indien ansässigen Deutschen nannten die niederländische Kolonie im Gegensatz zu ‚Britisch-Indien‘ nur ‚Indien‘

29   AA, Handakte Hewel 2, R 27469

30   AA, Handakte Hewel 2, R 27469 und IfZ, persönliche Unterlagen Hewel

niedergetretenes, zersetztes, demoralisiertes, an sich selbst verzweifeltes Volk wiederaufgerichtet. [...][31]

Im Dritten Reich war Emil Helfferich tief im Nationalsozialismus verwurzelt. Hitler beauftragte schon vor der Machtergreifung Wilhelm Keppler, den Aufsichtsrats-Vorsitzenden der ‚Braunkohle Benzin AG‘ und Aufsichtsrats-Mitglied der ‚Continentale Öl AG‘, ein Treffen der hanseatischen Wirtschaftsgrößen zu arrangieren. Dieses Treffen fand am 30. April 1932 im Beisein von Hitler und Rudolf Hess in Berlin statt. Emil Helfferich nahm neben dem Industriellen Friedrich Flick, dem Bankier Hjalmar Schacht, den leitenden Herrn von IG-Farben und anderen Wirtschafts- und Bankfachleuten an diesem Treffen teil. Dies war die Geburtsstunde des so genannten ‚Keppler-Kreises‘. Der Keppler-Kreis wurde später in ‚Freundeskreis Himmler‘ oder ‚Freundeskreis Reichsführer SS‘ umbenannt. Diese Vereinigung unterstützte den Reichsführer der SS, Heinrich Himmler, mit enormen finanziellen Zuwendungen. Helfferich blieb bis Kriegsende Mitglied dieses Kreises. Wilhelm Keppler war ab 1933 Abgeordneter des Reichstags und Staatssekretär im Auswärtigen Amt, und einer der wichtigsten Verbindungsleute zu dem indischen Freiheitskämpfer Subhas Chandra Bose. Trotz seiner Staatsämter blieb er nach Kriegsende weiterhin Aufsichtsrats-Vorsitzender der ‚Braunkohle Benzin AG‘ und Aufsichtsrats-Mitglied der ‚Continentale Öl AG‘.[32]

1933 trat Hewel in die NSDAP-Auslandsorganisation ein und nahm dort die Positionen als Dezernent der niederländisch-indischen Außengebiete, als Wirtschaftsstellenleiter der Ortsgruppe Bandung und als Pressereferent der Landesgruppe Niederländisch-Indien ein.[33] Die ‚NSDAP Niederländisch-Indien‘ war nach der in China die zweitgrößte Organisation in der Region Asien-Pazifik.

Hewel schien als Pressereferent in der Presse Niederländisch-Indiens nicht besonders aktiv gewesen zu sein. In den vielen Exemplaren der *Deutschen Wacht*, die in der Nationalbibliothek in Jakarta aufbewahrt werden, konnte ich nur wenige Hinweise auf Walther Hewel finden. Aufgrund der Menge des Materials war zugegebenermaßen eine wirklich eingehende Durchsicht nicht möglich. Hier sind zwei Beispiele mit Bezug zu Hewel:

Der stellvertretende NSDAP-Landesgruppenleiter Niederländisch-Indiens, Wickel, durfte Hitler und seinem Stellvertreter Rudolf Hess 1934 die

---

31 Helfferich, *Vorträge in Japan, März – April 1940, vor der Japan Economic Federation, Tokyo*

32 Bucher Gruppe, *Freundeskreis Himmler*, Books Llc2010

33 IfZ, Fa 74/39 Hewel

Grüße der Landesgruppe Niederländisch-Indiens persönlich überbringen. Beim Abschied sagte Hitler zu Wickel: *Übermitteln Sie Hewel meine Grüße.*[34]

Ein weiterer Hinweis zeigt eine Zeitungskopie, vermutlich aus der *Deutschen Wacht*, mit dem Brief Houston Stewart Chamberlain an Hitler.[35] Hier steht als Einleitung:

Nachfolgende Briefabschrift wurde uns von Herrn W. Hewel, Neglasari, zur Verfügung gestellt, die er während der mit Hitler gemeinsam verbrachten Festungshaft in Landsberg machte. Diesen Brief schrieb der damals 68jährige schwerkranke Houston Stewart Chamberlain, der bekannte Verfasser von ‚Die Grundlagen des 19. Jahrhunderts‘, an Adolf Hitler.

Anschließend folgte in dem Zeitungsausschnitt der ungekürzte Text des Briefes. Da Chamberlain diesen Brief am 7. Oktober 1923 an Hitler schrieb, aber Hewel erst dreieinhalb Jahre später, im März 1927, in Neglasari auf Java ankam, denke ich, dass Hewel seine Abschrift des Briefes erst 1927 der Zeitung zur Veröffentlichung übergeben hatte.

Der Leiter der NSDAP/AO Auslands-Organisation, der alle Auslandsaktivitäten der Partei von Hamburg (später Berlin) aus organisierte, war Ernst Wilhelm Bohle. Diese Abteilung war dem späteren Reichsaußenminister Joachim von Ribbentrop unterstellt. Bohle war britischer Staatsbürger, geboren in Bradford/England, der seine Schulbildung in Südafrika erhielt, wo sein Vater eine Professur für Elektrotechnik hatte. Das Studium der Politikwissenschaft und Betriebswirtschaft absolvierte Bohle in Köln und Berlin. Bohle, mit einer Deutschen verheiratet, war von Hitler und seiner Ideologie so fasziniert, dass er als Brite schon 1932 Mitglied der NSDAP wurde. Er war überzeugt, dass er durch seine Kenntnisse über Großbritannien, Afrika und andere Länder sowie mit seiner Muttersprache Englisch für die Nazi-Führung von großem Nutzen sein könne. Bohle war sich sicher, dass nur Hitler Europa vor der, wie er sagte ‚Roten Pest‘, dem Kommunismus, und vor der ‚Verschwörung der Juden‘ retten könne. Im Jahre 1933 schloss er sich auch der SS an. Von 1931 an arbeitete er in der NSDAP/AO und wurde ab 1937 bis Kriegsende der ‚Leiter der Auslands-Organisation im Auswärtigen Amt‘ im hohen Rang eines ‚Gauleiters‘. Bohle war ein Exot in der NS-Hierarchie, und es ist erstaunlich, dass er, ein Bürger mit britischer Staatsangehörigkeit, in der Nazi-Hierarchie so eine führende Position bekleiden konnte. Ende 1937 gab er seinen britischen Pass zurück und wurde deutscher Staatsbürger.

Bohle hatte ein ausgesprochen gutes Verhältnis zu Hess, zu Goebbels und zu Himmler. Sein Verhältnis zu Ribbentrop war eher gestört. Walther He-

---

34 ANRI, *Deutsche Wacht*, No. 1, 1935
35 ANRI, Bei Dokumenten *Deutsche Wacht*, S. 18f, ohne Angabe von Jahrgang und Ausgabe

wel muss als führendes Mitglied der NSDAP in Niederländisch-Indien und Pressereferent der Landesgruppe schon früh Kontakt zu Bohle gehabt haben. Später, als Hewel Verbindungsmann des Auswärtigen Amtes zu Hitler wurde, war dies aufgrund ihrer Positionen zwingend erforderlich. Entsprechende Hinweise habe ich in den bisher gesichteten Unterlagen Hewels allerdings nicht gefunden.[36]

Das Ziel der NSDAP-Auslands-Organisation AO war, die rund 30 Millionen Auslandsdeutschen in aller Welt für die Zwecke der Nazi-Bewegung zu mobilisieren. Hitler, Hess und Bohle sahen es sogar als ihre Mission an, alle Deutschen im Ausland zu einer ‚Volksgemeinschaft' zu vereinen.

Ortsgruppen der NSDAP gab es auf der Insel Java in Batavia, in Bandung, Semarang und Surabaya, auf Sumatra in Medan und Padang, und auf Celebes in Makassar. Die Hakenkreuzfahnen wehten auch im Fernen Osten im Winde – bei den NSDAP Ortsgruppen und den in allen größeren Städten vorhandenen ‚Deutschen Clubs' und ‚Deutschen Vereinen'. In den Wohnzimmern der Deutschen hing das Bild Hitlers, so wie in Wohnzimmern der Niederländer das Bild der Königin Wilhelmine zu finden war.

Wie mir noch in den 1960er Jahren indonesische Veteranen – die im Unabhängigkeitskrieg von 1945 bis Dezember 1949 gegen die Niederländer gekämpft hatten – erzählten, bemühten sich zu Beginn des Zweiten Weltkriegs besonders viele Indonesier um eine Mitgliedschaft in einer der NSDAP Ortsgruppen. Sie wollten sich an der Seite der Deutschen positionieren. Die Indonesier versprachen sich durch Hitler eine Unterstützung ihrer Bestrebungen nach Unabhängigkeit. Die Niederländer wollten natürlich ihre Machtposition erhalten und bestraften alle Indonesier streng, die mit der NSDAP Kontakt aufnahmen.

Es gab natürlich auch Reichsdeutsche, die mit Hitler und seiner nationalsozialistischen Ideologie nicht konform gingen, und nun vermehrt dem Dritten Reich den Rücken kehrten. Sie nahmen die niederländische Staatsangehörigkeit an. Wie wir noch sehen werden, hat ihnen die Änderung der Nationalität wenig geholfen! Dann gab es natürlich auch Deutsche in Niederländisch-Indien die sich sagten: *Was geht uns der Krieg in Europa an – so weit von uns entfernt?* Auch diese hatten sich geirrt!

Ob Reichs- oder Volksdeutscher war für die niederländischen Kolonialherren nach dem Einmarsch der Deutschen Wehrmacht in die Niederlande ohnehin gleichgültig. Für sie waren alle Deutschen, auch diejenigen, die Niederländer geworden waren *Duitsers* – schlimmer noch, alle waren *verdomde Moffen.*

---

36   Hausmann, *Ernst Wilhelm Bohle, Gauleiter…*

Unter den Deutschen in Niederländisch-Indien entstand eine Zwei-klassengesellschaft: Zum einen gab es die ‚Reichsdeutschen' mit deutscher Staatszugehörigkeit. Sie traten im Laufe des Krieges mehrheitlich der NSDAP bei. Die zweite Gruppe waren die ‚Volksdeutschen', die naturalisier-ten Niederländer. Für die Reichsdeutschen waren die Volksdeutschen halbe Holländer und somit unsichere Kandidaten. Nach dem Überfall Hitlers auf die Niederlande wurden nicht nur die Reichsdeutschen interniert, auch die Volksdeutschen, obwohl diese einen niederländischen Pass besaßen. Diese naturalisierten Niederländer mit deutschen Wurzeln mussten wieder leiden: Für die Niederländer waren sie nun halbe Deutsche. Doch dazu später mehr.

Aufgrund seiner breit gefächerte Auslandserfahrung in Großbritanni-en und Niederländisch-Indien, seiner Ausbildung sowie seiner vielfältigen Sprachkenntnisse (Deutsch, Englisch, Französisch, Spanisch, Niederländisch und Malaiisch) konnte Walther Hewel internationale Zusammenhänge außergewöhnlich gut erfassen. Außer seinen hervorragenden Fachkennt-nissen war er ein guter Unterhalter, er war kontaktfreudig und mit seinen guten Umgangsformen konnte er sich sicher in den allerhöchsten internationalen Kreisen selbstbewusst bewegen. Diese wertvollen Fähigkeiten blieben Hitler nicht verborgen. Vielleicht hielt Hitler deshalb seit der gemeinsamen Haft in Landsberg den Kontakt zu Hewel aufrecht.

Hitler scheint Hewels Geburtstag nie vergessen zu haben, auch als Hewel auf der Plantage in Neglasari tätig war. In seinen Unterlagen befinden sich Brie-fe aus Niederländisch-Indien an Hitler, in denen sich Hewel für Geburtstags-geschenke bedankt. Auch später, sogar während des Zweiten Weltkriegs, be-dankt sich Hewel jedes Jahr bei Hitler für Geburtstagsgrüße und Geschenke.[37]

Ende 1935 erhielt Hewel eine persönliche Einladung von Hitler, für ihn in Deutschland tätig zu sein. Hitler bot ihm eine wichtige Position an. He-wel folgte seinem Ruf. Im Januar 1936 trat Hewel seine Rückreise nach Deutschland mit dem Schiff an, das ihn mit geheimen Nachrichten für ver-schiedene Nazi-Organisationen in Fernost über Hongkong nach Shanghai, Nagasaki, Kobe und Tokyo nach Yokohama brachte.

Die NSDAP Auslands-Organisation/AO in Berlin informierte die Lan-desgruppen China und Japan über den Besuch Hewels mit Schreiben vom 21. Januar 1936 auf drei verschiedenen Wegen: per Luftpost, per Schiffs-post, sowie auf dem Landweg über die Transsibirische Eisenbahn. Auf den Schreiben via Luft- und Schiffspost befindet sich der folgende Zusatz:

Die obengenannte gekürzte Fassung ist wegen des Postweges über Sibirien ge-
wählt worden [Anm. d. Verf.: Angst vor Zensur durch Russland?]. Ich wiederhole,
dass die Berufung des Pg. [Parteigenossen] Hewel in die Leitung der A.O. auf eine

37   IfZ, ED 100/79, Fa 74/39 und IfZ, ED 100/78, Eintrag v. 25. März 1941

entsprechende höhere Anweisung [Hitlers] zurückzuführen ist. Pg. Hewel war bisher Pressewart der Landesgruppe Niederländisch-Indien und hat sich auch in dieser Stelle besonders verdient gemacht. Er war der Gefährte des Führers am 9. November 1923 und sein treuer Begleiter in der Festungszeit in Landsberg.

Es liegt mir daran, dass er über die Organisation der beiden Landesgruppen [Anm. d. Verf.: China und Japan] und über alle irgendwie bedeutungsvollen Fragen örtlicher Art rückhaltlos unterrichtet und dass er auch allen Politischen Leitern, soweit diese erreichbar sind, und ebenso auch dem am Ort befindlichen Reichsvertreter bekannt gemacht wird'. Stempel der AO.

Die Unterschrift konnte nicht entziffert werden. Adressaten waren Siegfried Lahrmann in Shanghai und Rudolf Hillmann in Tokyo.[38] Ein ähnlich lautendes Empfehlungsschreiben vom 22. Januar 1936 wurde von der NSDAP Landesgruppenleitung in Batavia abgefasst und Walther Hewel mitgegeben.

Nach Abschluss seiner Mission in China und Japan bestieg Hewel in Yokohama wieder ein Schiff und fuhr über Honolulu nach San Franzisco. Von New York kommend traf er im April 1936 über Hamburg zunächst in Köln ein. Danach erfolgte seine Berufung nach Berlin, wo er sich am 5. Juni 1936 polizeilich anmeldete.

In Berlin machte Walther Hewel eine steile Karriere in der NSDAP. Hewel begann als Hauptstellenleiter der Auslands-Organisation AO der NSDAP. Zunächst war er Ribbentrops ständiger Berater für Großbritannien. Hewel schreibt: *Eine Aufgabe, die mich fast wöchentlich nach England bringt.*[39]

Abb. 15
Polizeiliche Meldebescheinigung, Berlin 5. Juni 1936

---

38   IfZ, ED 100-79-30 und ED 100-79-31
39   IfZ, ED 100/78, Anhang

Schon zuvor, noch bevor Hewel von Hitler nach Berlin gerufen wurde, war Ribbentrop intensiv mit Großbritannien beschäftigt. Im Auftrag von Hitler sollte Ribbentrop Großbritannien an einem Bündnis mit dem Deutschen Reich interessieren und Vorbereitungen für einen Vertrag mit Großbritannien treffen. Großbritannien lehnte jedoch ab. Aber es gelang ihm, 1933 das deutsch-britische Flottenabkommen abzuschließen. Während dieser Zeit gründete Ribbentrop in London die ,Deutsch-Englische Gesellschaft'. Ribbentrop war ein großer Freund Großbritanniens, wurde aber im Laufe der Zeit aufgrund vieler Enttäuschungen zu einem entschiedenen Gegner.

Auch Hewel setzte sich für eine Vertiefung der deutsch-britischen Beziehungen ein. Hier zitiere ich einige Ausschnitte aus einem Brief Hewels vom 27. Juni 1939 an einen Oberstudiendirektor Dr. Hans Becker in Köln. Dr. Becker war in den vergangenen Jahren schon mehrfach mit größeren Schüler- und Studentengruppen nach Newcastle in England gereist. Dieser Schüler- und Studentenaustausch wurde, wie auch ein Bericht im *Newcastle Journal* vom 15. Juni 1938 zeigt, auch in britischen Zeitungen positiv kommentiert. Hier Ausschnitte von Hewels Brief:

[...] Obwohl ich sehr dafür bin, die deutsch-englischen Beziehungen, so wie wir sie in den letzten Jahren betrieben haben, weiter zu fördern, ist natürlich die Frage berechtigt, ob diese Arbeit, welche einen so großen Einsatz erfordert, wirklich heute einen politischen Zweck hat. Wir haben zu oft erfahren, dass die englische Regierung es fertig bringt, unabhängig von den natürlichen Gefühlen des Volkes und auch der Jugend, eine Politik zu verfolgen, welche gegen uns oder besser gegen die Erstarkung unseres Vaterlandes gerichtet ist. Ich selbst, der ich England gut kenne und lange anderer Meinung war, glaube heute auch, dass die englische Politik ausschließlich von zwei- bis dreihundert Menschen oder Familien beherrscht wird, die ihren Weg gehen und das politisch so naive Volk in ihren Händen haben, dass eine Gegenarbeit in Einzelarbeit, so wie wir das getan haben, keinen Einfluss auf die Gestaltung der Politik hat. [...] Erst neulich sprach der Führer in engstem Kreise über das Problem, was aus England geworden wäre, wenn es auf seine Vorschläge eingegangen wäre und eine Politik mit Deutschland betrieben hätte. England hätte praktisch in seinem ganzen weltweiten Reiche heute kein Problem, das es nicht spielend lösen könnte mit der stärksten Militärmacht der Welt an der Seite. Stattdessen glauben die Engländer in ihrer unheilbaren Überheblichkeit immer noch daran, dass sie das Aufblühen des deutschen Staates zu beliebiger Zeit abstoppen könnten. [...] Trotzdem soll man auch den Schüleraustausch weiter pflegen und es ist für unsere Jungens überaus wichtig, gerade mit der englische Jugend in Berührung zu kommen. [...] Ich pendle zur Zeit ständig zwischen Berlin und dem Obersalzberg hin und her. [...][40]

---

40   AA, R 27468, S. 368223-25

Im Zusammenhang mit einer angestrebten Allianz mit Großbritannien kommt auch Ferdinand Adam Freiherr von Trott zu Solz ins Spiel. Schon in früher Jugend war Trott – sicherlich auch beeinflusst durch sein englisches Kindermädchen – sehr anglophil. 1929, im Alter von 20 Jahren, erhielt er einen Studienplatz im Fach Politikwissenschaften an der traditionsreichen Universität in Oxford. Von der Universität erhielt er nach seinem Abschluss noch ein Stipendium für erweiterte Studien. Er trat dem sozialistischen ‚Labour Club‘ bei und gewann viele Freunde unter den Abgeordneten des Unterhauses.

Als Hitler 1933 an die Macht kam, bemühte sich Trott zunächst um eine engere Zusammenarbeit zwischen Großbritannien und dem Deutschen Reich. Als ihm dies nicht gelang, fasste er den Entschluss, einen Widerstand gegen Hitler zu organisieren. Er kehrte nach Deutschland zurück und beteiligte sich zum Schein an Wehrsportlagern. Adam von Trott zu Solz machte mehrere große Reisen in die USA, nach Japan, Korea, Mandschukuo und China. 1938 kehrte er nach Deutschland zurück und erhielt eine Anstellung im Auswärtigen Amt in Berlin. Hier knüpfte er Kontakte zu anderen Mitgliedern des Widerstands, auch zu Claus Schenk Graf von Stauffenberg.

Walther Hewel und Adam von Trott zu Solz trafen 1939 zusammen. In weitestem Sinne war Walther Hewels Mutter, Elsa Freiin zu Lindenfels, mit der Familie von Trott zu Solz verwandt. Hewel begrüßte und unterstützte den Vorschlag von Trotts, seine guten Kontakte in Großbritannien für ein Bündnis oder zumindest einen Nichtangriffspakt zwischen dem Deutschen Reich und Großbritannien zu nutzen. Von Trott trat am 1. Juni 1939 die Reise nach Großbritannien an. Tatsächlich traf er mit Lord Halifax, dem britischen Außenminister, auf dessen Landsitz in Cliveden, sowie mit dem britischen Premierminister Neville Chamberlain in der Downing Street in London und mit einer von Churchills vier Töchtern zusammen. Bei seiner Rückkehr nach Berlin sprach er – vermutlich zu seiner Tarnung – von seiner *tiefen Verbitterung gegenüber der englischen Politik.*[41]

Nach dem Landsitz Cliveden der Astors wurde eine Vereinigung wichtiger und einflussreicher britischer Politiker ‚Cliveden Set‘ genannt. Der Vereinigung gehörten außer Lord Halifax auch der britische Premierminister Neville Chamberlain, Sir Samuel Hoare (1935 Außenminister und 1937 bis 1939 britischer Innenminister), Lady Nancy Astor (britische Politikerin und über ihren Ehemann mit der Astor-Familie in den USA verwandt), John Simon (1935 Innenminister und 1937 bis 1940 britischer Schatzkanzler), Geoffry Dawson (Chefredakteur der britischen Zeitung ‚TIMES‘) und viele andere einflussreiche Personen an. Alle hatten enge Kontakte zur Vereinigung ‚Anglo-German Fellowship‘, die die Freundschaft beider Länder zum

41   Dönhoff, *Um der Ehre willen*, S. 156

Ziel hatte, und betrieben eine Politik der Zurückhaltung Großbritanniens gegenüber den Plänen Hitlers. Ein Ergebnis davon war die Unterzeichnung des Münchner Abkommens durch Neville Chamberlain, das Hitler freie Hand zur Besetzung des Sudetenlands gab. Einerseits wollte das ,Cliveden Set' Konflikte vermeiden, und andererseits sahen sie in Deutschland das Bollwerk gegen den Bolschewismus. Die bekanntesten Gegner dieser Politik waren Winston Churchill, Anthony Eden (von 1940 bis 1945 britischer Außenminister) und der britische Politiker und Diplomat Alfred Duff Cooper.

Im Oktober 1939 wurde von Trott von Edward C. Carter zu einer Konferenz in die USA eingeladen. Carter hatte über amerikanische und chinesische Kommunisten Kontakt zum ,Richard Sorge Spionagering'. Wieder setzte sich Walther Hewel bei Hitler dafür ein, dass von Trott – obwohl der Krieg bereits ausgebrochen war – in die USA reisen durfte.[42] Von Trott wurde im US-Außenministerium empfangen und wurde von Eleanor Roosevelt im Weißen Haus in Washington zum Tee geladen.

1940 trat von Trott in die NSDAP ein, um sein doppeltes Spiel weiterführen zu können. Im Auswärtigen Amt wurde er mit der Leitung des ,Indienbüros' betraut. Hier traf er regelmäßig mit Subhas Chandra Bose, dem Führer der indischen Widerstandsbewegung, zusammen. Von Trott war neben Keppler und Alexander Werth die wichtigste Kontaktperson zu Bose.[43] Nachdem Winston Churchill am 20. Juni 1941 anordnete, dass keine weiteren Vermittlungsversuche zwischen Großbritannien und dem Deutschen Reich stattfinden dürfen, hörte auch die freizügige Reisetätigkeit von Trotts auf. Churchills Ziel war die bedingungslose Unterwerfung Deutschlands.

Als das Attentat auf Hitler am 20. Juli 1944 fehlschlug, wurden die Führer des Attentats standrechtlich erschossen. Adam von Trott zu Solz wurde zusammen mit anderen Personen des Widerstands nach einem Prozess vor dem Volksgerichtshof im August 1944 durch den Strang hingerichtet. Es überrascht, dass das Verhältnis von Hewel zu Hitler dadurch nicht gelitten hat, obwohl sich Hewel doch mehrfach bei Hitler für Adam von Trott zu Solz eingesetzt hatte.

1937 wurde Hewel in Berlin Referent für Ostasien, und war somit auch für die Betreuung der Ortsgruppen in Niederländisch-Indien zuständig. Im selben Jahr wechselte er zur ,Dienststelle Ribbentrop', dem erweiterten Arbeitsstab Hitlers für außenpolitische Angelegenheiten. Hier begann er zunächst als Hauptreferent für deutsch-englische Beziehungen. Von 1938 bis Kriegsende war Hewel ,Ständiger Vertreter des Reichsaußenministers Ribbentrop' zu Hitler.

---

42   McDonogh: *A Good German: ...*, S. 139ff
43   Nähere Einzelheiten zu Subhas Chandra Bose werden im 2. Teil des Buches behandelt

Im Reichsaußenministerium arbeitete seinerzeit auch der damalige Legationssekretär Hilmar Bassler (Abt. P VIII). Bassler war zuständig für die nationalsozialistische Propaganda in Ostasien. Außerdem gehörte er zu den Vertrauten des Sicherheitsdienstes (SD) und der Geheimen Staatspolizei ‚Gestapo‘, Amt IV. Nach Kriegsende nahm Bassler im Auswärtigen Amt in Bonn wieder eine Schlüsselstellung ein. Er wurde Leiter des Ostasienreferates und danach Deutscher Botschafter in Indonesien. Bassler hätte eigentlich den Posten in Jakarta nicht antreten dürfen, denn er war laut Vertrauensarzt des Auswärtigen Amts in Bonn auf Grund seiner starken Diabetes nur ‚bedingt tropentauglich‘. Diesen Mangel versuchte er durch täglichen und regelmäßigen Genuss seines Lieblingsgetränks – ‚Danziger Goldwasser‘, einem starken Gewürzlikör – wieder gut zu machen. Seine vielleicht dadurch bedingten cholerischen Anfälle, die ich selbst erlebt habe, wurden innerhalb und außerhalb der Deutschen Botschaft immer unerträglicher. In Indonesien spielte Bassler eine ziemlich unrühmliche Rolle. Ihm wurde die innere Führung der Botschaft entzogen, ein äußerst seltener Vorgang im Auswärtigen Amt.[44]

Bassler war nicht der einzige Nationalsozialist, der als Diplomat von Ribbentrops Reichs-Außenministerium direkt ins Auswärtige Amt der Bundesrepublik in Bonn wechseln konnte. Ehemalige Diplomaten des NS-Regimes waren im Bonner Auswärtigen Amt eine bestimmende Kraft. NS-Diplomaten des Reichs-Außenministeriums, die von der Bundesrepublik als Botschafter nach Indonesien entsandt wurden, waren außer Hilmar Bassler (in Jakarta von April 1968 bis August 1970) Dietrich von Mirbach (in Jakarta von März 1959 bis Mai 1963) und Dr. Luipold Werz (in Jakarta von November 1964 bis April 1966).[45]

Auch in der SS nahm Hewels Laufbahn einen rasanten Aufstieg. Am 12. September 1937 trat er als Sturmbandführer mit Mitgliedsnummer 283985 in die SS ein.[46] Sturmbandführer entsprach in der Hierarchie der Wehrmacht einem Major. Ab 1942 war er bereits SS-Brigadeführer, was dem Rang eines Generalmajors entsprach. Im Auswärtigen Amt war Hewel 1938 Legationsrat I. Klasse, ab 1943 war er Botschafter zur besonderen Verfügung im Range eines Staatssekretärs.

Hewel war ein typischer Rheinländer, eine rheinische Frohnatur mit einem Hang zur Gemütlichkeit und immer zu einem Spaß bereit. Er war ein sympathischer und intelligenter, gut aussehender, großer, stämmiger Mann mit breiten Schultern und dunklem Haar. Er machte einen frischen, sport-

---

44 Siehe hierzu auch: Geerken, *Der Ruf des Geckos*, S. 309, 311ff u. 399
45 *Braunbuch*, S. 233-278 und http://www.ag-friedensforschung.de/regionen/
    Deutschland/ausw-amt3.html
46 IfZ, Fa 74-18

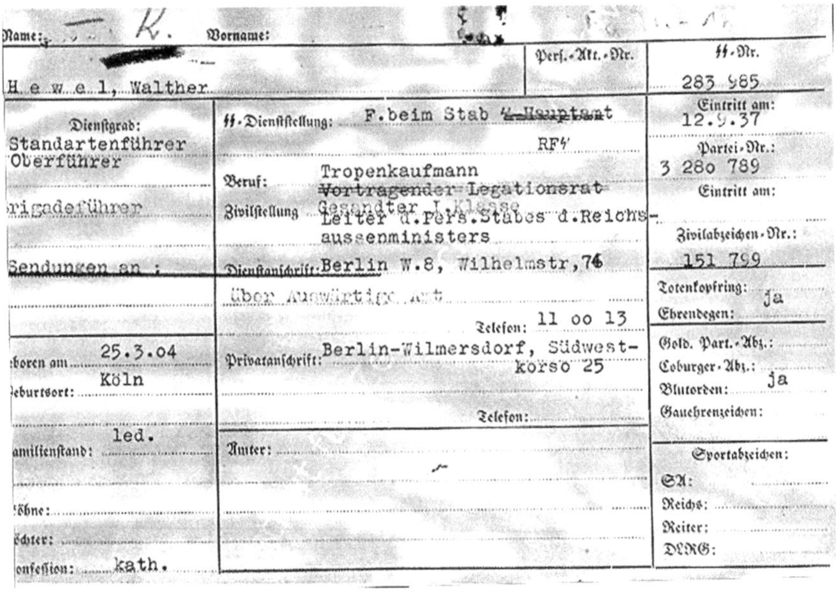
Name: K. Vorname:
Pers.-Akt.-Nr.
SS-Nr.
H e w e l, Walther
283 985
Dienstgrad:
Standartenführer
Oberführer
Brigadeführer
SS-Dienststellung: F.beim Stab ~~S-Hauptamt~~ RFSS
Eintritt am: 12.9.37
Partei-Nr.: 3 280 789
Eintritt am:
Beruf: Tropenkaufmann
Zivilstellung ~~Vortragender Legationsrat~~ ~~Gesandter I. Klasse~~ Leiter d.Pers.Stabes d.Reichsaussenministers
Zivilabzeichen-Nr.: 151 799
Sendungen an:
Dienstanschrift: Berlin W.8, Wilhelmstr,74
über Auswärtiges Amt
Telefon: 11 00 13
Totenkopfring: ja
Ehrendegen:
Geboren am 25.3.04
Geburtsort: Köln
Privatanschrift: Berlin-Wilmersdorf, Südwestkorso 25
Gold. Part.-Abz.:
Coburger-Abz.:
Blutorden: ja
Gauehrenzeichen:
Telefon:
Familienstand: led.
Ämter:
Sportabzeichen:
SA:
Reichs:
Reiter:
DLRG:
Söhne:
Töchter:
Konfession: kath.

Abb. 16
Hewels Karteikarte der SS

lichen Eindruck, und mit seinen guten Umgangsformen konnte er sich in allen Schichten der Gesellschaft selbstsicher bewegen. Die Damen der guten Gesellschaft suchten seine Nähe, und er scheint kein Freund von Traurigkeit gewesen zu sein. In der engeren Umgebung von Hitler und im Freundeskreis wurde Walther Hewel aufgrund seiner Vergangenheit auf Java – in Anlehnung an Berthold Brechts Lied *Surabaya Johnny* – vertraulich ‚Surabaya Wally' genannt. Fast täglich traf Hewel mit Hitler zusammen, um im Auftrag von Außenminister Ribbentrop außenpolitische Ereignisse vorzutragen und danach die Entscheidungen Hitlers schriftlich festzuhalten und sie Ribbentrop vorzulegen.

Der Reichsaußenminister Ribbentrop war ein wohlhabender Weinhändler und Hitler ein überzeugter Antialkoholiker – zumindest nach außen hin, denn ab und zu sieht man auf den privaten Filmen, die Eva Braun von Hitler machte, in seiner Nähe ein Weinglas stehen. Die Erfolge Ribbentrops mit dem Import- und Exportgeschäft machten ihn zu einem der Größten seiner Branche in Deutschland. Ribbentrop war ein gewandter Diplomat, von vielen wurde er als arrogant bezeichnet. Vielleicht kamen daher Hitler und Ribbentrop nicht gut miteinander aus. Dies war vermutlich der Grund, dass Hitler seinen Freund Hewel zum ‚Ständigen Vertreter des Reichsaußenministers' machte.

Ribbentrop war ein vielgereister Mann. Er lebte vor dem Dritten Reich in England, in Kanada und dem Osmanischen Reich. Er sprach fließend Englisch, Türkisch und Französisch. In Zusammenhang mit seinem Weinhandel gibt es eine amüsante Anekdote:

Als 1920 die Vertretung der Whisky-Firma Johnnie Walker für Deutschland vakant wurde, sah er für sich eine Chance. Allerdings erfuhr er, dass bereits zwei seiner Konkurrenten auf dem Weg nach Schottland waren, was seine Erfolgschancen – wenn er als dritter Interessent angereist wäre – minimiert hätte. Nun kam ihm sein Hobby, die Sportfliegerei, zu Gute. Kurz entschlossen kaufte er eine alte Militärmaschine aus dem Ersten Weltkrieg und flog in Richtung Schottland. Er landete auf dem Rasen direkt vor dem Schloss von Alexander Walker. Der Whisky-Baron Walker konnte in seiner Verblüffung nichts anderes sagen als: *You are my man!* Ribbentrop hatte das Rennen um die Johnnie-Walker-Vertretung für sich gewonnen.

Als Rudolf Hess, der Vertreter des Führers und ebenfalls ein begeisterter Sportflieger, im Alter von 47 Jahren am 10. Mai 1941 zu seinem Alleinflug zu Lord Hamilton nach Schottland aufbrach, um einen Separatfrieden mit Großbritannien zu erreichen, war er nicht so erfolgreich. Über Lord Hamilton wollte Hess seinen Friedensplan dem britischen König und Premierminister Churchill unterbreiten. Sicherlich nahm Hess das fliegerische Bravourstück von Reichs-Außenminister Ribbentrop bei seiner Handlung zum Vorbild.

Schon vor Kriegsbeginn suchte Hess den Frieden mit Großbritannien. Er wollte einen Zweifrontenkrieg vermeiden und gemeinsam mit Großbritannien den Kommunismus in Europa verhindern. Hess war mit seinen Friedensbemühungen bei Hitler nicht erfolgreich. Hitler fühlte sich legitimiert, für Deutschland – das ‚Volk ohne Raum‘ – Lebensraum im Osten zu gewinnen, auch auf die Gefahr hin, sich Großbritannien zum Gegner zu machen.

Walther Hewel und Rudolf Hess waren vermehrt in der zweiten Hälfte der 1930er Jahre Gäste bei dem schon zuvor erwähnten Arzt und Autor Dr. Schenzinger in Berlin. Es besteht sogar die Vermutung, dass Dr. Schenzinger und Hewel bei der Abfassung des Empfehlungsschreibens in Englisch an Lord Hamilton, das Hess bei seinem Alleinflug dabei hatte, beteiligt waren. Als Referenz bezog sich das Schreiben auf die Freundschaft von Hess mit Dr. Schenzinger, Albrecht Haushofer und Hewel. Lord Hamilton und Dr. Schenzinger sowie der im diplomatischen Dienst tätige Albrecht Haushofer (1903-1945), der Sohn von Karl Ernst Haushofer, waren persönlich bekannt und befreundet. Auch Hewel hatte bereits mit Lord Hamilton korrespondiert. Ob die beiden sich auch persönlich kannten, konnte ich nicht klären.

Der eben genannte Karl Ernst Haushofer (1869-1946) war der Sohn des Münchner Nationalökonomen Professor Max Haushofer. Karl Ernst Haushofer studierte mehrere Jahre in Japan und bereiste viele asiatische Länder wie Korea. Japan, China, Tibet und Indien. 1906 heiratete er seine Frau Martha, eine geborene Mayer-Doss, die Tochter eines jüdischen Tabakfabrikanten. Karl Ernst Haushofer sprach fließend Englisch, Französisch, Russisch und Japanisch. Im Dritten Reich wurde er Professor für Geophysik an der Universität München und geistiger Vater des ‚Lebensraums‘. Er war der Begründer der Geopolitik. In seinen wissenschaftlichen Werken *Geopolitik. Studien über die Wechselbeziehungen zwischen Geographie und Geschichte* (Erstauflage 1938) und *Deutsche Kulturpolitik im indopazifischen Raum* (Erstauflage 1939) behandelt er Niederländisch-Indien. In seinen Werken dachte er Japan in Asien die selbe machtpolitische Rolle zu wie dem Deutschen Reich in Europa. Er sagte voraus, wer die Energie-Ressourcen besitzt, wird auch die Welt beherrschen, eine Theorie, die sich im 21. Jahrhundert durch die Kriege der USA bewahrheitete.

Karl Ernst Haushofer schrieb auch den Artikel *Die weltpolitische Bedeutung des Feldzuges der Japaner im Fernen Osten* vom 14. Februar 1939 in der *Deutschen Wacht* in Batavia.[47] Dieser Bericht spiegelt die Einstellung des Dritten Reichs nach dem zweiten japanisch-chinesischen Krieg in dieser Frage wider. Ab 1933 wurde Karl Ernst Haushofers weltpolitischer Monatsbericht über die Reichssender in Deutschland und weltweit ausgestrahlt. Von 1934 bis 1937 war er Präsident der ‚Deutsch-Englischen-Gesellschaft‘.

Ab 1919 studierte Rudolf Hess bei Karl Ernst Haushofer in München. Beide verband eine lebenslange Freundschaft. Als Hess 1923 nach dem Hitler-Putsch in München zusammen mit Hitler und Walther Hewel in Landsberg inhaftiert wurde, wurde Hess mehrmals von Haushofer besucht. Bei diesen Gelegenheiten lernte Haushofer auch Hitler und Hewel kennen. Durch diese Gespräche sind auch geopolitische Themen in Hitlers Werk *Mein Kampf* eingeflossen. Es ist verwunderlich, dass Karl Ernst Haushofer mit seiner jüdischen Ehefrau während des Dritten Reichs solch einflussreiche und richtungsweisende Positionen innehaben konnte. Die letzten vier Monat vor Kriegsende verbrachte Haushofer wegen kritischer Äußerungen im Konzentrationslager Dachau.

Bei Haushofers vielen Reisen durch Asien lernte er auch den deutsch-jüdischen Schriftsteller Stefan Zweig kennen. In seinen Erinnerungen beurteilte Zweig Haushofers Lebensraum-Auffassung durchaus positiv. 1946 beendete Haushofer gemeinsam mit seiner Ehefrau sein Leben auf seinem Hartschimmelhof bei Pähl am Ammersee durch Suizid.[48]

---

47 s. Anlage 3
48 http://alifrafikkhan.blogspot.com/2009/12/karl-haushofer-1869-1946-tokoh-yahudi.html und http://de.wikipedia.org/wiki/Karl_Haushofer

Rudolf Hess beherrschte wohl Arabisch perfekt, aber in der englischen Sprache war er nicht so flüssig. Hier hätten ihm Hewel und Schenzinger mit ihrer Sprachgewandtheit bei der Abfassung des Briefes an Lord Hamilton helfen können. Dies würde allerdings auch bedeuten, dass Schenzinger und Hewel in die Pläne von Rudolf Hess voll eingeweiht waren. Die Schlussfolgerung wäre dann, dass auch Hitler informiert war, denn Hewel hätte bei seiner großen Loyalität gegenüber Hitler mit allergrößter Wahrscheinlichkeit keine solche Aktion ohne Hitlers Einverständnis unterstützt.

Dafür, dass Hitler eingeweiht war, spricht auch, dass Rudolf Hess alle Pläne für seinen Alleinflug mit seinem Adjutanten Karlheinz Pintsch besprach. Auch seine Leibgarde und sein Chauffeur waren eingeweiht. Für alle seine Spitzenfunktionäre ließ Hitler nach Kriegsbeginn ein generelles Flugverbot aussprechen – außer für Hess. Hess ließ bei Messerschmitt ganz offiziell Zusatztanks in seine Maschine Messerschmitt Me 110 einbauen und regelmäßig führte er Probeflüge von Augsburg aus durch. Seine Me 110 war ein Geheimmodell des zweimotorigen Kampfflugzeugs mit stärkeren Motoren und größerer Wendigkeit. Hess startete bereits zweimal in Richtung England, musste aber wegen schlechten Wetters nach einigen Stunden wieder umkehren. Erst sein dritter sogenannter ‚Friedensflug‘ gelang. All diese vorhergehenden Aktionen sollen niemandem aufgefallen sein? James Leasor, ein britischer Journalist und Autor des Buches *Botschafter ohne Auftrag* vermutet ebenso, dass Hess mit dem geheimen Einverständnis Hitlers zu seinem Friedensflug nach England aufbrach.

Hess fand in Großbritannien kein Gehör. Churchill sagte, er wolle nicht mit einem Kriegsverbrecher verhandeln. Hess wurde in Großbritannien verhaftet und eingekerkert. Hitler erreichte die Nachricht des gescheiterten Friedensfluges auf dem Obersalzberg in den deutschen Alpen. Der hervorragend gespielten Empörung ließ er freien Lauf. Als nach Tagen immer noch keine positive Nachricht von Hess bei Hitler eintraf, ließ er Hess für ‚geistig umnachtet‘ erklären. Der Kontakt zwischen Hewel und Hess brach von diesem Zeitpunkt an natürlich ab.

Ribbentrop und Hitler waren nicht nur auf dem Gebiet des Genusses von Spirituosen gegenteiliger Meinung, sie verstanden sich grundsätzlich nicht. Hitler ließ Ribbentrop bei jeder sich bietenden Gelegenheit ‚abblitzen‘. Das ist der Grund dafür, dass Hitler fast alle Angelegenheiten, die das Auswärtige Amt betrafen, nur selten mit Ribbentrop direkt, sondern meist mit Hewel besprach.[49] Hewel war einer der ganz wenigen Mitarbeiter Hitlers, der Hitler widersprechen konnte und dessen Meinung auch von Hitler akzeptiert wurde. Oft genug hat Hitler den Rat Hewels angenommen. In Hitlers Umfeld

49   IfZ, ED 100/78, Anhang

war Hewel vermutlich die wichtigste Person – ja, sogar ein Freund. Vermutlich seit der gemeinsamen Zeit in der Festung Landsberg benutzten sie im privaten Umgang miteinander das vertrauliche ‚Du'. Dies zeigt eine Stummfilmszene, die durch ‚Lippenleser' entziffert wurde.[50]

Martin Bormann, Hitlers Sekretär, war Hitler auch sehr nah, aber nur auf der dienstlichen Ebene. Eva Braun war Bormann nicht wohlgesinnt und versuchte seinen privaten Umgang mit Hitler zu verhindern. Hewel dagegen war Hitler persönlich, freundschaftlich und vertraulich nahe. Laut einer Zusammenfassung im ‚Top Secret File' über Hewel vom 11.10.1945, also nach Kriegsende, sagte der niederländische Generalleutnant Hendrik Alexander Seyffardt: *Hewel was Hitlers best friend.*[51] Auf Generalleutnant Seyffardt und seine Kollaboration mit Nazi-Deutschland werde ich noch zu sprechen kommen.

Es gab im inneren Kreis um Hitler keine Person, die ihm – außer Eva Braun – so nahe und vertraut war wie Walther Hewel. Dies wird auch im Kapitel über das Tagebuch Hewels deutlich. Daher ist es umso erstaunlicher, dass den renommiertesten Historikern und Autoren über Hitler die überaus einflussreiche Person Hewel entweder nicht bekannt war, oder sie sie in ihrer Wichtigkeit nicht erkannt hatten. Vielleicht haben sie die Person Hewel auch grob unterschätzt. So ist mir zum Beispiel in den Biographien von Sebastian Haffner über Hitler der Name Hewel nie bewusst begegnet. Auch in seinem Werk *Anmerkungen zu Hitler,* in dem er über Hitlers Freunde schreibt, erscheint die Person Hewel nur einmal in einem unbedeutenden Zusammenhang. Auch in der 1190 Seiten dicken Biographie *Hitler* von Joachim C. Fest wird Hewel lediglich an zwei Stellen nebensächlich erwähnt.[52]

Obwohl Hitler für Walther Hewel immer ein offenes Ohr hatte, blieb Hitler in der Einschätzung Hewels zur britischen Politik uneinsichtig. Hewel war aufgrund seiner Ausbildung, seiner Erfahrung und seiner kosmopolitischen Einstellung pro-britisch eingestellt. Er versuchte immer wieder vergeblich – wie auch Rudolf Hess – eine friedliche Beilegung des Konflikts mit Großbritannien zu erreichen. Hewel wollte eine Allianz mit Großbritannien, um ungestört den von Hitler geforderten ‚Lebensraum' im Osten Europas zu gewinnen. Auch gegenüber einem Krieg mit Russland war Hewel sehr skeptisch.[53]
Wie die überlieferten Dokumente aus dem Politischen Archiv des Auswärtigen Amts in Berlin und des Instituts für Zeitgeschichte in München zeigen, hat Hewel mit vielen in- und ausländischen einflussreichen Persönlichkeiten

---

50   TV Phönix, *Eva Hitler,* 18.12.12, 21.00 h
51   IfZ, ED 100/78
52   Fest, *Hitler,* S. 288 und 836
53   www.zukunft-braucht-erinnerung.de

aus der Industrie, aus dem Adel, mit Botschaftern und Regierungsvertretern, aber auch mit Privatpersonen aus Politik, Kunst oder Theater einen regen Schriftverkehr geführt. Besonders häufig war seine Korrespondenz mit seinen Freunden und Bekannten in Großbritannien, wie zum Beispiel mit Lord Hamilton oder Mrs. Therbia Thornburg, der in England lebenden Schwester des US-Schriftstellers Lowel Thomas. An einen Grant und einen Cornwell-Evans – beide Briefe vom 6. Juli 1938 – schreibt Hewel:
I would like to come over to see all my friends. [...] You know how keen I am in promoting a better understanding between our two countries [...].

Einen regen persönlichen Briefwechsel hatte Hewel auch mit einer Lady Cory in England. Wer diese Lady war, konnte ich nicht klären. In den überlieferten Dokumenten Hewels finden sich viele Briefe aus dem In- und Ausland, die er mit persönlichen Wünschen erhielt. Darunter waren Gnadengesuche, Bittbriefe, aber auch unzählige Briefe von Frauen, mit der Bitte, ihnen ein Foto Hitlers mit seiner Unterschrift zukommen zu lassen, auch aus Großbritannien. Wie es scheint, hat Hewel alle Briefe beantwortet und geholfen wo er konnte. Ich vermute allerdings, dass er die Vielzahl der Fotowünsche nicht alle erfüllen konnte.

Es gab eine weitere prominente deutsche Persönlichkeit, die sich aufgrund verwandtschaftlicher Beziehungen mit England für eine Verbesserung der gegenseitigen Beziehungen einsetzte. Prinz Max Hohenlohe, ein Verwandter des Britischen Königshauses, sprach zwischen dem 15. und 21. Juni 1939 in London mit maßgeblichen Politikern, Kabinettsmitgliedern und Mitgliedern des englischen Adels. In einem Bericht an Walther Hewel bezweifelt er, *dass England unter allen Umständen eine friedliche Lösung finden will.*[54]

Walther Hewel war nicht nur ein guter und charmanter Unterhalter, er konnte auch gut zuhören. Dies war, neben seinen anderen Fähigkeiten, sicher mit ein Grund, dass Hitler ihn bei gesellschaftlichen Anlässen oder Staatsempfängen immer mit anwesend haben wollte. Selbst bei Hitlers Besuch in Paris am 23. Juni 1940 und bei dem für Hitler epochalen Akt der Unterzeichnung des Waffenstillstandsvertrages zwischen Frankreich und Deutschland in dem geschichtsträchtigen Eisenbahnwaggon am 25. Juni 1940 in Compiègne war Hewel mit von der Partie. In neu aufgetauchten historischen Filmaufnahmen ist Hewel immer wieder in nächster Nähe von Hitler zu sehen. Dass Hewel an diesem historischen Akt teilnehmen durfte, zeugt von seiner Wichtigkeit![55] Bei mehreren Anlässen, wenn Hitlers

---

54 AA R 27468
55 TV arte: 26.Juni 2012, 20.15h, *Philippe Pétain* und ZDFinfo: 28.10.2012, 21.45h, *Der Tramp und der Diktator*

Chefdolmetscher Paul Otto Schmidt verhindert war, bekam Hewel auch die Aufgabe eines Dolmetschers zugewiesen. Wenn Hitler ganz vertrauliche Gespräche mit ausländischen Partnern führen musste, dann zog er meist Hewel anstatt eines offiziellen Dolmetschers hinzu.

Bei offiziellen und privaten Gesellschaften erzählte Hewel sicherlich gerne Anekdoten aus seiner Zeit in Niederländisch-Indien. Er liebte das tropische Land und die liebenswerten Menschen dort, mit denen er so lange zusammengearbeitet hatte. Hewel kann als Hitlers ständiger Berater in Fragen zu Ost- und Südost-Asien gelten, und auf einigen Dokumenten ist festgehalten, dass er bei mancher Zusammenkunft mit Hitler auch privat über den riesigen Archipel, der heute Indonesien heißt, plauderte. Dadurch erhielt Hitler viele Informationen über Niederländisch-Indien, und er kam diesem fernen Archipel durch Hewel näher.

Wie groß Hitlers Interesse an Niederländisch-Indien war, zeigt ein Schreiben von Staatssekretär Ahrens vom 30. September 1940 an Emil Helfferich mit der Bitte, ihm eine Kopie des Niederländisch-Indien-Berichts zukommen zu lassen. Walther Hewel erhielt eine Kopie dieses Berichts. Staatssekretär Ahrens schreibt: *Er wolle Hitler informieren, der sich öfters über Indien (Anm. d. Verf.: Niederländisch-Indien) erkundigt.*

Die ‚Stuttgarter Illustrierte‘ enthielt in ihrer Ausgabe vom März 1942 den bereits erwähnten großen Bildbericht von einem Verfasser Antonescu über *Java, Bali und Sumatra*. In einem Schreiben vom 3. März 1942 an Walther Hewel macht ein Helmut Laux auf diesen Bildbericht aufmerksam. Hewel antwortet am 5. März 1942, *dass diese Zeitschrift bereits im Arbeitszimmer von Adolf Hitler im Führerhauptquartier ausliege und Hitler schon darin gelesen habe.*[56]

Vermutlich galt Hitlers Interesse an Niederländisch-Indien weniger der Kultur und den Menschen, sondern eher den unerschöpflichen und vielfältigen Rohstoffen dieses reichen Landes im fernen Südost-Asien. Das Deutsche Reich wollte nach einem ehrgeizigen Vierjahresplan eigentlich von importierten Gütern unabhängig sein. Bei Kriegsbeginn war Deutschland noch weit davon entfernt.

Auch der Propagandaminister Joseph Goebbels muss von Niederländisch-Indien beeindruckt gewesen sein. Vermutlich hat ihm auch Emil Helfferich, der mit Goebbels privat verkehrte, von seinen langjährigen Erfahrungen in Niederländisch-Indien erzählt. Bei diesen Zusammentreffen war des Öfteren Helfferichs Lebensgefährtin, die Malerin Dina Uhlenbeck-Ermeling dabei. Dina war eine Indo, ihr Vater war Niederländer, ihre Mutter eine Javanerin. Wie die meisten weiblichen Indos war Dina stattlich, bildschön, attraktiv

---

56   AA R27471, Ahrends und Laux

und intelligent. Mit ihrem ausdrucksvollen Gesicht, den schmalen Lippen, dem dunklen Teint und dem üppigen schwarzen Haar war sie in Deutschland eine exotische Erscheinung. Wie Helfferich in seinen Büchern erwähnt, war Goebbels sehr von Dina angetan, und ein unverhohlenes Interesse des Weiberhelden Goebbels an ihr war – obwohl sie keine Arierin war – seiner Ansicht nach nicht zu übersehen[57]

Zufällig erfuhr ich Anfang 2012, dass Goebbels bei privaten Anlässen gerne über Niederländisch-Indien sprach. Goebbels, auch ein Rheinländer, war mit dem Besitzer eines bekannten Spielwarengeschäfts in Bonn eng befreundet. Von dem Enkel dieses Geschäftsmannes erfuhr ich, dass sein Großvater ihm die von Goebbels erfahrenen Geschichten über Niederländisch-Indien begeistert erzählt hatte. Der Großvater hatte stolz dem noch jungen Enkel von den deutschen U-Booten und Marinesoldaten in dem Archipel in Südost-Asien berichtet.

---

57 Helfferich, z. B. *Ein Leben,* Band 1

6. Hitlers Pianisten

Hitler liebte klassische Musik und war ein großer Freund von privaten Hauskonzerten in kleinem Kreise. Die weltbekannte Beethoven-Interpretin Elly Ney, die Hitler abgöttisch verehrte und bewunderte, gab für Hitler und seine Gäste mehrmals Klavierkonzerte auf dem Obersalzberg, dem Feriendomizil Hitlers. 1937 wurde sie von Hitler zur Professorin ernannt und in die Liste der ‚Gottbegnadeten‘ aufgenommen. Obwohl Beethoven der Mittelpunkt ihres Schaffens war, versuchte sie Hitler auch für Schubert zu begeistern. Am 17. Dezember 1938 telegrafierte sie an Hitler:

Mein Führer, nach meinem Berliner Schubertabend in der Philharmonie lebte aufs neue mein sehnlichster Wunsch auf, Ihnen, mein Führer einmal Schubert vorspielen zu dürfen. Seit Jahren war es mein größter Wunsch, meinen innig verehrten Führer an dieser ergreifenden Sprache der Ostmark teilnehmen zu lassen. Die Erfüllung dieses Wunsches würde mir neue Kraft verleihen, mit meinem Leben und meiner Kunst, Ihnen und der Deutschen Jugend zu dienen.
Von Herzen, Ihre Elly Ney, Tutzing/Oberbayern[58]

Nach dem Zweiten Weltkrieg begann für Elly Ney – trotz ihrer nationalsozialistischen Vergangenheit – eine neue Karriere. Ich hatte das große Vergnügen, sie Ende der 1940er Jahre zwei Mal bei Beethoven-Konzerten zu erleben. Bis zu ihrem Lebensende im Jahr 1968, im Alter von 86 Jahren, trat Elly Ney noch regelmäßig öffentlich auf. Obwohl die Stadt Bonn – ihrem langjährigen Wohnsitz – ihr aufgrund ihrer Nähe zu Hitler einige Jahre öffentliche Auftritte in Bonn verweigerte, vermachte sie in ihrem Testament der Stadt Bonn eine sehr große Summe für die Erhaltung des Beethovenhauses und die Förderung der Beethoven-Wochen.

Ernst Hanfstaengl (1887-1975), zwei Jahre älter als Hitler, war ein begnadeter Pianist und Hitlers permanenter Unterhalter von der ersten Stunde an. Er war zuständig für die ‚leichtere Musik‘. Schon 1922 lernte er Hitler im Restaurant ‚Münchner Kindl‘ in München kennen. Hanfstaengl wurde von Hitler sofort in seinen Bann gezogen. Dazu schreibt Joachim C. Fest in seiner Biographie *Hitler*:

[...]Ernst Hanfstaengl, der ihn [Anm. d. Verf.: Hitler] um diese Zeit zum ersten Mal hörte, hatte trotz aller Einwände das Gefühl, dass damit für ihn ein neuer Lebensabschnitt begonnen habe [...][59]

---

58   Kopie aus dem Bundesarchiv im Archiv der Gemeinde Tutzing
59   Fest, *Hitler*, S. 223

Nach dem gescheiterten Putschversuch vom 11. November 1923 im Münchner Bürgerbräukeller versteckte sich Hitler in einer Villa Ernst Hanfstaengls am Staffelsee in Bayern und wurde dort festgenommen.

Erna Hanfstaengl, die Schwester von Ernst, war vier Jahre älter als Hitler. Sie war eine bildschöne, große, stattliche und kultivierte Frau. Hitler und Erna wurde eine Liebesaffäre nachgesagt. Im Frühjahr 1923 verbreiteten die deutschen Medien sogar die Nachricht von einer Verlobung der beiden. Hitler dementierte: *Er sei nur mit dem ganzen deutschen Volke verlobt!* In den 1920er Jahren galt Hitler in München als großer Frauenheld. Die sozialdemokratische Zeitung ‚Münchner Post' bezeichnete Hitler als den *erotischen König von München.*[60]

Hanfstaengl, von Hitler und Eva Braun liebevoll ‚Putzi' genannt, war mehr als Hitlers Unterhalter und Pianist. Er wurde Hitlers Vertrauter. Dazu schreibt Joachim C. Fest in seiner Biographie *Hitler* über ihn:

[...] Breitbeinig, jovial, ein dröhnender Mann, war er von den vertrackten psychopathischen Zügen frei, die den durchschnittlichen Hitleranhang kennzeichneten, und hatte sich der Partei angeschlossen, weil sie seinen Bedürfnissen nach Ungebundenheit, Aktion und Kameradschaft Befriedigung verhieß, nicht etwa, wie er betonte, wegen des ideologischen Krams. Er war weitgereist, verfügte über ausgedehnte Beziehungen und schien an der Seite seiner attraktiven schwedischen Frau [Anm. d. Verf.: seine Frau Helene war US-Amerikanerin, in den USA geboren und später naturalisierte Schwedin] der staunenden Partei gewissermaßen die Augen dafür zu öffnen, dass auch außerhalb Bayerns Menschen wohnten. [...] Er war eine geheimnisumwitterte Erscheinung, dabei jedoch von großer gesellschaftlicher Sicherheit, sprachbegabt und verfügte über vielfache Verbindungen zur Industrie, zum Hause Wittelsbach, zum Großfürsten Kyrill [Anm. d. Verf.: Russischer Großfürst, als Nachkomme eines Zaren auch ‚Kaiserliche Hoheit'. Er stand an dritter Stelle der Thronfolge] sowie zu kirchlichen Stellen. Sein Einfluss auf Hitler war beträchtlich, er war der Einzige, [...] den Hitler für unersetzbar hielt.[61]

Hanfstaengl kam aus einer vermögenden und einflussreichen Familie aus München. So konnte er Hitler in seiner Anfangszeit finanziell unterstützen, auch bei der Publikation von Hitlers *Mein Kampf.* Sein Vater besaß den renommierten ‚Kunstverlag Franz Hanfstaengl' in München und das ‚Fine Arts Publishing House' in New York.

---

60 Haffner, *Anmerkungen zu Hitler*, S. 9,
    DER SPIEGEL, 46/1977
61 Fest, *Hitler*, S. 201

Ernst Hanfstaengl studierte an der Harvard Universität in Cambridge in den USA. Hier lernte er den späteren Präsidenten Franklin D. Roosevelt kennen. Er graduierte im Jahre 1909. Für die Anhänger des ‚Harvard Rugby-Teams‘ komponierte er mehrere Lieder. Nach einer Einarbeitungszeit im Verlag in München übernahm Ernst Hanfstaengl die Leitung des US-Verlags seines Vaters, des ‚Fine Arts Publishing House‘ in New York. Hier, in den USA, lernte Hanfstaengl seine in den USA geborene und von deutschen Einwanderern abstammende Ehefrau Helene kennen. Die beiden heirateten in den Vereinigten Staaten.

Seine Verbindung zur Harvard Universität war immer sehr eng. Fast täglich verkehrte er im New Yorker ‚Harvard Club‘ und spielte dort am Flügel. Hier lernte er neben vielen anderen einflussreichen Persönlichkeiten, wie zum Beispiel dem jungen Charlie Chaplin, auch den Zeitungsbaron William Randolph Hearst kennen. Charlie Chaplin wie auch Henry Ford oder der Dirigent Arturo Toscanini zählten zu den Kunden seines Verlags. Da auch Franklin D. Roosevelt und seine Cousine Eleanor Roosevelt oft im ‚Harvard Club‘ verkehrten, vertiefte sich Hanfstaengls Freundschaft mit den beiden. Eleanor war die Nichte von Theodore Roosevelt, der 1901 mit 42 Jahren der jüngste Präsident der Vereinigten Staaten wurde. Franklin D. Roosevelt heiratete seine Cousine Eleanor. 1933, nur wenige Wochen nach Hitlers Ernennung zum Reichskanzler, waren sie das Präsidenten-Ehepaar der USA.

1919, nach dem Ende des Ersten Weltkriegs, kehrte Hanfstaengl nach Deutschland zurück. Bis 1927 studierte er an der ‚Alexander von Müller Universität‘ in München und promovierte 1930 zum Doktor der Philosophie. Aufgrund seiner vielseitigen Sprachkenntnisse und seiner guten Beziehungen in die USA und nach Großbritannien – er war auch mit dem Sohn von Winston Churchill, Randolph Churchill, befreundet – wurde er von Hitler 1931 zum Auslands-Pressechef ernannt. Bereits 1932 – also vor Hitlers Machtergreifung – versuchte Hanfstaengl, ein Zusammentreffen von Churchill und Hitler zu organisieren. Dies scheiterte an Churchill.

Das Ehepaar Hanfstaengl verkehrte regelmäßig auf dem Obersalzberg. Ernst Hanfstaengl wurde zum engsten Kreis um Hitler gerechnet. Seine Ehefrau Helene hat Hitler in die ‚Oberschicht‘ und die einflussreiche Gesellschaft von Professoren, Schriftstellern, Wagner-Interpreten und anderen in München eingeführt.

Hanfstaengl bewunderte Hitler und Hitler liebte Hanfstaengls Klavierspiel. An den gemeinsamen Abenden, die sich bis tief in die Nacht hinzogen, forderte Hitler immer wieder Hanfstaengl auf: *Putzi, spielen Sie mir doch noch …. [dies oder jenes]!*

1936, nach der Scheidung Hanfstaengls von seiner Ehefrau Helene, trübte sich das Verhältnis zu Hitler. Helene Hanfstaengl ging zurück in die USA. Zwischen dem Propagandaminister Joseph Goebbels und Hanfstaengl gab es massive Meinungsverschiedenheiten, und Goebbels ließ keine Gelegenheit verstreichen, Hanfstaengl bei Hitler zu diffamieren. Den Ausschlag, dass es zwischen Hanfstaengl und Hitler zum endgültigen Bruch kam, war die attraktive Britin Unity Mitford, die Hanfstaengl bei Hitler denunzierte. Unity Mitford war mit beiden, Hitler und Hanfstaengl, eng befreundet und es wird vermutet, dass sich ‚Putzi' nach seiner Scheidung zum Missfallen Hitlers Unity unverblümt annäherte. Eine ‚Frauengeschichte' auf höchster Ebene?

Hanfstaengl fiel in Ungnade und fürchtete um sein Leben. Er floh 1937 in die Schweiz, und nachdem er seinen Sohn Egon – ein Patenkind Hitlers – nachkommen ließ, ging er nach Großbritannien. Mit Ausbruch des Zweiten Weltkrieges wurde er dort zunächst interniert, und nach einer Zwischenstation in Kanada auf Wunsch von Präsident Roosevelt 1942 an die USA überstellt. Hanfstaengl wechselte nun die Fronten und wurde Roosevelts Vertrauter und politischer Berater bei Fragen zu Hitler und Nazi-Deutschland. In Diensten des Präsidenten fertigte er zusammen mit US-Experten in einem abgelegenen Landhaus in Virginia ein Dossier über 400 Nazi-Größen und Psychogramme von Hitler und seinen engsten Mitarbeitern an.

1946 kehrt Ernst Hanfstaengl über Großbritannien nach Deutschland zurück und verstarb 1975 in München. Vermutlich war er der einzige Mensch, mit dem sowohl Hitler wie auch Roosevelt gerne privat verkehrten, der beide mit seinem Klavierspiel unterhalten durfte und der ein Vertrauter von beiden war.

Wer war nun der Nachfolger von Ernst Hanfstaengl? In Deutschland fand ich keine Hinweise, aber ich kam durch Zufall auf seine Spur – in Indonesien. Bei Gesprächen mit meinem Verleger in Jakarta, Penerbit Kompas/Gramedia, lernte ich den in Indonesien sehr bekannten Journalisten Iwan Ong Santosa kennen. Er arbeitet neben anderen auch für die indonesische Tageszeitung ‚KOMPAS', die eine Gesamtauflage von über einer Million Exemplaren täglich hat. Von ihm erfuhr ich zufällig eine ganz außergewöhnliche Geschichte, die Hitler erneut in Verbindung mit Niederländisch-Indien bringt.

Hitler liebte Hausmusik im engsten Kreise zur privaten Unterhaltung und zur Unterhaltung von Gästen auf dem Obersalzberg. Gerade zu dem Zeitpunkt, als Hanfstaengl die Bühne auf dem Obersalzberg verließ – Anfang 1937 – kommt ein weiterer Hauspianist ins Spiel, ein Künstler aus Java, der danach längere Zeit auf dem Obersalzberg wohnte und Hitler und Eva Braun mit seinen Klavierkünsten unterhielt. Der Journalist Iwan Ong Santosa und seine Mutter erinnern sich:

Anfang der 1990er Jahre wollte die Mutter von Iwan Ong Santosa ein Haus in Bogor in West-Java kaufen. Ihr wurde ein Haus in der Jalan Tajur angeboten. Iwan Ong Santosa, damals etwa 18 Jahre alt, begleitete seine Mutter zu einem ersten Besichtigungstermin. Das Haus machte einen etwas heruntergekommenen Eindruck, aber nach einer Renovierung hätte es ihren Ansprüchen genügt. Besonders gefiel ihnen der – ebenfalls etwas vernachlässigte – Garten. Die Mutter zeigte Interesse und es folgten noch weitere Verhandlungstermine in dem Haus des Eigentümers. Iwan Ong Santosa war von dem Hausherrn, seinen Erzählungen und der Einrichtung im Wohnzimmer des Hauses so beeindruckt, dass er seine Mutter bei jedem weiteren Besuch dorthin begleitete.

Der Hauseigentümer war ein gewisser Abu Bakar. Er war ein kleiner untersetzter Mann mit einem grauen Lockenkopf – so, wie ihn Albert Einstein hatte, eine echte Künstlernatur. Er gab Privatunterricht für Klavier und Violine und er konnte sich mit den Einnahmen gerade so über Wasser halten. Damals war er vermutlich schon an die 80 Jahre alt. Seine Hautfarbe war relativ hell, vermutlich die eines Indos, eines Mischlings. Was den jungen Iwan Ong Santosa besonders interessierte, war das Wohnzimmer. Das Möbelstück, das den großen Raum dominierte, war der mitten im Raum stehende mächtige Flügel. Violinen standen in den Ecken des Raums. Die Wände waren rundum mit vielen Fotos und Ausschnitten aus indonesischen und deutschen Zeitungen gepflastert. Sie zeigten Abu Bakar mit Hitler und Abu Bakar am Flügel spielend, mit Hitler und Eva Braun daneben. Abu Bakar hatte stolz erzählt, dass er 1937 und während des Krieges in Deutschland gelebt habe, die längste Zeit davon in einem Nebengebäude von Hitlers Residenz auf dem Obersalzberg. Hier sei er regelmäßig mit Hitler und Eva Braun zusammengetroffen, wenn sie am Abend bei seiner Musik Entspannung suchten. Als Junge war Iwan Ong Santosa tief beeindruckt, denn Hitler übte damals auch auf ihn – wie auf viele Indonesier – eine große Faszination aus.

Letztendlich kam der Hauskauf doch nicht zustande. Abu Bakar galt als sehr exzentrisch. Als die Verkaufsverhandlungen schon ziemlich weit fortgeschritten waren und kurz vor einem Abschluss standen, wollte er plötzlich sein trautes Heim doch nicht verkaufen. Die Mutter von Iwan Ong Santosa entschied sich für ein anderes Objekt. An mehr Details konnten sich Mutter und Sohn nicht mehr erinnern. Ich aber wollte noch mehr über Abu Bakar in Erfahrung bringen!

Im September 2011 begab ich mich mit Herrn Iwan Ong Santosa auf Spurensuche in Bogor. Zu der Zeit, als ich noch in Indonesien lebte, führte eine schmale Straße über Tjimanggis (heute: Cimanggis) nach Bogor, auf der man regelmäßig durch viele Verkehrstaus aufgehalten wurde. Heute gibt es eine Mautstraße mit Autobahncharakter, auf der man in einer halben Stunde im etwa 45 Kilometer entfernten Bogor ist.

Das Haus von Abu Bakar in der Straße Jalan Tajur war verschwunden. Wir fanden nur noch einen verwilderten Garten mit hohen Bambusstauden, Bäumen mit riesigen Papayas und ein paar Kokospalmen vor. Die älteren Nachbarn und ein pensionierter Verwaltungsbeamter des Distrikts wussten aber noch einiges über ihn: Abu Bakar sei um 1994 aus dem Haus ausgezogen und habe es an den jetzigen Nachbarn, einen Kraftfahrzeughändler, verkauft. Zu der Zeit sei er schon sehr alt gewesen und sei vermutlich in Jakarta in einem Altersheim verstorben. Abu Bakar war sein Leben lang Junggeselle, und er sei im Alter sehr einsam gewesen. Verwandtschaft wurde nie bei ihm gesehen, und es wurde vermutet, dass er keine Verwandten in Indonesien hatte. Seine einzige Ablenkung von der Einsamkeit seien das Klavierspiel und der Klavier- und Geigen-Unterricht gewesen. Bis zu seinem Auszug habe er Jugendliche in seinem Haus unterrichtet.

In den 1930er Jahre sei sein Leben allerdings viel aktiver gewesen. Er sei oft auf verschiedenen Plantagen rund um Bandung engagiert worden, um dort für die einsamen weißen Pflanzer und deren Familien gegen eine Entlohnung Klavier-Konzerte zu geben. Hauskonzerte dieser Art waren damals bei den Plantagenverwaltern allgemein üblich und beliebt.

Abu Bakar war – wie von Herrn Iwan Ong Santosa richtig vermutet wurde – ein Indo, ein Mischling mit einem islamischen Vater aus Westjava und einer holländischen Mutter. Dies erklärte auch seine hellere Hautfarbe. Diese hellere Hautfarbe war unter den gebräunten Menschen eigentlich sehr wertvoll und geschätzt. Schwangere Frauen aßen sogar Safranblüten und Blätter der Hibiskusblüten, da nach einer alten Überlieferung die Kinder dadurch hellhäutiger werden würden. Auch in Apotheken werden bis heute Cremes und andere Mittelchen hergestellt, um die dunkle Haut zu bleichen.

Im Netzwerk der indonesischen Gesellschaft saßen die Mischlinge jedoch immer zwischen zwei Stühlen: Von den weißen Niederländern wurden sie nicht für voll genommen und mussten um Anerkennung kämpfen; unter den reinrassigen Einheimischen wurden sie als überheblich und eher der weißen Rasse zugetan eingestuft. Für Indos war es weit schwieriger, auf der gesellschaftlichen Leiter nach oben zu kommen als für die *Blanken,* wie die ,Weißen' von den Einheimischen genannt wurden. Die Indos bekamen nur selten von den *Blanken* und von den Einheimischen Anerkennung. Wie Abu Bakar wurden diese Menschen oft von Einsamkeit geplagt. Daher war seine Gastrolle bei Hitler für ihn etwas ganz Besonderes.

Wie die Nachbarn erzählten, hatte Abu Bakar im Alter immer wieder stolz von seinem Aufenthalt bei Hitler auf dem Obersalzberg erzählt und Fotos mit Hitler und Eva Braun gezeigt. Nach den Erzählungen der Nachbarn schien dies die wichtigste Periode seines Lebens gewesen zu sein.

Leider waren die Fotos und Zeitungsausschnitte bei unserem Besuch in Bogor verschwunden. Kontaktpersonen oder Anhaltspunkte über seinen letzten Aufenthalt konnten wir nicht in Erfahrung bringen. Vermutlich sind diese Zeitdokumente mit Abu Bakar ins Grab gegangen, oder beim Abriss seines Hauses unter den Trümmern begraben worden.

Aber wie kam Abu Bakar nach Deutschland zu Hitler und durch wen? Diese Frage kann wohl nicht mehr eindeutig geklärt werden. Aber der Schlüssel zu dieser Antwort kann meiner Ansicht nach nur bei Walther Hewel liegen. Hewel lebte bis zum Jahre 1936 auf der Plantage ‚Neglasari Estate‘ bei Garoet (heute: Garut) in Westjava, nicht weit von Bandung entfernt. Hewel war ein großer Freund von klassischer Musik. An mehreren Stellen seines Tagebuches findet man Hinweise dazu. Liegt es da nicht auf der Hand, dass Hewel bei Konzerten auf der von ihm verwalteten Plantage Abu Bakar kennenlernte und nach Deutschland kommen ließ? Denn nur kurze Zeit nach Walther Hewel verließ auch Abu Bakar Niederländisch-Indien mit dem Ziel Deutschland. Wenn Hewel vor seiner Abreise aus Niederländisch-Indien erfuhr, dass Ernst Hanfstaengl geflüchtet war, hätte er noch alle Vorkehrungen für eine Übersiedlung Abu Bakars nach Deutschland treffen können.

Hewel war, wie anscheinend auch Abu Bakar, meist auf dem Obersalzberg. Bei privaten Filmaufnahmen, die Eva Braun dort machte, ist immer wieder Walther Hewel mit Hitler oder Gästen zu sehen. Einen Indonesier habe ich auf diesen Aufnahmen nie entdecken können. Zufall oder wollte man Abu Bakar nicht zeigen? Ein Nicht-Arier und dazu noch ein Mischling in Hitlers Nähe? Das wäre doch unerhört gewesen! Andererseits hatte Abu Bakar gegenüber Hanfstaengl auch große Vorteile: Abu Bakar war neutral. Er sprach wohl Niederländisch, konnte aber kaum verstehen, was im ‚Inneren Kreis‘ gesprochen wurde. Nur mit Hewel konnte er sich in seiner Landessprache verständigen.

Nach 1950 kam Abu Bakar wohlbehalten in seine alte Heimat, nach Indonesien, zurück. Reich ist er durch seine musikalische Unterhaltung der Nazi-Elite nicht geworden, aber er war in Bogor durch seinen Aufenthalt in der Umgebung von Hitler hoch geachtet und seine Erzählungen über Hitler und den Obersalzberg wurden in der Nachbarschaft immer gerne gehört.

7. Hitlers Anti-Raucher-Kampagne

1863 wurde durch den holländischen Tabakpflanzer Nienhuys die Tabak-kultur in Niederländisch-Indien eingeführt. Der Tabakmarkt wurde während des Dritten Reichs in Sumatra durch die ‚Großen Vier' beherrscht: die *Deli Maatschappij,* die *Deli-Batavia Maatschappij,* die *Sempah Maatschappij* und die *Tabak Maatschappij Ahrensburg.* Im Jahre 1936 wurden insgesamt 50.000 Tonnen Tabak ausgeführt. Hauptabnehmer des Sumatra-Tabaks war das Deutsche Reich. Der Sumatra-Tabak, besonders das Sumatra-Deckblatt, war bis zu viermal teurer als der Java-Tabak, wurde aber trotz des höheren Preises von den deutschen Rauchern bevorzugt.

Auf den ersten Blick scheint es, als ob diktatorische Regierungen eher als demokratische auf die Volksgesundheit ihrer Bürger achten würden. Hitler startete nämlich im Deutschen Reich die vielleicht erste Anti-Raucher-Kampagne der Welt. Als Nichtraucher, Antialkoholiker und fanatischer Vegetarier wollte Hitler ein positives Beispiel für gesundes Essen und gesundes Leben geben. Er verabscheute Fleisch. Suppen, die Fleischbrühe enthielten, bezeichnete er abwertend als ‚Leichentee'. Bei Krankheiten kam sein Leibarzt Dr. Morell den Wünschen Hitlers nach einer naturheilkundlichen Behandlung meist entgegen.[62] Die Aussage Leo Tolstois – selbst ein Vegetarier –, man *müsste zunächst die Schlachthäuser abschaffen, dann würde es keine Schlachtfelder mehr geben,* trifft allerdings bei dem Vegetarier Hitler nicht zu.

Auch der erste Präsident Indonesiens, Soekarno, propagierte das Gemüse *Daun Singkong* als *das beste, das gesündeste und das billigste Gemüse,* das an jeder Straßenecke in ganz Indonesien wächst und gedeiht. Soekarno war wohl kein Vegetarier, aber er verschmähte alles Fleisch von Tieren mit vier Beinen. Ich lernte *Daun Singkong* Anfang der 1960er Jahre bei einem Essen mit Präsident Soekarno im Palast in Tampaksiring auf Bali kennen, und es ist bis heute eines meiner Lieblingsgerichte der indonesischen Küche geblieben.

Allerdings drängt sich mir der Verdacht auf, dass diese Gesundheitskampagnen – ob von Friedrich dem Großen, von Hitler oder Soekarno – nicht alleine der Volksgesundheit dienen sollten, sondern auch der Wirtschaftlichkeit. Die Tabakimporte aus Niederländisch-Indien und anderen Regionen sollten gedrosselt werden. Devisen wurden für die Aufrüstung der Streitkräfte benötigt. Logos auf den Plakaten der Anti-Raucher-Kampagne Hitlers lauteten:

---

62 Bernhard Meyer, *Die letzten Tage des ‚Patienten A',* Zum Gesundheitszustand Hitlers, S. 5

Die deutsche Frau raucht nicht! oder
Nicht er sie ... sie frisst ihn! oder
Zwei Millionen KdF-Wagen verpafft.
Der Volkswagen wurde auch KdF-Wagen, Kraft-durch-Freude-Wagen, genannt. Zwei Millionen Volkswagen, das war der Wert, der durch den Import von Tabak aus Niederländisch-Indien jährlich aufgebracht werden musste.

*Abb. 17
Anti-Raucher-
Kampagne*

Im Buch des Reichsjugendführers Baldur von Schirach, *Hitler wie ihn keiner kennt*, wird der ‚Führer' als Vorbild für den deutschen Bürger dargestellt. Unter Hitlers Portrait steht der Text:
Unser Führer Adolf Hitler trinkt keinen Alkohol und raucht auch nicht. Ohne andere im geringsten zu bevormunden, hält er sich eisern an das selbstauferlegte Lebensgesetz. Seine Arbeitsleistung ist ungeheuer.[63]

Die heutigen Kampagnen weltweit ähneln sehr denen des Dritten Reichs. Hitler wollte ein rauchfreies Nazi-Deutschland. Die Nazis verboten jegliche Werbung für alle Tabakprodukte, und versuchten mit einer gezielten Anti-Raucher-Initiative – die besonders die Schädigung der Gesundheit hervorhob – die Raucher von ihrer Sucht abzubringen. Die Gefahr für schwangere Frauen und das Risiko, eher an Krebs zu erkranken, wurden dabei betont. Während des Dritten Reichs galt ab 1938, in manchen Gegenden erst ab 1939, ein striktes Rauchverbot in Universitäten, Postämtern, Krankenhäusern, Hotels, bei der Luftwaffe und in Gebäuden und Diensträumen der Nazi-Parteien. Ab 1941 galt dieses Verbot auch in öffentlichen Bussen und in der Eisenbahn. Im Staatsrundfunk – und nur diesen gab es im Dritten Reich – wurden regelmäßig Werbeblocks gegen das Rauchen gesendet. Zusätzlich wurden hohe Steuern für Tabakwaren eingeführt, um den Konsum zu reduzieren. Es wurde sogar ein Rauchverbot in privaten Kraftfahrzeugen

---

63 *Auf der Wacht*, No. 54 von 1937, S. 18

diskutiert. Im Dritten Reich wurde wirklich viel für die – wie Hitler sagte – *Volksgesundheit* und die *Gesundheitspflicht*, die jeder Deutsche habe, getan.

Abb. 18
Rauchverbot in Diensträumen

Das Dritte Reich hatte die stärkste Anti-Raucher-Bewegung der Welt. Für heutige Tabakgegner und Gesundheitsfanatiker waren die Aktionen der Nationalsozialisten vorbildlich. Der bekannte amerikanische Wissenschaftshistoriker Robert N. Procter schreibt in seinem Buch *Blitzkrieg gegen den Krebs: Gesundheit und Propaganda im Dritten Reich*, dass die von Hitler forcierte fortschrittliche Gesundheitspolitik der von anderen westlichen Ländern um Jahrzehnte voraus war.[64]

Bei der Volksgesundheit ging es nicht nur gegen den Tabakkonsum, es gab auch bereits Maßnahmen gegen Asbest- und Strahlenbelastung sowie gegen Pestizide und Lebensmittelfarben. Es gab Vorschriften für Gesundheit und Sicherheit am Arbeitsplatz. In der Gesundheitspropaganda wurden gesunde Lebensmittel wie Vollkornbrot nachhaltig gefördert. *Körperertüchtigung,* wie Sport genannt wurde, wurde in den Tagesablauf integriert.

In der Presse der Nationalsozialisten wurde die Berichterstattung gleichgeschaltet. In der täglichen Reichspressekonferenz wurden den Journalisten Anweisungen gegeben, wie bestimmte Themen in den Zeitungen behandelt werden sollen. Diese Anweisungen waren formal nur eine Bitte der Reichsregierung, aber welcher Journalist fasste diese Anweisungen nicht als Befehl auf? Zum Beispiel gab es in Zusammenhang mit der ‚Volksgesundheit‘ am

64 Procter, T*he Nazi War on Cancer,* S. 218ff,
    Loeber, *Das niederländische Kolonialreich*
    www.bundesarchiv.de
    www.deathby1000papercuts.com
    www.alifrafikkhan.blogspot.com/2012/02/gerakan-anti-merokok-zaman-nazi-jerman

21. März 1941 die Anweisung: *Die Vollkornbrot-Aktion soll in Zukunft wieder stärker gefördert werden.*[65]

1941 wurde an der Universität in Jena ein ‚Wissenschaftliches Institut zur Erforschung der Tabakgefahren‘ gegründet. Mitten im Krieg brachte Hitler dafür noch Geld und Zeit auf. Leiter des Instituts war Prof. Dr. Fritz Lickint, Internist und Hochschullehrer für Lebensmittel und Genussmittelhygiene. Er war stark in der Anti-Tabak-Kampagne engagiert. Sein 1.200 Seiten umfassendes Werk *Tabak und Organismus*, das 1939 erschien, hat bis heute an Aktualität nichts verloren. Lickint erkannte bereits 1929 den Zusammenhang zwischen Tabakkonsum und Bronchialkarzinom. Bis heute gilt er als Pionier auf dem Gebiet der Erforschung des Gesundheitsrisikos durch Rauchen. Auch den Begriff ‚Passivrauchen‘ prägte Lickint. Er warnte, sich in der Nähe eines Rauchers aufzuhalten. Auch durch dieses passive Rauchen würde man vergiftet werden. Lickint war der von der damaligen deutschen Tabakindustrie am meisten gehasste Arzt.

Auch die Ärzte Franz H. Müller (1939) und E. Schairer (1943) haben Studien über den Zusammenhang von Krebs und Rauchen durchgeführt. Beide haben eine signifikante Erhöhung des Krebsrisikos durch Nikotingenuss festgestellt. Nur wenige Tage vor Kriegsende, im Frühjahr 1945, wurde von der Universität Jena noch ein Merkblatt gegen das Rauchen mit dem Titel *Reine Luft* veröffentlicht. Zu dieser Zeit lag Deutschland schon in Trümmern, und von reiner Luft konnte nicht mehr die Rede sein. Rauch, Asche, Staub und Leichengeruch hingen über den deutschen Städten.

Viele ließen sich von der Anti-Raucher-Kampagne nicht beeinflussen, auch mein Vater nicht. Er rauchte bis zum Ende des Krieges seine geliebte Sumatra-Zigarre. Auch in Hitlers – dem fanatischen Nichtraucher – Nähe wurde ab und zu geraucht. Auf den überlieferten Filmen vom Obersalzberg sieht man auf einigen Szenen Hitlers Lebensgefährtin Eva Braun mit einer Zigarette. Auch Martin Bormann war ein starker Raucher, und Hermann Göring rauchte sogar – sehr zum Ärger Hitlers – in der Öffentlichkeit. Ebenso die Filmstars, die in den während des Dritten Reichs gedrehten Filmen mitwirkten. Fast jeder Filmstar – männlich oder weiblich – war mit einer Zigarette in der Hand auf der Leinwand zu sehen.

Die Soldaten konnten die Strapazen an der Front nur mit ihrer geliebten Zigarette überstehen. Auf Archivbildern sieht man Generäle, Offiziere und einfache Soldaten in den Schützengräben, wie sie genüsslich an ihren Zigaretten ziehen. Die Soldaten an der Front erhielten eine Zuteilung von sechs Zigaretten pro Tag. Nichtraucher und weibliche Wehrmachtsangehörige erhielten dafür Schokolade und Obst.

---

65   Frei/Schmitz, *Journalismus im Dritten Reich,* S. 30ff

Hitlers Anti-Raucher-Kampagne verzeichnete Erfolge. Während in Deutschland der Tabakkonsum 1944 pro Kopf und Jahr bei 743 Gramm lag, war er in den Vereinigten Staaten im selben Jahr bei 3.039 Gramm pro Kopf und Jahr und stieg rasant weiter. Die USA hatten also 1944 den mehr als vierfachen pro-Kopf-Verbrauch von Tabakprodukten wie Deutschland. Aber auch durch alle die geschilderten Maßnahmen konnte Hitler die Devisenausgaben für die Einfuhr von Tabak aus Niederländisch-Indien nicht einschneidend reduzieren. Es bleibt zu vermuten, dass das Hauptziel Hitlers die Reduzierung der Devisenausgaben war und nicht die *Volksgesundheit*.[66] Trotzdem war dies eine verantwortungsvolle und weitblickende Gesundheitspolitik, die zum Ziel hatte, ein gesundes und starkes deutsches Volk zu erhalten.

Indonesischer Tabak aus Sumatra und Java wurde seit Jahrhunderten bei Auktionen in den holländischen Häfen Amsterdam und Rotterdam versteigert. Dies war ein Millionengeschäft für die Niederlande. Nach der Unabhängigkeit und im Zuge der nationalen Emanzipation wollte das junge Indonesien nicht weiter mit seiner ehemaligen Kolonialmacht Geschäfte machen. Hollands Exporte nach Indonesien waren bereits gegen Null reduziert. Daher wurde auf Wunsch Indonesiens, und sehr zum Ärger der Niederlande, 1957 die ‚Deutsch-Indonesische Tabakhandelsgesellschaft‘ (DITH) gegründet, und die Tabakauktion nach Bremen verlegt. Noch 1959 stoppten die Niederlande den Tabakdampfer *Ulysses*, der indonesischen Tabak für Bremen geladen hatte. Die Niederlande reichten eine einstweilige Verfügung mit der Begründung ein, auf dem Schiff sei holländischer Tabak und dieser müsse beschlagnahmt und in einem niederländischen Hafen angelandet werden. Die Arroganz der ehemaligen Kolonialherren war nicht zu überbieten! Selbst 14 Jahre nach der Unabhängigkeit Indonesiens betrachteten die Niederländer das Land immer noch als ihr eigenes! Indonesien setzte sich zur Wehr und bekam vor internationalen Gerichten natürlich Recht. Das bedeutete aber noch lange nicht, dass die Niederländer aufgaben. Sie versuchten weiterhin auf vielfache Weise, dem jungen Staat Indonesien Schwierigkeiten zu bereiten. Der indonesische Tabakmarkt über Bremen läuft jedoch seitdem reibungslos.[67]

---

66 Procter, *The Nazi War on Cancer*, S. 218ff
   Loeber, *Das niederländische Kolonialreich*
67 Geerken, *Der Ruf des Geckos*, S. 132f

8. Handelsbeziehungen des Dritten Reichs
mit Niederländisch-Indien

Da Deutschland so gut wie keine Rohstoffvorkommen aufzuweisen hat, gründete Kaiser Wilhelm II bereits 1914 das ‚Königliche Institut für Seeverkehr und Weltwirtschaft' in Kiel zur Erforschung der weltweiten Vorkommen. Kurz nach der Machtergreifung Hitlers wurde das Institut 1934 in ‚Institut für Weltwirtschaft an der Universität Kiel' umbenannt, und es trägt diesen Namen bis heute. Im Dritten Reich wurden Informationen, die das Institut über weltwirtschaftliche Beziehungen gewann, Bestandteil der nationalsozialistischen Kriegführung. Zur Sicherung des Rohstoffnachschubs wurden im Auftrag des Wehrwirtschafts- und Rüstungsamtes die Rohstoffvorkommen der eroberten Gebiete sowie weltweit interessante Bereiche erforscht. Mehrere hundert Geheimgutachten wurden durch das Institut für die deutsche Rüstungsindustrie erstellt, wobei natürlich der rohstoffreiche Archipel Niederländisch-Indien und Neuguinea besondere Aufmerksamkeit erfuhren. Auch Gutachten zur Erforschung der überseeischen Absatzmärkte für deutsche Produkte wurden angefertigt. So wurde zum Beispiel 1939 das Gutachten ‚Niederländisch-Indien als Absatzmarkt für deutsche Kraftfahrzeuge' erstellt.[68]

In der deutschen Fachliteratur des Dritten Reichs, die Niederländisch-Indien zum Inhalt hat, wird das niederländische Kolonialreich überaus positiv dargestellt. Ein Beispiel dafür ist das Buch von Irmgard Loeber, *Das niederländische Kolonialreich,* das 1939 veröffentlicht wurde. Die enormen Bodenschätze und Hauptausfuhrerzeugnisse werden besonders herausgestellt. Interessanterweise gab es keinerlei Kritik an der Behandlung der Bevölkerung. Selbst die Schulausbildung durch die Niederländer, die ja nur in äußerst geringem Umfang für die lokale Bevölkerung möglich war, wurde gelobt.

1922 wurde in der niederländischen Verfassung festgelegt, dass die Niederlande und Niederländisch-Indien als gleichberechtigte Teile des Königreichs nebeneinander existieren, um – theoretisch – eine Reichseinheit zu schaffen. In Wirklichkeit wurde Niederländisch-Indien aber vom Mutterland geleitet und niederländische Beamte übernahmen die Verwaltung.

In den 1930er Jahren waren noch zwei Drittel der Gesamtfläche Niederländisch-Indiens mit wertvollem Urwald bedeckt. Neben vielen anderen Sorten wuchsen hier Teakbäume, Ebenholz, Mahagoni, Kampfer- und San-

---

68   Archiv des ‚Instituts für Weltwirtschaft an der Universität Kiel', Verfasser: Zottmann, Dokument C 6461, Info durch Herrn Prof. Dr. Frederico Foders

delholzbäume, sowie wertvolle Palmenarten wie Kokospalmen, Palmyrapalmen, Sago- und Rotangpalmen neben Bambus, Feigenbäumen und Bananenstauden. Besonders die Gewürze Muskatnuss, Pfeffer, Zimt und Vanille waren weltweit gefragt. Niederländisch-Indien war eines der wichtigsten Exportländer für alle tropischen Landwirtschaftserzeugnisse.

Vielfältige Wirtschaftsbeziehungen zwischen Deutschland und dem niederländisch-indischen Archipel gab es bereits seit vielen Jahrzehnten. Sie reichten von Schwermaschinen bis zu Solinger Klingen und Nähnadeln. So exportierte Deutschland Anfang des letzten Jahrhunderts zum Beispiel Dampflokomotiven und Eisenbahngleise, und sogar die erste Straßenbahn Batavias. Die AEG elektrifizierte die Bahnstrecke von Batavia nach Bogor. Telefunken baute Sende- und Empfangsanlagen, zum Beispiel 1922 die Großsendeanlage ‚Malabar' bei Bandung, durch die die erste Funkverbindung zwischen Java und den Niederlanden ermöglicht wurde. Kraftwerke und Stromverteilungsanlagen sowie die ersten Telefonnetze wurden von deutschen Firmen wie SIEMENS aufgebaut. Darüber hinaus waren viele deutsche Handelshäuser in Niederländisch-Indien vertreten. Sie lieferten praktisch alles, was das Herz eines Indonesiers oder einer Indonesierin höher schlagen ließ.

Die Hauptausfuhrerzeugnisse nach Deutschland in den 1930er Jahren bis zum Ausbruch des Zweiten Weltkriegs waren Zucker, Tabak, Kaffee, Tee, Kautschuk, Kokosprodukte, Palmöl und Ölfrüchte, Tapiokaprodukte, Kapok, Mais, Gewürze, Bauxit, Erdöl, Zinn und andere Rohstoffe.[69]

Niederländisch-Indien barg viele mineralische Schätze. In Sumatra und Borneo wurde Steinkohle und Zinn gefördert. In Mittel- und Ostjava wurde Manganerz geschürft. Der weitaus größte Teil der 1936 geförderten 11.300 Tonnen Manganerz ging für Legierungen an Stahlwerke in Deutschland. Mit der Schürfung von Nickel-, Eisen- und Chromerzen wurde 1936 gerade erst begonnen.[70]

Die niederländische Mijnbouw Maatschaapij betrieb in den 1930er Jahren in der Region Toli-Toli in Nordcelebes ausgedehnte Minen für den Abbau von Nickel, Chrom, Kobalt, Magnesium und besonders Molybdän. 1939 wurden 23.000 Tonnen, 1940 sogar 55.000 Tonnen Nickelerz gefördert. 1942, nach der Besetzung Niederländisch-Indiens durch Japan, übernahm die Firma ‚Sumitomo Metal' diese Minen. Die Fördermenge betrug zunächst nur 27.000 Tonnen, konnte aber bis 1945 auf 58.000 Tonnen gesteigert werden.[71] Das Hauptaugenmerk des Deutschen Reichs lag nun

---

69   Loeber, *Das niederländische Kolonialreich,* S. 66ff und 90
70   Loeber, *Das niederländische Kolonialreich,* S. 76f
71   Museum Geologi Bandung, Daftar

auf der Förderung von Molybdän. Alle Metalle und Erze aus diesen Minen wurden ab 1942 nach Japan und ins Deutsche Reich verschifft. Heute sind in dem Gebiet Toli-Toli die britisch-australisch-spanisch-amerikanische Gesellschaft ‚Rio Tinto' und die australische Bergbaugesellschaft ‚Santos' beim Molybdänabbau engagiert.[72]

Die Wiege des riesigen Bergbaukonzerns ‚Rio Tinto' liegt in den Kuperminen ‚Minas de Riotinto' in Südspanien, in denen schon im zweiten Jahrtausend vor Christus Kupfer gewonnen wurde. Als General Francisco Franco ab Juni 1937 Spanien kontrollierte, schloss er mit Hitler einen Vertrag über die Lieferung von deutschen Flugzeugen, die mit Kupfer aus den ‚Minas de Riotinto' bezahlt wurden. Um auf weitere Kupferlieferungen der Minen einen direkten Zugriff zu haben, begann Franco an den Börsen von London und Paris über Scheinfirmen in Spanisch-Marokko Anteile von ‚Rio Tinto' aufzukaufen.[73]

Niederländisch-Indien lag mit seiner Erdölgewinnung und Erdölverarbeitung bereits an fünfter Stelle des Weltmarktes. Produktionsstätten für die Weiterverarbeitung zu Benzin, Diesel, sowie zu Treib- und Schmierölen waren in Sumatra und Borneo bereits in Betrieb. Weitere waren geplant.

Der Export von Rinde des Chinarindenbaums zur Weiterverarbeitung für Medikamente gegen die damals noch grassierende Malaria, die bis heute eine der häufigsten Todesursachen in Entwicklungsländern ist, war 1937 auf 10.000 Tonnen pro Jahr angestiegen. Fast die gesamte Menge ging an den Chemie-Giganten IG-Farben in Deutschland.

Auch der Export von Gold und Silber war in den 1930er Jahren nicht unerheblich. Es wurden 1936 bereits 2,3 Tonnen Gold und 20,6 Tonnen Silber ausgeführt, der größte Teil davon nach Deutschland.

Im Riouw-Archipel (heute: Riau-Archipel), südlich von Singapur, wurde 1934 durch die ‚Nederlandsch-Indische Bauxit Expoitatie Mij' mit der Bauxit-Gewinnung begonnen. Man rechnete mit dem gesamten Absatz nach Formosa, wo eine japanische Aluminium-Fabrik geplant war. Als sich die Realisierung dieser Fabrik immer mehr verzögerte, wurde Deutschland der Hauptabnehmer. 1936 wurden bereits 127.640 Tonnen Bauxit gefördert und ins Deutsche Reich exportiert. Es war geplant, die Produktion auf 300.000 bis 400.000 Tonnen pro Jahr zu steigern.

Japan versuchte bereits Anfang der 1930er Jahre, mehr Einfluss in Niederländisch-Indien zu gewinnen. Die Einfuhren Japans verdreifachten sich wertmäßig von 1928 bis zum Jahr 1934. Viele handelspolitische Maßnahmen Niederländisch-Indiens richteten sich jedoch gegen den japanischen

---

72 *The Malala Molybdenum Project*, www.abnnewswire.net
73 www.lanzarote37.eu

Wirtschaftseinfluss, denn Japan war aufgrund seines niedrigen Lohnniveaus bei billigen Massenartikeln unschlagbar. Diese billige Konkurrenz spürten besonders die Textilmanufakturen in den Niederlanden.[74]

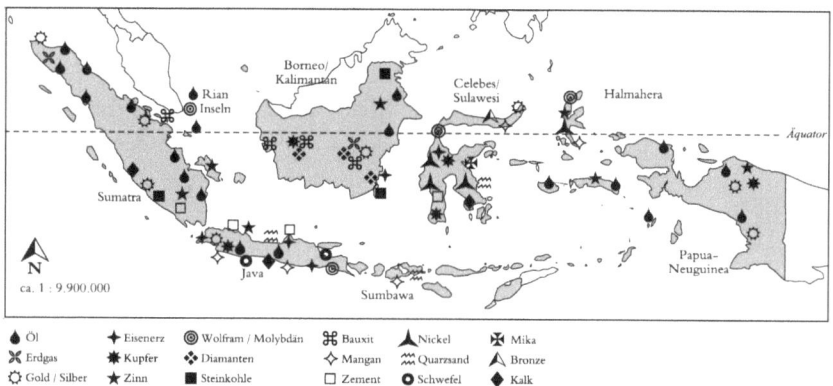

Abb. 19
Die wichtigsten Rohstoffvorkommen Indonesiens

Da auch die japanischen Handelsschiffe mit ihren niederen Frachtraten immer mehr Einfluss gewannen, wurde zum Schutz der niederländischen Handelsflotte das Anlaufen ausländischer Schiffe auf eine kleine Anzahl sogenannter ‚offener Seehäfen' begrenzt.

Das Stiefkind der Niederlande, wie Niederländisch-Neuguinea genannt wurde, geriet durch den großen Einfluss Japans nun in den Blickpunkt des niederländischen Interesses. Eine Erschließung des Landes war bisher nur in der Küstenregion erfolgt. Alleine Niederländisch-Neuguinea, der Westteil der Insel Neuguinea, der zweitgrößten Insel der Welt, war zwölfmal größer als das niederländische Mutterland. Im Innern der Insel lebten noch die Ureinwohner wie in der Steinzeit in einem Gebiet, das Anfang der 1930er Jahre noch kein Weißer betreten hatte.

Neuguinea war bisher nur als Land des allein hier vorkommenden Paradiesvogels bekannt. Um die Wende des letzten Jahrhunderts wurden begüterte Europäer auf die Federzier dieses Vogels aufmerksam. Vornehme Damen, die in den 1920er Jahren auffallen wollten, schmückten sich mit den Federn des Vogels. Glücklicherweise wurde der Paradiesvogel 1931 unter Naturschutz gestellt, so dass uns dieses wunderschöne Tier bis heute erhalten blieb.

Mit der Erforschung Niederländisch-Neuguineas wurde erst Mitte der 1930er Jahre begonnen. Man erwartete große Vorkommen an Gold, Kupfer

---

74 Loeber, *Das niederländische Kolonialreich*, S. 89

und anderen Erzen, die dann auch später bestätigt wurden. Emil Helfferich, über den bereits berichtet wurde, hatte der niederländischen Regierung Mitte der 1920er Jahre einen deutschen Plan zur Entwicklung und Erschließung Neuguineas vorgelegt. Dieser wurde von der niederländischen Regierung abgelehnt. Eigentlich hätten die Niederländer auf Erfahrungen der Deutschen, die sie in der ehemalige deutsche Kolonie ‚Deutsch-Neuguinea‘ mit dem Bismarck-Archipel und dem Kaiser-Wilhelm-Land gesammelt hatten, zurückgreifen können. Ab 1874 entstanden dort deutsche Handelsstationen. Im November 1884 hisste die Kaiserliche Kriegsmarine in Deutsch-Neuguinea die deutsche Flagge, die dort bis zum Ersten Weltkrieg wehte.

Erst Mitte der 1930er Jahre entschlossen sich die Niederländer, mit einer gründlichen Erschließung Neuguineas zu beginnen. Hier, auf dieser abgelegenen, von Urwald bewachsenen und nur von – wie sie sagten – ‚wilden Eingeborenen‘ besiedelten zweitgrößten Insel der Welt, wollten die Briten und Australier im südlichen Teil eine endgültige Heimstätte für die Juden aus Europa und aller Welt schaffen. Hier standen Ende der 1930er Jahre geschätzten 330.000 einheimischen Einwohnern nur 286 Europäer gegenüber.[75]

Für die ständig wachsende Bevölkerung Japans benötigte man Raum und Rohstoffe. Diese waren in Niederländisch-Indien in reichem Maße vorhanden. In den Niederlanden betrachtete man daher die Ausrichtung der japanischen Politik nach Süden und die Aufrüstung in Japan mit großer Sorge. Der niederländische Wehrminister van Dijk konnte 1937 mit seiner Denkschrift erreichen, dass zunächst die Marine in Niederländisch-Indien aufgerüstet wurde. Die niederländisch-indische Marine erhielt zusätzlich 3 Kreuzer, 2 Flottillenführer, 12 Zerstörer und 18 U-Boote. Auch die Marineflieger erhielten 72 neue Flugzeuge, darunter 42 deutsche Flugboote der Firma Dornier. Die Vereinigten Staaten lieferten 1938 Waffen im Werte von vier Millionen US-Dollar an die niederländische Kolonie.[76] Um gegen einen eventuellen japanischen Angriff gerüstet zu sein, wurden auch die Verteidigungsanlagen der Häfen auf Sumatra, Borneo und Java verstärkt. Auf Niederländisch-Neuguinea wurden U-Boot-Stützpunkte und neue Flughäfen geschaffen. Als die Spannungen in Ostasien weiter zunahmen, beschloss die niederländische Regierung 1939 eine weitere Erhöhung des Flottenbauprogramms. Finanziert wurden diese Mehrausgaben über Steuererhöhungen und einen ‚Wehrausfuhrzoll‘ in Höhe von 1% auf alle aus Niederländisch-Indien ausgeführten Güter. Die Niederlande wollten ihre Belange in der Weltpolitik mit eigenen Machtmitteln vertreten können. Genutzt haben ihnen all diese Maßnahmen allerdings wenig!

75 Loeber, *Das niederländische Kolonialreich*, S. 94f
76 Loeber, *Das niederländische Kolonialreich*, S. 138

9. Die deutsch-britischen Beziehungen

Adolf Hitler wurde vor seiner Machtübernahme im Jahre 1933 international eher belächelt und gemieden. Aber einer seiner großen Verehrer seit Anfang der 1920er Jahre war der britische Historiker und Autor Houston Stewart Chamberlain. Chamberlain war in Deutschland bereits durch seine Werke bekannt. International erregte sein umfangreiches Werk *Grundlagen des neunzehnten Jahrhunderts,* das Anfang des 20. Jahrhunderts zu einem Standardwerk wurde, großes Aufsehen.

Im Ersten Weltkrieg bezichtigte Chamberlain sein Mutterland England der Kriegstreiberei. Für ihn war der Kriegseintritt des Vereinigten Königreichs *Verrat an der gemeinsamen Rasse.* Ähnlich äußerte sich Hitler im Zweiten Weltkrieg, als er sagte: *Seltsam, dass wir mit Hilfe Japans die Position der weißen Rasse in Ostasien vernichten. [...]*[77]

In einem Brief Chamberlains an Hitler vom 7. Oktober 1923 verehrte er Hitler *[...] als den Vorläufer eines Größeren, als den Retter der deutschen Gegenrevolution.*[78] Dieser Brief wurde in Abschrift von Walther Hewel während seiner Zeit auf der Plantage in Neglasari auf Java der Zeitung *Deutsche Wacht* zum Abdruck zur Verfügung gestellt. Auf der Kopie in der Nationalbibliothek in Jakarta ist leider keine Quelle und Datumsanzeige vermerkt.[79]

Nach der Machtübernahme im Jahre 1933 war Hitler plötzlich ein Star auf der Weltbühne. Er wurde bewundert und viele hochrangige internationale Politiker und Staatshäupter suchten seine Nähe und sein Wohlwollen. Könige, Chefs vieler Regierungen und andere Prominente bemühten sich nun um Hitler. Wie die überlieferten Unterlagen im Archiv des Auswärtigen Amts in Berlin und des Instituts für Zeitgeschichte in München zeigen, war Walther Hewel bei vielen Gesprächen, Empfängen und offiziellen Essen dabei.

Besonders intensiv war der Kontakt zwischen Vertretern Großbritanniens und Hitler. Die guten Beziehungen zwischen dem Deutschen Reich und Großbritannien waren besonders für Hitler von überragender Bedeutung. Hitler versuchte natürlich, einen Krieg Großbritanniens gegen Deutschland zu verhindern. Außerdem war der Indische Ozean von britischen Kolonien umgeben. Großbritannien hätte somit den Nachschubweg von Rohstoffen aus diesem Raum beträchtlich stören können. Auf der Liste von Hitlers Gäs-

---

77 Eintrag im Tagebuch Hewel vom 16.12,1941
78 Fest, *Hitler*, S. 259
79 AA R 27480, Botschafter Hewel 13 (hier ohne Angabe von Quelle und Datum)

ten aus Großbritannien standen zum Beispiel Sir John Simon (britischer Außenminister), Anthony Eden (Minister ohne Portfolio), Duke und Duchesse of Windsor, Lord Halifax (späterer britischer Außenminister), Prinz Edward und Arthur Neville Chamberlain (bis 1940 Premierminister). Hitler und Chamberlain trafen mehrmals zusammen, in München, in Berlin, in Bad Godesberg, auf dem Obersalzberg in den bayrischen Alpen und in dem über 1.800 Meter hoch gelegenen ‚Adlernest‘. Chamberlain war fast schon ein regelmäßiger Gast Hitlers. Hitler konferierte mit ihm im September 1938, im Vorfeld der Gespräche zum Münchner Abkommen, im Rheinhotel Dreesen in Bad Godesberg.

Abb. 20
Im Hotel Dreesen in Bad Godes-
berg, September 1938
Vorbereitung des Münchner Ab-
kommens
Von links: Joachim von Ribben-
trop (Reichsaußenminister), Paul
Schmidt (Dolmetscher), Hitler,
Neville Chamberlain (Britischer
Premierminister)

Am 29. und 30. September fanden in München die Gespräche zwischen den Regierungschefs von Großbritannien, Frankreich, Italien und dem Deutschen Reich statt. Das Ergebnis war die Unterzeichnung des Münchner Abkommens durch Neville Chamberlain (Großbritannien), Edouard Daladiere (Frankreich), Benito Mussolini (Italien) und Adolf Hitler. Hitler hatte sein Ziel erreicht: Mit Verweis auf das Selbstbestimmungsrecht der Völker wurde der Deutsch sprechende Teil der Tschechoslowakei, das Sudetenland, dem Deutschen Reich zugesprochen.

Ein Nebeneffekt dieser Konferenz ist in der heutigen historischen Aufarbeitung der Münchner Konferenz nicht mehr zu finden. Im Anschluss an diese Konferenz drängte Großbritannien die Niederlande, die Insel Sumatra in Niederländisch-Indien an das Deutsche Reich abzutreten.[80] Aus welchem Grund und auf wessen Initiative dieser Druck Großbritanniens auf die Niederlande ausgeübt wurde, ist heute nicht mehr nachvollziehbar. Eine Überlassung von Sumatra an das Deutsche Reich hätte einen direkten Eingriff in das Territorium von Niederländisch-Indien dargestellt.

Abb. 21
Sonderpostkarte anlässlich der Unterzeichnung des Münchner Abkommens
Von links: Arthur Neville Chamberlain/Großbritannien, Edouard Daladier/Frankreich,
Benito Mussolini/Italien und Hitler

Prinz Edward, später König Edward VIII – nach seiner Abdankung wurde ihm der Adelstitel Duke of Windsor verliehen –, war dem Dritten Reich besonders zugetan. Er hatte eine deutsche Vergangenheit, auf die ich kurz eingehen möchte: Das deutsche Fürstenhaus Sachsen-Coburg und Gotha hatte es geschafft, durch eine kluge Heiratspolitik seine Mitglieder auf die Throne vieler Königshäuser in Europa zu setzen, zum Beispiel in Großbritannien, Griechenland, Russland, Rumänien, Schweden, Portugal, Bulgarien, Mexiko, Österreich, Italien und Luxemburg. Die Nachkommen des

---

80   Wilson, *Orang dan Partai Nazi di Indonesia*, S. 71

deutschen Hauses ,Sachsen-Coburg und Gotha' regieren bis heute noch in Großbritannien und Belgien.

Der als Thronfolger vorgesehene Prinz Edward trug bei seiner Geburt noch diesen deutschen Namen und Adelstitel. Die Umgangssprache im englischen Königshaus war bis zum Ersten Weltkrieg Deutsch. Während des Ersten Weltkriegs wurde der in britischen Ohren allzu deutsch klingende Namen ,Sachsen-Coburg und Gotha' in den erfundenen Namen ,Windsor' abgeändert. Prinz Edward fühlte sich trotz des neuen englischen Namens immer noch mit Deutschland verbunden, aber dass er mit Nazi-Deutschland sympathisierte, ging der britischen Regierung dann doch zu weit.

Prinz Edward war das künftige Oberhaupt eines Weltreiches, in dem die Sonne nie unterging. Edward war bekannt für seine vielen amourösen Abenteuer, bis er 1934 die schon zweimal geschiedene amerikanische ,femme fatale' Wallis Simpson kennenlernte. Auch sie war, wie viele Frauen, eine glühende Verehrerin Hitlers. Durch Wallis Simpson lernte Prinz Edward den Gründer und Führer der ,British Union of Fascists', Sir Oswald Mosley, kennen. Schon bald nach der Gründung hatte Mosleys Nazi-Partei über 50.000 Mitglieder in Großbritannien. Mosley hatte durch die Heirat mit seiner ersten Ehefrau, Lady Cynthia Cruzon, einer Tochter des ehemaligen Vizekönigs von Indien, enge Kontakte zur Oberklasse. Seine zweite Ehe schloss Oswald Mosley 1936 in Deutschland, im Haus des Propagandaministers Joseph Goebbels, im Beisein von Hitler mit Diana Mitford, der Schwester von Unity Mitford. Die Rolle der Mitford Schwestern mit Hitler werde ich nachfolgend noch kurz beleuchten.

Nachdem Prinz Edwards Vater, George V, verstorben war, bestieg Edward VIII im Jahre 1936 den Thron. Er wollte auch politischen Einfluss ausüben, was bisher ein Tabu für das britische Königshaus war. Besonders am Herzen lag ihm eine Allianz von Großbritannien und Deutschland.

Seiner Geliebten Wallis Simpson wurden einige heimliche Liebesaffären nachgesagt, unter anderem mit dem Deutschen Botschafter in London, Leopold von Hoesch. und dessen Nachfolger von Ribbentrop. Gerüchte gab es genug. Belege oder Beweise für diese Affären gab es auch nach Kriegsende nicht.

Die Kontakte von König Edward und Wallis Simpson zum Dritten Reich sowie zu Mosley wurden für Winston Churchill und die britische Regierung suspekt und gefährlich. Man vermutete, dass Simpson geheime britische Informationen an Ribbentrop weitergegeben hatte. Winston Churchill misstraute auch dem König, und er wurde sein größter Widersacher. Von einer Allianz mit Deutschland gegen den Kommunismus, wie sie der König vertrat, wollte Churchill nichts wissen. Der König, in dessen Adern fast jeder

Tropfen Blut deutsch war, kämpfte im Ersten Weltkrieg gegen Deutschland. Nun wollte er Europa vor einem neuen Verhängnis bewahren.

Der Druck der britischen Regierung auf König Edward und seine Geliebte wurde immer heftiger. Obwohl die Mehrheit der Briten König Edward VIII weiterhin auf dem Thron sehen wollte, musste er nach nur zehn Monaten abdanken. Als Vorwand galt seine Romanze und die geplante Hochzeit mit der geschiedenen Wallis Simpson. Die wahren Gründe waren jedoch seine pro-deutsche Gesinnung und seine Nähe zum Nationalsozialismus Deutschlands, sowie zu Mosley, dem Führer der ‚British Union of Fascists'. Der Monarch wurde für die britische Regierung politisch unberechenbar. Edward wollte lieber auf den Thron verzichten als auf seine Geliebte Wallis Simpson. In den europäischen Blättern war es die herausragende Liebesromanze des 20. Jahrhunderts.

Nach der Eheschließung Edwards mit Wallis Simpson im Jahre 1937 war Edward immer noch politisch aktiv und versuchte immer noch– im Gegensatz zu seinem Bruder, der nun auf dem Thron saß –, eine Allianz zwischen Deutschland und Großbritannien zu schmieden. Sein Ziel war das gleiche wie das Hitlers: Großbritannien solle Hitler in Kontinentaleuropa gewähren lassen; als Gegenleistung ließe Deutschland Großbritannien und das Commonwealth mit seinen Kolonien in Ruhe.

Das Herzogpaar wurde von allen Nazigrößen hofiert, auch als Gast im Hause Hermann Görings. Die Führungselite des Dritten Reichs hoffte, nach einem gewonnenen Krieg Edward erneut zu inthronisieren, um dann die von beiden gewünschte Allianz ihrer beiden Länder zu vollziehen. Edward, nun Herzog von Winsor, besuchte mit seiner Frau Wallis im Oktober 1937 den ‚Führer' auf dem Obersalzberg, dem Lieblingswohnsitz Hitlers in den Deutschen Alpen. Journalisten gegenüber sagte Edward: *It would be a tragic thing for the world if Hitler was overthrown* (Es wäre eine Tragödie für die Welt, wenn Hitler gestürzt werden würde).

Daraufhin wollte die Regierung Großbritanniens Edward unschädlich machen. Auf Anordnung Winston Churchills wurde das Herzogspaar auf die britische Kronkolonie Bahamas verbannt. Edward, der Herzog von Winsor, und seine Frau Wallis erfuhren viel Unrecht in Großbritannien. Obwohl die meisten Anschuldigungen nur auf Gerüchten beruhten, durfte das Paar nach Ende des Zweiten Weltkriegs nicht nach Großbritannien zurückkehren. Wallis Simpson hat jedoch den Lauf der britischen Geschichte einschneidend beeinflusst. Ohne sie wäre Elisabeth II nie Königin geworden.[81]

---

81   ZDF-Info, 28.05.12, 21.00h, *Edward VIII und die Nazis*
arte, 07.05.2013, 20.15h, *Wallis und Eduard*
www.sachsen-coburg-gotha.de

Nicht nur die britische Königin Elisabeth II. hat einen großen Anteil deutschen Blutes, auch der Ehemann Philip Mountbatten, der Duke of Edinburgh, entstammt dem deutschen Adelsgeschlecht ‚von Battenberg'. Während des Ersten Weltkriegs übersetzte die königliche Familie den allzu deutsch klingenden Namen ‚von Battenberg' aus innenpolitischen Gründen in ‚Mountbatten'.

Wie allgemein bekannt, war Hitler von vielen Frauen umgeben. Einflussreiche Damen aus dem Adel und der Wirtschaft unterstützten und berieten Hitler – ja, sie himmelten ihn an und verehrten ihn. Jedes Jahr erhielt Hitler zehntausende Briefe von Frauen aus allen Schichten der Bevölkerung, die ihn als ihr Idol verehrten. Darunter waren viele Liebesbriefe und Briefe von Frauen, die sich ganz ungeniert ein Kind von ihm wünschten. Hier werde ich nur auf eine bisher wenig bekannte Liaison näher eingehen.

Eine von Hitlers ganz großen Verehrerinnen und die schillerndste Persönlichkeit unter Hitlers Frauen war die junge britische Aristokratin Unity Valkyrie Mitford. Ihre Eltern, Lord und Lady Redesdale-Mitford, hatten sieben Kinder: sechs Töchter und einen Sohn. Die Mutter war eine Cousine von Winston Churchills Ehefrau Clementine. Lord Redesdale-Mitford war Mitglied des britischen Oberhauses. Die Familie scheint schon seit Generationen pro-deutsch eingestellt gewesen zu sein. Unity Mitfords Großvater war ein großer Verehrer von Richard Wagner und er übersetzte Werke von Houston Stewart Chamberlain, beides Personen, von denen auch Hitler beeinflusst wurde. Auch Unitys zweiter Vorname Valkyrie (Walküre) zeigt eine Verbindung zu der arischen Kriegsheldin aus Richard Wagners Opern.

Die exzentrische Familie von Lord Redesdale-Mitford war Gastgeber für die Königin, pflegte aber auch Umgang mit Churchill und Hitler.[82] Seit den 1930er Jahren machten die sechs Mädchen der Familia Mitford, die die unterschiedlichsten Wege gingen, immer wieder Schlagzeilen. Sie erlangten als die ‚Mitford Girls' eine schillernde Berühmtheit. Unitys Schwester Diana war mit Oswald Mosley liiert, dem Führer der ‚British Union of Facists'.

Auf Einladung von Ernst Hanfstaengl reisten die beiden Schwestern Unity und Diana 1933 zum Reichsparteitag nach Nürnberg. Hier trafen Unity und Diana zum ersten Mal mit Hitler zusammen. Ihre bisherige Bewunderung für Hitler schlug nun in Verehrung um. Unity wollte von da an so nah wie möglich bei Hitler sein.[83]

---

82 Die Welt, 04.12.2007, *Sechs Leben voller Glanz, Skandale und Elend*
83 *Hitlers British Girl*, Part 2 and 4, Channel 4, Documentary 2007,
    www.youtube.com

Abb. 22
Der Führer der britischen
Faschisten, Sir Oswald
Mosley, grüßt im Oktober
1936 in der Royal Mint
Street in London Mit-
glieder der von ihm ge-
gründeten Partei ‚British
Union of Fascists'

Abb. 23
Diana Mitford,
verheiratete Mosley,
mit Ernst Hanfstaengl
auf dem Reichsparteitag
der NSDAP im August/
September 1933 in
Nürnberg

Unity Mitford begann 1934 ein Deutsch-Sprachstudium in München. In Hitlers Lieblingslokal ‚Osteria Bavaria', wo er sich regelmäßig mit Parteifreunden traf, saß Unity geduldig viele Tage und beobachtete ihn. Dies fiel auch Hitler auf. Am 2. Februar 1935 wurde sie von Hitler an seinen Tisch gebeten, und es bahnte sich rasch eine vertrauliche Freundschaft an. Ihrem Vater schrieb sie über Hitler nach England: *I am the happiest and luckiest girl in the world. For me he is the greatest man of all time.* Auch Hitler fühlte sich von Unity angezogen, obwohl sie, im Vergleich zu Diana, keine ausgesprochene Schönheit war. Aber sie war groß mit langen Beinen, blauäugig, blond und typisch englisch. Hitler beschrieb sie als *a perfect specimen of Aryan womanhood.*[84]

---

84   *Hitlers British Girl*, Part 3, Channel 4, Documentary 2007, www.youtube.com

Abb. 24
Unity Mitford. Hitler ließ ein spezielles Parteiabzeichen für sie anfertigen, in das ihr Name eingraviert war

Unity und Diana machten mit Ernst und Erna Hanfstaengl mehrere Reisen nach London, um den mit ihnen befreundeten Sohn von Churchill, Randolph, zu treffen. Randolph versuchte mehrfach, ein Treffen der vier mit seinem Vater Winston Churchill zu arrangieren. Dass es zu einem Treffen kam ist eher unwahrscheinlich, da Churchills Einstellung gegenüber Deutschland immer schon von großer Abneigung und Konkurrenzneid geprägt war. Trotzdem verbrachte Winston Churchill mit seiner Frau vor dem Ersten Weltkrieg einen Ferienaufenthalt in Deutschland. Wie mir mein Vater erzählte, stammt aus dieser Zeit sein Ausspruch: *Ihr wollt Kolonien? Ihr wollt mit eurer Flotte die Weltmeere beherrschen? Das gilt es zu verhindern!* Ein weiterer Deutschlandaufenthalt folgte 1932. Bei dieser Reise muss Churchill in größeren Städten gewesen sein, denn *die pompösen und leidenschaftlichen Paraden der Nationalsozialisten* blieben in seiner Erinnerung.[85] Von 1934 ist ein Zitat Winston Churchills überliefert: *Deutschland muss besiegt werden – und dieses Mal endgültig!* Dies äußerte er schroff gegenüber dem früheren Reichskanzler Heinrich Brüning.[86] Es schien somit aussichtslos zu versuchen, Churchill für eine britisch-deutsche Annäherung zu gewinnen.

Unity Mitford blieb in Deutschland immer in der Nähe Hitlers und sie gehörte schon bald zum sogenannten ‚Inneren Kreis‘. Mehrere hundert Zusammentreffen der beiden sind dokumentiert. Unity engagierte sich aktiv im Sinne Hitlers und wurde dafür von Hitler mit einem Orden belohnt. Bereits 1935 hielt sie zusammen mit Julius Streicher, einem Mitglied des Reichstags, eine flammende antisemitische Rede in Berlin. Streicher war auch Herausgeber des Hetzblattes *Der Stürmer*. Unity wünschte in einem ihrer Briefe, wenn

---

85   ZDF Info, 21.05.2012, 21.45h
86   www.entlarvendeZitate233513.com

England nur auch so ein Blatt wie *Der Stürmer* hätte. In diesem Nazi-Organ veröffentlichte sie mehrere Artikel mit den Schlagzeilen:
The English have no notion of the Jewish danger!
England for the English! Out with the Jews! Heil Hitler![87]

1935 bekam Unity Besuch von ihren Eltern Lord and Lady Redesdale-Mitford in München. Auf Einladung von Hitler verbrachten sie einige Tage auf dem Obersalzberg bei Berchtesgaden und auf Hitlers Lieblingssitz, dem Kehlsteinhaus. Hier gab es ein Fest mit der Mitford-Familie, Adolf Hitler, Eva Braun, Magda Goebbels, Gerda Bormann (der Ehefrau von Hitlers Sekretär) und anderen.[88] Dass Hitler für die Eltern von Unity so viel Zeit aufbrachte, zeugt von einer ganz besonderen Zuneigung zu ihr.

Hitler beglückte Unity sogar mit einer Privatloge bei den Olympischen Spielen 1936 in Berlin und mit einer Fahrt in der Staatskarosse zu den Wagner-Festspielen in Bayreuth. Beim Anschluss Österreichs an das Deutsche Reich im Jahre 1938 erschien Unity sogar zusammen mit Hitler auf dem Balkon des Wiener Rathauses. Ob Unity neben Eva Braun auch eine Geliebte Hitlers war, ist nicht belegt, aber eher wahrscheinlich. Aufzeichnungen im Tagebuch von Eva Braun zeigen, dass Eva mehr als eifersüchtig auf Unity war. Sie hatte Grund dazu, da sie sich – im Gegensatz zu Unity – nicht mit Hitler in der Öffentlichkeit zeigen durfte. Ihre Eifersucht gipfelte in einem Selbstmordversuch.

1938 zog Unity Mitford in ein von Hitler zur Verfügung gestelltes Luxusappartement in München-Schwabing in der Agnesstraße 26 ein.[89] Unitys innigster Wunsch war, eine Verständigung zwischen Deutschland und Großbritannien herbeizuführen. Albert Speer, Hitlers Architekt, schrieb in seinen Memoiren, dass Unity Mitford bei jeder sich bietenden Gelegenheit Hitler von einer deutsch-britischen Allianz überzeugen wollte. Der Hemmschuh lag aber auf britischer Seite, bei Winston Churchill. Unity Mitford war zwischen ihrer Heimat England und Deutschland hin und her gerissen. Sie glaubte, dass Großbritannien nur an der Seite eines reinrassigen Deutschlands gegen die kommunistische Gefahr aus dem Osten gewappnet war. Aus ihren Gesprächen mit Hitler geht hervor – wie wir später auch aus dem Tagebuch von Walther Hewel erfahren werden –, dass Hitler nicht grundsätzlich anti-britisch eingestellt war.

Es sind über 12.000 Briefe der Mitford-Schwestern erhalten geblieben. Unity hat die meisten ihrer Briefe an ihre Eltern und Geschwister mit *Best*

---

87   *Sechs Leben voller Glanz, Skandale und Elend,* Die Welt, 04.12.2007
88   http://einestages.spiegel.de/static/entry/_heil_hitler_love_bobo/20087
89   *Sechs Leben voller Glanz, Skandale und Elend,* Die Welt, 04.12.2007

love & Heil Hitler unterschrieben. Charlotte Mosley, die Schwiegertochter von Diana und Oswald Mosley (dem Führer der ‚British Union of Facists'), hat eine 800seitige Auswahl herausgegeben.[90] Unity schrieb zum Beispiel 1936 an Diana:

Er [Anm. d. Verf.: Hitler] sprach eine Menge über England und Deutschland und dass die deutsche Armee in zwei Jahren die stärkste nicht nur in Europa, sondern in der ganzen Welt sein wird. Ist das nicht wundervoll! Und er sagte, dass wir mit der deutschen Armee und der englischen Navy die ganze Welt beherrschen könnten. Oh, wenn wir das nur haben können, was würde man geben, um die Freundschaft zwischen diesen beiden Ländern auch nur ein wenig zu fördern.

Am 2. September 1939 schrieb sie, wieder an Diana:

Chamberlain & Co. sind Verbrecher und sollten gehenkt werden. Ich habe England immer wieder eine Freundschaft und, wenn notwendig, das engste Zusammengehen angeboten. Aber Liebe kann nicht nur von einer Seite geboten werden. Sie muss von der anderen ihre Erwiderung finden.

Aus einem Brief vom 29. März 1939 an ihre Schwester Diana geht hervor, wie nah sich Hitler und Unity gekommen sind. Kein Wunder, dass Eva Braun eifersüchtig war. Die Britin hatte einen Zugang zu Hitler wie kaum ein anderer:

Hatte Lunch mit dem Führer am Sonntag und Montag und an beiden Tagen war er in seiner allerliebsten Laune, hielt mir die meiste Zeit über die Hand, sah ganz süß drein und sagte: ‚Mein Kind!', in dieser seiner sympathischen Art, es tue ihm leid, dass England und Deutschland so verfeindet seien. Aber eigentlich hatte er nichts als wunderbare Dinge über England vorzutragen und schenkte mir wieder einmal vollkommen den Glauben zurück, dass am Ende alles gut werde. Als Hitler einmal viel beschäftigt war, bedauerte sie ihn: *Poor sweet Führer, he's having such a dreadful time.*[91]

Während der Bayreuther Festspiele im Jahr 1939 warnte Hitler Unity und Diana vor dem bevorstehenden Krieg und empfahl beiden, nach Großbritannien zurückzukehren. Diana ging zurück, wurde verhaftet und wegen Kollaboration mit Deutschland eingesperrt. Unity zog es vor, in Deutschland zu bleiben.

Am 1. September 1939 begann der Zweite Weltkrieg durch den Einmarsch deutscher Streitkräfte in Polen und am 3. September folgte daraufhin die Kriegserklärung Großbritanniens an Deutschland. Unity konnte nicht ertragen, dass Deutschland und Großbritannien – die beiden Länder, zwischen denen sie hin und her gerissen war und die sie beide liebte – sich

---

90 Mosley, *The Mitfords: Letters Between Six Sisters*
91 Zitate aus den Briefen: Die Welt, 04.12.2007, *Sechs Leben voller Glanz...*

gegenseitig zerfleischen würden. Noch am selben Tag der Kriegserklärung Großbritanniens übergab sie dem Britischen Konsulat einen Abschiedsbrief an ihre Eltern. Darin schrieb sie, *dass der Inhalt ihres Lebens und ihr Glaube vernichtet seien. Sie fühle sich von dem Bewusstsein zerrissen, dass der Sieg, gleich wer ihn erringe, immer nur eine Niederlage sein könne. Vielleicht, wenn dieser Krieg vorbei sei, könne auch wieder Freundschaft zwischen England und Deutschland sein.*

Ein Päckchen mit persönlichen Wertsachen und Geschenken, die sie von Hitler erhalten hatte, übergab sie dem Büro von Gauleiter Wagner in München.[92] Danach begab sich Unity Mitford in den ‚Englischen Garten' nahe der Königinstraße in München. Auf einer Bank schoss sie sich mit einem kleinen mit Perlmutt besetzten Schmuckrevolver, den sie zu ihrer eigenen Sicherheit von Hitler erhalten hatte, in die rechte Schläfe. Sie überlebte schwer verletzt. Der Schuss blieb im Hinterkopf stecken.

Wochenlang lag sie in einem Münchner Krankenhaus. Da zunächst Briefe von Unity ausblieben, wurde in Großbritannien vermutet, dass sie in ein Konzentrationslager eingeliefert worden wäre. Da Hitler über diesen Fall eine Nachrichtensperre verhängt hatte, konnte auch der von der Familie eingeschaltete Italienische Konsul nichts über das Verbleiben von Unity herausfinden. Sie wurde jedoch im Krankenhaus bestens versorgt. Obwohl Deutschland bereits im Krieg war, wurde sie nicht nur von Hitler, sondern auch von Reichsaußenminister Ribbentrop, von Propagandaminister Goebbels und anderen Nazi-Größen regelmäßig besucht. Hitler schickte ihr oft Blumen und bezahlte alle ihre Rechnungen.

Hitler empfahl ihre Verlegung in die Schweiz und Rückführung nach Großbritannien. In einem wie ein Lazarett ausgestatteten Eisenbahnabteil wurde Unity im Januar 1940 in die Schweiz überführt. Hier wurde sie von ihrer jüngeren Schwester Deborah empfangen und bis nach England gebracht.

Seit einigen Jahren kursieren Gerüchte in England, dass Unity schon kurz nach der Ankunft in Großbritannien von einem unehelichen Sohn Hitlers entbunden worden sei. Dieser sei sofort zur Adoption freigegeben und einer Familie in Nordengland übergeben worden. Sicher ist, dass sich Unity Anfang 1940 in der Entbindungsklinik ‚Hill View Cottage' in Oxfordshire aufgehalten hat. Die Cousine einer Hebamme, die zu jener Zeit Unity dort betreute, behauptete, dass Unity immer gesagt hätte, dass ihr Sohn Hitlers Kind wäre. Alle renommierten Zeitungen Großbritanniens berichteten über Unity Mitford und ihr Baby. Nach intensiven Recherchen von Martin

---

92 Die Welt, 04.12.2007, *Sechs Leben voller Glanz, Skandale und Elend*
    www.adel-genealogie.de/Mitford

Bright, dem renommierten politischen Editor der britischen Zeitung ‚The New Statesman', gibt es aber noch weitere Gerüchte. Zum Beispiel wird behauptet, dass Unity 1940 nicht krank auf einer Tragbahre, sondern bereits gesund und beweglich von der Kanalfähre in Folkestone stieg. Gegen ihre Invalidität spricht auch, dass sie kurz nach ihrer Rückkehr in England eine Affäre mit einem verheirateten Piloten der Royal British Airforce hatte.

Unity Mitford war die schillerndste Persönlichkeit in Hitlers Umgebung. Sie verstarb 1948 im Alter von 33 Jahren an den Folgen ihrer Kopfverletzung. Dessen ungeachtet verursacht sie über ihren Tod hinaus immer noch Schlagzeilen in Großbritannien. Es wäre schon absurd, wenn heute ein direkter Nachkomme Hitlers in Großbritannien leben würde.[93]

---

93   Joachimsthaler, *Hitlers Liste. Ein Dokument persönlicher Beziehungen*
     Sigmund, *Die Frauen der Nazis*
     Lowell, *The Saga of the Mitford Family*
     Mosley, Charlotte, *The Mitfords: Letters Between Six Sisters*
     Die Welt, 04.12.2007, *Sechs Leben voller Glanz, Skandale und Elend*
     www.adel-genealogie.de/Mitford
     Hitler's British Girl, Channel 4 Documentary 2007, Part 1 – 4,
     http://www.youtube.com/watch?v=Z9kBH47Ohlg

10. Beginn des Zweiten Weltkriegs, Reaktion der Niederländer und Eintritt Japans in den Krieg

Im Laufe der fast 350jährigen Kolonialzeit dienten Tausende deutscher Wissenschaftler, Ärzte, Forscher, Matrosen, Handwerker und Pflanzer treu der niederländischen Kolonialregierung im gesamten Archipel. Sie waren fleißig und wurden von den Kolonialherren geschätzt. Aber seit der Machtübernahme durch Hitler im Jahre 1933 ließ die Mehrheit der Niederländer in ihrer Kolonie die Deutschen spüren, dass sie nicht mehr willkommen waren. Selbst Gegner Hitlers und Deutsche, die schon seit Jahren niederländische Bürger geworden waren – im Sprachgebrauch des Dritten Reichs sogenannte Volksdeutsche –, mussten darunter leiden. Aber auch in den Niederlanden gab es eine starke nationalsozialistische Strömung. Anton Adriaan Mussert und Cornelis van Geelkerken gründeten bereits 1931 in Utrecht die *Nationaal Socialistische Beweging* NSB, eine niederländische Nazi-Partei.

Abb. 25
Anton Musserts NSB-Mitgliedskarte, Parteimitglied Nummer 1

Die NSB war zunächst eine faschistische, nach 1933 eine nationalsozialistische Partei, die der deutschen Nazi-Partei NSDAP sehr nahe war. Die NSB-Parteimitglieder trugen Uniformen, die der Uniform der deutschen NSDAP nachempfunden wurden. Bis 1933 hatte die NSB nur rund 1.000 Mitglieder, aber bereits 1936 war die Mitgliederzahl auf 52.000 angewachsen; sie erhielt bei den Wahlen im selben Jahr bereits acht Prozent der Stimmen und vier Sitze im niederländischen Parlament. Als Hitlers Truppen in die Niederlande einmarschierten, hatte die NSB rund 100.000 eingetragene Mitglieder und noch mehr Mitläufer.

Anton A. Mussert wurde in den Niederlanden ‚Führer des Niederländischen Volkes' genannt. Er strebte ein Groß-Niederlande an, das nach dem Sieg Hitlers auch Belgien und Teile von Nord-Frankreich umfassen sollte. Mussert traf mehrmals mit Hitler zusammen. Interessant ist ein kurzer Bericht in der Niederländischen Wochenschau über Musserts Besuch bei Hitler in der Reichskanzlei in Berlin im Jahr 1942. Walther Hewel, der natürlich die niederländische Sprache perfekt beherrschte, empfing Mussert und führt ihn zu Hitler.[94]

Mussert reiste als Führer der NSB 1935 durch Niederländisch-Indien. Er wurde wie ein Staatsmann empfangen und überall mit begeistertem *HOU ZEE!* (Sieg Heil!) begrüßt. Er füllte die Säle, hielt flammende Reden im Sinne Hitlers und Tausende Kolonial-Niederländer jubelten ihm zu. In Niederländisch-Indien war es Mode geworden, dass sich niederländische Anhänger der NSB mit *Heil Hitler* oder *Heil Führer* begrüßten.[95]

Abb. 26
Musserts Ankunft in Batavia,
1935

Mehrfach wurde Mussert von Generalgouverneur de Jonge empfangen.[96] Der Nachfolger von Generalgouverneur de Jonge, Tjarda van Starkenborgh-Stachouwer, garantierte den Regierungsangestellten und Beamten in Niederländisch-Indien sogar das Recht zu, Mitglieder der NSB zu werden. Die ‚Nationaal Socialistische Beweging' von Mussert erhielt in Niederländisch-Indien immer mehr Zulauf und Unter-

---

94 www.youtube.com/watch?v=iawadSo9Mal, *Anton Mussert outmoet Adolf Hitler*
95 *Wilson, Orang dan Partai Nazi...*, S. 177f
    http://www.oorloginblik.nl/lijst/AANKOMSTVANDE%20HRE0002FF57_2894
    Historischer Film (15 Minuten) vom Besuch Anton Musserts 1935 in Niederländisch-Indien. Inhalt: Ankunft mit Flugzeug in Batavia, Empfang vom Gouverneur in Batavia und auf dem Sommersitz in Buitenzorg (heute Bogor), Rundfahrt durch Batavia, Besuch des holländischen Clubs Harmonie etc.
96 Mak, *Das Jahrhundert meines Vaters,* S. 203ff

stützung - von Niederländern, von Einheimischen, von Indos und in der Kolonie lebenden und arbeitenden Volksdeutschen.[97]

Als jedoch 1936, ein Jahr nach Mussert, zwei führende Persönlichkeiten der NSB, van Geelkerken und Graaf Marchant et d'Ansembourg, Niederländisch-Indien bereisten und bei Generalgouverneur van Starkenborgh-Stachouwer um einen Gesprächstermin baten, wurde dies mit dem Hinweis, das Gesprächsthema sei nicht wichtig genug, abgelehnt.[98]

Der Niederländer Hendrik Alexander Seyffardt war ehemaliger Generalstabchef der niederländischen Armee. Er war aktives Mitglied der NSB und schrieb regelmäßig für die Wochenzeitung *Volk en Vaderland*. Seit Anfang der 1930er Jahre war er ein begeisterter Anhänger Hitlers. Nach der Besetzung der Niederlande durch die Deutsche Wehrmacht kollaborierte Seyffardt offen mit Hitler und leitete eine Kampagne zur Anwerbung von niederländischen Freiwilligen für die deutschen Streitmächte ein. Seyffardt strebte einen rein niederländischen Verband innerhalb der deutschen Wehrmacht an. Einzelne niederländische Truppeneinheiten, wie die ,SS-Freiwilligen-Standarte Nordwest', oder die ,Nederlandse SS' wurden in der ,SS-Freiwilligen-Panzergrenadier-Division Nederland' zusammengefasst. Nach der Ermordung von Seyffardt im Jahre 1943 erhielt diese niederländische Division den Ehrennamen ,General Seyffardt'. Diese niederländische SS-Division, deren Soldaten deutsche SS-Uniformen trugen, hatte eine Truppenstärke von rund 50.000 Mann. Die Division war dem deutschen Befehlshaber der Waffen-SS in den Niederlanden unterstellt und hauptsächlich in der Normandie eingesetzt. Bei Kriegsende hatte diese ,SS-Freiwilligen-Panzergrenadier-Division General Seyffardt' immer noch 5.000 bis 10.000 niederländische Kämpfer. Wie mir indonesische Zeitzeugen mitteilten, gab es innerhalb der niederländischen SS einen ,Indonesien-Zug', der aus in den Niederlanden lebenden Indonesiern zusammengestellt wurde. Wie groß dieser ,Indonesien-Zug' war, konnte ich nicht herausfinden. Nach Angaben von Zeitzeugen schwankte die Zahl der Kämpfer zwischen ein- und dreitausend. Indonesische Soldaten im Kampf auf der Seite Hitlers? Gar nicht so absurd, wenn wir später die Rolle des indischen Freiheitskämpfers Subhas Chandra Bose und seiner ,Indischen Legion' betrachten. Nach der Besetzung der Niederlande durch die Alliierten flüchteten viele Anhänger der niederländischen SS und der NSB nach Deutschland.

Weitere nationalsozialistische Organisationen in den Niederlanden waren der ,Nationale Jeugdstorm' (NJS) der niederländischen Hitler-Jugend und die ,Weerbaarheidsafdeling' (WA), eine Organisation, die der deutschen paramilitärischen Sturmabteilung SA nachempfunden war.

97 Wilson, *Orang dan Partai Nazi...*, S. 70f und 117
98 Wilson, *Orang dan Partai Nazi...*, S. 139f

Es gab natürlich auch eine Widerstandsbewegung in den Niederlanden gegen die deutschen Besatzer. Historische Quellen in den Niederlanden schätzen die Stärke der Untergrundbewegung auf 25.000 Menschen.[99]

Nachdem die NSB nach dem Einmarsch der Deutschen zunächst einen großen Zulauf verbuchen konnte, bröckelte die Solidarität mit Deutschland, als die Deutsche Wehrmacht den Höhepunkt ihrer Erfolge überschritten hatte. Der Widerstand aus dem Untergrund nahm zu. Junge Widerstandskämpfer gründeten das Untergrund-Magazin *Vrij Nederland* (Freies Niederlande), das als Wochenmagazin bis heute besteht. Das Gegenstück dazu waren die faschistischen Blätter *Het Hakenkruis* (Das Hakenkreuz) und *Het Licht* (Das Licht).

Besonders nach Beginn des Zweiten Weltkriegs waren alle Deutschen in Niederländisch-Indien plötzlich suspekt und wurden fern der Heimat verstärkt Repressalien ausgesetzt. Auch die vor Kriegsbeginn aus Singapur geflüchteten Männer, Frauen und Kinder, denen die Briten noch die Ausreise nach Niederländisch-Indien erlaubt hatten, mussten nun leiden. Der Briefverkehr mit der Heimat wurde schwieriger. Briefe von Deutschland nach Niederländisch-Indien wurden nun nicht mehr mit der niederländischen Fluggesellschaft über Amsterdam abgefertigt. Auf welch langem Weg ein Brief von Danzig nach Bandoeng (heute: Bandung) gereist ist, zeigt der abgebildete Briefumschlag.

Abb. 27
Zensierter Luftpostbrief aus Danzig nach Bandung

Am 16. Januar 1940 wurde der Luftpostbrief in Danzig abgesandt und gelangte über die Grenzstation Brennerpass und Italien nach Batavia. Von dort ging der Brief an Kilometerstein 86 bei Buitenzorg (heute: Bogor) und wurde von da nach Bandoeng (heute: Bandung) nachgesandt. Am 11. Februar 1940 traf er endlich bei dem Empfänger ein. Alle ein- und ausgehenden Briefe der Deutschen wurden von den Niederländern zensiert. Damals war

99   Jong, *The German Fifth Column...*

es üblich, die Post außerhalb der Städte an den Kilometerstein, in dessen Nähe der Adressat wohnte, zu adressieren. Daher war der Brief an ‚Km 86‘ adressiert. Diesen Kilometerstein habe ich noch 2010 dort vorgefunden.

Die anti-deutsche Stimmung der Niederländer in Niederländisch-Indien nahm immer weiter zu. Noch bevor die Deutsche Wehrmacht in die Niederlande einmarschiert war, berichtete der deutsche Generalkonsul in Batavia an die Auslands-Organisation in Berlin, dass 19 deutsche Bürger in Niederländisch-Indien verhaftet und ohne Verhandlung eingekerkert worden waren. Offizielle Proteste Deutschlands an die niederländische Regierung blieben ohne Erfolg.

Als die Deutschen am 10. Mai 1940 die Niederlande besetzten, floh die Königin mit der Regierung ins englische Exil. Nur wenige Monate zuvor, nach dem Attentat auf Hitler im Bürgerbräukeller in München im November 1939, sandte ihm Königin Wilhelmina der Niederlande noch ein herzliches Glückwunschtelegramm, da er unverletzt geblieben war.[100]

Hitler fand natürlich sofort einen Grund, um seinen Einmarsch in die Niederlande zu rechtfertigen, den sogenannten ‚Venlo-Zwischenfall‘. Der deutsche Geheimdienst konnte eine Zusammenarbeit der niederländischen Regierung mit dem britischen Geheimdienst ‚Secret Service‘ aufdecken. Britische Spione, die für die Niederländer arbeiteten, wurden im niederländischen Grenzgebiet zu Deutschland festgenommen. Dies lieferte Hitler einen Grund für den Einmarsch in die Niederlande, da durch die Zusammenarbeit der Niederländer mit den Briten die Neutralität der Niederlande nicht mehr gegeben war.

Nach dem Einmarsch der Deutschen in die Niederlande stieg dort die Mitgliederzahl der ‚Nationaal Socialistische Beweging‘ NSB zunächst rasant an. Der Ableger der NSB in Niederländisch-Indien hatte von 1934 bis 1941 nur einige Tausend niederländische Mitglieder. Trotzdem strotzte das lokale Parteiorgan der NSB in Niederländisch-Indien, das Magazin

Abb. 28
Titelseite HOU ZEE
vom 2. Januar 1938

---

100 Mak, *Das Jahrhundert meines Vaters*, S. 256

HOU ZEE (Sieg Heil'), von Vokabeln und Parolen, die auch im Sprachgebrauch der Nationalsozialisten üblich waren:

Volksgenooten, National-Socialistische Streven, Heilig Vaderland und *Voor Volk en Vaderland,* von *Het groote Gevaar* aus dem Osten, von *National-Socialistische Beweging,* von einem *Volk van Werkers,* von *plichtgetrouwe Mannen* und *van en heldhaftig National-Socialist.*

Abb. 29
HOU ZEE vom 15. September 1937
‚Entartete Kunst' war auch in Niederländisch-Indien ein Thema

Die ‚Nationaal-Socialistische Nederlandsche Arbeiderspartij' NSNAP wurde 1931 von den Herren van Smit, van Waterland-De Joop und van Rappard gegründet. Van Rappard trat nach dem Einmarsch deutscher Truppen in die Niederlande der Waffen-SS bei. Die NSNAP nannte sich selbst ‚Hitlerbeweging' oder ‚Groote Duitsche Beweging'. Mit ihren antisemitischen Parolen übertraf diese Partei sogar noch die NSB.

In Niederländisch-Indien gab es außer den zuvor genannten niederländischen Nazi-Parteien weitere national eingestellte Organisationen, wie zum Beispiel die ‚Nederlandsch-Indische Fascisten Organisatie' NIFO. Ein Frans Schomper gründete in Batavia die Nazi-Partei NSDP. Schomper wohnte im Stadtteil Menteng von Jakarta. Sein Haus ‚Gedung Juan' beherbergt heute ein Wehrmachtsmuseum. Die Partei hatte einige Tausend Mitglieder mit Unterorganisationen auf allen größeren Inseln des Archipels. Nach dem Luftangriff der Deutschen auf Rotterdam stürmten und verwüsteten Niederländer die Parteizentrale in Bandung.

Bei der indonesischen Bevölkerung war die Zustimmung für Hitlers Politik außergewöhnlich hoch. In Hitler sahen sie den Heilsbringer und Retter, der sie endlich von dem kolonialen Joch befreien konnte. Besonders starken Zulauf erhielten nationale Gruppierungen, nachdem die Deutsche Wehrmacht das Heimatland ihrer Kolonialherren besetzt hatte. Dies gab ihnen die Hoffnung, die Fesseln der Kolonialherrschaft bald sprengen zu können. Bereits 1927 gründete Ingenieur Soekarno, der spätere erste Präsident Indonesiens, zusammen mit anderen Freiheitskämpfern die Partei ‚Partai Nasional Indonesia‘ PNI. Soekarno verweigerte eine Zusammenarbeit mit den niederländischen Kolonialbehörden, und wurde daraufhin 1929 verhaftet und später ins Exil verbannt.

Eine der größten Parteien für die einheimische Bevölkerung war die von Sartono, Amir Sjarifuddin und M. Husni Thamrin 1935 gegründete ‚Partai Indonesia Raya‘ PARINDRA. Husni Thamrin versuchte, die acht wichtigsten nationalen Parteien in einer politischen Föderation, der Partei GAPI, zu vereinen. Am 6. Januar 1941 wurde er von der niederländischen Kolonialregierung beschuldigt, zu enge Beziehungen zu Nazi-Deutschland und Japan zu haben. Er wurde zu Hausarrest verurteilt. Nur fünf Tage später, am 11. Januar 1941, verstarb er unter bis heute ungeklärten mysteriösen Umständen. Die Jugendabteilung der PARINDRA war eine exakte Kopie der deutschen ‚Hitlerjugend‘, einschließlich Uniform und ‚Hitlergruß‘.

Abb. 30
Beerdigung von M. Husni Thamrin am 15. Januar 1941, angeführt von dem Parteichef der PARINDRA, Woerjaningrat Soekardjo Wirjopranoto. Das Spalier wurde von indonesischen Jungen der Jugendorganisation der PARINDRA gebildet.

Weitere Nazi-Parteien der einheimischen Bevölkerung waren die ‚Partai Fascist Indonesia‘ PFI und die ‚Sejarah Fascisme di Nusantara‘ SFN. Beide Parteien wurden 1933 von Dr. Notonindito, der ab 1924 in Deutschland studiert hatte und in Berlin seinen Doktortitel in Wirtschaftslehre erwarb, gegründet. 1935 wurde die bereits genannte Partei ‚Partai Indonesia Raya‘ PARINDRA gegründet, 1936 die Partei ‚Gabungan Politik Indonesia‘ GAPI, und 1937 die ‚Gerakan Rakyat Indonesia‘ GERINDRA.

Im rechtsextremen ‚Indo-Europäischen-Verband' IEV mit etwa 12.000 Mitgliedern konnten neben Niederländern und Deutschen auch Einheimische Mitglied werden. Letztere stellten dann auch die Mehrheit. All diese nationalen und Hitler-freundlichen Parteien hatten dasselbe Ziel: Die Erreichung der Unabhängigkeit und ein freies Indonesien - *Indonesia Merdeka!* Und dieses Ziel sahen sie nach dem Einmarsch von Hitlers Truppen in die Niederlande immer näher rücken. Die Deutschen kämpften in ihren Augen mit ihnen Seite an Seite.

Wie man sieht, waren es neben den Indonesiern nicht wenige Niederländer, die Hitler und die nationalsozialistische Bewegung in ihrem Heimatland und in ihren Kolonien unterstützten – es waren Hunderttausende, die begeistert den rechten Arm zum Hitlergruß erhoben. Als im Januar 1937 die niederländische Thronfolgerin Juliane den deutschen Prinz Bernhard (dem eine Nähe zum Nationalsozialismus nachgesagt wurde) heiratete, wehten in Niederländisch-Indien neben den niederländischen auch die deutschen Hakenkreuzfahnen.

Viele Niederländer im Heimatland hatten sich während der deutschen Besatzungszeit sicherlich auch aus Opportunismus oder auch aus einem Selbsterhaltungstrieb heraus auf die Seite der deutschen Besatzer geschlagen. Sie passten sich einfach der neuen Situation an und wollten ein normales Leben weiterführen. Andere Unterstützer sahen in der Besatzung und den Plänen des Deutschen Reichs den Versuch, ein europäisches Wirtschaftssystem zu etablieren, und waren – mit ihrer Jahrhunderte alten Kaufmannstradition – von Hitlers Plänen begeistert. Ein europäisches Wirtschaftssystem hätte auch für die Niederlande viele Vorteile gebracht.

Anders war es in Niederländisch-Indien. Obwohl es auch hier, besonders bei der einheimischen Bevölkerung, hundertausende Unterstützer von Hitlers Politik gab, hatten hier die Kräfte, die gegen Hitler arbeiteten, die Oberhand. Die Kolonialregierung und die gesamte Verwaltung schlugen sich bei Kriegsbeginn sofort auf die Seite der Gegner Hitlers. Diese Bewegung erhielt ihre Befehle und finanzielle Unterstützung von der niederländischen Exilregierung aus London.

Schon bevor Großbritannien Deutschland den Krieg erklärte, waren viele britische Agenten in Zivil mit Zustimmung oder im Auftrag der Kolonialregierung in Niederländisch-Indien aktiv. Von der einheimischen Bevölkerung wurden die Agenten jedoch schnell enttarnt, da sie weder Niederländisch noch Malaiisch sprachen. Welche konkreten Aufgaben sie hatten, kann heute nicht mehr festgestellt werden. Laut Aussage von Zeitzeugen soll die Zentrale der britischen Agenten in Sarangan gewesen sein. Der Höhenluftkurort Sarangan, an der Grenze zwischen Mittel- und Ostjava, wurde während dieser Zeit weiträumig abgeriegelt. Sarangan wird im zweiten Teil des Buches noch eine wichtige Rolle spielen, dann jedoch im Zusammenhang mit den damals in Niederländisch-Indien verbliebenen Deutschen.

Nach dem Einmarsch der deutschen Truppen am 10. Mai 1940 in die Niederlande wurde von der Funkstation Kootwijk in Holland das Codewort ‚Berlijn' an alle militärischen und zivilen Dienststellen in Niederländisch-Indien ausgestrahlt. Das Codewort signalisierte neben anderen Maßnahmen die Internierung aller Deutschen und die Beschlagnahme deutscher Besitzungen und aller deutschen Schiffe in den Gewässern Niederländisch-Indiens. Sofort ging die niederländische Kolonialregierung mit brutaler Hand gegen alle Deutschen und national eingestellten Indonesier vor. Er wurde eine regelrechte Hetzjagd eingeleitet.

Die deutsch-nationale Zeitung *Deutsche Wacht* wurde verboten. Am 23. April 1940 erschien die letzte Ausgabe, Nummer 8/1940. Die deutschen Männer und Jugendlichen ab 16 Jahren wurden von den Niederländern in verschiedenen Lagern auf Java, Sumatra und Borneo interniert. Dabei machten die Niederländer kaum Unterschiede, ob es sich um Reichsdeutsche oder um Volksdeutsche handelte. Die Volksdeutschen waren für die Niederländer immer noch halbe Deutsche und somit verdächtige Kandidaten. Dabei spielte keine Rolle, dass sie niederländische Staatsbürger geworden waren und viele Jahre treu in Diensten der Kolonialverwaltung oder der Kolonialarmee KNIL (Koninklijk Nederlandsch-Indisch Leger) gedient hatten. Soldaten und Offiziere der KNIL, die eine deutsche Vergangenheit hatten, wurden aus den Kasernen geholt und in ihren Uniformen in die Gefangenenlager gebracht.

Die Niederländer befürchteten, dass sich aus den deutschen Mitgliedern der NSDAP in Niederländisch-Indien sowie aus niederländischen und indonesischen Nationalisten eine ‚Fünfte Kolonne' rekrutieren könnte. Daher wurden nicht nur tausende niederländischer Mitglieder der NSB und indonesische Nationalisten eingesperrt, auch Frauen, Kinder, Juden, die gerade noch aus Nazi-Deutschland fliehen konnten, kamen nun hinter Stacheldraht. Alle waren plötzlich ‚Landesverrader', Landesverräter. Lügen und Denunziation waren an der Tagesordnung. Zunächst dachten die Volksdeutschen, es müsse sich um einen Irrtum handeln, dass man sie in die Internierungslager brachte. Sie waren doch Niederländer und hatten in niederländischen Diensten immer ihr Bestes gegeben. Sie wurden jedoch dafür bestraft, dass sie irgendwann, vor zehn, zwanzig oder mehr Jahren, Deutsche, böse ‚Duitsers', und somit ‚Landesverraders' waren.

Die Angst vor einer ‚Fünften Kolonne' in Niederländisch-Indien wurde noch von dem niederländischen Kolonialminister geschürt. Er verkündigte, dass die deutschen Fallschirmjäger und Soldaten beim Einmarsch in die Niederlande von dort lebenden Deutschen und niederländischen Mitgliedern der NSB massiv unterstützt wurden. Deutsche Kaufleute, Inspektoren oder Arbeiter wurden direkt an ihren Arbeitsstellen, deutsche Ärzte in ihren Praxen von niederländischen Polizisten mit Gewehren und aufgesetztem Bajonett verhaftet und weggebracht, ohne dass sie sich von ihren Familienangehörigen verabschieden durften.[101]

Selbst altgediente und prominente Geologen und Wissenschaftler, wie der weltberühmte deutsche Paläontologe Dr. Ralph von Koenigswald, wurden interniert. Von Koenigswald kam 1930 auf Einladung der Niederländischen Regierung nach Java, um an einer geologischen Expedition teilzunehmen. 1937 wurde er Niederländer. Er blieb in Niederländisch-Indien und machte dort weltbewegende Entdeckungen, wie zum Beispiel den Java-Menschen in Saringan. Bis heute ist dies mit rund 1,9 Millionen Jahren einer der ältesten Fossilienfunde, mit denen die Anfänge der Menschheit belegt werden können.

Koenigswald wurde wegen seiner deutschen Wurzeln zunächst ins Internierungslager Ambarawa gebracht, später war er im Fort Ngawi auf Java eingesperrt.[102] Als die Japaner Niederländisch-Indien besetzten, hoffte von Koenigswald vergeblich auf eine Freilassung. Von den Japanern wurde er aufgrund seiner niederländischen Staatsangehörigkeit erneut interniert. Es waren schlimme Zeiten für Deutsche, die Niederländer geworden waren. Von Koenigswald hat zum Glück diese schlimme Zeit überlebt. Nach dem Krieg bekam er einen Lehrstuhl an der Reijksuniversität in Utrecht. Die letzten 14 Jahre seines Lebens arbeitete er am Senkenberg Forschungsinstitut in Frankfurt, wo er 1982 starb.

Niederländer zerstörten die Deutschen Clubs mitsamt der Inneneinrichtung, wie in Bandung. Die Demütigungen fanden keine Grenzen. Dutzende Deutsche wurden am 10. Mai 1940 von Niederländern nackt durch die Straßen von Batavia getrieben.[103] Nicht einmal vor der diplomatischen Vertretung Deutschlands in Batavia machte die Wut der niederländischen Kolonialherren halt. Im Reichs-Außenministerium in Berlin begann eine rege Aktivität. Telegramme, Fernschreiben und Telefonate aus aller Welt häuften sich. Walther Hewel scheint eine Schlüsselrolle in dieser Angelegenheit eingenommen zu haben, denn bei ihm liefen nun alle Informationen zusammen. In einem Telegramm der Deutschen Botschaft in Rom vom 19. Mai 1940 an Hewel, also nur wenige Tage nach dem deutschen Einmarsch in die Niederlande, heißt es:

---

101 Interview mit Zeitzeuge Fred Flakowski v. 18.03.2014
102 Keppner, *Wie weit bis Airmolang*, S. 116
103 Interview mit Zeitzeuge Fred Flakowski v. 18.03.2014

[Italienisches] Außenministerium mitteilt folgende Meldung italienischen Konsuls Batavia:
Amtsräume deutschen Generalkonsulats und Privatwohnungen Personals durch Polizei durchsucht. Behältnisse erbrochen. Akten, Privatkorrespondenz und private Wertgegenstände beschlagnahmt und fortgeschafft. Auf Protest wurde erklärt, Polizei suche Material über nationalsozialistische Organisation. Generalkonsul und Konsulatspersonal interniert. Unterbringung menschenunwürdig und gesundheitsschädigend. Deutscher Generalkonsul bittet um baldige Übertragung Interessenschutzes an fremden, möglichst Schweizer Konsul. Gez. Mackensen.[104]

In den Akten von Hewel fand ich eine Abschrift eines Fernschreibens vom 28. Mai 1940 des Reichs-Außenministers Ribbentrop aus einem Sonderzug an

Herrn Staatssekretär Bohle (Anm. d. Verf.: Leiter der Auslands-Organisation der NSDAP-AO):
Ich bin mit Ihrem Vorschlag vom 20. Mai, die in Niederländisch-Ostindien [...] internierten Reichsdeutschen durch scharfe, auf holländischem Boden durchzuführende Repressalien zu befreien, völlig einverstanden. Ich halte es aber für richtig, diese Repressalien nicht erst anzudrohen, sondern sie sofort durchzuführen [...] Ich würde es für richtig halten, wenn die Repressalien so gestaltet würden, dass für jeden in Niederländisch-Indien internierten deutschen Mann ein Holländer, für jede Frau eine Holländerin und für jedes Kind ein holländisches Kind sofort festgenommen werden. Die zu internierenden Personen würden aus den uns ablehnenden Kreisen, insbesondere aus den Kreisen des Hofes und der Aristokratie und vielleicht auch gerade der Finanz- und Kaufmannschaft zu nehmen sein, die in Niederländisch-Indien große Besitzungen haben.[...] Gez. Ribbentrop[105]

Als Reaktion auf die Repressalien gegen deutsche Bürger in Niederländisch-Indien wurden nun viele niederländische Persönlichkeiten in den Niederlanden durch die deutsche Wehrmacht festgenommen. Besonders aktiv beteiligte sich dabei die ‚Nederlandsche SS‘ unter Führung von Henk Feldmeijer, der auch an der Aufspürung und Verhaftung von hunderttausend Juden und Personen aus dem niederländischen Widerstand beteiligt war.

Als sich die Situation der Deutschen in den Internierungslagern nicht verbesserte, verschärften sich die Repressalien gegen Niederländer. Für einen in der Kolonie festgehaltenen Deutschen wurden nun zehn Niederländer

---

104 AA, Akte 84547
105 AA, Akte 84560 und 84561

verhaftet. Das Deutsche Reich schlug einen Austausch der Gefangenen vor, aber die Kolonialregierung in Batavia stimmte diesem Handel nicht zu.[106] Walther Hewel fasste die Ereignisse der Verhaftung und der Internierung der Reichsdeutschen in einem vierseitigen detaillierten Aktenvermerk mit der Überschrift *Die Behandlung der Deutschen auf Java* zusammen, der in Abschrift (ohne Datumsangabe) erhalten blieb. Hier Auszüge davon:

Am 10. Mai 1940 wurden alle deutschen Männer von 1 Uhr mittags ab interniert. [...] Die deutschen Männer wurden von 2-3 Polizisten mit geladenem Revolver aus ihren Häusern geholt. [...] Es wurde nicht erlaubt sich völlig anzuziehen.

Die Besatzung der Schiffe, die ihren Schiffsdienst versahen, waren, teilweise nur in der Badehose, von ihren Arbeitsplätzen mit den Händen über dem Kopf abgeführt worden. Alle Internierten wurden zum ‚Jaarmarktterrain' gebracht, wo sie die Nacht über auf dem Boden schlafen mussten.

Am nächsten Morgen wurden die Internierten mit dem Zug nach Ngawi – einer Festung [Anm. d. Verf.: in Ostjava] – gebracht. [...] Die ersten 8 Tage wurden alle in Gruppen von 80 bis 90 Personen in den einzelnen Räumen eingeschlossen. Sie durften nicht zum WC, hierfür wurde eine Tonne in die Ecke gestellt.

Erst nach zwei bis drei Wochen erhielten die Internierten einen kleinen Koffer mit Waschsachen, den die Frauen gepackt hatten. Zahnpasta, Zahnbürsten. Rasierapparate, Zigaretten und Bücher waren von dem niederländischen Wachpersonal entfernt worden.

Einem schwer Asthma leidenden Mann hatte man seine Medizin weggenommen, der danach am 2. Tag gestorben ist. Impfungen wurden im Zimmer, wo der Tote lag, vorgenommen. Nachts musste bei Beleuchtung geschlafen werden, auf Matten auf dem Boden. Nach den schweren ersten acht Tagen wurde eine kleine Besserung zugestanden.

Prof. Dr. Leber [Anm. d. Verf.: ein deutscher Arzt, ein Pionier der Augen- und Tropenmedizin] aus Malang bei Soerabaia [heute Surabaya] trug sehr schwer an dieser Behandlung. Kranke durfte Dr. Leber nicht behandeln, es war ihm streng verboten. [...]Die Internierten waren vollständig von der Außenwelt abgeschlossen. Über die geringsten Kleinigkeiten wurden schwerste Strafen verhängt.

Die meisten Männer litten sehr unter der Ungewissheit über ihre Ehefrauen und Kinder. Auf Banjoe Biroe bei Ambarawa (Ost Java) waren 370 Frauen interniert mit Säuglingen und Kindern. [...] Eine Frau Liebisch wurde fortgeholt und sitzt in Einzelhaft in der Kaserne Oedjoeng, Soerabaia [...] Sie ist von Geburt Schweizerin und Ärztin gewesen.

---

106 McxKale: *The Nazi Party in the Far East*, 1931-45, S. 304, Journal of Contemporary History, April 1977, Vol. 12

Den deutschen Frauen wurden am ersten Tag das Radio, die Autos wegge-
nommen, auch Führerscheine – die brauchten sie doch nicht mehr, sagten die
Niederländer – sowie Juwelen, Silber und Wertgegenstände. Am 3. Tag wurde
alle Privatkorrespondenz, sowie Pässe, alle Urkunden weggenommen [...] Die
Häuser (und die Hausstände) der internierten Frauen wurden verauktioniert,
das Geld bekam die Weeskamer (Behörde für Nachlässe). [...]
Die Beschreibungen aus dem Kamp Ngawi wissen wir von Herrn von Plessen,
der zuletzt Deutscher Konsul in Soerabaia war, aber auch mit interniert wurde,
da zurzeit noch seine Beglaubigung von der Königin ausstand, obgleich er über-
all schon als Konsul anerkannt wurde. [...] Herr von Plessen ist nach 6 Wochen
auf sein Gesuch freigekommen.
Bei seinem Fortgang [...] wurde laut von einigen ‚Heil Hitler' gerufen. Sofort
mussten alle Internierten antreten, das ganze Lager wurde schwer bewaffnet um-
zingelt. [...] Herr von Plessen musste auch mit antreten. Er wurde dann zum
Kommandanten beordert. [...]. Herr von Plessen beruhigte den Kommandanten,
dass der Ausruf wirklich keine Demonstration sei, es wäre ein Gruß für uns
Deutsche. [...]
Die deutschen Männer auf Batavia sind auf der Insel Onrust. [...] Von Onrust
ist der erste Transport nach Atjeh [heute Aceh] – Nord Sumatra – gebracht wor-
den, wo ein großes Zentralkamp geplant ist. [...] Diese ersten 500 Männer sind
Techniker und Baumeister etc., die das Lager erstmal aufbauen müssen. [...] Die
Gefangenen bekommen jetzt einheitliche Sträflingskleidung in Shorts![107]

Am 11. Mai 1940 wurden Professor Leber und seine zweite Ehefrau, die
Krankenschwester Lotte, von den Niederländern in getrennten Lagern interniert. Vom Lager Ngawi wurde er später in das Lager *Dehra Dun* in Nordindien verlegt. Seine Frau Lotte durfte in das von Japan besetzte Shanghai
ausreisen, wo sie sich am 7. März 1943 das Leben nahm.

Professor Leber kehrte nicht mehr nach Deutschland zurück. Nach seiner
Entlassung aus der Internierung in Britisch-Indien arbeitete er zunächst als
Leiter eines Hospitals in Bhopal, und 1952 wurde er Dekan und Leiter des
Instituts für Augenheilkunde an der Aligarh Muslim Universität in Aligarh,
Nordindien. In der Nachkriegszeit lernten sich Professor Leber und sein
Kollege, der Stabsarzt der ‚Indischen Legion' und Leibarzt des indischen
Freiheitskämpfers Subhas Chandra Bose, Dr. R. Madan, in New Delhi per-
sönlich kennen.[108] Alfred Leber verstarb 1954 in New Delhi. Vor dem Ersten

---

107 AA, Handakte Hewel 2, R 27469
    Handbuch des deutschen Auswärtigen Dienstes 1871-1945, Bd. 3, Paderborn
    2008
108 Interviews von H. Bräker mit R. Madan bei mehreren Gelegenheiten in New Delhi

Weltkrieg leitete Leber zwei Südsee-Expeditionen, 1910/11 und 1913/14. Bei letzterer begleitete ihn der Maler Emil Nolde.[109]

Der ebenfalls erwähnte Herr von Plessen war Leopold Baron von Plessen, ein deutscher Diplomat aus der Großfamilie ‚von Plessen'. Er ist nicht zu verwechseln mit dem bereits erwähnten Ornithologen, Forschungsreisenden, Filmemacher und Autor Victor Baron von Plessen. Leopold Baron von Plessen war von 1939 bis 1940 Wahlkonsul in Surabaya. Nach seiner Entlassung aus der Internierung war er von 1940 bis 1941 als Leiter der Außenstelle der Deutschen Botschaft in Chungking (heute: Chongqing) in China tätig. In Chungking war auch die Zentrale der Deutschen Presseagentur DNB (Deutsches Nachrichten Büro) des Deutschen Reichs für National-China angesiedelt. Ab 1941 war Leopold Baron von Plessen an der Gesandtschaft in Bangkok. Nach Kriegsende wurde er nicht mehr in den diplomatischen Dienst der Bundesrepublik übernommen. 1949 heiratete er in den USA eine Amerikanerin und verstarb 1971 in Bangkok.

Am 15. Juli 1940 erhielt Hewel ein Telegramm aus Manila mit Informationen des Italienischen Generalkonsuls aus Batavia, der gerade durch die Philippinen reiste:

Lage Deutschtums einschließlich Konsulatsbeamten Niederländisch-Indien Anfang Juli nicht gebessert. Internierungslager Mitte Java (Anm. d. Verf.: Fort Ngawi) soll verlegt werden in neu einzurichtendes Lager Norden Sumatras.

In Niederländisch Borneo sollen etwa 30 deutsche Staatsangehörige [Anm. d. Verf.: meist Missionare] interniert und wenigstens bis vor kurzem mit eingeborenen Verbrechern zusammen eingesperrt sein. Beschlagnahmte deutsche Handelsschiffe bis jetzt nicht in Fahrt gesetzt.

Holländische Verwaltung sehr nervös. Verteidigungsarbeiten, Aushebung Schützengräben, Verdunklungsübungen im Gange. Gez. Lautenschläger [110]

---

109 Prof. Dr. Alfred Theodor Leber war 1910/11 Leiter der 1. Südseeexpedition, die ihn nach Sumatra, Samoa und Saipan führte. Eine 2. Expedition im Auftrag des Reichskolonialamtes, an der auch der Maler Emil Nolde und seine Ehefrau Ada teilnahmen, führte ihn 1913/14 mit der Transsibirischen Eisenbahn nach Fernost und mit dem Schiff weiter nach Deutsch-Neuguinea. Ab 1916 leitete er das Zentralkrankenhaus für Augen- und Tropenmedizin Soekoen in Malang/ Ostjava. In diesem Krankenhaus verstarb 1918 sein Freund, Dichter und Maler Max Dauthendey (s. Geerken, *Der Ruf des Geckos*, S.144). 1922 kehrte Leber nach Deutschland zurück. Ab 1930 leitete er wieder das Zentralkrankenhaus in Malang. Wie der Schriftverkehr von Walter Spies an seine Mutter beweist, hatten Prof. Leber und seine erste Frau Dorothee Kontakt mit Walter Spies. Dorothee hatte Walter Spies sogar einige Tage auf Bali besucht. Emil Nolde schuf 1912 einen signierten Holzschnitt mit dem Portrait von Prof. Leber. Die beiden kannten sich schon vor der gemeinsamen Reise nach Deutsch-Neuguinea.

110 AA, Dokument 84583

Am 26. Juli 1940 berichtete ein Dr. Albrecht[111] an Hewel, dass der niederländische Staatsangehörige Ir. Ch. H. J. Wilhelm, Direktor der ‚N. V. Exploratie Mij Benkalis' nach Niederländisch-Indien reiste, um durch seine Beziehungen zum Generalgouverneur und anderen prominenten Persönlichkeiten der Kolonialregierung in Niederländisch-Indien zu erreichen, dass die internierten Deutschen wieder freikämen. Er hätte jedoch nur erreicht, dass sich die Situation in den Internierungslagern leicht verbessert habe.[112]

Am 3. August 1940 sandte Eugen Ott, der von 1933 an zunächst Militärattaché, und später bis 1942 Deutscher Botschafter in Japan war, ein Telegramm an Hewel. Die Informationen in seinem Telegrammbericht basierten auf einem Bericht des deutschen Wahlkonsuls Schneewind.[113] Der Bericht wurde mit einem japanischen Dampfer von Padang nach Tokyo geschmuggelt:

Verhaftung und Internierung Reichsdeutscher, die 10. Mai auf geheimes, durch Rundfunk und Telegramm verbreitetes Stichwort erfolgte, war genauestens vorbereitet, etwa 400 männliche Reichsdeutsche, auch Kranke und Greise, aus Umkreis 500 km von Padang, sowie naturalisierte Holländer nach längst vorbereitetem Internierungslager Fort de Kock, 90 km von Padang verbracht, wo sie hinter Stacheldraht wie Strafgefangene behandelt werden. [...] Eine Anzahl deutscher Frauen aus Padang, die gegen Willkürmaßnahmen protestierten, verhaftet und in besonderem Lager auf Java interniert, wovon bisher bekannt [Anm. d. Verf.: nun folgt eine Aufzählung mit Namen wie Missionarsfrau mit vier Kindern, Frau des Missionarsarztes, Missionskrankenschwester und so weiter][...] Unzählige sogenannter ‚Schutzmaßnahmen' haben nur ein Ziel, die dauernde Vernichtung deutscher Wirtschaftsinteressen. [...] Schrankenlose Pressehetze habe Holländer geistig völlig vergiftet. Gez. Ott[114]

Da die niederländisch-indische Kolonialregierung auf keinen deutschen Vorschlag zur Freilassung der Gefangenen einging, wurden die Vergeltungsmaßnahmen Deutschlands brutaler. Am 15. Oktober 1941 berichtete Dr. Albrecht entsprechend einem ‚Drahtbericht' (Telegramm) der Deutschen Botschaft aus Tokyo an Hewel, dass noch 2.400 deutsche Männer im Lager Alas Vallei und 118 deutsche Frauen und Kinder im Lager Raja seien.

---

111 Vermutlich Dr. phil. agr. Herbert Albrecht, Politiker der NSDAP und Sachverständiger für Finanz- und Wirtschaftsfragen
112 AA, R2968 u. 84587
113 Nicht zu verwechseln mit dem U-Boot-Kommandanten Fritz Schneewind, dem Sohn des Wahlkonsuls, der in Padang (West-Sumatra) geboren wurde und über den später noch berichtet wird.
114 AA, Hewel, Akte 84591 und 84592

Als Gegenmaßnahme wären nun Niederländer, die in den Niederlanden gegen die Deutschen agiert hätten, in Konzentrationslager mit stark verschärften Bedingungen gebracht worden:

241 Männer nach Buchenwald (davon 14 verstorben)
710 wegen subversiver politischer Tätigkeit ebenfalls nach Buchenwald
650 Juden mit niederländischer Staatsangehörigkeit nach Mauthausen (davon 400 verstorben)
Für weitere 400 Niederländer werde die Internierung vorbereitet[115]

In einem Schreiben Walther Hewels an Emil Helfferich vom 24. August 1940 erkundigt sich Hewel nach dem Arzt Dr. Mengert:
Lieber Staatsrat! [...] Aus Niederländisch-Indien kommen keine guten Nachrichten. Wir versuchen hier alles, um unseren guten Freunden, die drüben von den Holländern interniert sind, zu helfen. Sie werden von den Repressalien gehört haben, die wir in Holland genommen haben, aber auch die scheinen keine Auswirkung gehabt zu haben, da die holländischen Behörden in Niederländisch-Indien scheinbar völlig unter englischer Gewalt stehen.
Gestern erhielt ich Nachricht über Japan, die mich ungeheuer erschüttert hat. [...] Danach soll unser guter Dr. Mengert bei dem Versuch schwimmend Lebensmittel von der Insel Onrust für die Internierten zu holen, von den Holländern erschossen worden sein. [...] Es wäre für mich ein unendlich trauriger Gedanke, wenn sein segensreiches und opfervolles Leben auf so sinnlose und gemeine Weise beendet worden wäre. (Anm. d. Verf.: Dr. Mengert wurde erschossen!) Mit freundlichen Grüßen und Heil Hitler, stets Ihr [Kopie ohne Unterschrift][116]

Viele weitere Berichte, die die missliche Lage der deutschen Internierten beschreiben, gingen bei Walther Hewel ein. So zum Beispiel am 16. September 1940 ein Bericht von dem in ganz Ost- und Südost- Asien bekannten deutschen Handelshaus ‚Arnold Otto Meyer' (AOM) aus Hamburg. Im Archiv des Auswärtigen Amtes liegt ein weiterer Bericht eines Herrn H. E. Menche vom 19. August 1940 mit der Abschrift eines Berichtes von Dietmar Petersen aus Kobe in Japan. Dieser Bericht von Herrn Petersen vom 12. Juli 1940 war an Herrn W. Kellinghusen gerichtet, den Leiter der AOM Niederlassung in Niederländisch-Indien, der seit Anfang des Krieges in Deutschland festsaß. Im Anschreiben von Herrn Menche an den *Lieben Parteigenossen Hewel*[117] schreibt dieser von den besorgniserregenden Zuständen in den nie-

---

115 AA, 740/84657
116 AA, Handakte Hewel 2, R 27469
117 Sie müssen sich persönlich aus Hewels Zeit in Niederländisch-Indien gekannt haben

derländischen Internierungslagern und den bedauernswerten Internierten. Und weiter:

Die jetzt ja endlich eingeleiteten Vergeltungsmaßnahmen in der Verhaftung der gleichen Zahl prominenter Holländer in Düsseldorf werden hoffentlich zur Folge haben, dass unsere Landsleute in Java nun bald eine Besserung ihrer Lage finden. [...] Das Wiedersehen mit Ihrem Fräulein Schwester ist leider in der vorigen Woche nicht gelungen, hoffentlich klappt es nun beim nächsten Mal besser. An Sie in alter Weise einen herzlichen kameradschaftlichen Gruß!
Heil Hitler Ihr Gez. Menche.

Hier ist der erste Hinweis, dass Walther Hewel eine Schwester hatte, Thesi Hewel.

Hier noch einige Ausschnitte des Berichtes von Dietmar Petersen aus Kobe vom 12. Juli 1940. In diesem Bericht wird erstmals von der Verhaftung und Internierung von in Niederländisch-Indien lebenden niederländischen Staatsbürgern, die Mitglieder der NSB waren, berichtet:

Infolge der überaus schnellen Internierungsmethoden hatte die Polizei und das Militär bei der großen Anzahl Deutscher und NSB-Holländer (letztere ca. 1.200) so viel zu tun, dass die Unterbringung auf der Insel Onrust [Anm. d. Verf.: in der Bucht von Batavia] sehr unbefriedigend gewesen ist.

Zusammenfassung des weiteren Briefinhalts:

Während der ersten drei Tage überhaupt kein Essen, Baracken nicht fertiggestellt, Journalisten dürfen das Lager nicht besichtigen, briefliche oder mündliche Verbindungen nach außen sind verboten. Nun folgen Hinweise auf den erschossenen Dr. Mengert. Ein weiterer Arzt und noch vier Deutsche sollen erschossen worden sein. Unter den Erschossenen war auch der deutsche Jude Rudolf Frühstück, ein Konsulatsbeamter aus Singapur. Er wurde von niederländischen Wachen erschossen, weil er angeblich dem Stacheldraht der Lagergrenze zu nahe gekommen sei. Nach Berichten von Zeitzeugen wurde ihm jegliche ärztliche Hilfe verwehrt, obwohl deutsche Ärzte im Lager ihm sofort zu Hilfe eilten. Die deutschen Ärzte wurden mit vorgehaltenen Waffen zurückgehalten, bis Rudolf Frühstück verblutet war. [Es wird bestätigt,] dass man die deutschen Internierten nun nach Atjeh (heute: Aceh) schaffte.
Die holländischen Nationalisten sind in den gewöhnlichen Gefängnissen (für Eingeborene und Chinesen) im Lande verteilt untergebracht. [...]
Dass englisches Militär in Java sei, wurde von Herrn Kubo[118] als ganz einwandfrei positiv bestätigt. Ladengeschäfte erzählen allenthalben, dass in holländische Uniformen gekleidete Offiziere, welche englisch sprechen und weder Holländisch oder Malaiisch können, herumlaufen und um den Bergort Sarangan schwebt ein

118 Direktor von Ch. Takeda & Co. Ltd., Osaka/Japan

Gerücht, dass dort die englische Zentrale sei. Es ist jedenfalls Keinem möglich,
sich diesem Platz zu nähern.
Diese unglaublichen Zustände sollen lt. Kubo ihre Ursache in der Angst vor Revo-
lution einerseits der holländischen NSB und andererseits evtl. Eingeborenen-Riots
finden. Er teilte mit, dass kein Holländer dem anderen traut und dass insbeson-
dere die Juden die Regierungsmaßnahmen recht beträchtlich beeinflussen. [...]
Häufiger als mir lieb ist, hängen meine Gedanken unten in Java bei den vielen
Freunden. Es grüßt Sie herzlich, stets Ihr Ergebener gez. Petersen[119]

Alle Repressalien gegen Niederländer in ihrer durch die deutsche Wehrmacht besetzten europäischen Heimat scheinen ohne großen Erfolg geblieben zu sein, denn sie wurden laut Albin von Schenk, Direktor der Deutschen
Bank in Hamburg, auch nicht rigoros genug durchgeführt. Dies beweist sein
Schreiben vom 3. Dezember 1940 an den
Sehr geehrten Geheimrat Hewel im Auswärtigen Amt, Berlin:
[...] Wenn man jetzt auch verschiedene prominente Holländer hier in Deutsch-
land interniert hat, so scheint man bei den deutschen Behörden in Holland doch
über die Notwendigkeit rigoroser Maßnahmen gegen die Holländer ganz merk-
würdiger Ansicht zu sein. Wie ich höre, hat man kürzlich den Großindustriellen
Holländer, Herrn Heinecken [Anm. d. Verf.: richtig: Heineken, Bierbrauer],
Amsterdam, richtigerweise auch mit verhaftet, um ihn hier in Deutschland zu
internieren. Gerade 24 Stunden soll seine Inhaftierung gedauert haben, bis ihn
der deutsche Reichskommissar, ich glaube er heißt Seiß-Inquart [Anm. d. Verf.:
richtig: Seyß-Inquart], wieder entlassen hat. [...]
Wenn man nun bedenkt, dass man überhaupt in Wirklichkeit sehr wenig indus-
trielle prominente Holländer noch hat verhaften können, da sie meistens, wie die
Familie Philips, rechtzeitig nach England echappiert sind, so kann man wirklich
dieses Verhalten unserer deutschen Behörden in Holland gewissermaßen gleich-
sam in Widerspruch stehend zu der Ansicht der Behörden in Deutschland kaum
fassen. [...] Im Interesse unserer deutschen internierten Volksgenossen in Nieder-
ländisch-Indien dürfte dieses aber wahrlich nicht liegen. Ich hoffe, das Auswärtige
Amt wird dieser Angelegenheit nähertreten und als Ministerium des Auswärtigen
die Herren in Holland zur Raison bringen. Heil Hitler! Gez. V. Schenk[120]

Walther Hewel bemühte sich, auch alle Privatbriefe aus Niederländisch-Indien zu beantworten. Zum Beispiel schrieb Hewel in einem Antwortbrief
vom 14. Mai 1941 an eine Frau Jaissle, die bei ihm nach dem Verbleib ihres
Ehemannes angefragt hatte. Sie kannten sich aus Niederländisch-Indien:

119 AA, Handakte Hewel 3, R 27471
120 AA, Handakte Hewel 5, R 27473

[...] Ihr Brief hat mich sehr traurig gemacht, denn Sie können sich denken, wie sehr ich an allen guten Freunden von draußen hänge. [...] Ich habe alles getan, was ich tun konnte, um mit den verantwortlichen Stellen Erleichterung für die Deutschen draußen zu erlangen. [...] Auf dem Weg der Repressalien war auch nicht viel zu erreichen, denn die Niederländisch-Inder kümmern sich sehr wenig um das, was in Holland vor sich geht. Sie stehen ganz unter englischem Einfluss und leben in der Atmosphäre englischer und amerikanischer Propaganda! [...] Gez. Hewel[121]

Die oben genannten ,Niederländisch-Inder' (in Niederländisch-Indien lebende Niederländer) kümmerten sich während der jahrhundertelangen Kolonialzeit auch nur wenig um die Belange ihres Heimatlandes, und noch weniger um die Bedürfnisse der einheimischen Bevölkerung. Für sie war Niederländisch-Indien eine auszubeutende Kolonie – nicht mehr. Die Hierarchie in der niederländischen Kolonialgesellschaft war weit ausgeprägter als die in ihrem Mutterland. In der Kolonie drehte sich alles um Rang, Status, Affären und Vermehrung der privaten Einkünfte. Man fühlte sich als ,Upper Class' dem Heimatland gegenüber privilegiert und überlegen, der einheimischen Bevölkerung gegenüber sogar haushoch. Nur wenige interessierten sich für die vielfältige, jahrhunderte alte Hochkultur und die Belange der einheimischen Bevölkerung. Und sie gedachten noch lange dort zu bleiben! Der Generalgouverneur von Niederländisch-Indien, de Jonge (1931-1936), sagte: *Die Niederländer müssten das Land noch Jahrhunderte regieren, bis die einheimische Bevölkerung reif für die Unabhängigkeit sei.[122]*

Es dauerte nicht einmal mehr 10 Jahre, dann zerbrach das niederländische Kolonialreich und Indonesien erklärte seine Unabhängigkeit!

In einem anderen Schreiben vom 27. Mai (Jahreszahl schlecht lesbar, vermutlich 1940) bedankt sich Hewel für einen Brief von einem Fräulein Maria Ludwig, die ihre Eltern in Niederländisch-Indien suchte. Hewel antwortete:

[...] Sie können sich denken, dass mir das Schicksal der Deutschen drüben sehr am Herzen liegt und dass nichts unversucht bleibt, ihnen zu helfen. [...] Die letzte Nachricht war, dass die Behandlung, welche zu Anfang außerordentlich schlecht und gemein war, nun in Ordnung ist. [...] Zur Zeit wird in Holland eine große Anzahl von Verhaftungen namhafter Persönlichkeiten vorgenommen. Ich erwarte [...], dass die Maßnahmen bald die gewünschte Rückwirkung in Form von Freilassung aller Deutschen in Niederländisch-Indien zu Wege bringt.[...][123]

---

121 AA, R27492 Hewel 15/H-Q
122 Geerken, *Der Ruf des Geckos,* S. 159ff
123 AA, Handakte Hewel (ohne Dokumentennummer)

Alle in Niederländisch-Indien lebenden Deutschen – Nazis und Nicht-Nazis, aus Deutschland geflohene Juden, Ärzte, Missionare, Krankenschwestern, Ingenieure, Kaufleute –, selbst Mischlingskinder von deutschen Vätern, die kein Wort Deutsch sprachen, wurden von den Niederländern in Internierungslager gebracht. Der Schweizer Konsul, der nach der Schließung des Deutschen Konsulats in Batavia die deutschen Interessen in Niederländisch-Indien übernommen hatte, listete in einem Bericht an das Reichsaußenministerium in Berlin die folgenden Lager auf, in denen Deutsche interniert seien:

Auf Sumatra: Fort de Kock, Taroeroeng (nur für deutsche Frauen), Pematang, Siantar [Anm. d. Verf.: hier wurden im zweckentfremdeten Krankenhaus mehrere hundert Frauen und Kinder interniert], Raja bei Brastagi, Koeta Tjane in Atjeh (Fort Kotatjane), Pagar Alam in Süd-Sumatra, Lahat, Medan, Takengon.

Auf Java: Onrust, Bandoeng (nur für deutsche Frauen und Kinder), Banjoe Biroe (nur für deutsche Frauen und Kinder), Batavia, Berg en Dal bei Soekabumi, Blitar, Buitenzorg (nur für deutsche Frauen und Kinder), Magelang, Fort Ngawi, Salatiga (nur für deutsche Frauen und Kinder), Sindanglaja (nur für deutsche Frauen und Kinder), Soekabumi und Tjibadak (nur für deutsche Frauen).

Auf Celebes: Makassar, Sasaran, Menado, Singkang

Auf Borneo: Hendangan, Long Iram, Sintang, Teloek Najoer[124]

Alle Post aus den Internierungslagern wurde streng zensiert. Auf der Briefkarte, die alle zwei Wochen an die Angehörigen geschrieben werden durfte, waren maximal 75 Wörter erlaubt. Alles was darüber ging, und jegliche Erwähnung der Zustände in den Lagern, wurden geschwärzt.

Laut einem Bericht der Schweizer Botschaft in Jakarta an ihre Regierung in Bern wurde berichtet, dass den deutschen Frauen in den Lagern auf Java Uhren, Schmuckgegenstände, Geld, ja sogar die Eheringe abgenommen wurden.[125]

Das Lager, in dem vermutlich die schlimmsten Verhältnisse herrschten, war das Internierungslager auf der kleinen Insel Onrust vor Batavia. Der Lagerleiter war ein Mijnheer de Vries, der selten ohne Pistole in der Hand gesehen wurde. Hier waren nicht nur rund 1.200 Deutsche aus Batavia und Umgebung auf engstem Raum zusammengepfercht, es kamen auch noch 1.200 Holländer, die Mitglieder der NSB waren, hinzu.

---

124 AA, Pol. Archiv, R27492
125 AA, Akte 4.879/Bern

Abb. 31
Zensierte Postkarte aus dem Internierungslager Allas Vallei vom 4. August 1940

Auf der kleinen Insel Onrust in der Bucht von Batavia war im 19. Jahrhundert eine Schiffswerft der Niederländer, in der über 1.000 Sklaven und freie Arbeiter beschäftigt waren. Vor dem Zweiten Weltkrieg war Onrust zunächst Lepra- und danach Quarantänestation für aus Mekka zurückkehrende Pilger. Als die Internierten dorthin gebracht wurden, gab es keine sanitären Anlagen, keine Matten und nicht einmal genügend Trinkwasser; dafür aber Ratten, Flöhe und Läuse, Moskitos und Krankheiten. Die Gebäude waren total verdreckt. Es wurden nicht einmal Besen zur Säuberung zur Verfügung gestellt. Die Internierten mussten wochenlang auf dem nackten Zementfußboden ohne Decke schlafen. Dadurch litten viele bis zu ihrem Lebensende an Lungenproblemen und Asthma.[126] Die Gefangenen wurden wie Schwerverbrecher behandelt.

Als die Männer verschleppt und in Internierungslagern eingesperrt waren, blieben nur die deutschen Mütter mit ihren noch schulpflichtigen Kindern zurück. Diese wurden etwas besser behandelt. Die Häuser wurden konfisziert und der Besitz enteignet. Frauen und Kinder kamen in Internierungslager, sogenannte ‚Schutzcamps‘ (Beschermingkamp). Da die Ernährer der Familien interniert waren und die Kolonialregierung deren Gehälter nicht mehr bezahlte und auch keine finanzielle Unterstützung übernahm, mussten viele Frauen mit ihren Kindern in erbärmlichen Zuständen leben. Von der niederländischen Lagerverwaltung bekamen sie nur das Allernotwendigste. Frauen und Kinder von Reichsdeutschen gelang es in einigen Fällen, Unterschlupf bei indonesischen Freunden zu finden. Im Gegensatz zu den Niederländern hatten die Deutschen häufig Kontakte zu den Einheimischen gepflegt.

---

126 wie der Vater von Fred Flakowski. Interview mit Zeitzeuge Fred Flakowski v. 18.03.2014

Nachdem absehbar war, dass auch im Pazifik ein Konflikt mit Japan näher rückte, konnte der Schweizer Konsul in Zusammenarbeit mit dem Roten Kreuz im Mai 1941 bei der niederländischen Kolonialregierung erreichen, dass ein Teil der deutschen Frauen und Kinder aus Niederländisch-Indien abgeschoben werden konnte. Ziele waren China und Japan. Vor dem Einmarsch der deutschen Truppen in Russland wäre eine Rückkehr nach Deutschland mit der Transsibirischen-Eisenbahn noch möglich gewesen. Aber nachdem am 22. Juni 1941 deutsche Truppen Russland überfallen hatten, war auch dieser Weg versperrt. Trotzdem lief die sogenannte ,Austauschaktion von Zivilgefangenen' – die aber in Wirklichkeit eine Abschiebung war – weiter. Das gesamte Eigentum der abgeschobenen deutschen Frauen und Kinder wurde durch die niederländische Kolonialregierung beschlagnahmt. Es gab aber immer noch viele deutsche Frauen und Kinder, die zurückbleiben mussten. Die deutschen Frauen und Kinder konnten sich für eine Anlandung in China oder Japan entscheiden. Am 4. Juli 1941 legte das japanische Passagierschiff *Asama Maru* mit 740 deutschen Frauen und Kindern sowie einem Teil des Personals des Deutschen Konsulats in Batavias Hafen Tanjung Priok ab. Die *Asama Maru* war ein japanisches Passagierschiff mit 17.000 Bruttoregistertonnen der N.Y.K. Linie. Das Schiff war in Ostasien als ,Königin des Pazifiks' bekannt.

Abb. 32
Die Asama Maru, die deutsche Frauen nach China und Japan brachte

Bevor die Deutschen an Bord gehen durften, wurde das wenige Gepäck von 20 Kilogramm, das sie pro Person mitnehmen durften, nochmals von den Niederländern durchsucht und erleichtert. Fotoapparate, Fotoalben, selbst Schuhe wurden beschlagnahmt. Es war reine Schikane, aber es war der Weg in die Freiheit.

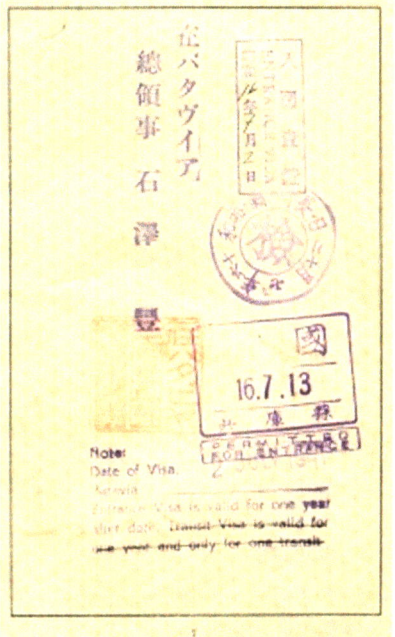

Abb. 33
Einreisevisum für Japan,
Datumsangaben nach japanischer
Zeitrechnung der Showa-Periode

Abb. 34
Bordkarte für die Asama Maru

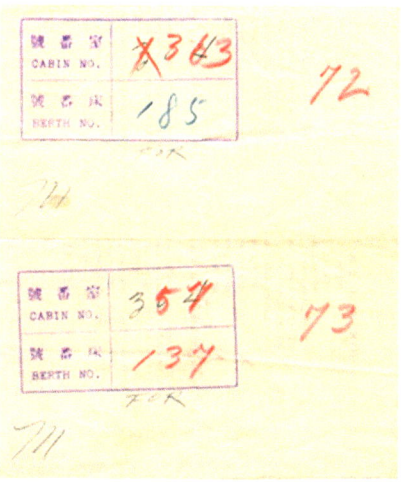

118 Frauen und Kinder mussten wegen Überfüllung der Asama Maru am Pier zurückgelassen werden. Sie wurden auf einen nächsten Transport vertröstet, der nie realisiert wurde. Die Asama Maru war das einzige Schiff, das einen Transport deutscher Frauen und Kinder nach China und Japan durchführte. Auf andern Wegen fanden noch eine Anzahl Frauen und Kinder eine Möglichkeit, nach Japan zu kommen.[127] Viele, die in Niederländisch-Indien bleiben wollten oder für die eine Flucht nach Japan nicht mehr möglich war, wurden weiterhin in den Internierungslagern festgehalten.

Zwei Wochen vor Abfahrt der *Asama Maru* wurde in einigen Internierungslagern bei einer Reihenuntersuchung von deutschen Frauen und Kindern Blut aus dem Ohrläppchen entnommen. Vermutlich wollte Japan nur

---

127 Informationen von Zeitzeuge Friedrich Flakowski

gesunde Personen aufnehmen. Aber eine ganze Anzahl dieser Personen wurde dadurch mit einer Mischinfektion von Malaria Tropica und Malaria Tertiana infiziert. Da die Inkubationszeit für Malaria zwischen 9 und 14 Tagen liegt, fielen die ersten schweren Malariaanfälle genau mit dem Abreisetermin der *Asama Maru* zusammen. Es wurde vermutet, dass die Niederländer die Zivilgefangenen vorsätzlich infiziert hatten. Wollten sie dadurch eine Ausreise der Frauen und Kinder verhindern oder ihnen noch ein ‚Andenken' mitgeben? Schwer Erkranke mussten wegen des hohen Fiebers zurückbleiben. Die Malaria-Mischinfektion konnte erst in Japan diagnostiziert und behandelt werden.[128]

Japan hatte kein großes Interesse, die deutschen Vertriebenen aufzunehmen. Der Kapitän der *Asama Maru* versuchte vergeblich, die deutschen Frauen und Kinder an die Amerikaner in Manila zu übergeben. Ein Teil der Passagiere wurde in Shanghai an Land gesetzt. Mit der Bahn fuhren diese Mütter mit ihren Kindern in die ehemaligen deutschen Schutzgebiete in China, Tsingtau (heute: Qingdao) oder Tientsin (heute: Tianjing) weiter. Dort saßen sie bis zu drei Jahre nach Ende des Zweiten Weltkriegs fest.

Am 13. Juli 1941 kam die *Asama Maru* in Kobe in Japan an. Die deutschen Frauen und Kinder wurden zunächst in Hotels untergebracht, bevor ihnen Wohnungen oder Häuser zugeteilt wurden. Bis Kriegsende wurden

Abb. 35
Ankunft der Asama Maru mit deutschen Frauen und Kindern in Kobe

128 Aussage des Zeitzeugen F. Flakowski (der selbst betroffen war)

die Deutschen vom Deutschen Reich über die Deutsche Botschaft in Tokyo unterstützt, nicht nur mit Geld und Lebensmittel, auch für die Geselligkeit war gesorgt. Zum Beispiel fanden im Club Concordia im Deutschen Haus regelmäßig Veranstaltungen und Feierlichkeiten statt. Hier fanden auch die Veranstaltungen der NSDAP, der Hitlerjugend und des Bundes Deutscher Mädchen statt.

Abb. 36
Deutsche Schule Kobe und die 'Deutsche Jugend Japans' im Saal von Club Concordia in Kobe, 1943

Der Deutsche Botschafter in Tokyo, Stahmer, schreibt in seinem Buch ‚Japans Niederlage – Asiens Sieg:
Eine angenehme Bereicherung unserer einfachen Geselligkeit brachte uns ein Filmvorführapparat, den wir von dem Lloyd-Dampfer Scharnhorst übernommen hatten. Einzelne Blockadebrecher versorgten uns mit einer verhältnismäßig reichen Auswahl von Filmen, so dass wir auf diese Weise den Angehörigen der

deutschen Kolonie und unseren fremden Gästen eine angenehme Abwechslung bieten konnten, ohne den Lebensmitteletat zu sehr zu belasten.[129]

Während der Internierung in Niederländisch-Indien wurde von den Niederländern Schulunterricht für deutsche Kinder verboten. Dies änderte sich in Japan. Hier wurden die Kinder aus Niederländisch-Indien in die ‚Deutsche Schule Kobe‘ (*Zeiden Hojin Kobe Doitsu Gakuin*) aufgenommen. Gleichzeitig traten sie der ‚Deutschen Jugend Japans‘ DJJ bei, die der Hitlerjugend und dem Bund Deutscher Mädchen entsprach. Nun kehrte wieder Ordnung in das tägliche Leben zurück. Von 1941 bis 1947 mussten über 700 von ihren Männern getrennte deutsche Frauen und Kinder in Japan ausharren.[130]

Die deutschen Männer mussten einen anderen Weg einschlagen. Damit sie nicht aus den Internierungslagern in Niederländisch-Indien von den immer näher rückenden und mit dem Deutschen Reich verbündeten Japanern befreit werden konnten, wurden sie mit Schiffen nach Britisch-Indien, Ceylon und Niederländisch-Guyana in Südamerika deportiert.

Auch Walter Spies wurde interniert, obwohl er schon früh erste Tendenzen des Nationalsozialismus strikt abgelehnt hatte. Er war einer der bekanntesten Deutschen in Niederländisch-Indien, der während der Internierung im Zweiten Weltkrieg umkam. Als er zusammen mit anderen Deutschen auf dem Schiff *Van Imhoff* nach Britisch-Indien überführt wurde, fand sein schöpfungsreiches Leben am 19. Januar 1942 ein tragisches Ende. Mehrere hundert Deutsche ertranken, auch Walter Spies und Hans F. Overbeck. In einem späteren Kapitel werde ich noch ausführlicher darüber berichten.

Nur wenige Tage nach der *Van Imhoff* legte in Surabaya die *Tjisadane* ab, der Stolz der ehemaligen niederländischen Java-China-Japan-Linie. Auf dem Zwischendeck waren 146 Reichsdeutsche, Volksdeutsche und deutsche Juden in einem Käfig aus starken Eisenstäben, die vom Boden bis zur Decke reichten, eingepfercht. Es herrschten erbärmliche Zustände. Die Bullaugen und Luken blieben verschlossen. Es gab keine Frischluft, die offene Latrine verbreitete einen bestialischen Gestank. Tag und Nacht strahlte das helle elektrische Licht. Das sei die gerechte Strafe für die Bombardierung von Rotterdam, sagten die niederländischen Bewacher. In der Nachkriegszeit haben die Niederländer allerdings schnell vergessen, dass sie nur wenige Jahre nach der unentschuldbaren Bombardierung von Rotterdam selbst Städte und Dörfer auf Java und Sumatra in einem völkerrechtswidrigen und brutalen Kolonialkrieg bombardierten.

---

129 Stahmer, *Japans Niederlage – Asiens Sieg*, S. 190f
130 Zeitzeuge Friedrich Flakowski

Die *Tjisadane* war über fünf Wochen auf hoher See. Es war eine höllische Überfahrt. Ziel war Paramaribo in Niederländisch-Guyana, dem heutigen Surinam, im Nordosten Südamerikas. Hier kam das Schiff am 1. März 1942 an. Die Deutschen kamen zunächst in das Gefängnis von Nieuw Amsterdam und wurden später in ein Lager mit unmenschlichen Bedingungen in dichtem Dschungel verlegt. Das Lager ‚Joden-Savanne' (Juden-Savanne) konnte nur mit Booten über den Suriname-Fluss erreicht werden. Der Lagerkommandant, Leutnant van Baalen, war ein brutaler Sadist. Zwangsarbeit bei sengender Hitze war an der Tagesordnung. Täglich wurden die Internierten schikaniert, ja sogar mit Maschinengewehrgarben angetrieben.[131] Die Höllenfahrt auf der *Tjisadane* fand die gleiche barbarische Fortsetzung in der tropischen Hölle Südamerikas. Das Rote Kreuz war weit weg, zu weit, und um die Genfer Konvention kümmerten sich die Niederländer ohnehin nicht. Im Lager grassierten Malaria, Cholera und Typhus. Eine medizinische Versorgung der Internierten oder eine Einlieferung in das Krankenhaus von Paramaribo wurden verweigert oder erst genehmigt, wenn es bereits zu spät war. Viele Reichs- und Volksdeutsche blieben für immer im Lager Juden-Savanne, begraben unter südamerikanischer Erde.[132]

Nach vielen Jahren in niederländischen Gefängnissen und fünf Jahren Exil auf der Insel Flores wurde Soekarno im Jahre 1938 nach Bengkulu in Südsumatra verlegt. Als im Mai 1940 deutsche Truppen die Niederlande besetzten, wurde der Ingenieur und Architekt Soekarno – da er der einzige Ingenieur und ‚Künstler' in Bengkulu war – von dem niederländischen Kommandanten aufgefordert, zur Erinnerung an dieses schreckliche Ereignis ein Monument zu entwerfen. Soekarno entgegnete:

Sie peinigen und martern mich, weil ich die Freiheit für mein Volk will und nun wollen Sie von mir – Ihrem Gefangenen – verlangen, Ihnen ein Monument zu bauen, weil ein anderes Land Ihnen die Freiheit genommen hat?[133]

Das Jahr 1941 war ein überaus ereignisreiches. Obwohl die Vereinigten Staaten noch neutral waren, sicherten Kriegsschiffe der US-Navy britische und kanadische Geleitzüge über den Atlantik. Die Geleitzüge brachten Millionen Tonnen Lebensmittel und kriegswichtiges Material im Wert von 31 Milliarden US-Dollar nach Großbritannien.[134] Ohne diese immense und unein-

---

131 Keppner, *Wie weit bis Airmolang*, S. 517ff
132 Keppner, *Wie weit bis Airmolang*, S. 508ff
133 Adams, *Sukarno*, S. 145
134 Zum Vergleich: Die Anschub-Finanzierung nach Kriegsende durch den Marshall-Plan im Zeitraum von April 1948 bis Dezember 1952 betrug für das gesamte Europa 12.4 Milliarden US Dollar

geschränkte Hilfe hätte Großbritannien einen länger andauernden Krieg mit Deutschland nicht durchhalten können. Churchill drängte daher Roosevelt ein ums andere Mal, endlich an der Seite Großbritanniens in den Krieg einzutreten. Ohne die USA schien Großbritannien den Krieg zu verlieren.

Der Großteil der Bevölkerung in den USA war – ganz im Gegensatz zu Präsident Franklin D. Roosevelt – gegen einen Krieg in Europa. Nur 8% der Bevölkerung befürworteten einen Kriegseintritt. Roosevelt waren also die Hände gebunden. Er provozierte Hitler ein ums andere Mal, indem Kriegsschiffe der noch neutralen USA in Kämpfe mit deutschen U-Booten eingriffen und dadurch das Völkerrecht verletzten.

Japan hat keine eigenen Bodenschätze, kein Öl und kein Eisenerz für die Herstellung von Stahl. Öl, Eisenerz und andere wichtige Güter für die Versorgung der Bevölkerung wurden zum allergrößten Teil aus den USA importiert. Roosevelt setzte Japan unter Druck, indem er die Lieferungen gegen Null reduzieren ließ. Japan wurden plötzlich alle lebensnotwendigen Rohstoffe entzogen. Dem Embargo der Vereinigten Staaten schloss sich auch noch Großbritannien an. Daraufhin strebte Japan eine Erhöhung des Bezugs von Öl aus Niederländisch-Indien an und entsandte den japanischen Wirtschaftsminister *Kobayashi* zu Verhandlungen nach Batavia. Der Deutsche Botschafter Ott in Tokyo informierte Walther Hewel in Berlin mit seinem Telegramm vom 27. August 1940 entsprechend. Hier ein Auszug:

In Anbetracht amerikanischen Öl-Embargos werden Verhandlungen in erster Linie Erhöhung Öl-Bezüge auch in Niederländisch-Indien angestrebt. Gez. Ott[135]

Der japanische Ministerpräsident Fürst *Konoe Fumimaro*, sein Außenminister *Yosuke Matsuoka* und der sehr prodeutsch eingestellte Kriegsminister General *Tojo* wurden gezwungen, sich anderweitig nach Rohstoffquellen umzusehen. Dabei fiel ihr Auge natürlich auf das nahe gelegene rohstoffreiche Niederländisch-Indien. Ende Juli 1941 sperrte Präsident Roosevelt zudem noch unter eindeutigem Bruch internationalen Rechts alle japanischen Guthaben in den Vereinigten Staaten.[136]

Als Japan nochmals versuchte, mit den USA über weitere Lieferungen von Öl, Erz und Stahl zu verhandeln, um eine friedliche Lösung des Konflikts zu suchen, lehnte Roosevelt weitere Gespräche brüsk ab. Selbst der Vorschlag der japanischen Regierung, Premier Minister Fürst *Konoe* zu direkten Verhandlungen mit Präsident Roosevelt zu entsenden, wurde abgelehnt.[137]

---

135 AA, Handakte Hewel 5, R 27473, Dokument 84595
136 Stahmer, *Japans Niederlage – Asiens Sieg*, S. 57
137 www.deutsches-marinearchiv.de (*Bericht über Aufenthalte in Japan von Admiral P. W. Wenneker, Marineattaché Tokio*)

Durch die provokante Politik des Strangulierens durch die USA wurde Japan gezwungen, nach Süden zu expandieren, dorthin, wo die Rohstoffe verfügbar waren. Japan fühlte sich zu diesem Schritt gezwungen, da es keine Möglichkeit mehr sah, zu einem friedlichen Ausgleich mit den Vereinigten Staaten zu kommen. Roosevelt reizte Japan, den entscheidenden Schritt zu tun, um die Rechtfertigung für einen Kriegseintritt zu erhalten. Er wollte Amerika aus der Isolation herausführen und durch die Hintertür in den Krieg in Europa und im Pazifik eintreten.

Als Reaktion auf die Zurückweisung der Vereinigten Staaten und den darauf beruhenden, in Asien so bedeutungsvollen ‚Gesichtsverlust‘ wollte Japan den Vereinigten Staaten eine Lektion erteilen und schlug am 7. Dezember 1941 in Pearl Harbour in einem Überraschungsangriff zu. Sherwood, ein enger Mitarbeiter Roosevelts, schrieb:

Roosevelt wusste sehr wohl, welche Bedeutung es für die Japaner hatte, das ‚Gesicht‘ zu wahren, daher konnte ein Auftreten, das ihnen keine Gelegenheit gab, ‚ihr Gesicht zu behalten‘, praktisch den Krieg unvermeidlich machen.[138]

Abb. 37
Japanische Sonderbriefmarke mit Ersttagsstempel aus Anlass des Überfalls auf Pearl Harbour,
Datumsangabe nach japanischer Zeitrechnung der Showa-Periode

Nun hatte Roosevelt den von ihm gewünschten ‚first shot‘ und einen guten Grund in den Krieg einzutreten. Nach dem Einmarsch Japans in Südost-Asien stellte Roosevelt fest:

Wenn wir [Anm. d. Verf.: Japan] das Öl [früher] abgeschnitten hätten, so wären sie wahrscheinlich schon ein Jahr früher nach Niederländisch-Ostindien gegangen, und wir hätten den Krieg gehabt.[139]

Präsident Roosevelt spielte bei diesem makabren Schauspiel eine mehr als zwielichtige Rolle. Die Amerikaner waren nach Zeugenaussagen im Hauptkriegsverbrecherprozess 1948 im Besitz des japanischen Funkschlüssels und

---

138 Stahmer, *Japans Niederlage – Asiens Sieg*, S. 60
139 Stahmer, *Japans Niederlage – Asiens Sieg*, S. 69

konnten die Geheimbefehle zum Angriff auf Pearl Harbour entziffern. Die US-Navy wurde auch von der Royal Australian Navy informiert, dass japanische Flugzeugträger in Richtung Hawaii unterwegs seien.[140]

Ebenso hatte von Tokyo aus der Spion Dr. Richard Sorge die Alliierten vor dem bevorstehenden Angriff gewarnt. Roosevelt und seine Berater waren informiert, aber es wurde vermutlich bewusst nichts unternommen, um die US-Marineleitung in Pearl Harbour zu warnen. Roosevelt suchte einen Kriegsgrund. Anlässlich der ‚Teheran Konferenz‘ vom 28. November bis 1. Dezember 1943 offenbarte Roosevelt sich gegenüber seinem Freund Stalin und erklärte sein Schweigen trotz der alarmierenden Funksprüche wie folgt:

Es wäre unmöglich gewesen, in diesem Krieg amerikanische Truppen nach Europa zu schicken, wenn die Japaner nicht Pearl Harbour angegriffen hätten.[141]

Im Dreimächtepakt hatte Hitler gegenüber dem Japanischen Kaiserreich zugesagt, im Falle eines Krieges von Japan mit den USA den Vereinigten Staaten ebenfalls den Krieg zu erklären. Nach dem Angriff der Japaner auf Pearl Harbour und der darauf folgenden Kriegserklärung der USA an Japan löste Hitler sein Bündnisversprechen ein. So wurde jedenfalls im Dritten Reich argumentiert. Aber ist das zutreffend? Keinesfalls!

Im September 1940 wurde der deutsch-japanisch-italienische Dreimächtepakt beschlossen. Dies war ein reines Defensivbündnis. Als für Japan klar war, dass Hitler in Kürze einen Angriffskrieg gegen die Sowjetunion führen würde, schloss Japan schon im April 1941 mit der Sowjetunion ein Neutralitätsabkommen, also einige Monate vor Hitlers Einmarsch in die Sowjetunion. Japan konnte sich somit auch nicht an Hitlers Krieg gegen die Sowjetunion beteiligen. Japan fiel mit dem Abkommen Deutschland sogar in den Rücken, da die Sowjetunion nun ihre Truppen aus dem Osten ihres Reichs abziehen konnte, um sie an der Westfront gegen die deutschen Truppen einzusetzen. Hitler hätte somit einen guten Grund gehabt, auch sein Bündnisversprechen mit Japan nicht einzulösen.

Die Vereinigten Staaten unterstützten nun die Sowjetunion mit Panzern, Flugzeugen und anderem militärischem Material, das sie im Osten Sibiriens, in Wladiwostok anlieferten. Von dort ging es über die Transsibirische Eisenbahn an die Westfront. Die amerikanische Militärhilfe an die Sowjetunion belief sich während des Zweiten Weltkriegs auf zehn Milliarden US-Dollar. Die Freundschaft war aber bald zu Ende. Nur wenige Jahre nach Kriegsende,

---

140 Stahmer, *Japans Niederlage – Asiens Sieg*, S. 68f
141 Stahmer, *Japans Niederlage – Asiens Sieg*, S. 67

1949 während des ‚Kalten Kriegs‘, hatten die USA Pläne vorbereitet, um 150 Atombomben auf sowjetische Städte abzuwerfen.[142]

Die Kriegserklärung Hitlers an die USA war selbstzerstörerischer Größenwahn. Den größten Gefallen tat er damit Roosevelt, der niemals gegen den Willen des amerikanischen Volkes Deutschland den Krieg hätte erklären können. Roosevelt hatte sein Ziel erreicht und Hitler hatte nun einen unmöglich zu gewinnenden Zweifronten-Krieg: im Westen gegen die Alliierten mit der stärksten Macht der Erde, den USA; im Osten gegen die riesige Sowjetunion.

Hitler erklärte den Vereinigten Staaten am 11. Dezember 1941 den Krieg. Nur wenige Tage zuvor erfolgte die massive Gegenoffensive der russischen Truppen an der Ostfront. Die deutschen Truppen erlitten bereits große Verluste und mussten zurückweichen. Schon zu diesem Zeitpunkt muss Hitler klar gewesen sein, dass der Krieg nicht mehr gewonnen werden konnte. Hitlers Kriegserklärung an die USA besiegelte endgültig Deutschlands Untergang.

Zu dem Zeitpunkt der Bombardierung von Pearl Harbor durch die japanische Luftwaffe saßen Japans Truppen bereits fest in Indochina. Indochina hatte sich der mit Hitler kollaborierenden Vichy-Regierung des französischen Heimatlandes angeschlossen und war somit Partner von Deutschland und Japan. Aber zu diesem Zeitpunkt glaubte kein Niederländer, dass die Japaner die Kraft hätten, bis nach Niederländisch-Indien vorzudringen. Die Ölvorräte für die japanische Kriegsmaschinerie waren äußerst begrenzt, und man war sich sicher, dass beim Vormarsch der Japaner nach Süden die Festung Singapur uneinnehmbar sei.

---

142 ZDFinfo, 10.02.2014, 22.30h, *Krieg der Spione*

11. Beginn des U-Boot-Kriegs im Atlantik

Die Deutsche Kriegsmarine war zu Beginn des Zweiten Weltkriegs im Vergleich zu der Kriegsflotte Japans, und erst recht im Vergleich zu der Großbritanniens und der USA, ein Zwerg. Japan hatte zum Beispiel viel größere U-Boote als Deutschland. Die Untersee-Kreuzer vom Typ I-400 hatten drei Flugzeuge in einem Hangar an Bord, die vom aufgetauchten Boot aus starten konnten.

Der Grund für die kleine deutsche Marine lag im Versailler Vertrag nach dem verlorenen Ersten Weltkrieg. Schiffsneubauten in Deutschland wurden mit der Anzahl der Schiffe, der Größe und Tonnage, der Ausrüstung mit Waffen, der Höchstgeschwindigkeit und so weiter stark begrenzt. Der Vertrag ließ nur eine deutsche Marine mit einer *quantité négligeable,* einer vernachlässigbaren Größenordnung, zu. Erst als das Deutsche Reich den ‚Völkerbund' verließ und sich ab 1934 nicht mehr an die Beschränkungen durch den Versailler Vertrag hielt, begann eine moderate Aufrüstung der Marine.

Hitler war nie an einer besonders starken deutschen Kriegsmarine interessiert. Für ihn, wie auch für Göring, zählten Kampfpanzer und Flugzeuge mehr. Er dachte, wenn schon eine Marine benötigt werden würde, dann eine mit großen Schlachtschiffen, nicht mit Unterseebooten. Dies war eine fatale Fehlentscheidung. Eine Entscheidung zu Gunsten der Unterseeboote erfolgte erst viel zu spät, als schon absehbar war, dass der Krieg nicht mehr gewonnen werden konnte. Der Seekrieg im Zweiten Weltkrieg hat gezeigt, dass nicht mehr Schlachtschiff gegen Schlachtschiff kämpfte. Viel effektiver war ein Krieg gegen die gegnerische Handelsflotte, um die Nachschubwege zu unterbrechen. Dies traf besonders für Großbritannien zu, das von einem regelmäßigen Nachschub aus Amerika und Australien abhängig war. Und für eine Störung der Handelswege waren Unterseeboote die ideale Waffe. Schon im Frühjahr 1939 wollte Dönitz 300 Unterseeboote am Fließband bauen lassen. Aber Hitler und Admiral Raeder, der Oberbefehlshaber der Marine, gaben zu der Zeit Überwasser-Kampfschiffen immer noch Priorität und überstimmten Dönitz, der nur für die U-Boot-Flotte verantwortlich war.

1935 wurde die ‚Reichsmarine' in ‚Kriegsmarine' umgetauft. 1936 besaß die Deutsche Kriegsmarine an modernen Schiffen drei Panzerschiffe, sechs Leichte Kreuzer und 35 Unterseeboote. In der weiteren Planung waren noch vier Schlachtschiffe, vier Schwere Kreuzer, zwei Flugzeugträger, 19 Zerstörer und nur ein Unterseeboot. Für die Fertigstellung dieser Schiffe war jedoch ein Zeitraum bis 1949 (!) eingeplant.[143] Die deutsche Kriegsmarine war zu Kriegsbeginn 1939 noch längst nicht aufgerüstet, und es war ein Wahnsinn, so früh schon einen Krieg zu beginnen.

Der Einsatz deutscher U-Boote in Südost-Asien und Japan wurde durch die zunächst spektakulären deutschen Erfolge und die im Laufe des Krieges darauf folgende vernichtende Niederlage der deutschen U-Boot-Flotte im Atlantik überschattet. Daher gibt es so gut wie keine Literatur über den – allerdings erst einige Jahre nach Kriegsbeginn begonnenen – Krieg der Blockadebrecher, Hilfskreuzer und U-Boote im Indischen Ozean und in den Gewässern um Niederländisch-Indien. Die wenigen deutschen Boote, die in Südost-Asien eingesetzt waren, hatten die Aufgabe, die britischen Handelsrouten zu stören und alliierte Seestreitkräfte in diesem Raum zu binden. Weiterhin sollten die U-Boote auch Fracht und Passagiere nach Südost-Asien und Japan bringen und der japanischen Marine die moderne deutsche U-Boot-Technologie vermitteln.

Um die Gesamtsituation des U-Boot-Krieges besser verständlich zu machen, gebe ich zunächst einen kleinen Abriss über den Einsatz deutscher U-Boote im Atlantik. Der U-Boot-Krieg im Atlantik begann kurz nach Ausbruch des Zweiten Weltkriegs. Im Indischen Ozean und in den Gewässern von Niederländisch-Indien konnten deutsche U-Boote erst einige Jahre später eingesetzt werden, nachdem Deutschlands Verbündeter Japan Niederländisch-Indien und Malaya okkupiert hatte und die deutsche Marine dort Stützpunkte einrichten konnte.

Großadmiral Karl Dönitz war im Deutschen Reich bis Februar 1943 Befehlshaber der U-Boot-Flotte, und danach bis Kriegsende Oberbefehlshaber der gesamten deutschen Kriegsmarine. Dönitz wollte mit einem Überraschungsangriff deutscher U-Boote die USA treffen, solange sie noch unter dem Schock von Pearl Harbour standen. Dönitz war überzeugt, dass eine Übermacht von U-Booten im Atlantik kriegsentscheidend sei. Aber Hitler wollte den für den Bau von U-Booten benötigten Stahl lieber für Panzer verwenden. Letztendlich genehmigte Hitler auf Drängen von Admiral Dönitz die sogenannte ‚Operation Paukenschlag' mit den vorhandenen wenigen U-Booten.

Bis zur Kapitulation Frankreichs im Juni 1940 mussten deutsche U-Boote und Überwasserschiffe den langen Umweg über den Norden Großbritanniens machen, um in den Atlantik zu gelangen. Die schmale Nordsee wurde von Frankreich und Großbritannien kontrolliert. Ein Durchkommen für deutsche Schiffe war so gut wie unmöglich.

---

143 Krug, Hirama, Sander-Nagashima, Niestlé, *Reluctant Allies,* S. 91f

Die strategische Lage für die Deutsche Kriegsmarine änderte sich grundlegend mit der Besetzung Dänemarks und Norwegens im April 1940 sowie der Kapitulation Frankreichs zwei Monate später. Nun hatten die Deutschen eine Küstenlinie, die vom Nordkap in Norwegen über die französische Westküste mit dem Golf von Biskaya bis zur spanischen Grenze reichte.

Sofort wurde mit dem Bau einer Reihe von bombensicheren U-Boot-Bunkern verschiedener Größe längs der Westküste Frankreichs begonnen. Ab diesem Zeitpunkt hatten die deutschen Schiffe einen direkten und freien Zugang zum Atlantik, und die Fahrzeiten in den Atlantik, den Indischen Ozean und nach Südost-Asien reduzierten sich dadurch ganz beträchtlich. Durch den kürzeren Anmarschweg konnten nun neben den großen Langstreckenbooten vom Typ IX D auch kleinere Boote des Typs IX C von hier aus operieren.

Die U-Boot Bunker waren mit ihren mehrere Meter dicken Mauern und Decken so stabil, dass sie mit den schwersten Bomben der Alliierten nicht zerstört werden konnten. Auch nach dem Krieg war es nicht möglich, diese U-Boot-Unterstände zu sprengen.

Noch 1944 wurde mit dem Bau einer U-Boot-Bunker-Werft in Bremen-Ferge, dem so genannten Valentin-Bunker, begonnen. Hier sollten die U-Boot-Segmente, die überall in Deutschland gefertigt wurden, zusammengeschweißt werden. Die bombensichere Bunker-Werft wurde jedoch vor Kriegsende nicht mehr fertiggestellt.

Zunächst konnte Dönitz nur fünf deutsche Langstrecken-U-Boote von Lorient im Golf von Biskaya in West-Frankreich zur Ostküste der USA entsenden. Lorient und weitere Häfen an der französischen Atlantikküste sollten später für die ‚Ostasien Boote' noch eine wichtige Rolle spielen.

Die von Admiral Dönitz nach Amerika entsandten Boote waren hochseetüchtige sogenannte Atlantikboote vom Typ IX B. Durch größere Treibstofftanks als alle bisherigen U-Boote hatten diese Boote einen wesentlich größeren Aktionsradius. Sie konnten ohne nachzutanken die Fahrt nach Amerika, die Operationen vor der Ostküste und die Rückfahrt in den Heimathafen an der Westküste Frankreichs durchführen. Die Boote waren 77 Meter lang und sieben Meter breit. Auf dem Vordeck, vor dem Kommandoturm, stand eine 10,5-Zentimeter-Bootskanone, und achtern eine 2-Zentimeter-Flugzeug-Abwehrkanone. Normalerweise wurden die Atlantikboote mit nur sechs Torpedos bestückt. Für die ‚Operation Paukenschlag' waren es jedoch bis zu 23, mit je 300 Kilogramm Sprengstoff. Die unteren Kojen wurden entfernt, um zusätzlichen Stauraum für Torpedos zu erhalten. Die ohnehin beengten Verhältnisse in einem U-Boot wurden noch enger, und die Mannschaft konnte nur noch in Schichten schlafen.

Durch mangelnde Vorbereitung der US-Marine konnten diese fünf Boote den Alliierten Verluste zufügen, die weit größer und einschneidender waren als die durch die Japaner zugefügten in Pearl Harbor.[144] Die Aktion in Pearl Harbour war allerdings einprägsamer, da die US-Marineleitung die anfangs großen Verluste im Atlantik noch vertuschen konnte. Die *New York Times* glaubte sogar, dass die US-Marine einen Erfolg gegen die deutschen U-Boote aus taktischen Gründen verschweigen würde und schrieb am 20. Januar 1942: *Die Navy verbirgt jeden Erfolg gegen die U-Boot-Wolfsrudel hinter einer strikten Zensur.* In Wirklichkeit hatte die US-Navy bis zu diesem Zeitpunkt keinen einzigen Erfolg zu verzeichnen, und führte keinen einzigen geplanten Angriff gegen die deutschen U-Boote durch. Die riesigen Verluste an amerikanischen Frachtschiffen und Tankern fanden nicht den Weg in die amerikanischen Medien. Die US-Navy mit ihrem Oberbefehlshaber Ernest King hatte auf ganzer Linie versagt. Die amerikanischen Bürger fragten: *Wo ist unsere Marine?* [145]

Aufgrund des immer größer werdenden öffentlichen Drucks verkündete das US-Marineministerium am 1. April 1942, dass bis zu diesem Tag 28 deutsche U-Boote vor der US-Küste ‚versenkt oder mutmaßlich versenkt‘ worden seien.[146] Dies war eine grobe Lüge um die amerikanische Bevölkerung zu beruhigen. Tatsache war, dass bis zu diesem Zeitpunkt vor der Ostküste der USA, in der Karibik und im Golf von Mexiko noch kein einziges deutsches U-Boot versenkt worden war. Erfahrungsgemäß wird in einem Krieg auf beiden Seiten gelogen. Es wird nicht nur mit Waffen, es wird auch mit Worten gekämpft. Die Verluste des Feindes werden höher bewertet und die eigenen heruntergespielt.[147]

Mit den deutschen U-Booten kam nun der Krieg direkt vor die Haustüre der USA. Die Kommandanten der deutschen U-Boote waren überrascht, auf keinerlei Gegenwehr zu stoßen. New York und die anderen Städte entlang der Ostküste strahlten in hellem Lichte. Leuchttürme, Bojen und Leuchtfeuer sandten ihre Signale aus wie in Friedenszeiten. Zum Beispiel operierte U 123 mit dem Kommandanten Reinhard Hardegen direkt vor der Hafeneinfahrt von New York. Die Bewohner der Stadt konnten die brennenden Wracks der torpedierten Schiffe direkt von ihren Stränden aus sehen. Die deutschen U-Boot-Kommandanten fühlten sich selbst im Angesicht der US-Küste so sicher, dass sie fast immer in den für U-Boote gefährlichen Wassertiefen von nur acht bis neun Metern operierten.

---

144 Gannon, *Operation Paukenschlag*, S. 169
145 Gannon, *Operation Paukenschlag*, S. 274 u. 276
146 Farago, *The Tenth Fleet*, S. 69f
147 Gannon, *Operation Paukenschlag*, S. 390

In der Bevölkerung der USA hielt sich hartnäckig das Gerücht, dass die Mannschaften der deutschen U-Boote in den Supermärkten entlang der Ostküste frische Lebensmittel einkaufen und am Abend die Kinos besuchen würden. In bewohnten Gebieten der US-Ostküste sind allerdings nur zwei Anlandungen bekannt geworden – auf Long Island (New York) und in Florida. Beide Male wurden Gruppen der ‚Spezialeinheit Brandenburg‘ an Land gesetzt, um im Innern der USA Sabotageakte durchzuführen.

Eine weitere Anlandung an der Küste Nordamerikas machte U 537, das später bei mehreren Feindfahrten in der Javasee operierte. Am 22. Oktober 1943 landete U 537 in der Nähe der unbewohnten Martins Bay in Labrador/Kanada, um dort eine automatische Wetterstation zu installieren.

Da sich das Wetter im Nordatlantik von West nach Ost entwickelt, waren Wetterdaten aus der westlichen Arktis für Wettervorhersagen für den östlichen Raum des Atlantiks und für Europa unumgänglich. Eine genaue Wettervoraussage für bestimmte Seeoperationen war von kriegswichtiger Bedeutung. Sie war mit entscheidend für den Erfolg oder Misserfolg einer Mission. Für einen Durchbruch vom Nordatlantik zum Mittel- und Südatlantik waren zum Beispiel Vorhersagen von Nebel, Regen, Sturm und rauer See auf Tag und Stunde genau lebensnotwendig. Nur bei diesen schlechten Wetterbedingungen gelang den deutschen Schiffen ein Durchkommen durch die gegnerischen Linien. Das schlechteste Wetter war für die deutschen U-Boote und Hilfskreuzer in diesem Seegebiet das vorteilhafteste.

Schon Anfang des Zweiten Weltkriegs kamen die international aufgebauten und genutzten Wetterstationen zum Erliegen. Weitere geheime, jedoch fest installierte und bemannte Wetterstationen, die von der deutschen Marine im einsamen arktischen Eis des Nordmeeres unterhalten wurden, befanden sich auf Spitzbergen, Grönland, den Bäreninseln und auf den Inseln des Franz-Joseph-Lands. Diese Wetterstationen wurden aus Sicherheitsgründen immer wieder an anderen Positionen aufgebaut, um nicht entdeckt zu werden. Für den schnellen Auf- und Abbau dieser bemannten Wetterstationen wurde der sogenannte Knoespel-Würfel entwickelt. Dies war eine drei mal drei Meter große Hütte aus Fertigteilen, die nach dem Baukastensystem zusammengesetzt wurde. Alle benötigten meteorologischen Geräte mit Stromversorgung und Funkanlage waren bereits montiert. Depots mit Proviant wurden außerhalb der Hütten angelegt. Jeder Knoespel-Würfel hatte eine Besatzung von vier Männern, zwei Meteorologen und zwei Wachmänner, die abwechselnd in sechs-Stunden-Schichten arbeiteten. Für den Fall einer Entdeckung waren an den Hütten Sprengladungen angebracht, damit die Anlagen zerstört werden konnten. Die Geräte sollten dem Gegner nicht in die Hände fallen. Fluchthilfedepots mit umfangreicher Ausrüstung und Proviant wurden in der Nachbarschaft angelegt. Durch das Baukastensystem konnten die Hütten in wenigen Stunden ab- und an anderer Stelle wieder aufgebaut werden.

Von den Funk-Stationen der Knoespel-Würfel wurden laufend verschlüsselte Wetterdaten für den arktischen Raum von Grönland bis Norwegen nach Deutschland gemeldet. Auch Dublin in Irland lieferte bis Kriegsende heimlich Wetterdaten nach Deutschland. Weitere Wetterdaten für die Arktis und den Nordatlantik wurden von sogenannten Wetterstaffeln mit He 111 und Ju 88 Flugzeugen gesammelt. Zweimal täglich wurden Wetterflüge von Trondheim in Norwegen über der norwegischen See bis Grönland durchgeführt. Die Wetterschiffe *Sachsen* und *München II* kreuzten vor Ostgrönland und nördlich von Island. Darüber hinaus hatte jedes deutsche U-Boot einen, die deutschen Hilfskreuzer meist zwei Meteorologen zur noch exakteren Wetterbestimmung an Bord.

Zur noch genaueren Planung der Operationen im westlichen Nordatlantik sollte nun eine automatische Wetterstation im Nordosten Kanadas installiert werden. Von der Firma Siemens wurde die automatische Wetterstation mit dem Codenamen ‚Kurt' entwickelt, die aus zehn zylindrischen Behältern mit einem Durchmesser bis zu einem Meter und einer Höhe von jeweils 1,5 Metern bestand. Jeder Zylinder hatte ein Gewicht von etwa 100 Kilogramm. In einem Kanister war ein Antennenmast untergebracht, der auf zehn Meter Höhe ausgefahren werden konnte. Ein weiterer Mast trug eine Windfahne und weitere meteorologische Messgeräte. Die restlichen Zylinder enthielten die Wetterstation, einen 150-Watt-Kurzwellensender und Trockenbatterien, die einen wartungsfreien Betrieb von sechs Monaten sicherstellen sollten. Der Sender funkte alle drei Stunden für jeweils zwei Minuten die verschlüsselten Daten für Temperatur, Windgeschwindigkeit, Windrichtung, Luftfeuchtigkeit und Luftdruck an die U-Boote und die Empfangsstation in Deutschland.

Als sich U 537 der Nordspitze der Halbinsel Labradors näherte, fand der Kommandant bei der Martins Bay ein geeignetes Gelände. Es sollte eine möglichst abgelegene Stelle sein, um einer Entdeckung durch Militär oder Pelzjäger vorzubeugen. Durch Untiefen, Riffe, Schären und vorgelagerte Inseln fuhr das Boot vorsichtig an die Küste, die es am Abend des 22. Oktober 1943 erreichte. Eine Stunde später war das Gelände von deutschen Spähtrupps auf den angrenzenden Hügeln gesichert, und die Entladung mit Hilfe zweier großer Schlauchboote konnte beginnen. An Bord war auch ein Wissenschaftler der Firma Siemens mit seinem Assistenten. Beide sollten den Aufbau der Station überwachen und sie in Betrieb nehmen. Nach 28 Stunden durchgehender Arbeit war die Montage und Inbetriebnahme abgeschlossen. Falls die Station durch einen Pelzjäger entdeckt werden sollte, wurde zur Tarnung noch ein Schild mit der Aufschrift ‚Canadian Meteo Service' aufgestellt und einige leere Schachteln amerikanischer Zigaretten wurden ausgelegt. Nachdem die Anlage störungsfrei arbeitete, wurde am 23. Oktober 1943 gegen 23 Uhr der Anker von U 537 gelichtet. Die Daten der automatischen Wetterstation ‚Kurt' konnten allerdings nur wenige Tage störungsfrei empfangen werden, dann waren sie nicht mehr zu hören. Vermutlich hing dies mit den besonders schwierigen atmosphärischen Ausbreitungsbedingungen der Kurzwelle in der Polarzone zusammen.

Bis Kriegsende wurde die Wetterstation ‚Kurt' von den Kanadiern nicht entdeckt – die Existenz der Station blieb ihnen sogar bis 1981 verborgen. Ein deutscher Ingenieur der Firma Siemens stieß durch Zufall auf die alten technischen Unterlagen von ‚Kurt' und informierte das kanadische Verteidigungsministerium. Dieses sandte 1981 einen Suchtrupp aus, der auch die Wetterstation fand und die noch gut erhaltenen Teile barg. Neben dem Mercedes-Benz-Cabriolet von Hitler ist im ‚Canadian War Museum' in Ottawa nun auch diese automatische Wetterstation ‚Kurt' aus dem Zweiten Weltkrieg zu sehen.

Das Unterseeboot U 537 traf am 8. Dezember 1943 nach dieser gefährlichen Aktion wieder wohlbehalten in seinem Heimathafen Lorient im Golf von Biskaya ein. Am 25. März 1944 stach das Boot erneut in See, die Fahrt ging diesmal rund um Afrika und durch den Indischen Ozean nach Batavia auf Java, wo U 537 nach 131 Tagen auf See wohlbehalten ankam. Doch davon später.

Der Oberbefehlshaber der US-Seestreitkräfte, Flottenadmiral Ernest King, war – wie bereits gesagt – kein guter Stratege. Die ‚Operation Paukenschlag' traf ihn völlig unvorbereitet, da er es für ausgeschlossen gehalten hatte, dass deutsche U-Boote bis vor die Ostküste der Vereinigten Staaten vorzudringen vermochten. Auch Monate später traf er eine weitere grobe Fehlentscheidung, indem er gegenüber Großbritannien zunächst ablehnte, britische Geleitzüge, die kriegswichtiges Material transportierten, durch Schiffe der US-Navy schützen zu lassen.

Als die ersten fünf Boote der ‚Operation Paukenschlag' auf Heimatkurs gingen, um wieder vollzutanken und neue Torpedos zu laden, rollte schon eine zweite Welle deutscher U-Boote vor die Ostküste Nordamerikas. Dies waren nun kleinere Boote der Klasse IX, die nicht mehr alleine operieren konnten. Sie benötigten U-Versorgungsboote. Diese versorgten die kleineren Kampf-U-Boote mit neuem Treibstoff, Proviant und Ersatztorpedos. Ein Versorgungs-U-Boot konnte vierzehn Kampf-U-Boote im Einsatz mit 700 Tonnen Öl betanken. Die Einsatzzeiten der an der Ostküste Nordamerikas, in der Karibik und im Golf von Mexiko operierenden Boote konnte so um vier bis acht Wochen verlängert werden. Ohne nachzutanken hätten sie die Strecke von der Alten in die Neue Welt und zurück nicht bewältigen können.

Nun drangen auch Boote in den St. Lorenz-Strom in Kanada ein, in dem die Schiffskonvois mit lebensnotwendigen Gütern für Großbritannien zusammengestellt wurden. Das Ziel war, Großbritannien von der Versorgung abzuschneiden. Einhundert Kilometer tief im Feindesland versenkten die deutschen Boote viele britische und kanadische Frachtschiffe. Daraufhin wurde der St. Lorenz-Strom für den Schiffsverkehr gesperrt. Der kanadische Nachschub für Großbritannien kam fast zum Erliegen. Aufgrund dieses Desasters wurde die ‚Royal Canadian Navy' (RCN) von den Briten nun hämisch ‚Royal Collision Navy' genannt.

In den ersten sechs Monaten nach Beginn der ‚Operation Paukenschlag' wurden vor der Ostküste Amerikas und in der Karibik von den im Westen operierenden wenigen deutschen U-Booten ohne eigene Verluste 397 alliierte Handelsschiffe versenkt. Im Juni 1942 alleine waren es 127 Schiffe! Der US-amerikanische Marinehistoriker Michael Gannon schrieb 1990:

Die Zahlen [Anm. d. Verf.: der durch die Deutschen versenkten Schiffe] belegen eine der größten maritimen Katastrophen in der Geschichte und die schlimmste Niederlage, die die Vereinigten Staaten auf See erlitten haben. Für Deutschland war es die erfolgreichste U-Boot-Operation des gesamten Krieges. [...] Für Amerikas Hauptverbündeten Großbritannien erwiesen sich die Verluste als so gravierend, dass der Beitrag dieser von der Einfuhr abhängigen Inselnation zur Fortführung des Krieges zeitweise in Frage gestellt war.[148]

Bis Ende des Jahres waren über 1.000 feindliche Schiffe auf dem Meeresgrund des Atlantiks. Es war die schlimmste Niederlage der Alliierten. Amerikanische Logistiker stellten einen Vergleich an:

Um die gleichen Auswirkungen auf den Nachschub an Kriegsmaterial zu haben, müssten die Deutschen anstelle von zwei versenkten Frachtschiffen mit je 6.000 Bruttoregistertonnen, 3.000 Bomberflüge [Anm. d. Verf.: nach Großbritannien] unternehmen.

Durch diesen Vergleich sieht man, wie schwerwiegend die Verluste auf See für Großbritannien waren. Der von Dönitz geplante Überraschungsangriff war ohne Gegenwehr der US-Navy gelungen. Der Nachschub mit lebensnotwendigen und kriegswichtigen Gütern für Großbritannien war durch die Erfolge der U-Boote so gut wie unterbrochen. Großbritannien war jedoch von Importen aus Übersee abhängig. Annähernd waren weltweit 2.000

---

148 Gannon, *Operation Paukenschlag*, S. 403

Frachtschiffe für die Briten unterwegs. Mindestens 20 Schiffe mussten täglich Häfen im Vereinigten Königreich erreichen, damit das Land überleben konnte. Der St. Lorenz-Strom war für den Schiffsverkehr geschlossen worden. Großbritannien konnte nicht mehr lange durchhalten. Es sah so aus, als würden die Alliierten die Schlacht in Atlantik verlieren.

Admiral Dönitz wollte den Vorteil der deutschen Seeüberlegenheit im Atlantik, die durch die anfängliche Inkompetenz der US-Marine entstanden war, ausnutzen. Er wollte weitere 50 Boote an die amerikanische Küste schicken, um Großbritannien aus dem Krieg zu drängen. Aber trotz der Erfolge von ‚Operation Paukenschlag' vereitelte Hitler die Pläne von Dönitz, obwohl Hitler selbst von den Erfolgen der deutschen U-Boote überrascht war. Der Japanische Botschafter in Berlin, *Hiroshi Oshima*, kabelte die Worte Hitlers nach Tokyo:

Ich war selbst überrascht von den Erfolgen, die wir kürzlich entlang der amerikanischen Küste errungen haben. Die Amerikaner haben sich mit Großsprecherei begnügt und ihre Küste unbewacht gelassen.[149]

So konnte beispielsweise U 166 ungehindert das Mississippi-Delta verminen. Nachdem das Boot nach der Versenkung eines amerikanischen Passagierschiffes leichtsinnigerweise auftauchte, wurde es nur wenige Seemeilen vor New Orleans durch eine Wasserbombe versenkt.

Für das Versagen der amerikanischen Abwehr spricht auch der Eintrag des Kommandanten von U 123, Reinhard Hardegen, in sein Kriegstagebuch über die letzten Tage seiner zweiten Feindfahrt vor der Küste Floridas. Am 11. April 1942 sichtete er vor dem Jacksonville Beach in Florida den Tanker *Gulfamerica*. Dieser hatte 90.000 Barrel Öl geladen und war auf seiner Jungfernfahrt. Die *Gulfamerica* war eines der ersten amerikanischen Handelsschiffe, die mit einer Bordkanone ausgerüstet waren. Mit dem vorletzten Torpedo seiner zweiten Feindfahrt beschädigte Hardegen um 22:20 Uhr den Tanker schon erheblich, mit seiner Bordkanone gab er ihm noch den Todesstoß. Hardegen schrieb in sein Kriegstagebuch:

Das Ufer war wie von einem riesigen Blitzlicht in taghelles Licht getaucht, und man konnte sehen, wie die Menschen aus den Hotels, Wohnhäusern und Vergnügungsstätten strömten. Ein seltenes Schauspiel für alle Badegäste, die wohl gerade beim Abendessen sitzen. [...] Allen Badegästen hatten wir so auf Kosten Roosevelts eine eindrucksvolle Sondervorstellung gegeben. Ein brennender Tanker direkt vor der Nase, dazu noch Artilleriebeschuss, bei dem wir von Land für kurze Zeit deutlich als dunkle Silhouette vor dem brennenden Tanker standen – das wurde bis dahin selbst in Amerika den Badegästen nicht geboten.[150]

---

149 Gannon, *Operation Paukenschlag*, S. 347
150 Hardegen, *Auf Gefechtsstationen!*, S. 211

Nach der Versenkung der *Gulfamerica* suchte der Kommandant zunächst tiefere Gewässer auf See auf. Er musste bei nur 20 Metern Wassertiefe tauchen und wurde von einem Zerstörer mit sechs Wasserbomben angegriffen. U 123 wurde schwer beschädigt: einer der beiden Dieselmotoren war ausgefallen, ebenso ein Teil der Batterien. Außerdem war eine Propellerwelle verbogen und das Ruder beschädigt. Das Ruder und die Batterien konnten notdürftig wieder instand gesetzt werden.

Hardegen gab nicht auf. Nur zwei Tage später, am 13. April 1942, steuerte Hardegen mit nur einer Dieselmaschine und defekter Propellerwelle Kap Canaveral an. Er hatte noch den letzten Torpedo an Bord, und mit diesem wollte er seinen 50. Torpedoabschuss in seiner Karriere als U-Boot-Kommandant feiern. In Sichtweite des Leuchtturms von Kap Canaveral versenkte U 123 mit seinem letzten Torpedo den Frachter *SS Leslie*. Nun hieß es Kurs nach Osten, endlich heimwärts! Am 16. April 1942 traf U 123 im Atlantik auf den Frachter *SS Alcoa Guide*, der – da U 123 alle Torpedos verschossen hatte - mit der Bordkanone auf den Meeresgrund befördert wurde. Mit halber Kraft und defekter Propellerwelle lief U 123 am 2. Mai 1942 wieder in seinem Heimathafen Lorient ein.[151]

Trotz der großen Erfolge vor der Küste der USA schwächte Hitler die Position der U-Boote im Atlantik durch eine weitere gravierende Fehlentscheidung. Gegen den Einspruch von Admiral Dönitz verlegte Hitler U-Boote vom Atlantik in die Nordsee und verweigerte den Neubau der von Dönitz geforderten 300 neuen Boote. Hitler mochte wohl den Menschen Dönitz, aber er verachtete die Marine. Der britische Marinehistoriker Roskill war der gleichen Meinung wie Dönitz:

Die Schlagkraft der Offensive vor der amerikanischen Küste ließ zwangsläufig gerade in jener Zeit nach, als sie höchst erfolgreich war. [...] Die kleine Zahl [Anm. d. Verf.: von U-Booten] scheint ein entscheidender Faktor in der Atlantikschlacht gewesen zu sein.[152]

Nachdem sich das Blatt zunächst zu Gunsten des Deutschen Reichs gewendet hatte, trat eine plötzliche Wende ein. Trotz der großen Erfolge gab Hitler nur zögerlich grünes Licht für den Bau weiterer U-Boote. Als dann die U-Boot-Produktion auf Hochtouren lief und Dönitz fast täglich ein neues U-Boote in Dienst stellen konnte, war es schon zu spät. Die Trumpfkarte ‚Überraschung‘ war ausgespielt. Die Briten hatten durch neu entwickelte Radar- und Sonargeräte zur Aufspürung der deutschen U-Boote einen ge-

---

151 Gannon, *Operation Paukenschlag,* S. 387 u. 419
152 Roskill, *War at Sea,* Bd. 2, S. 101-104
    Gannon, *Operation Paukenschlag,* S. 318

waltigen Schritt nach vorne getan. Ab dem Spätsommer 1942 begann die Vernichtung der deutschen U-Boot-Flotte im Atlantik. Die Briten hatten ein neues 9-cm-Magnetron-Funkmessgerät H2S entwickelt. Diese kurzen Wellen konnten von den deutschen Metox-Warngeräten nicht mehr erfasst werden. Die Erforschung von Funkwellen unterhalb von 50 cm wurde in Deutschland schon kurz nach Kriegsbeginn eingestellt, da diese hochfrequenten Wellen als nicht brauchbar betrachtet wurden. Dies war eine grobe Fehleinschätzung, denn nun wurde Deutschland, das bisher führende Land in der Funkmesstechnik, von Großbritannien geschlagen. Deutsche Hochfrequenzspezialisten arbeiteten fieberhaft an einer Lösung des Problems. Laufend wurden neue Geräte mit klingenden Namen entwickelt wie Borkum, Naxos, Wanze, Fliege, Mücke, Gema oder Hagenuk, aber sie alle lösten das Problem nicht, da sie nur in einem Bereich mit längeren Wellen arbeiteten konnten.[153]

Selbst bei Dunkelheit konnten die Alliierten nun jedes deutsche U-Boot überraschen und vernichten. Von Mitte April bis Ende Mai 1943 überquerten 912 Frachter, Tanker und Truppentransporter der Alliierten den Atlantik. Davon versenkten die deutschen U-Boote 24 Schiffe, bei eigenen Verlusten von 27 Booten. Von Juni bis August 1943 wurden 74 deutsche U-Boote im Atlantik versenkt, während die Zahl der versenkten alliierten Schiffe rasant zurückging. Es wurde ein nicht mehr vertretbares Verhältnis.[154] Auch bei der Entschlüsselung des Funkverkehrs der deutschen U-Boote machten die Briten gewaltige Fortschritte.

In ,Bentchly Park', 80 Kilometer nordwestlich von London, gab es die ,Government Code and Cipher School', ein Zentrum des britischen Geheimdienstes. Hier saßen unzählige Marine-Helferinnen, um den Morse-Funkverkehr der deutschen U-Boote und der Versorgungsschiffe mit ihren Kurzwellenempfängern aufzufangen. Alle waren geschulte Funkerinnen mit großer Erfahrung. Anhand der ,Handschrift' eines jeden Morse-Funkers – die von Funker zu Funker minimal unterschiedlich ist – konnten sie die empfangenen Nachrichten fast immer einem bestimmten Boot zuordnen. Die Nachrichten selbst waren anfangs noch ziemlich wertlos, da man trotz größtem Einsatz ohne Erfolg an einer Dechiffrierung des Funkverkehrs arbeitete.

Erst als die Briten eine ENIGMA-Verschlüsselungsmaschine von Boot U 110 im Atlantik erbeutet hatten, zeigten sich Erfolge. Nun gelang es, nach und nach in den ENIGMA-Schlüssel einzubrechen, und die Briten bekamen einen Eindruck vom Inhalt des Funkverkehrs der Deutschen Kriegsmarine. Mit der Zeit wurden dann die Einsatzpläne, die Koordinaten und die

---

153 Terraine, *The U-Boat Wars,* S. 459
154 Brennecke, *Jäger - Gejagte,* S. 237ff

Bewegungen der U-Boote bekannt. Diese Informationen wurden täglich an die US-Marine weitergeleitet, die aber zunächst nur wenig daraus machte. Aber im Endeffekt hat die Beute der Chiffriermaschine und die Entschlüsselung der deutschen Funksprüche das weitere Kriegsgeschehen bis Kriegsende einschneidend beeinflusst. Nun konnten die Alliierten der deutschen Flotte noch mehr Verluste zufügen.

Aber auch die deutschen Entschlüsselungsexperten konnten große Erfolge bei der Decodierung der Funksprüche der Alliierten vorweisen. Zum Beispiel war es Deutschland bereits ab 1940/41 möglich, die verschlüsselten Gespräche zwischen Präsident Roosevelt und Premierminister Churchill zu entschlüsseln und mitzuhören.[155]

Schon im Ersten Weltkrieg wurde mit SONAR-Geräten ohne allzu große Erfolge experimentiert. SONAR (Sound Navigation and Ranging) wurde zur Ortung und Lokalisierung von U-Booten unter Wasser verwendet. Aber nun, im Laufe des Zweiten Weltkriegs, waren die Geräte aus Großbritannien ausgereift und konnten effektiv eingesetzt werden. Mit ihnen konnten die U-Boot-Jäger selbst bei Nacht Kontakt zu den deutschen U-Booten halten und sie bis zu ihrer Vernichtung verfolgen.

Ab Ende 1942 ergab sich auch bei den Konvois, die teilweise 30 und mehr Frachtschiffe umfassten, eine veränderte Situation. Nun wurden die Konvois durch Kriegsschiffe und Flugzeuge geschützt. Dönitz setzte sogenannte ‚Wolfsrudel' ein, Gruppen von zehn und mehr U-Booten, die gleichzeitig einen Geleitzug angriffen. Aber mit SONAR und Radar waren die Alliierten nun erstmals in der Lage, die deutschen U-Boote zu orten und zu verfolgen. Eine vernichtende Jagd auf die U-Boote begann. Die deutschen U-Boote konnten zwar immer noch großen Schaden anrichten, aber die eigenen Verluste durch neuartige Wasserbomben der Alliierten waren nun enorm. Nachdem in den USA die ‚Liberty-Schiffe' wie am Fließband gefertigt wurden, wurden weit mehr Schiffe produziert als die U-Boote versenken konnten. Durch eine Fertigbauweise konnte ein ‚Liberty-Schiff' nur 10 Tage nach Kiellegung vom Stapel laufen. Die Zahl der versenkten alliierten Schiffe wurde von Woche zu Woche geringer, die Zahl der versenkten U-Boote stieg dagegen rapide an. Die See-Schlacht im Atlantik war verloren!

Dies war ein kurzer Abriss des schrecklichen Seekrieges im Atlantik, dem im Zweiten Weltkrieg mehr als 3.000 Schiffe der Alliierten mit 36.000 Matrosen und Offiziere zum Opfer fielen. Während desselben Zeitraums verlor Deutschland 32.000 Mann der U-Boot-Besatzungen.

---

155 Bartolomew Lee, *KV6LEE – WP2DLT, Radio Spies: Episodes in the Ether Wars*, S. 58
www.scribd.com/doc/92110767/Intelligence-Analysis

Die Operationen deutscher U-Boote im Indischen Ozean und in den Gewässern von Niederländisch-Indien waren unter militärischen Gesichtspunkten weit weniger spektakulär. Diese Einsätze waren jedoch durch die langen Anmarschwege, die schwierige Logistik und die Gefahren durch das unbekannte Terrain mit Monsun und tropischem Klima ohne zuverlässige Wetterdaten viel abenteuerlicher und eindrucksvoller. Hinzu kamen noch die sprachlichen Barrieren im Einsatzgebiet.

Es gab wohl eine intensive Kriegsberichterstattung von der Ost- und Westfront, vom Seekrieg im Atlantik oder von General Rommel in Nordafrika. Aber es gab so gut wie keine aus Südost-Asien.

12. Handelsschiffe und Prisen als Blockadebrecher

Bei Kriegsausbruch am 1. September 1939 waren 858 deutsche Handelsschiffe auf den Weltmeeren unterwegs. Davon waren etwa 19 in Niederländisch-Indien und 14 in Japan und anderen Ländern Ostasiens, wie in der japanisch besetzten Mandschurei. Plötzlich standen all diese Handelsschiffe, deren Kapitäne keine militärische Ausbildung hatten, vor einer völlig neuen Situation.

Zwischen Südost-Asien und Europa herrschte bis zum Kriegsausbruch ein reger und regelmäßiger Passagier- und Frachtverkehr der Hamburg-Amerika Linie HAPAG und der Norddeutschen Lloyd Far East Express NDLFEE. In Anzeigen der *Deutschen Wacht* in Batavia wurden die nächsten Abfahrten regelmäßig angekündigt. Es waren moderne Tropenschiffe mit Bars, Teeräumen, Kinos, Sportdecks und offenen Schwimmbädern. Die General-Agentur für Niederländisch-Indien hatte Wm. H. Müller & Co. in Batavia.

Abfahrten ab Batavia waren in der Regel alle 14 Tage mit den Schiffen *Heidelberg, Karnak, Freiburg, Kurmark, Menes* und *Uckermark*. Ab Singapur fuhren die Schiffe *Duisburg, Sauerland, Leverkusen, Burgenland* und *Oldenburg* meist noch öfter. Die Schnelldampfer *Potsdam, Gneisenau* und *Scharnhorst*[156] der NDLFEE-Linie fuhren in nur 15 Tagen von Singapur nach Genua. Nach Southampton und Bremerhaven fuhren die Schnelldampfer gut eine Woche länger.

Die erstklassigen Schnelldampfer des Norddeutschen Lloyd Far East Express waren wegen der Schnelligkeit und dem exzellenten Service an Bord auch bei den Briten sehr beliebt. Mit ihnen konnten sie schnell in ihre Kolonien in Asien gelangen. Daher legten diese Schiffe beim Auslaufen nach Ostasien und bei ihrer Rückkehr auch in Southampton an.

Herr Günther Fust war in den 1930er Jahren Vertreter der IG-Farben in China. Schon in den 1960er Jahren lernte ich ihn in Indonesien kennen. Hier war er der erste Delegierte der Firma Hoechst in Indonesien. Nach seiner Pensionierung verbrachte er ab Mitte der 1960er Jahre seinen Ruhestand auf der Insel Kaliageh in der Bucht von Jakarta, wo ich ihn in den 1960er und 70er Jahren regelmäßig mit meinem Boot besuchte und ihm Post und Proviant brachte.[157] Oft und gerne erzählte er von seiner abenteuerlichen

---

156 Hier handelt es sich um das Passagierschiff Scharnhorst. Das Schlachtschiff Scharnhorst wurde im Januar 1939 in Dienst gestellt und im Dezember 1943 im Nordatlantik versenkt
157 Geerken, *Der Ruf des Geckos*, S. 307ff

Zeit in China. Meist saßen wir lange bei einem kühlen Cocktail oder Bier in der lauen Tropennacht in seinem Inselparadies.

Herr Fust fuhr 1937 zu seinem Heimaturlaub mit der *Gneisenau* von Shanghai nach Bremerhaven. In seinem Tagebuch beschreibt er ausführlich seine Rückreise nach Hongkong mit der *Scharnhorst*.[158] Daher will ich hier kurz von dem Luxus, den dieses Schiff bot, berichten: Am 7. Februar 1938 legte die *Scharnhorst* in Bremerhaven ab. Das Schiff mit seinen 199 Metern Länge, mit seinem modernen turbo-elektrischen Antrieb, dem schwarzen Rumpf mit den weißen Aufbauten und dem strahlend gelben Schornstein war Aufsehen erregend. Herr Fust war begeistert von der modern eingerichteten blitzsauberen Kabine mit Telefon, von dem weiß gekachelten Badezimmer und von der großen Halle mit den breiten Fenstern. Alles blitzte vor Sauberkeit. Natürlich gab es ein Sonnendeck mit Schwimmbad, ein Sportdeck, einen Kinosaal, mehrere Bars, Konzerte und Tanz.

Schon um 6:30 Uhr gab es ein erstes kleines Frühstück. Beim Hauptfrühstück um 8:00 Uhr gab es eine lange Speisekarte mit allem, was das Herz begehrte: Obst, Brötchen, Eier, Schinken, Kaffee aus Guatemala, aus Costa Rica, aus Java oder Sumatra. Wer die Wahl hatte, hatte auch die Qual. Ein drittes kleines Frühstück gab es um 11:00 Uhr, dann folgte Lunch um 14:00 Uhr. Den Nachmittagstee gab es um 17:00 Uhr in der Laube, und das lukullische Dinner, zu dem die Damen in rauschenden Abendkleidern und die Herren im Smoking erschienen, wurde um 20:00 Uhr serviert. Die zuvorkommenden Stewards bedienten in Frack und weißen Handschuhen. Es war ein elegantes Leben an Bord der deutschen Schnelldampfers des Norddeutschen Lloyds, mit einem Service, der Ende der 1930er Jahre auf den Weltmeeren einmalig war.

Nach Southampton und Genua ging es durch den Suezkanal. Suez war in der Frage der Abendgarderobe ein Wendepunkt. Trug man bisher einen schwarzen Gesellschaftsanzug, so trug man in den Tropen ab Suez nur noch Weiß, auch die Mannschaft und die Stewards. Bei den männlichen Passagieren war nun anstelle eines schwarzen Smoking-Jacketts ein weißes 'Dinnerjacket' gefragt. Auf den Linienschiffen herrschten damals strenge Regeln!

Vor und nach den Mahlzeiten vergnügte man sich an einer der Bars mit einem Glas Champagner oder einem Cocktail. Ab Suez wurde schon der von Batavia bis Shanghai übliche Cocktail 'Gimlet' genossen. Eine Sektschale wurde halb mit Gin und halb Limettensaft gefüllt und mit viel Eis, Zucker und einer Zitronenscheibe serviert.

Der große Hit der damaligen Zeit war allerdings der 'Black Velvet'. Es war eine Mischung aus Champagner mit Stout, dem tiefschwarzen süßlichen

---

158 Fust, Günther: Kurze Zusammenfassung aus dem Tagebuch

englischen Bier. Diese ungewöhnliche Mischung tranken nicht nur die Briten an Bord, auch Herr Fust und die andern Deutschen langten kräftig zu.

Nach Colombo, Singapur und Manila legte die *Scharnhorst* am 10. März 1938 in Hongkong an. Vor dem Hafen lag das havarierte japanische Schiff *Asama Maru,* das im September 1937 bei einem Taifun auf die Felsen geworfen worden war. Das Schiff wurde repariert und brachte im Juli 1941 – wie ich bereits berichtet habe – Hunderte deutsche Frauen und Kinder von Niederländisch-Indien nach China und Japan.

Die *Scharnhorst* setzte ihre Reise über Shanghai nach Yokohama oder Kobe fort, bevor sie wieder auf derselben Route die Rückreise nach Bremerhaven antrat. Für Herrn Fust war die Reise in Hongkong zu Ende. Für ihn war nach dem Luxus und Überfluss auf dem Schiff der Alltag in China ein Schock. Auf der *Scharnhorst* herrschte Friede, aber China war bereits Kriegsgebiet, und in Deutschland lag auch schon eine Ahnung von Krieg in der Luft.

Drei oder vier Tage vor Kriegsausbruch erhielten die Kapitäne aller Schiffe auf den Weltmeeren einen Funkspruch, dass sie ab sofort nicht mehr ihrer Reederei, sondern dem Reichs-Verkehrsministerium unterstellt wären. Alle weiteren Befehle würden nun von dort kommen. Das waren:

1. sofort und so schnell wie möglich heimatliche Gewässer ansteuern,
2. falls Punkt 1 nicht möglich, sofort einen neutralen Hafen anlaufen, damit das Schiff mit seiner Ladung nicht in feindliche Hände fallen würde,
3. falls Punkt 1 und 2 nicht möglich, Schiff durch Öffnen der Flutventile oder Sprengladungen vernichten. Das Schiff dürfe keinesfalls intakt als Prise [Anm. d. Verf.: als Beute durch Kaperung] dem Feind in die Hände fallen.

Viele dieser Schiffe kehrten innerhalb der nächsten Monate unbehelligt nach Deutschland zurück. Andere suchten neutrale Häfen auf und wurden im Laufe des Krieges als Versorgungsschiffe, zum Beispiel für U-Boote, oder als Blockadebrecher eingesetzt. Ein Teil der Schiffe wurde von der eigenen Besatzung versenkt, um einer Kaperung durch den Gegner zuvorzukommen. Nach Kriegsende gab es große Diskussionen darüber, dass besonders Großbritannien, aber auch die USA entgegen geltendem See- und Kriegsrecht deutsche Handelsschiffe in neutralen Gewässern angegriffen und auch gekapert hätten.

Ein Beispiel dafür ist der Frachter *Franken* des Norddeutschen Lloyd, der am 6. September 1939, also nur wenige Tage nach Kriegsbeginn, innerhalb von 1,5 Seemeilen entlang der Westküste Sumatras fuhr. Da sich zu jener

Zeit Niederländisch-Indien noch nicht den Alliierten angeschlossen hatte, fuhr die *Franken* in neutralen niederländisch-indischen Hoheitsgewässern.

Ein britisches Flugzeug warf Wasserbomben, um die *Franken* ins offene Meer zu zwingen. Der Kapitän der *Franken* ging mit voller Kraft bis auf 500 Meter an die Küste heran. Unter dem Kiel des Schiffes war nun weniger als 1 Meter Wasser. Nun jagte auch noch ein britischer Zerstörer die *Franken* innerhalb der neutralen Gewässer, konnte aber wegen seinem größeren Tiefgang der *Franken* nicht folgen. Obwohl die Geschützrohre des Zerstörers drohend auf die *Franken* ausgerichtet waren, fuhr der Kapitän unbeirrt weiter. Erst als der rettende Hafen Padang in Sicht kam, ließen die Briten von dem Schiff ab.

Nach Kriegsbeginn bot sich monatelang keine Gelegenheit für einen Ausbruchversuch der *Franken*, um nach Japan zu entkommen. Als am 10. Mai 1940 der Einmarsch der deutschen Wehrmacht in die Niederlande begann, übernahm ein Kommando des niederländischen Kreuzers *Java* das Schiff. Die deutsche Mannschaft wurde interniert, das Schiff in *Wangiwangi* umbenannt und von Niederländisch-Indien wieder in Dienst gestellt. Ein Jahr später wurde die *Wangiwangi* von einem deutschen U-Boot im Atlantik versenkt.

In Japan und China lagen bei Kriegsausbruch die folgenden deutschen Schiffe:

Yokohama: *MS Regensburg, MS Elbe, MS Odenwald* und *MS Spreewald*
Nagasaki: *MS Anneliese Essberger* und *MS Else Essberger*
Kobe: *MS Burgenland, MS Kulmerland, MS Münsterland*, der *Schnelldampfer Scharnhorst, SS R.C. Rickmers* und *SS Ursula Rickmers*
Dairen/ Mandschukuo: *SS Havenstein*
Shanghai: *MS Ramses*, die später nach Kobe überführt wurde.[159]

Die deutschen Frachtschiffe, die sich bei Kriegsausbruch – als die Niederlande und Niederländisch-Indien noch neutral waren – in den Häfen von Niederländisch-Indien befanden, wurden umbenannt und fuhren danach, meist mit malaiischen Namen, als Blockadebrecher nach Deutschland zurück. So liefen die Schiffe *MS Wuppertal* als *Noesaniwa*, die *MS Kassel* als *Mendanan*, die *MS Bitterfeld* als *Mariso*, die *MS Essen* als *Ferkulei* und die *Monie Rickmers* als *Salando* mit Fracht wieder in Richtung Deutschland aus. Die *MS Wasgenwald* ist als *Sumbilaanga* aus dem Hafen Sabang vor der Nordspitze Sumatras nach Europa ausgelaufen. Die *MS Sophie Rickmers* wurde in unmittelbarer Nähe des Hafens von Sabang versenkt.[160]

---

159 Brennecke, *Schwarze Schiffe – Weite See*, S. 126 u. 176
160 AA, R 29.680/740, 84695f, geheimes Telegramm aus Niederländisch-Indien vom 17. 11.42

Die deutschen Schiffe, die nach Ausbruch des Zweiten Weltkriegs in den Häfen von Niederländisch-Indien lagen, mussten wohl mit Repressalien, Schikanen und verzögerter Abfertigung durch die Kolonial-Niederländer rechnen, aber erst nach der Besetzung ihres Heimatlandes durch die deutsche Wehrmacht und nach Erhalt des Codewortes ‚Berlijn' wurden die deutschen Schiffe an die Kette gelegt. Die Frachtschiffe wurden konfisziert und liefen, falls ein Ausbruch nicht gelang, unter niederländischer Flagge weiter.

Dairen (heute: Dalian) war schon damals, während der Herrschaft Japans über Mandschukuo (heute: Mandschurei) von 1905 bis 1945, ein bedeutender Hafen. Während der russischen Besetzung von 1898 bis 1905 hieß die Stadt Dalny. Die Mandschurei hat bedeutende Erzvorkommen und in Dairen selbst, mit seinen ausgedehnten Hafenanlagen, gab es eine große chemische Industrie und Anlagen für den Maschinenbau.

Die deutschen Handelsschiffe brachten hauptsächlich Maschinen und Maschinenteile nach Dairen, wie mehrere riesige 85 Tonnen schwere Transformatoren für die Ausrüstung einer dort im Aufbau befindlichen Aluminiumfabrik. Der Hilfskreuzer *Kormoran* brachte für diese Aluminiumfabrik ein komplettes von der AEG gefertigtes Kraftwerk nach Dairen, dessen Generator alleine 90 Tonnen wog.

Dairen, wo bei Kriegsausbruch nur die deutsche *SS Havenstein* lag, war während der japanischen Herrschaft über Mandschukuo ein beliebter Hafen für deutsche Handelsschiffe und Umschlagplatz für deutsche Waren. Es hatte einen großen Hafen am Pazifik nahe der koreanischen Grenze, und war nur rund 1.000 Seemeilen von den japanischen Häfen entfernt.[161]

Noch während der ersten Kriegsjahre wurden in Dairen deutsche Schiffe für den Rückweg nach Deutschland mit chemischen Produkten und verschiedenen Erzen, wie Mangan- oder Chromerz, beladen. In Japan selbst bestand die Fracht für Deutschland aus Walöl, Kautschuk, Zinn und Kupfer. Auch japanisches Kriegsmaterial wurde über Dairen nach Deutschland geliefert, zum Beispiel japanische Lufttorpedos, die von Flugzeugen auf feindliche Schiffe abgeworfen werden konnten. Lebensmittel, wie Kaffee, Tee, Eipulver, Muskatnüsse, Kokosöl und Erdnüsse wurde von dort als Fracht nach Deutschland verladen. Bis zum Angriff auf Pearl Harbour kaufte Japan mehrmals die tropischen Produkte für Deutschland in Niederländisch-Indien ein, da deutsche Schiffe nach dem Einmarsch deutscher Truppen in die Niederlande in Niederländisch-Indien nicht mehr anlanden konnten.

Die Ladung der Schiffe wurde von dem seit 1940 an der Deutschen Botschaft in Tokyo stationierten Marineattaché Wenneker über in Japan ansässige deutsche Handelsfirmen, die überall in Fernost ihre Niederlassungen

---

161 Brennecke, *Schwarze Schiffe – Weite See*, S. 12

hatten, organisiert. Die Aufgaben in Zusammenhang mit den vielen Blockadebrechern wurden im Laufe der Zeit für den Marineattaché Wenneker zu umfangreich. Kapitän Vermehren wurde als Passagier der *MS Dresden* nach Tokyo entsandt, um dort als Leiter des Marine-Sonderdienstes MSD alle mit den Blockadebrechern zusammenhängenden Arbeiten, wie Ankauf von Rohstoffen durch die ‚Deutsche Wirtschaftdelegation‘ und Verteilung der Ladung auf die verschiedenen Schiffe, abzuwickeln.

Schon immer herrschte ein reger Handelsaustausch zwischen Japan und Deutschland. Dabei war die Seeverbindung immer zweitrangig gewesen. Die Hauptschlagader für den Warenaustausch war – bis zum Einmarsch der Deutschen Wehrmacht in die Sowjetunion – die um einiges schnellere Transsibirische Eisenbahn.

Die Verluste der deutschen Frachtschiffe, die während des Krieges immer dringender benötigte Rohstoffe aus Japan und Südost-Asien nach Deutschland bringen sollten, wurden immer größer. Zum Beispiel wurden bei der Rückfahrt nach Deutschland die *MS Elbe* versenkt, die *MS Odenwald* wurde gekapert und die *MS Ramses* musste wegen Beschädigung zurück nach Kobe gebracht werden. Der Blockadebrecher *MS Spreewald* fuhr getarnt als britischer *Blue Funnel Liner*. Das Schiff wurde von dem deutschen U-Boot U 333 für ein britisches Schiff gehalten und versehentlich versenkt.

Die Erkennung der eigenen Schiffe war für die deutschen U-Boote oft schwierig, da die deutschen Blockadebrecher Funkverbot hatten und während einer Fahrt oft mehrmals ihre Identität und den Anstrich änderten. Um die Chance, einem gegnerischen Schiff zu begegnen, möglichst gering zu halten, waren die deutschen Blockadebrecher – abseits der üblichen Seewege – alleine auf den Weltmeeren unterwegs. Sie fuhren meist unter fremder Flagge, dem Union Jack oder dem Sternenbanner. Nur die schnellsten Schiffe wurden mit ihrer wertvollen Ladung von Fernost nach Deutschland eingesetzt. Sie mussten mindestens 15 Knoten schnell sein.

Diese Handelsschiffe hatten keine Bewaffnung an Bord. Um einem eventuellen feindlichen Schiff ausweichen zu können, wurden die Ausguckstationen mehrfach besetzt. Wer zuerst sah, konnte auch zuerst handeln! Daher wurden auf den äußersten Mastspitzen noch zusätzliche, ziemlich ungemütliche, Ausgucktonnen angebracht.

Trotz vieler Verluste überwogen zunächst die Erfolge. Bevor Japan in den Krieg eintrat, wurden die Handelsschiffe fast ausnahmslos über den Süd-Pazifik und Kap Horn nach Deutschland geleitet. Die Fahrt der Blockadebrecher war nicht einfach. Sie mussten alle Klimazonen durchfahren. Die Schiffe fuhren im japanischen Winter ab, um auch im Nordatlantik – der von gegnerischen Schiffen wimmelte – schlechtes Wetter anzutreffen. Sie kamen durch die Tropen des Pazifiks und überquerten den Äquator, bevor sie die stürmisch kalte See um Kap Horn erreichten. Dann überquerten sie wieder den Äquator im Atlantik, bevor sie im stürmischen und eisigen Nordatlantik mit Orkanwinden und dichten Nebelbänken endlich heimische Gewässer erreichten.

Die durch die deutsche Kriegsmarine gekaperten Handelsschiffe der deutschen Kriegsgegner waren besonders wertvoll. Meist wurde nur der Schiffsname geändert und das Schiff operierte unerkannt weiter. Gute Beispiele für die Kaperung von Prisen sind der Hilfskreuzer *Pinguin* und der Minenleger *Passat*, deren Einsätze im Kapitel über Operationen vor Australien und Neuseeland im zweiten Teil des Buches beschrieben werden.

Ein ganz unverdächtiges Schiff war die von den Deutschen gekaperte britische Prise *Speybank*, da sie ihren drei Schwesterschiffen bis ins Detail glich. Die *Speybank* fuhr mit deutscher Besatzung unter immer wieder wechselnden Namen der Schwesterschiffe *Levernbank, Doggerbank* und *Inverbank* als Minenleger und Versorgungsschiff unter britischer Flagge weiter. Der deutsche Kapitän hatte den Auftrag, die Gewässer vor dem Kap der Guten Hoffnung zu verminen und deutsche U-Boote im Indischen Ozean mit Treibstoff und Proviant zu versorgen. Selbst von britischen Flugzeugen und dem britischen Zerstörer *HMS Cheshire* wurde die Täuschung nicht erkannt. Nachdem die Aufträge vor Südafrika und im Indischen Ozean erledigt waren, passierte das Schiff unter britischer Flagge erneut das von den Briten scharf beobachtete Kap der Guten Hoffnung.

Die durch die Prise verminten Gewässer vor Südafrika machten den Briten wegen der WS-Convoys (Winston's Special Convoys) große Sorgen. Diese WS-Convoys waren mit der *Queen Mary*, der *Queen Elizabeth* und der *Aquitana* alles Luxusliner der britischen Linienschifffahrt, die die Route um das Kap als Truppentransporter befuhren. Durch die Wasserminen vor Südafrika wurde ein Schiff versenkt und drei weitere schwer beschädigt.

13. Okkupation Südost-Asiens durch Japan

Japan beobachtete schon seit langem mit Missbehagen, wie Europäer und Amerikaner sich in Ost- und Südost-Asien niederließen und ihren Einflussbereich immer weiter ausdehnten. Die US-Amerikaner saßen fest auf den Philippinen und östlich davon auf der Insel Guam im Pazifik. Sie bauten dort immer größere Marine- und Luftstützpunkte. Die Briten waren in Birma, Malaya, West-Borneo und Singapur, die Franzosen saßen in Indochina und die Holländer in Niederländisch-Indien.

Japan hatte zum Ziel, die weiße Kolonialherrschaft in Asien zu beenden. Die Völker Asiens sollten ihr Schicksal in die eigenen Hände nehmen. ‚Asien den Asiaten' war Japans Schlagwort! Japan plante und verkündete eine ‚Großasiatische Wohlstandssphäre', eine ‚Co-Prosperity-Sphere' (*Daitoua Kyoueiken*), auf der Grundlage von Gleichberechtigung und Selbstbestimmung der Länder. Selbstverständlich hatte Japan nicht nur selbstlose Ziele im Sinn, es strebte ein großasiatisches Reich unter der eigenen Führung an. Die annektierten Länder sollten ‚Kleine Brüder' Japans werden, so wie Hitler ein neues Europa unter deutscher Herrschaft plante.

Aufgrund Japans jahrhundertelanger Isolierung und seiner Insellage betrachteten sich die Japaner als ‚reine Rasse' und glaubten, dadurch eine privilegierte Nation mit – wie auch Hitler von den Deutschen sagte – ‚Herrenmenschen' zu sein. Sie sahen es als eine höhere Aufgabe an, die Länder Ost- und Südost-Asiens anzuführen.

Bereits im Februar 1940 veröffentlichte *Takeja Fushimi* in Tokyo seinen ‚Plan der erzieherischen Mobilisation', der an die asiatischen Völker gerichtet war:

Wir wollen Euch aus Euren europäischen und amerikanischen Fesseln befreien und Euch eine eigene Geschichte geben, mit dem Kaiserlichen Nippon als Mittelpunkt und dem Mythos von einer neuen Welt, die auf Shinto, dem Weg der Götter basiert.[162]

Aber ‚Asien den Asiaten' sah bisher nicht sehr friedlich aus. Nicht nur westliche Mächte stritten sich um ihren Anteil an den rohstoffreichen Ländern, auch Japan. Jeder versuchte ein möglichst großes Stück des lukrativen Kuchens abzubekommen, auch mit Gewalt.

Bereits seit Jahren führte Japan Krieg mit seinen unmittelbaren Nachbarn. In Anlage 3 ist der Bericht *Die weltpolitische Bedeutung des Feldzuges*

---

162 Eckert-Rotholz, *Wo Tränen verboten sind*, S. 227

Abb. 38
Der Kuchen China wird unter Königen und Kaiser aufgeteilt. Französische Karikatur
von 1898, En Chine – Le Gâteau des Rois et des Empereurs.
Von links: Königin Victoria des Vereinigten Königreichs, der deutsche Kaiser Wilhelm II,
Nikolas II aus Russland, die französische ‚Marianne', Japans Kaiser der Meijing-Periode

der Japaner im Fernen Osten' von Professor Dr. Karl Hausdorfer vom 14. Februar 1939 aus der *Deutschen Wacht* zu finden. Darin schreibt Dr. Haushofer:

Zuletzt gibt es in Ostasien nur noch eine offene Tür, durch die wir alle [Anm. d. Verf.: die Kolonialherren] hinausfliegen – wenn wir Glück haben, noch mit Sack und Pack. Wenn wir keins mehr haben, mit dem nackten Leben oder ohne dieses letzte Handelsgut.

Wie richtig sich diese Prophezeiung noch erweisen sollte!

Die Mandschurei mit ihren beachtlichen Bodenschätzen fiel 1904 im russisch-japanischen Krieg zurück an China, blieb aber unter starkem Einfluss Japans, das plante, die dort vorkommenden Rohstoffe auszubeuten. 1931 überfiel Japan erneut die Mandschurei, und ab 1936 wurde das Land als ‚Japanisches Kaiserreich Mandschukuo' (*Manshu teikoku*) praktisch Japan angegliedert. Der wirtschaftliche Aufschwung Mandschukuos während der japanischen Periode war enorm.

Ein großer Teil Chinas, das National-China mit der Hauptstadt Nanking (heute: Nanjing), war schon seit dem 2. Japanisch-Chinesischen Krieg im Jahre 1937 von Japan besetzt. Tientsin (heute: Tianjin in Nordchina) am *Pei-ho*-Fluss war ab 1938 in japanischer Hand. Seit 1860 war Tientsin ein offener Handelsplatz mit einem bedeutenden Hafen. Acht ausländische Nationen, darunter Großbritannien, Frankreich, Russland, Japan und Deutschland, hatten Konzessionen in der Stadt, die praktisch Protektorate der europäischen Fremdmächte waren. Da auch Deutschland in Tientsin eine Konzession hatte und bereits viele Deutsche dort ansässig waren, zog es die deutschen Frauen und Kinder, die aus Niederländisch-Indien ausgewiesen wurden und die 1941 in Shanghai von dem japanischen Dampfer *Asama Maru* an Land gesetzt wurden, dorthin. An der ‚Kaiser-Wilhelm-Straße' ist das Gebäude des 1907 erbauten ‚Deutschen Clubs Concordia' bis heute erhalten.

Nach den blutigen Auseinandersetzungen zwischen Japan und China in den Jahren 1937 und 1938 war die Situation wieder beruhigt. Das Deutsche Reich hatte enge und freundschaftliche Kontakte zu National-China unter der Regierung von Wang Jingwei, und war in Nanjing durch einen Botschafter vertreten. Bis Ende 1942 waren dies Heinrich Georg Stahmer und danach Dr. Ernst Woermann.

Dass die freundlichen Beziehungen zwischen National-China und Deutschland, trotz der Besetzung durch den Bündnispartner Japan, auf chinesischen Wunsch weiter ausgebaut werden sollten, zeigt ein Privatbrief vom 7. August

1940 von der Außenstelle der Deutschen Botschaft in Chungking an den *Geheimrat Walther Hewel* im Auswärtigen Amt, Berlin. Der Brief lautet:

Lieber Parteigenosse Hewel!

Dieser Brief soll Herrn Chi Tsun bei Ihnen einführen. Herr Chi ist ein enger Vertrauter des Marschalls Chiang Kai-shek und ist von ihm jetzt mit einem Sonderauftrag nach Deutschland geschickt worden.

Es ist der dringende Wunsch Chiang Kai-sheks, mit Deutschland wieder in engere Beziehung zu treten, und Herr Chi ist nach Deutschland gesandt worden, um die Möglichkeiten dafür zu erforschen, führenden Persönlichkeiten des Reiches den Standpunkt des chinesischen Marschalls klar zu machen und vor allem zu versuchen, das Interesse des Führers an China zu wecken und wenn möglich eine persönliche Verbindung zwischen dem Führer und Marschall Chiang Kai-shek herzustellen.

Herr Chi will vor allen Dingen in Berlin klarlegen, welche entscheidende Rolle das Reich nach der siegreichen Beendigung des Krieges in Europa, bei der Beilegung des fernöstlichen Konfliktes und der Wiederherstellung geordneter Verhältnisse in Ostasien spielen kann.

Ich empfehle Ihnen Herrn Chi deshalb, weil er seit Jahren für den näheren Anschluss Chinas an Deutschland kämpft und der Hauptvertreter der hiesigen, hauptsächlich im Offizierskorps vertretenen Richtung ist, die auch ideologisch der Abhängigkeit von Amerika ein Ende bereiten will. [...]Hören Sie bitte Herrn Chi einmal an und bringen Sie ihn, wenn es Ihnen richtig erscheint, auch zum Reichsaußenminister.

Mit herzlichen Grüßen und Heil Hitler! bin ich Ihr [gez. unleserlich] [163]

Abb. 39
Der Chef der mit Japan kollaborierenden chinesischen Regierung, Wang Jingwei und der Deutsche Botschafter Stahmer toasten sich 1941 zu. Links neben der deutschen Fahne die Fahne der Republik China, da der mit Japan kollaborierende Wang für sich in Anspruch nahm, ganz China zu vertreten.

---

163 AA, Handakte Hewel 5, R 27473, Dokument 373238

Da zum Zeitpunkt des Briefes die Leitung der Außenstelle in Chungking bereits an Leopold Baron von Plessen[164] übergeben war, kann dieses Schreiben nur von ihm selbst oder seinem Stellvertreter stammen. Der Ton des Briefes lässt vermuten, dass der Schreiber mit Hewel befreundet war.

In den 1930er Jahren schwankte das Deutsche Reich zunächst zwischen einer Allianz mit China oder Japan. Da Deutschland für die Aufrüstung dringend Rohstoffe aus China benötigte, unterstützte Hitler Marschall *Chiang Kai-shek,* den Gegenspieler des Kommunisten *Mao Zedong,* mit militärischem Material und vielen Beratern. Zum Beispiel entsandte das Deutsche Reich viele Militärausbilder und -berater zu *Chiang Kai-shek,* etwa Hans von Seeckt (Generaloberst und zuvor Chef der Heeresleitung der Reichswehr) und Alexander Freiherr von Falkenhausen (General der Infanterie). Selbst die Uniformen und Stahlhelme der *Kuomintang*-Soldaten waren denen der Deutschen Wehrmacht nachempfunden. Es wurden sogar deutsche Kampfflugzeuge geliefert. Da es kaum ausgebildete chinesische Piloten gab, stellten die Russen Piloten und Flugzeugmonteure zur Verfügung. Die Russen hatten bereits einen Flugplatz in Hankow, und sie übernahmen mehr oder weniger die chinesische Luftwaffe in eigener Regie.

Gleichzeitig warb die in den USA aufgewachsene politisch sehr aktive zweite Ehefrau *Chiang Kai-sheks, Song Meiling,* in den USA für eine militärische Unterstützung beim Kampf gegen die Kommunisten. Bis zu den Roosevelts hinauf hatte sie dort exzellente Kontakte.

Zum Zeitpunkt des zuvor genannten Briefes bestand die Unterstützung des Deutschen Reichs für *Chiang Kai-shek* allerdings schon

Abb. 40
2-Dollar-Briefmarke von 1945, Chiang kai-shek mit Flagge der Republik China

---

164 zuvor Deutscher Konsul in Surabaya

nicht mehr. Da Japan heftig monierte, wurde die Hilfe für China durch die Deutsche Militärmission 1938 beendet. Außerdem hatte sich der deutsche Außenminister Joachim von Ribbentrop ideologisch eher Japan zugewandt.

Obwohl die Expansion der Japaner im Osten und der Deutschen im Westen bereits zum Stillstand kam und ein Ende des Krieges bereits abzusehen war, erklärte National-China unter Wang Jingwei noch am 9. Januar 1942 den Alliierten den Krieg.

In Shanghai wurden ab Anfang 1940 ein Kurzwellen- und ein Mittelwellensender aufgebaut. Obwohl primär nationalsozialistische Propaganda ausgestrahlt wurde, hatte auch dies zur Stärkung der deutsch-chinesischen Freundschaft beigetragen. Es war sogar geplant, die Kurzwellen-Radiostation zu einem Großsender auszubauen, der die gesamte ‚Großasiatische Wohlstandssphäre' mit Rundfunksendungen versorgen sollte. Ende 1940 wurde Dr. Erwin Wickert vom Reichs-Außenministerium als ‚Rundfunk-Attaché' und Leiter dieser Station nach Shanghai entsandt.

Durch die langjährige Okkupation Chinas durch Japan ist das Verhältnis beider Länder bis heute getrübt. Immer wieder flammen in China antijapanische Ressentiments auf, die sich in – von der Regierung geduldeten – Massenkundgebungen der Bürger entladen. Die Gräueltaten und Demütigungen durch die Japaner bei dem Einmarsch in die Mandschurei, und die Massaker in Shanghai und Nanking, mit Millionen von Toten, hat China bis heute nicht vergessen. Japan gilt noch heute in China als Erzfeind. Ein Chinese vergisst keine Demütigung, aber auch keinen Freundschaftsbeweis.

Durch die Bindung der englischen und niederländischen Kräfte im Krieg in Europa ab 1939 sah Japan eine günstige Gelegenheit, seine Stellung auf dem asiatischen Festland weiter nachhaltig zu festigen und einen Zugriff auf Südost-Asien, besonders auf den niederländisch-indischen Archipel mit seinen reichen Bodenschätzen, zu planen.

In diesem Zusammenhang sandte der deutsche Botschafter in Tokyo, Eugen Ott, am 27. August 1940 ein Telegramm an Walther Hewel:

Entsendung Wirtschaftsministers Kobayashi nach Niederländisch-Indien wird in Presse ausführlich besprochen. Blätter betonen, dass ungewöhnliche Entsendung aktiven Ministers beweist, wie starkes Interesse Japan an Bezug niederländischer Rohstoffe habe. Darüber hinaus habe Kobayashi Aufgabe, von Japan erstrebten großen asiatischen Wirtschaftsraum auch in Niederländisch-Indien vorzubereiten. Verhandlungen müssten unverzüglich aufgenommen werden, um zu verhindern, dass England und Amerika Japan zuvorkommen. Territoriale Ansprüche lägen Japan fern, das, wie ‚Jomiuri' ausführte, lediglich Ziel verfolge, ostasiatische Völker von bisheriger Ausbeutung durch europäische Mächte zu befreien.

Wie ich höre, hat Regierung nach wochenlangen Verhandlungen sich entschlossen, von der ursprünglich geplanten Entsendung des ehemaligen Kolonialministers General Koiso, der als Exponent einer alarmierenden japanischen Südsee-Expansion bekannt ist, abzusehen und durch Beauftragung Wirtschaftsministers rein wirtschaftlichen Charakter der Mission zu unterstreichen. In Anbetracht amerikanischen Öl-Embargos werden Verhandlungen in erster Linie Erhöhung Öl-Bezüge auch in Niederländisch-Indien angestrebt. Gez. Ott[165]

Ob diese Mission des japanischen Wirtschaftsministers erfolgreich war, wage ich zu bezweifeln. Die niederländische Kolonialregierung in Batavia war gegen eine Ausweitung der Wirtschaftsbeziehungen mit Japan, und – wie wir noch sehen werden – versuchte darüber hinaus sogar, den Einfluss Japans in Niederländisch-Indien immer weiter zurückzudrängen.

Zunächst wurden die japanischen Pläne einer ‚Großasiatischen Wohlstandssphäre‘ von der einheimischen Bevölkerung im südostasiatischen Raum positiv aufgenommen. Die Parole war, gemeinsam mit Japan den Kampf gegen die koloniale Bevormundung aufzunehmen. Japans Konzeption einer ‚Großasiatischen Wohlstandssphäre‘ sollte eine Gemeinschaft asiatisch-pazifischer Völker mit Japan, Siam (heute: Thailand), Birma (heute: Myanmar), Malaya, Singapur, den Philippinen, Niederländisch-Indien und diversen kleinen Südseestaaten umfassen.

Nach den anfänglichen Erfolgen Deutschlands in Europa und Nordafrika begann die asiatische Welt, sich nach Deutschland und Tokyo auszurichten. Die Asiaten waren stolz, dass es Japan – einem asiatischen Land – gelang, sich gegen die weiße Rasse aufzulehnen.

Abb. 41
Auf der japanischen 10-Sen-Briefmarke wird die Ausdehnung der ‚Großasiatischen Wohlstandssphäre‘ gezeigt

165 AA, Handakte Hewel 5, R 27473, Dokument 84595

Die Realisierung einer ‚Großasiatischen Wohlstandssphäre' rückte durch die Kaperung des britischen Frachters *Automedon* durch den deutschen Hilfskreuzer *Atlantis* am 11. November 1940 im Indischen Ozean in greifbare Nähe. Bei der Kaperung fielen den Deutschen wichtige Geheimdokumente des britischen Kabinetts über die Stärke der britischen Truppen in Südost-Asien und deren Verteidigungsstrategie in die Hände, die die militärische Planung der Briten in Ostasien offengelegten. Diese Geheimdokumente wurden auch der japanischen Regierung überlassen. Für diese Tat erhielt der Kapitän des Hilfskreuzer *Atlantis*, Bernhard Rogge, den höchsten japanischen Orden verliehen – das ‚Schwert des Samurai'.

Durch diese geheimen Informationen wuchs bei den Japanern die Bereitschaft, in einen Krieg gegen Großbritannien und seine Kolonien in Südost-Asien einzutreten. Auch der deutsche Außenminister Ribbentrop wies Ende Februar 1941 Botschafter Ott in Tokyo an, bei der japanischen Regierung auf eine baldmöglichste Attacke und Einnahme des britischen Bollwerks Singapur hinzuwirken, sicherlich auch im Hinblick auf die immer dringender werdenden Rohstofftransporte aus diesem Raum.[166]

Die Japaner versprachen den unterdrückten Völkern in Asien, dass sie ohne die weißen Kolonialherren besser leben könnten, und dass die Fähigkeit eines Menschen ausschlaggebend sei und nicht seine Abstammung oder Hautfarbe. Das japanische Schlagwort ‚Asien den Asiaten' war in aller Munde. Japan legte den Grundstein für die Unabhängigkeit dieser südostasiatischen Völker.

Japan ist – wie schon gesagt – ein extrem rohstoffarmes Land. Mit einer Bevölkerungsdichte von rund 220 Einwohnern pro Quadratkilometer konnte es nicht aus eigenen Ressourcen überleben und war praktisch gezwungen, dem kolonialen Imperialismus Einhalt zu gebieten, um seinerseits an die Rohstoffe und Schätz zu gelangen, die die weißen Kolonialherren für sich alleine beanspruchten. Japan war genötigt – besonders nachdem die USA ein Embargo gegen Japan durchgesetzt hatte –, seinen Machtbereich auszuweiten. Das Land konnte seine Existenz alleine nicht mehr sicherstellen.

Ob der Traum von einer friedlichen ‚Großasiatischen Wohlstandssphäre' bei einem Sieg Japans wahr geworden wäre, ist allerdings mehr als fraglich. Japan hatte anfangs sicher dieses ehrenhafte Sendungsbewusstsein, aber wie in jedem Krieg gab es schlimme Auswüchse. Auf dem Weg nach Süden hinterließen die kämpfenden japanischen Truppen Spuren von Grausamkeiten, die in Niederländisch-Indien ihren Höhepunkt fanden.

---

166 AA, Akten zur Deutschen Auswärtigen Politik 1918-1945, Akte D XII, Dok. No. 100
Telegramm Ribbentrop, Berlin an Ott, Tokyo

Der Vormarsch der japanischen Armee war rasant. Zwischen dem 8. und 10. Dezember 1941 fiel die Insel Guam. Seit der Eroberung der Insel im westlichen Pazifik im Januar 1898 durch die USA stand sie unter US-amerikanischer Verwaltung. Die USA hatten dort riesige Marine- und Luftwaffenstützpunkte aufgebaut. Die schnelle Eroberung der Insel durch die Japaner kam daher für die USA mehr als überraschend. Am 11. Januar 1942 fielen Hongkong und Menado auf Celebes (heute: Sulawesi) in japanische Hand, ebenso die Ölfelder der Insel Tarakan vor Borneo.

Siam, das von den Japanern in Thailand, ‚Land der Freien‘, umbenannt wurde, war auf der Seite der Achsenmächte und erklärte den Alliierten den Krieg. Bereits seit 1893 wollten Frankreich und Großbritannien das rohstoffreiche Siam zwischen sich aufteilen, und die jeweilige Hälfte in ihre Kolonialreiche in Südost-Asien integrieren. Dies konnte verhindert werden, nicht zuletzt, weil deutsche Eisenbahningenieure bereits ab 1891 unter König Rama IV ein Eisenbahnnetz aufbauten und dadurch das Land stark und autark machten. Eine gewisse Reserviertheit gegenüber den westlichen Kolonialmächten Großbritannien und Frankreich und eine Hinneigung zu Japan waren daher verständlich.

Japan verhandelte schon zuvor geschickt mit der siamesischen Monarchie und konnte bereits 1941 einen Pakt mit Siam schließen. Siam wurde die Rückgliederung mehrerer kleiner Staaten im Süden des Landes, die die Briten 1909 an Malaya abgetreten hatten, eingeräumt. Bis heute ist dies ein Konfliktherd in der Grenzregion. Außerdem wurde der chinesische Einfluss im Land durch die Ausweisung chinesischer Bürger einschneidend reduziert. Dies war ganz im Sinne der siamesischen Bevölkerung.

Auch die britische Kolonie Birma kooperierte mit Japan. In drei Kriegen zwischen 1824 und 1886 hatten die Briten Birma besetzt und kolonialisiert. Birma galt als vierte Provinz Britisch-Indiens und wurde auch von dort regiert. Mit Ausbruch des Krieges in Europa hatte sich die Unabhängigkeitsbewegung Birmas rasant ausgebreitet. *Aung San*, der Vater der heute in der ganzen Welt bekannten Kämpferin für Demokratie in Birma und Trägerin des Friedensnobelpreises *Aung San Sun Kyi*, war Generalsekretär des Freiheitsblocks, der sich für die Unabhängigkeit Birmas einsetzte. Birma sah nun die Chance gekommen, endlich das koloniale Joch Großbritanniens abzuwerfen. Als die Birmanen der Aufforderung der Briten nicht nachkamen, auf ihrer Seite in den Krieg gegen Japan und Deutschland einzutreten, wurden alle führenden Politiker, die sich für eine Unabhängigkeit des Landes eingesetzt hatten, verhaftet und in Gefängnisse gesperrt. *Aung San* gelang jedoch die Flucht nach Japan, wo er mit anderen freiheitliebenden Birmanen eine militärische Ausbildung erhielt.

Nachdem Japan den Briten den Krieg erklärt und Birma bereits teilweise besetzt hatte, ging *Aung San* nach Birma zurück und stellte mit japanischer Hilfe die ‚Birmanische Unabhängigkeitsarmee‘ BIA (Birma Independence Army) auf, deren Kommandant er wurde. Japan versprach Birma nach der endgültigen Vertreibung der Briten die sofortige Unabhängigkeit.

Japan rückte mit Hilfe der BIA sehr schnell weiter vor. Die Briten verließen im Frühjahr 1942 mit mehreren Hunderttausend indischen Soldaten fluchtartig das Land. Ein endloser Flüchtlingsstrom wälzte sich durch menschenleeren Dschungel der indischen Grenze zu. Zehntausende erschöpfte Inder und Briten kamen entlang der Strecke zu Tode. Aber den in Birma zurückgebliebenen Indern erging es auch nicht besser. Rund eine Million Inder beherrschten das Finanz- und Geschäftsleben Birmas. In der Zeit, als die Briten Birma bereits verlassen hatten, aber die Japaner noch nicht eingerückt waren, fielen die meisten Inder – die als Wucherer und Ausbeuter verhasst waren – den birmanischen Racheakten zum Opfer. Läden und Lagerhäuser wurden geplündert und die Villen der Briten und Inder zerstört und angezündet. Erst als die Japaner im Land waren, konnte die Ordnung wieder hergestellt werden.

Im Juli 1942 wurde die Armee der Kämpfer für die Unabhängigkeit, die BIA, in BDA (Birma Defence Army) umbenannt und umorganisiert. Die BDA hatte nun die Stärke von einer Division mit rund 15.000 Mann unter der Führung von Generalmajor *Aung San*. Allerdings war die Kampfeskraft nicht besonders groß, da die Truppen schlecht mit Waffen und Material ausgerüstet waren.

Die Rechte der kleinen Fürstentümer in Birma wurden von Japan geachtet, und wo es ging wurde die birmanische Bevölkerung zum Ausbau der ohnehin schon bestehenden einheimischen Verwaltung herangezogen. Die Japaner nahmen in der Verwaltung und beim Militär nur die Stellung von Beratern ein. Diese Berater schlossen sich nicht wie die Briten in ihren Clubs ein, sondern lebten unter der einheimischen Bevölkerung und passten sich ihren Sitten an. Die Japaner hatten in Birma einen freien und ungezwungenen Umgang mit den Einheimischen.

Der Birmane *Ba Maw* wurde als Staatsoberhaupt des von Japan besetzten Birmas eingesetzt. Sein Generalsekretär wurde *Aung San*. Bereits unter der britischen Herrschaft war *Ba Maw* von 1937 bis 1939 Premierminister Birmas gewesen. Selbst die eigene Armee wurde nun ausschließlich von birmanischen Offizieren geführt und stand nicht mehr unter dem Druck der Führung von britischen Offizieren. Die ethnische Minderheit der Karen im Norden Birmas fühlte sich benachteiligt und organisierte einen Aufstand, der jedoch von japanischen Truppen niedergeschlagen wurde. Die Japaner begingen aber auch schwere psychologische Fehler. Zum Beispiel mussten die Birmanen die Japaner mit ‚Master' anreden, einer englischen Vokabel mit imperialistischem Beigeschmack.

Am 1. August 1943 gewährte Japan Birma die Unabhängigkeit und löste somit mitten im Krieg sein Versprechen ein. Die neue birmanische Regierung löste sich endgültig vom britischen Empire und erklärte sofort seinen Beitritt zur ‚Großasiatischen Wohlstandssphäre'. Noch am selben Tag erklärte das nun unabhängige Birma den Alliierten den Krieg.

Für ‚Französisch-Indochina' – die bis zum Fall der Festung Dien-Bien-Phu im Jahre 1954 bestehende französische Kolonie in Südost-Asien – gab es viele Namen: Cochin China, Tonkin (auch Tongkin), Vietnam, Khmer, Kambodscha, Laos. Dies führt bis heute zu großen Missverständnissen. Zur Aufklärung werde ich zunächst einen kleinen Schritt zurück in die Historie dieses Gebiets machen.

Der Name ‚Tonkin' wurde im 17. Jahrhundert von der Niederländischen Ostindien-Kompanie VOC (Vereenigde Oost-Indische Companie) für den Norden des heutigen Vietnams eingeführt. Die Bezeichnung ‚Tonkin' wurde im 20. Jahrhundert noch oft für das ganze, heute Vietnam genannte, Gebiet verwendet.

Bereits ab 1856 begannen französische Militärexpeditionen in Südost-Asien. Nach dem Chinesisch-Französischen Krieg von 1884 bis 1885 kam das heute ‚Vietnam' genannte Gebiet unter französische Kontrolle und wurde in drei Protektorate aufgeteilt: Das Protektorat im Norden hieß weiterhin ‚Tonkin', das im Süden wurde ‚Cochin China' und das in der Mitte ‚Annam' genannt. Schon kurze Zeit später wurden die drei Protektorate vereinigt und kamen unter die Kolonialherrschaft Frankreichs. Für die Kolonie fand nun der offizielle Name ‚Union Indochinoise' Verwendung. In den Jahren 1891 bis 1893 wurden auch die im Westen davon liegenden Gebiete Khmer, das heutige Kambodscha, und Laos in die ‚Union Indochinoise' eingegliedert. Dieses riesige Gebiet des französischen Kolonialreichs in Südost-Asien wurde nun international ‚Französisch-Indochina' genannt.

Nur knapp drei Monate nach dem Fall von Dien-Bien-Phu und dem Waffenstillstand wurde Französisch-Indochina bei der Genfer Indochina-Konferenz vom Juli 1954 zerschlagen. Es wurden neue Grenzen gezogen: Der langgestreckte Küstenstaat des heutigen Vietnam wurde entlang des 17. Breitegrades in das kommunistische Nordvietnam mit Hanoi als Hauptstadt und das vom Westen unterstützte Südvietnam mit der Hauptstadt Saigon aufgeteilt. Die Provinz Annam wurde dadurch geteilt. Khmer, das heutige Kambodscha und Laos wurden unabhängige Staaten. Beide Länder waren danach noch lange in blutige Kämpfe zwischen königstreuen und kommunistischen Gruppen verwickelt. 1975 gelang den Kommunisten die Macht-ergreifung in Laos. Nord und Südvietnam wurden erst 1976 wiedervereinigt. Der Einfachheit halber verwende ich bei den nachfolgenden Beschreibungen die heute verwendeten Namen Vietnam für Tonkin, Annam und Chochin China, sowie Kambodscha für Khmer und Laos für das laotische Königreich.

Doch nun wieder zurück in die Zeit des Zweiten Weltkriegs und der ja-panischen Eroberung Südost-Asiens. Die Kolonialbehörden in ‚Französisch-Indochina' hatten sich der mit Hitler kollaborierenden Vichy-Regierung un-ter Marschall Pétain angeschlossen. Indochina wurde dadurch von Japan als Bestandteil des mit Deutschland kollaborierenden Frankreichs anerkannt. Das Land war somit mit Japan liiert und stellte der japanischen Flotte, der Armee und Luftwaffe ihre Militärbasen und Durchgangsrechte zur Verfü-gung. Von dieser Ausgangsbasis aus erfolgte die Eroberung der britischen Kolonien auf der Malaiischen Halbinsel durch die japanische Wehrmacht. Die Stadt Saigon, die mitten im Krieg eine friedliche und blühende Stadt blieb, war das Zentrum, von dem die ersten japanischen Operationen in Südost-Asien ausgingen.

Der Generalgouverneur für Französisch-Indochina bereiste im März/Ap-ril 1940 Niederländisch-Indien. Einen langen Bericht dieser Reise schickte ein Marc Chadourne[167] mit Datum vom 10. Mai 1940 an das Kolonialmi-nisterium in Paris. Walther Hewel erhielt eine Kopie. Hier einige Auszüge:

[...] Die Südexpansion Japans ist schon alleine durch die Herkunft der Japaner aus jenem Gebiet gerechtfertigt. Holland blockiert die japanische Einfuhr nach Niederländisch-Indien; England sichert sich durch Ausbau seine Singapur Basis. Japan ist heute stärker als im vorigen Krieg.

Der Umstand, dass die Westmächte in Europa beschäftigt sind und nicht überall zugleich sein können, müsse ausgenützt werden. Der ‚Nanyo' [Anm. d. Verf.: Ja-panisch für den ‚Südraum'] ist reich an Bodenschätzen und ein Aufnahmebecken für Bevölkerungsüberschuss. [...] Man darf nicht zusehen, wie diese verwandten Völker unter dem Joch europäischer Mächte seufzen. [...] Japan kann in Ruhe die günstigste Gelegenheit [Anm. d. Verf.: für eine Besetzung] abwarten.

Japan versuchte, vor der Besetzung Südost-Asiens die Loyalität der islami-schen Vereinigungen sowie der überwiegend islamischen Bevölkerung in diesem Raum für sich zu gewinnen. In dem Bericht heißt es weiter:

---

167 Ob es sich hier um den Schriftsteller und Übersetzter der Romane von Joseph Conrad, Marc Chadourne (1895-1975), handelt, ist fraglich. Seine Romane handeln wohl in Vietnam und dem Pazifik und er galt als Kenner dieses Gebiets. Gleichzeitig nahm er eine leitende Position im französischen Kolonial-Ministerium ein. Es gibt aber auch Hinweise, dass er bei Kriegsausbruch in die USA flüchtete.

[...] Sodann schildert der französische Berichter die Tätigkeit der japanisch-mohammedanischen Vereinigung, die im September 1939 gegründet wurde. [...] Sie veröffentliche ausgedehnte Literatur. Kürzlich habe in Tokyo ein Islam-Kongress stattgefunden. Ziel der Vereinigung sei: Humanität, Weltfrieden, Studien und Untersuchungen über den Islam, enge Beziehungen zu den mohammedanischen Völkern. Sie bauen Tempel, Bibliotheken, Archive, fördern Reisen und Pilgerfahrten nach Mekka, Handelsdelegationen, Ausstellungen, Schulen. Die Ausstellungen in Tokyo und Osaka im November 1939 und der Islam-Kongress in Tokyo im Januar 1940 seien von Mohammedanern aus Mandschukuo, China, Afghanistan, Indien und Niederländisch-Indien besucht worden. [...] Die Armee Niederländisch-Indiens sei nach Aussage der maßgeblichen Leute nicht in der Lage, einen japanischen Landungsversuch längere Zeit abzuwehren. Der japanischen ,Infiltration' mit Agenten etc. werde zum Teil durch die Einwanderungsbeschränkung, teils durch Beschränkung der Konzessionserteilung ein Damm gesetzt.[168]

Soweit der Bericht des Generalgouverneurs für ,Französisch-Indochina', dessen Einschätzung der Lage mit der Japans und der des Dritten Reichs übereinstimmte.

Zum Zeitpunkt des Briefes waren bereits 6.700 Japaner in Niederländisch-Indien. Ihre propagandistische Tätigkeit wurde durch die japanischen Konsulate gesteuert. Japanische Agenten waren in Niederländisch-Indien bereits ab 1930 aktiv. Die japanische ,Nanyo Warehousing Company' in Batavia scheint die Zentrale gewesen zu sein. Ein Angestellter der Firma, *Naoju Aratame,* war Offizier der japanischen Marine und dem Japanischen Generalkonsulat in Batavia unterstellt. Er steuerte die Operationen japanischer Spione. Nach 1939 waren fast alle japanischen Firmen und Handelshäuser und deren japanische Mitarbeiter in Spionagetätigkeiten involviert. Sie sammelten militärische Daten, organisierten Sabotageakte und bestachen Zivilpersonen, um vertrauliche Informationen zu erhalten. Die Hauptumschlagplätze für den Informationsaustausch waren Hotels und Freudenhäuser.[169]

Allerdings gab es nach dem Anschluss ,Französisch-Indochinas' an die Achsenmächte eine starke von Moskau unterstützte kommunistische Untergrundbewegung mit ihrem Chef *Ho Chi-minh,* die immer wieder die Japaner bei der Aufrechterhaltung der Ordnung behinderte. *Ho Chi-minh* kam 1941 aus dem Exil in Moskau nach Indochina zurück. Im Laufe seines Lebens hatte er an die einhundert Mal seinen Namen gewechselt und unter einem

---

168 AA, Handakte Hewel 6, R 27474, Dokument 376143-6
169 Anwar, *Penetrasi Ekonomi...,* S. 61f
      Wilson, *Orang dan Partai Nazi...,* S. 133f

166

Pseudonym gelebt. Aber von 1941 an blieb er bei dem Namen *Ho Chi-minh*, der auf der ganzen Welt bekannt wurde. Da er mit seinen kommunistischen Mitstreitern aus dem Untergrund gegen die Japaner operierte, wurde er von den Vereinigten Staaten großzügig mit Waffen und Munition versorgt, die er dann später auch gegen die Lieferanten aus Amerika einsetzte. *Ho Chi-minh* kämpfte für ein freies Vietnam, ohne Bevormundung durch Frankreich oder Japan, aber auch ohne eine Bevormundung durch die USA.

Die in der Regenzeit unpassierbaren Bergdörfer in Laos waren für politische Flüchtlinge und Gegner der Japaner ein beliebter Unterschlupf. Die Verwaltung funktionierte – wie in ganz Französisch-Indochina – nach französischem Muster mit einheimischem Personal hervorragend. Viele vietnamesische Beamte hatten an der École Coloniale du Havre in Frankreich studiert und waren mit Diplomen nach Indochina zurückgekehrt, um hohe Verwaltungsposten zu besetzen. Kein Wunder, dass diese wenig Zuneigung zu Nippon zeigten und sich einer Umerziehung – wenn meist auch nur passiv – widersetzten. Die Feindseligkeiten dieses Bevölkerungsteils in ganz Französisch-Indochina gegenüber den Franzosen und Japanern nahmen von Jahr zu Jahr zu.

Das Inselreich der Philippinen war seit dem Spanisch-Amerikanischen Krieg von 1896 bis 1898 unter amerikanischer Verwaltung, und ab 1901 wurde das Land von einer US-Besatzungsregierung gelenkt. Unabhängigkeitsbestrebungen der einheimischen Bevölkerung wurden massiv durch die USA bekämpft. Da die USA auch hier große Marine- und Luftwaffenstützpunkte ausbauten, fühlte sich der Nachbar Japan immer mehr bedroht. Von hier aus konnten Luftangriffe auf das japanische Mutterland und auf die japanisch besetzten Gebiete in China geflogen werden. Die amerikanisch-philippinische Armee unter dem Kommando von General MacArthur bestand aus rund 23.000 Mann, je zur Hälfte Filipinos und Amerikaner. Nach Beginn der Kriegshandlungen Japans am 8. Dezember 1941 wurde die Truppe um weitere 18.000 Amerikaner verstärkt.

Zunächst zerstörten japanische Bomber das Clark Airfield bei Manila. Die Amerikaner waren völlig unvorbereitet. Alle amerikanischen Flugzeuge waren am Boden und wurden reihenweise zerstört. In nachfolgenden Angriffswellen wurden weitere Luftwaffenstützpunkte und die Seehäfen bombardiert. Der Marinehafen Cavite bei Manila und die amerikanischen Luftwaffenstützpunkte standen in Flammen. Die noch unbeschädigt gebliebenen Flugzeuge flüchteten nach Mindanao, der südlichsten philippinischen Insel. Auch hier wurden die Maschinen von den Japanern entdeckt und aus der Luft vernichtet. Schiffe flüchteten nach dem britischen Nord-Borneo oder nach Niederländisch-Indien, denn Niederländisch-Indien war nach wie vor in der Hand der niederländischen Kolonialregierung.

Bereits am 2. Januar 1942 fiel die Hauptstadt Manila in japanische Hand. Die Kämpfe zwischen Japan und den USA dauerten bis zum 9. April 1942. Dann mussten die amerikanisch-philippinischen Truppen den Japanern weichen. Die Philippinen gliederten sich freiwillig in die ‚Großasiatischen Wohlstandssphäre' ein, und Japan gewährte ihnen im Gegenzug die Unabhängigkeit von den USA. Nachdem Japan bereits die Fakten geschaffen hatte, waren die Vereinigten Staaten nach Kriegsende gezwungen, dem philippinischen Volk die umfassende Souveränität zu gewähren.

Überall in Südost-Asien, in Französisch-Indochina, auf den Philippinen oder in Niederländisch-Indien unterstützten die USA die kommunistischen Unabhängigkeitsbestrebungen. Die Hauptsache war, die Kommunisten agierten gegen die Japaner. Nach Kriegsende, als Japan diese Länder wieder verlassen musste, waren nicht mehr rückgängig zu machende Fakten in Richtung Unabhängigkeit geschaffen worden. Nun bekämpften die USA ihrerseits die kommunistischen Bestrebungen aufs Heftigste. Als zum Beispiel im Sommer 1945 die kommunistischen *Viet Minh* die Unabhängigkeit der Demokratischen Republik Vietnam proklamierten, führte dies im Endeffekt zu dem grausamen, langen und für die USA desaströsen Vietnamkrieg. Nun waren die Kommunisten, die sie zuvor militärisch gegen die Japaner unterstützt hatten, plötzlich ihre Feinde.

Russland hatte sein Herrschaftsgebiet im 19. Jahrhundert durch ganz Sibirien hindurch nach Osten bis zum Pazifik vorgeschoben, und wurde damit für Japan ein bedrohlicher Nachbar. Nachdem sich Ende des 19. Jahrhunderts Japan immer stärker durch Russland bedroht fühlte, kam Japan einer Besetzung Koreas durch Russland zuvor. Die koreanische Halbinsel war seinerzeit noch ein Teil Chinas. Im japanisch-chinesischen Krieg von 1894 zwang Japan die chinesischen Truppen so in die Knie, dass China im ‚Frieden von Shimonoseki' an Japan nicht nur die koreanische Halbinsel, sondern zusätzlich noch die Insel Formosa abtreten musste.

Aus Sicht der Japaner hatten sie ein verwahrlostes, im Chaos versinkendes Korea annektiert und seitdem zivilisiert. Aber immer wieder organisierte sich heftiger Widerstand gegen die Besatzer. Unter japanischer Herrschaft wurden Eisenbahnlinien und Straßen gebaut. Eine Bodenreform wurde mit der Verpflichtung zum Anpflanzen und der Pflege von Bäumen verknüpft. Man erreichte dadurch eine riesige Wiederaufforstung, deren positive Auswirkung auf das Klima bis heute nachwirkt. Durch moderne Industrieanlagen hatte Korea einen höheren Lebensstandard erreicht, aber Korea schien diese ‚Geschenke' aus Japan nicht genügend zu würdigen. Die Zwangsrekrutierung von koreanischen Frauen für Liebesdienste für japanische Soldaten führt bis heute zu Anklagen gegenüber Japan. Tiefsitzende Ressentiments belasten das Verhältnis der beiden Nationen nachhaltig.

Formosa und Korea waren also bereits seit 1895 unter japanischer Herrschaft. Japan hatte während dieser Zeit, besonders in Formosa, beachtliche wirtschaftliche und gesundheitliche Aufbauerfolge erzielt. Da die klimatischen Bedingungen und die Landschaft in Formosa sich grundlegend von denen in Japan und Korea unterschieden, hatte Japan ein besonderes Interesse an Formosa, und investierte dort – im Gegensatz zu Korea – viel mehr in Bildung und Infrastruktur. Formosa ist eine tropische Insel vor der südchinesischen Küste, mit Kokospalmen, Reisterrassen, Zuckerrohrplantagen und vielen tropischen Früchten, eine Schatzinsel im chinesischen Meer. Von den portugiesischen Entdeckern wurde die Insel Formosa ‚Die Wunderschöne‘ genannt und von den Japanern und Chinesen ‚Taiwan‘, das ‚Terrassenland‘. Die Hauptstadt Taipeh hieß während der japanischen Periode *Taihoku*. Taiwan wurde die Kornkammer Japans. In jedem Dorf wurden Schulen gebaut und in kürzester Zeit verringerte sich die Zahl der Analphabeten beträchtlich. Japanisch wurde als erste Fremdsprache eingeführt. Auch die Verkehrserschließung der 400 Kilometer langen Insel ist den Japanern zu verdanken. Ein 4.000 Kilometer langes Eisenbahnnetz durchzog die Insel und ein gutes Straßennetz wurde aufgebaut. Staudämme wurden errichtet, um die reichen Wasserkräfte zur Stromerzeugung zu nutzen. Dies ermöglichte im Zweiten Weltkrieg den Aufbau einer umfangreichen Rüstungs- und Treibstoffindustrie.

Ein Großteil der taiwanischen Bevölkerung ist Japan bis heute für diese außergewöhnlich große Entwicklungsarbeit – besonders in der Bildung – dankbar, obwohl während des Krieges die Bevölkerung auch hier große Opfer bringen musste. Die ältere Generation in Taiwan spricht und singt heute noch Japanisch. Im Gegensatz zu Korea sind Japaner in Taiwan – wie mir viele Taiwanesen bestätigten – bis heute willkommen. Korea befindet sich dagegen immer noch mit Japan in einem Zustand, der mit dem Begriff ‚Kalter Krieg‘ umschrieben werden kann. Die Bevölkerung Formosas war im Gegensatz zu Korea daher seit Beginn des Krieges auf Japans Seite.

Das Feld für das weitere Vorrücken der Japanischen Kaiserlichen Armee nach Süden in Richtung Niederländisch-Indien – dem, neben China, mit Abstand größten Staat in dieser Region – war also geebnet. Aber Beispiele zeigen, dass sich die relativ positiven Faktoren im bisherigen Vorrücken Japans mit der Zeit verwässerten.

Am 10. Dezember 1941 wurden die beiden britischen Schlachtschiffe *HMS Prince of Wales* und *HMS Repulse* beim Versuch, eine Invasion japanischer Truppen an der Ostküste Malayas abzuwehren, von der japanischen Luftwaffe versenkt. Die *HMS Prince of Wales* war ein neues, modernes Schlachtschiff, das erst 1939 vom Stapel lief. Laut britischen Angaben gab es bei dem Untergang der beiden Schiffe 327 Opfer.

Am 11. Dezember 1941 wurde die vor Malaya liegende strategisch wichtige Insel Penang zum ersten Mal von der japanischen Luftwaffe bombardiert. Viele Bewohner Penangs flüchteten in die ländliche Umgebung. Am 16. Dezember 1941 wurden alle Briten aus Penang in das anscheinend sichere Singapur evakuiert. Allerdings durften sich nur Briten dort in Sicherheit bringen. Dem asiatischen Bevölkerungsanteil wurde dies verwehrt. Dies führte zu einer großen Empörung der Malayen und Chinesen, da sie von den Briten im Stich gelassen wurden. Selbst als der Magistrat von Penang, Lim Khoon Teck, ein Schiff nach Singapur besteigen wollte, wurde ihm dies mit dem Hinweis verwehrt, das Schiff wäre für ‚Weiße' reserviert. Zu diesem Zeitpunkt befanden sich bereits eine Million britische Flüchtlinge und Flüchtlinge anderer Nationen in dem übervölkerten Singapur. Am 17. Dezember 1941 landeten japanische Truppen in Penang und hissten die Fahne der aufgehenden Sonne in der britischen Kronkolonie Malaya.

Singapur war – wie die Briten sagten – eine uneinnehmbare Seefestung, mit der die unzerstörbare Macht der weißen Kolonialherren in Südost-Asien symbolisiert werden sollte. Es war der Stützpunkt der britischen ‚Far Eastern Fleet'. Von hier aus konnten alle Schiffsbewegungen zwischen dem Indischen Ozean und dem Pazifik kontrolliert werden. Außerdem hatte man von hier aus einen kurzen Weg zu den Ölfeldern in Sumatra und Borneo. Singapur war also eine Schlüsselstellung der Briten in diesem Raum. Japan unter General *Yamashita* gelang trotz starker britischer Präsenz eine schnelle Eroberung. Die westlichen Kolonialherren begannen nun endgültig, das – in den Augen der Asiaten – so bedeutungsvolle ‚Gesicht zu verlieren'.

Zur Seeseite hin war Singapur mit schweren Geschütz-Batterien gesichert. Aber das japanische Heer machte das unmöglich Scheinende möglich. Die Soldaten rückten durch den fast undurchdringlichen Dschungel, in den damals noch keine Wunden geschlagen waren, von Norden nach Singapur ein und stürmten die Festung an ihrer verwundbarsten Stelle. Die Schlacht um Singapur dauerte vom 31. Januar bis zum 15. Februar 1942. Am 15. Februar 1942 kapitulierte der britische Generalleutnant Percival in dem Pförtnerhaus der Fordwerke in Singapur vor Generalleutnant *Yamashita* (Oberbefehlshaber der 25. Japanisch Kaiserlichen Armee), obwohl die britischen Truppen eine dreifache Überlegenheit gegenüber den Japanern hatten. Den Briten ging einfach die Munition aus. Wichtige militärische Anlagen, Marinearsenale, Docks und Reparaturwerkstätten fielen fast unversehrt in japanische Hände. Weit über 100.000 britische und australische Soldaten gerieten in Malaya und Singapur in japanische Kriegsgefangenschaft. Es war eine der größten Niederlagen in der britischen Militärgeschichte.[170]

170 ZDFinfo, *Der Zweite Weltkrieg in Fernost*, 27.10.2013, 21.00h

Mitglieder einer anti-japanischen Bewegung wurden hingerichtet. Englisch wurde in der Öffentlichkeit verboten, Japanisch als Hauptsprache in den Schulen eingeführt. Malaiisch, die Sprache des indigenen Bevölkerungsanteils, wurde gefördert. Singapur wurde von den japanischen Oberkommandierenden in *Shonanto*, ‚Licht des Südens‘, umbenannt. Für die deutsche Kriegsmarine wurde die Stadt in *Shonan* umgetauft.

Die westliche Zivilisation lebte noch in einem Jahrhunderte alten Vorurteil einer technischen und zivilisatorischen Überlegenheit gegenüber Asien. Bei einer Geheimsitzung des britischen Unterhauses am 23. April 1942 sagte Churchill:

Ich gab Ihnen bereits zu, dass die Gewalt, die Wucht, die Leistungsfähigkeit und die Macht Japans über alles hinausging, was man uns hatte erwarten lassen.[171]

Von Singapur aus bereitete Japan mit Unterstützung des indischen Freiheitskämpfers Subhas Chandra Bose eine Invasion Indiens vor. Die freiwillige ‚Indian National Army‘ INA wurde größtenteils aus den indischen Kriegsgefangenen, die in Malaya und Singapur gemacht wurden, rekrutiert. Die ‚Indian National Army‘ wurde der japanischen Armee unterstellt. Schon vor der Großoffensive der japanischen Streitkräfte im pazifischen Raum und dem Fall von Singapur brachte sich ein Großteil der Alliierten nach Australien in Sicherheit. Nun war für die japanische Armee der Weg nach Java und anderen Inseln des niederländisch-indischen Archipels frei.

Als die Japanische Kaiserliche Armee unter dem Kommando von General *Hitoshi Imamura* näher an die Grenzen von Niederländisch-Indien rückte, waren die niederländischen Kolonialbeamten plötzlich sehr verunsichert und ihre Reaktionen wurden hektischer. Sie fürchteten um den Bestand ihrer Kolonie, und damit um ihre Existenz und ihren kolonialen Lebensstil. Viele Indonesier, die nun eine Chance für die Unabhängigkeit ihres Landes in greifbare Nähe rücken sahen und sich exponierten, wurden von Niederländern verhaftet und meist ohne ein ordentliches Gerichtsverfahren hingerichtet.

Ohne große Gegenwehr begann in den letzten Tagen des Jahres 1941 die Invasion der Japaner in Niederländisch-Indien. Für die Verteidigung ihrer Kolonie hatte die ‚Königlich Niederländische Ostindienlegion‘ KNIL (Koninklijk Nederlandsch-Indisch Leger) in der Region 85.000 Soldaten stationiert. Darunter waren 1.170 niederländische Offiziere und noch mehr niederländische Unteroffiziere. Durch eine Rekrutierung von Söldnern wurden die militärischen Einheiten auf 121.000 Mann aufgestockt.

In Sabang auf der Insel Weh und in Nordsumatra versuchte die niederländische Armee, sich gegen die Japaner zur Wehr zu setzten. Aber der Wi-

171 Stahmer, *Japans Niederlage – Asiens Sieg*, S. 284f

derstand musste bald aufgegeben werden, da in der Region Aceh in Nord-sumatra gleichzeitig mit der Invasion Japans ein Aufstand der einheimischen Bevölkerung gegen die Niederländer ausgebrochen war. Kämpfe gegen diese beiden Fronten konnte die niederländische Armee nicht lange durchhalten.

Die ‚Königliche Niederländische Marine' war mit drei Kreuzern, acht Zerstörern, vierzehn Unterseebooten, acht Minensuch-Booten und fünf Mi-nenlegern in Niederländisch-Indien gut ausgerüstet. Außerdem verfügte die niederländisch-indische Marine-Luftwaffe nach dem Stand von Januar 1939 über 72 Seeflugzeuge und 18 kleine Katapult-Flugzeuge.[172] Dazu kamen noch Einheiten der Alliierten, mehrere Tausend Soldaten der britischen, australischen und der US-amerikanischen Armee. Umso erstaunlicher ist es, dass Niederländisch-Indien ohne große Gegenwehr der japanischen Streit-macht zum Opfer fiel.

Von Dezember 1941 bis März 1942 fielen Borneo und Sumatra mit den wichtigen Ölfeldern und Raffinerien durch den Einsatz von Fallschirmjägern in japanische Hände. Die Niederländer versuchten noch die Förderanlagen und Raffinerien zu zerstören. Von den Japanern wurden die Verantwortli-chen dafür mit Folter und Tod bestraft. Viele Anlagen konnten jedoch bald wieder ihren Betrieb aufnehmen. Nun war der Nachschub der Japaner mit Öl und Benzin gesichert. Auch Bali fiel ohne bedeutenden Widerstand in japanische Hand, und das militärische Flugfeld bei Kuta konnte unzerstört eingenommen werden.

Soekarno war kurz vor der Invasion Japans von seinem Exil in Bengkulu nach Padang in West-Sumatra gebracht worden, um von dort nach Austra-lien deportiert zu werden. Er, der von den Niederländern als Kollaborateur mit Japan angesehen wurde, sollte nicht in die Hände seiner Freunde fallen. Soekarno konnte jedoch in dem damals herrschenden Chaos entkommen und fand im Haus seines Freundes Waworunto Unterschlupf. Hier erlebte er den Einmarsch der japanischen Truppen. Der japanische Divisionskom-mandeur, *Capt. Sakaguchi*, erschien sofort bei Soekarno und erklärte:
Es ist uns eine Ehre, Sie, Herr Soekarno, der in ganz Asien Berühmtheit erlangt hat, hier anzutreffen. Wir wissen, dass Sie eine sehr einflussreiche Persönlichkeit und der Führer ihres Landes sind!

Soekarno war überrascht, dass er so schnell in seinem Versteck im Hause seines Freundes aufgefunden wurde. *Sakaguchi* erwiderte:
Wir haben die effizienteste Organisation von Spionen. Wir wissen alles über jeden, auch wo er sich aufhält. Als wir Bengkulu eingenommen hatten, war uns

---

172 AA, Dokument Dornier, Pol. Archiv VIII 1977/41, 740/84671
   Die Stärke der niederländischen-indischen Wehrmacht

auch schon Ihr derzeitiger Aufenthaltsort bekannt. Unsere erste Aktion war nun, Sie hier aufzusuchen.[173]

Rund 500 Kilometer südöstlich von Bali liegt die zu Indonesien gehörende Insel Sumba. Ein kleiner Flughafen auf einer Hochebene bei Waingapu, der Hauptstadt im Osten Sumbas, diente im Zweiten Weltkrieg den Japanern als Ausgangspunkt für Angriffe auf die rund 1.000 Kilometer entfernte Stadt Darwin im Norden Australiens. Darwin wurde von hier aus mehrmals durch die japanische Luftwaffe bombardiert, wobei der erste Angriff am 19. Februar 1942 für die Alliierten der verlustreichste war.

Darwin war eine Basis der britischen ‚Royal Navy', der ‚Royal Australian Navy', der ‚Australian Army', der ‚US-Navy und Airforce', der ‚British Royal Airforce' und der ‚Nederlands East Indies Airforce'. Hier lag die gewaltige Ansammlung von 45 alliierten Kriegsschiffen, einschließlich eines Flugzeugträgers, sowie einer großen Anzahl von Handels- und Versorgungsschiffen im Hafen. Auf den beiden Flugplätzen Darwins standen über 30 alliierte Flugzeuge startbereit für einen Schlag gegen die japanischen Invasoren in Niederländisch-Indien. Die Japaner wollten diese Militärbasis ausschalten, um eine Invasion Niederländisch-Indiens, besonders der nahe gelegenen Insel Timor, durch die Alliierten zu verhindern. Der japanische Geheimdienst hatte in Erfahrung gebracht, dass am 20. Februar 1942 eine großangelegte Invasion der Inseln Timor, Bali und Java von Darwin aus beginnen sollte. Dieser Invasion wollte Japan zuvorkommen.

Beim ersten Morgengrauen des 19. Februars, nur einen Tag vor der geplanten Invasion in Niederländisch-Indien, weckte ohrenbetäubender Motorenlärm die Einwohner der Insel Sumba. Ein japanisches Bombenflugzeug nach dem andern startete und flog in südlicher Richtung nach Darwin. Schon am Abend zuvor waren vier japanische Flugzeugträger in See gestochen. Am frühen Morgen begann der Angriff auf Darwin mit insgesamt 242 Flugzeugen – Bombenflugzeuge vom Typ D3A Val, Torpedo Bomber des Typs B5N Kate und Kampfflugzeuge A6M Zero. Vor dem Bombenangriff verminten zwei japanische U-Boote den Marinehafen, um eine Flucht der alliierten Kriegsschiffe zu verhindern.

Der Angriff traf die Alliierten völlig unvorbereitet und es fand kaum Gegenwehr statt. Der Angriff galt dem Hafen, den beiden Flugplätzen und den Ölbunkern. Die Verluste der Alliierten waren gewaltig. Der Hafen war ein Feuermeer, und beide Flugplätze waren einschließlich der Start- und Landebahnen sowie dem gesamte Bestand an Flugzeugen zerstört.

---

173 Adams, *Sukarno*, S. 158 und persönliche Gespräche mit dem Neffen von Waworunto in Jakarta

Nachdem die letzten japanischen Flugzeuge der ersten Welle den Luftraum von Darwin wieder verlassen hatten, erreichten kurz danach in einer zweiten Welle die von der Insel Sumba gestarteten 54 Bomber vom Typ G3M und G4M Darwin. Sie luden ihre Bombenlast auch noch über dem Hafen und den beiden Flugfeldern ab. Am Nachmittag machten Flugzeuge der japanischen Flugzeugträger in einer dritten Welle Jagd auf alliierte Kriegs- und Handelsschiffe, die bei den Angriffen auf Darwin außerhalb des Hafens bei Melville und Bathurst Island geankert hatten und nun das Weite suchten. Mehrere, meist australische Schiffe, wurden versenkt.

Japan erreichte sein gesetztes Ziel: Eine alliierte Invasion wurde verhindert, und bis zur bedingungslosen Kapitulation Japans Ende 1945 auch nicht mehr versucht. Da die Bombenangriffe auf Darwin nur militärischen Einrichtungen galten, gab es wohl 250 bis 300 Opfer unter dem alliierten Militärpersonal. Die Verluste der Zivilbevölkerung waren dagegen minimal. Die Australier leiden jedoch bis heute unter diesem Angriff, weshalb dieser Handstreich der Japaner bis heute als das ‚Pearl Harbour Australiens‘ bezeichnet wird.

Während des Zweiten Weltkriegs gab es nur einen Angriff der japanischen Luftwaffe auf zivile Ziele in Australien. Am 3. Mai 1942 bombardierte die japanische Luftwaffe die kleine Stadt Broome in West-Australien. Dabei wurden nach australischen Angaben 88 Zivilisten getötet.[174]

Die Invasion Balis durch Japan war ein harter Schlag für die Alliierten, da nun die niederländische Marinebasis in Surabaya in Reichweite der japanischen Flugzeuge lag. Alle in diesem Raum verfügbaren Kriegsschiffe der Niederländer, US-Amerikaner, Briten und Australier wurden nun nach Bali beordert. In der Straße von Badung bei Bali kam es zur entscheidenden Seeschlacht, bei der Japan am 20. Februar 1942 die deutlich überlegene alliierte Flotte besiegte. Nun waren die West- und die Ostflanke der Insel Java gegen einen Zugriff der Alliierten gesichert. In einer weiteren Seeschlacht in der Javasee hatte die japanische Marine am 27. Februar 1942 bereits zwei Schlachtschiffe und drei Zerstörer der alliierten Flotte versenkt. Tags darauf, am 28. Februar, fand in der Sunda-Straße, in der Nähe der Vulkaninsel Krakatau, die entscheidende Auseinandersetzung statt. Bei dieser Seeschlacht war neben dem australischen Leichten Kreuzer *HMAS Perth* auch das Flaggschiff der ‚Asiatischen Flotte‘ der Alliierten, das größte in dieser Region eingesetzte Schlachtschiff, der Schwere Kreuzer *USS Houston* im Einsatz. Die *USS Houston* wurde wegen ihrer Schnelligkeit und Feuerkraft von der Besatzung ‚The Galloping Ghost of the Java Coast‘ (‚Der galoppierende Geist der Java Küste‘) genannt. In dieser Seeschlacht wurden auch diese beiden Schiffe

174 Axis naval activity in Australian waters

der Alliierten von der japanischen Flotte versenkt. Von der 1.061 Mann starken Besatzung der *USS Houston* konnten sich nur 368 retten.

Der Untergang der *USS Houston* und die großen Verluste an Menschenleben wurden von der US-Regierung bis Kriegsende verheimlicht. Erst nachdem die wenigen Überlebenden aus japanischer Gefangenschaft befreit waren und berichten konnten, kam die Wahrheit und das ganze Ausmaß dieser Tragödie ans Tageslicht.

Zwischen dem 1. und 9. März 1942 fand vor der Südküste Javas, in der Nähe von Tjilatjap (heute: Cilacap) eine großangelegte Operation der japanischen Marine und Luftwaffe statt. Mindestens acht amerikanische, britische und niederländische Kreuzer, Zerstörer und Kanonenboote und ein niederländisches Passagierschiff wurden versenkt, ebenso zwei US-Tanker. Mindestens 15 niederländische Frachtschiffe wurden versenkt oder als Prisen genommen. Ein ganzer Konvoi mit australischen Minensuchbooten, Tankern und Transportschiffen wurde vernichtet. In Surabaya wurden von den Japanern 29 niederländische Handelsschiffe als Prisen erbeutet, in Batavia waren es 11. Die Verluste der Alliierten auf See waren erschreckend hoch.[175]

Die Invasion Javas, der wichtigsten und bevölkerungsreichsten Insel im indonesischen Archipel, begann am 1. März 1942. Nur wenige Tage später war Batavia besetzt. Am 10. März 1942 um 18 Uhr am Abend marschierten japanische Truppen in Bandung ein, einer hoch gelegenen Stadt, die wegen ihres gemäßigten Klimas von vielen Niederländern bewohnt war. Schon in den nächsten Tagen wurden 1.500 niederländische Zivilisten festgenommen und in das Gefängnis *Struiswijk* in Batavia eingeliefert. Wenig später waren dort schon 3.500 Gefangene. Weitere wurden in das Internierungslager *Tjikoedapateuh* gebracht. Mit 10.000 Zivilisten, darunter 800 Jugendlichen zwischen 12 und 14 Jahren, war es eines der größten Lager während der japanischen Besetzung Niederländisch-Indiens.[176] Zwei Jahre später, am 1. April 1944, wurden alle niederländischen Zivilinternierten von den Japanern als Kriegsgefangene eingestuft und auch entsprechend behandelt.

Am 28. März 1942 war Java, das letzte Bollwerk der Niederländer, vollständig von Japan besetzt. Der Militärflughafen Kalijati bei Subang in West-Java ist der Platz, an dem am 8. März 1942 die niederländischen Truppen kapitulierten und sich den Japanern unterwarfen. Die KNIL, die Königlich Niederländisch-Indische Armee, war geschlagen.

---

175 http://www.wlb-stuttgart.de/seekrieg/42-03.htm
176 Journal of Olympic History, Summer 1998: Anthony T. H. Bijkerk, *How a Photograph saved Hermann van Karnebeek's Live*, S. 27-30

Abb. 42
Japanischer Sonderstempel
anlässlich der Unterzeichnung
der Kapitulationsurkunde der
Königlich Niederländisch-
Indischen Armee KNIL in
Kalijati am 8. März 1942

Die Niederlande, die Indonesien 350 Jahre lang kolonisiert und ausgebeutet hatten, wurde von den Japanern in weniger als drei Wochen besiegt, obwohl die Kaiserliche Japanische Armee nicht mit Panzern und Kanonen anrückte. Wie in Singapur eroberten die Japaner auch die Inseln des Archipels meist auf Fahrrädern. Japan verlor bei der Invasion Niederländisch-Indiens nur rund 900 Soldaten. Auf dem Militärflughafen Kalijati ist bis heute der Raum zu besichtigen, in dem die Niederländer die Kapitulationsurkunde unterzeichneten.

Eine Rolle für die schnelle Besetzung Niederländisch-Indiens spielte die Befürchtung einflussreicher japanischer Kreise, dass das Deutsche Reich nach dem Einmarsch in die Niederlande in ‚ihrem Gebiet‘ in Südost-Asien Ansprüche geltend machen und ein deutsches Protektorat gründen könnte. Auch eine Besetzung durch die Vereinigten Staaten konnte zu diesem Zeitpunkt nicht ausgeschlossen werden.[177]

Die rot-weiße indonesische Fahne der Freiheitskämpfer, von der Kolonialmacht Niederlande als umstürzlerisch geächtet und verboten, wurde nun fröhlich geschwenkt. Die japanischen Soldaten wurden mit lauten *Banzai*-Rufen und Blumen als Befreier freudig begrüßt. Mit dem Fall Javas verlor die Niederlande ihre koloniale Besitzung in Südost-Asien.

Nun sprach der Freiheitskämpfer Soekarno, der nach der Unabhängigkeitserklärung Indonesiens im August 1945 der erste Präsident eines freien

---

177 Krug, Hirama, Sander-Nagashima, Niestlé, *Reluctant Allies*, S. 163

Indonesiens werden sollte, von den japanischen Brüdern, die sein Land nach 350 Jahren kolonialer Zwangsherrschaft endlich befreit hätten. Er sprach auch von ‚unserem Freund Hitler‘, der in die Niederlande einmarschiert sei und damit auch die niederländische Position in Niederländisch-Indien entscheidend geschwächt habe.

Bei der japanischen Invasion fielen auch die niederländischen Rundfunkstationen der NIROM (Nederlands Indische Radio Omroep Maatschappij) in japanische Hand. Die Japaner nützten die im gesamten Archipel verteilten Sendestationen intensiv für ihre Propaganda.

Manche Stationen waren bereits von den Freiheitskämpfern übernommen worden, so auch eine Radio Station in Jakarta, über die am 17. August 1945 die Proklamation der Unabhängigkeit Indonesiens ausgestrahlt wurde. Soekarno besaß eine mobile Sendestation in Jakarta, ‚Radio Indonesia Merdeka‘ (Radio Freies Indonesien), um seine Ideen und Parolen an das Volk weiterzugeben. Soekarno hatte das Ziel, eine Einheit zwischen den verschiedenen Bevölkerungsgruppen herzustellen. Aus diesen ersten Anfängen eines Rundfunks entstand später die staatliche Rundfunkanstalt ‚Radio Republik Indonesia‘, deren Ausbau mit Sende- und Studiotechnik später zu einem großen Teil durch die deutsche Firma Telefunken ausgeführt wurde.

In Malaya und Singapur gingen die Japaner ziemlich rigoros mit den britischen Kolonialherren und dem chinesischen Bevölkerungsanteil um. Aber im Archipel von Niederländisch-Indien entwickelte sich die Lage noch schlimmer. Hier wurde auch die einheimische Bevölkerung Opfer. Nach anfänglicher Begeisterung, die die Befreiung von den niederländischen Kolonialherren hervorrief, wurde nach einiger Zeit die einheimische Bevölkerung von den Japanern genau so geknechtet und ausgebeutet wie durch die niederländischen Kolonialherren zuvor. Zwangsarbeit, Hunger, Zwangsprostitution waren an der Tagesordnung. Das rohstoffarme Japan benötigte dringend jedes Reiskorn, jeden Tropfen Öl, jeden Fetzen Stoff. Die einheimischen Märkte in Niederländisch-Indien waren plötzlich leer. Um nicht Hungers zu sterben verkauften die Indonesier ihr Hab und Gut – Möbel, Schmuck, Silber –, um auf dem Schwarzen Markt zu horrenden Preisen etwas zum Essen zu ergattern. Japan empfand man nun als Last und Bedrohung, aber Hitler war für die Indonesier immer noch der große Held. Ihm wurde keine Schuld angelastet. Für die Gräueltaten, die im Auftrag Hitlers überall in Europa begangen wurden, zeigten sie kein Interesse. Europa war zu weit weg! Ihr einziges Ziel war die Unabhängigkeit! Und dafür war es wichtig, die Niederländer in ihrem Heimatland in Schach zu halten.

Im Gegensatz zu Korea und den Philippinen wurde in Indonesien bisher nur wenig über die Zwangsprostitution geschrieben, obwohl auch dort viele junge Frauen und Mädchen als *Jugun Ianfu,* sogenannte ‚Trostfrauen‘, eingezogen wurden. Nach neuesten Erkenntnissen von Historikern waren die bisher von den betroffenen Ländern genannten Zahlen aus Propagandagründen jedoch weit übertrieben.[178] In Magelang in Mitteljava und auf der Insel Flores soll es jedoch auch in Niederländisch-Indien zu Massenvergewaltigungen gekommen sein.[179]

Im Allgemeinen waren die Japaner nach Aussagen von Zeitzeugen sehr diszipliniert. Vergehen von japanischen Soldaten wurden durch die Vorgesetzten hart bestraft. Aber dass die Japaner in Niederländisch-Indien mit besonders harter Hand regierten, lässt sich erklären, denn hier fanden sie eine vollkommen andere Situation vor als in den weiter nördlich gelegenen okkupierten Ländern, die bisher unter britischer und französischer Kolonialverwaltung gestanden hatten.

In Birma, Malaya und Singapur legten die britischen Kolonialherren großen Wert auf eine profunde Schulbildung der Bevölkerung. Die Abschlussarbeiten, die die Einheimischen in höheren Schulen ablegten, wurden in Großbritannien bewertet, und mit dem entsprechenden Zeugnis konnten die Einheimischen sofort auf einer Universität – auch in Großbritannien – ein Studium beginnen. Es gab eine breite gebildete Schicht, die die Erweiterung ihrer geistigen Welt der Kolonialmacht Großbritannien verdankte. Bis in leitende Positionen hinein war die britische Kolonialverwaltung mit geschulten einheimischen Kräften besetzt. Nach dem Einmarsch der Japaner funktionierte die Verwaltung nach einer kurzen Übergangsphase dadurch reibungslos weiter.

In ‚Französisch-Indochina‘ war die Situation ähnlich. In Kolonialschulen und an der Universität in Marseille wurden einheimische Verwaltungsbeamte herangebildet und danach in leitende Positionen befördert.

Nicht so in Niederländisch-Indien! Hier spielten Rassenunterschiede bei der Verwaltung und in der Rechtsprechung eine entscheidende Rolle. Die niederländischen Kolonialherren wendeten ein ausgeklügeltes System an, um die Einheimischen unter Kontrolle, das heißt ungebildet und unentwickelt zu halten. Die niederländischen Kolonialherren ermöglichten nur einer ganz kleinen ausgewählten Schicht – vorzugsweise aus dem ihnen wohlgesonnenen Adel – eine Schul- oder Hochschulausbildung. Nur eine Handvoll der

---

178 Jakarta Post, 25.02.2014, S. 10
179 Yoshimi Yoshiaki, *Comfort Women,* New York 2000
    Hartono & Juliantoro, *Derita Paksa Perempuan Kisah Jugun Ianfu Pada Masa Pendudukan Jepang,* 1942 – 1945,
    Japan Times, 12 Mai, 2007, *Female forced into sexual servitude in wartime Indonesia*

Elite durfte studieren. Jahrhunderte lang wurde der einheimischen Bevölkerung eingetrichtert, dass sie eine minderwertige Rasse seien. In der Kolonialverwaltung wurden nur auf der alleruntersten Ebene Einheimische geduldet. Alle entscheidenden mittleren und gehobenen Positionen waren von Niederländern besetzt. Als die Japaner Niederländisch-Indien besetzten, hatte das Land mit über 95% eine der höchsten Analphabeten-Raten der Welt. In einem Volk von damals rund 70 Millionen Menschen hatten nach indonesischen Angaben nur 90 Einheimische eine Hochschulbildung erhalten!

Die niederländische Regierung sah während der Kolonialzeit in einer wachsenden Bildung der Einheimischen eine große Gefahr für ihren Machterhalt, und hemmte jahrhundertelang bewusst die Entwicklung der Bildung auf allen Ebenen. Sie hatte erkannt, dass Bildung das Selbstbewusstsein stärken würde, und verhinderte bewusst eine Alphabetisierung. Die Einheimischen wurden von der Kolonialmacht mit Gewalt für ihre eigenen niederländischen Interessen geformt, und ihnen wurde immer wieder gesagt, sie seien nicht fähig sich selbst zu regieren. Die niederländischen Kolonialherren hatten nur die Ausbeutung der reichen Ressourcen des Landes im Sinn. Ein Armutszeugnis für europäische Kolonialpolitik! Selbst Anton Adriaan Mussert, der niederländische Nazi-Führer, erwähnte bei seinem Besuch in Niederländisch-Indien noch vor Beginn des Zweiten Weltkriegs:

Hier herrscht eine Regierungsform, die faschistischen Vorstellungen entspricht![180]

Als die Japaner in Niederländisch-Indien einmarschierten und die Niederländer entweder geflohen, in den Untergrund abgetaucht oder interniert waren, fanden sie eine total zusammengebrochene Verwaltung und pures Chaos vor. Das waren schlechte Voraussetzungen, um die Verwaltung und Macht in die Hände der Indonesier zu übergeben. Die Japaner mussten hier härter durchgreifen als in den zuvor eroberten Ländern, um wieder eine gewisse Ordnung herzustellen. Um die weißen Kolonialherren zu ersetzen entsandte Tokyo zehntausende Ingenieure, Lehrer, Polizisten, Verwaltungsbeamte und andere Spezialisten nach Niederländisch-Indien. Von allen besetzten Gebieten in Südost-Asien konnten wegen fehlender Qualifikation nur in Niederländisch-Indien der weitaus größte Teil der Aufgaben nicht in einheimische Hände übergeben werden. Daher war die japanische Präsenz in Niederländisch-Indien viel ausgeprägter als in den zuvor eroberten Ländern. Dies war ein Nährboden für Auswüchse, da viele der kurzfristig entsandten Japaner nicht für diesen Einsatz qualifiziert und nicht mit der Mentalität der Indonesier vertraut waren. Viele agierten außerhalb der Kontrolle der Militärbehörden, was dazu führte, dass sie sich oft – wie

---

180 Mak, *Das Jahrhundert meines Vaters,* S. 159

zuvor die Niederländer – als Herrenmenschen fühlten und entsprechend auftraten.

Da es in Niederländisch-Indien nach dem Abzug der Kolonialherren auch keinen funktionierenden Polizeiapparat mehr gab, musste der japanische Geheimdienst *Kempetai* viele loyale Einheimische aus den zuvor okkupierten Gebieten rekrutieren, um einfache Aufgaben wahrzunehmen. Als Hilfspolizisten wurden hauptsächlich geschulte Militärs aus Korea und Formosa eingesetzt. Auch diese fühlten sich nun als Herren im Lande. Brutale Behandlungen der einheimischen Bevölkerung durch sie waren an der Tagesordnung. Die Indonesier lehnten diese ausländischen Hilfspolizisten ab. Sie wollten sich ihnen nicht unterordnen, zumal sie schon immer eine große Aversion gegen Chinesen oder chinesisch aussehende Menschen hatten und bis heute haben.

Ein Land nach dem anderen in Ost- und Südost-Asien war nun in japanische Hände gefallen. Es war ein Erfolg, den weder die USA noch Großbritannien den japanisch-kaiserlichen Streitkräften zugetraut hatten, den Truppen eines Landes – das nach der Ansicht der USA – vor ein bis zwei Generationen noch im Mittelalter lebte und immer noch rückständig war. Dabei war Japan – im Gegensatz zu den USA – ein Land mit einer jahrtausende alten Hochkultur. Schon vor dem Krieg konnte ein höherer Prozentsatz der Bevölkerung in Japan lesen und schreiben als in den USA.[181]

Die Alliierten konnten die Erfolge Japans nicht begreifen und verstehen. Die japanischen Soldaten in ihren schäbigen, weit geschnittenen gelben Uniformen, die um den ganzen Körper schlotterten, schlecht ausgerüstet mit einfachem Schuhwerk, mit Fahrrädern als Transportmittel und altmodischen Gewehren mit einem langen Lauf machten zunächst keinen guten Eindruck auf die Bevölkerung. Die Japaner mit ihren großen runden Brillengläsern in einer schwarzen Fassung, die im Gegensatz zu den fröhlichen Einheimischen immer mürrisch aussahen und nicht lächeln konnten, waren ihnen fremd. Dies sollte die so erfolg- und siegreiche japanische Kaiserliche Armee sein, die die Niederländer und die Alliierten besiegt hatte? Mit ihrer abgerissenen Kleidung sahen sie wie Besiegte aus, aber sie waren die Sieger! Wie war dies möglich?

In weniger als sechs Monaten hatte Japan alle weißen Kolonialmächte aus Ost- und Südost-Asien vertrieben, die dort schon seit Jahrzehnten und Jahrhunderten festsaßen. Nun beherrschte Japan alle Länder in diesem Raum mit einer Bevölkerung von damals über 500 Millionen Menschen! Der Traum von einer ‚Großasiatischen Wohlstandssphäre‘ war nun für eine kurze Zeit Wirklichkeit geworden.

---

181 Stahmer, *Japans Niederlage – Asiens Sieg*, S. 147

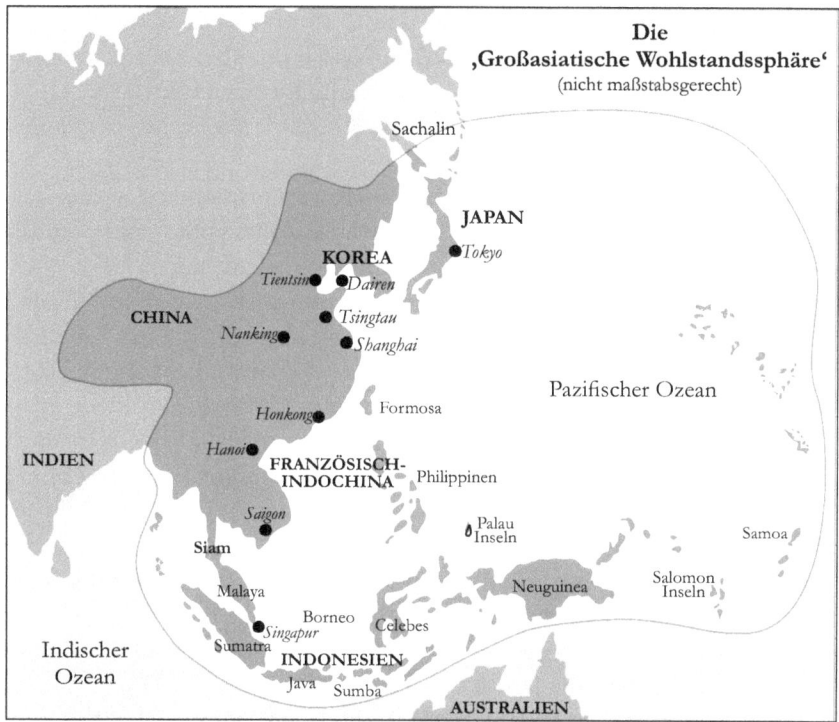

Abb. 43
Die Großasiatische Wohlstandssphäre

95% der Weltproduktion an Kautschuk und 90% an Chinin waren nun unter der Kontrolle Japans, und es konnte die reichen Bodenschätze für den eigenen Kriegsapparat nutzen. Für diesen unglaublichen Erfolg opferte Japan 15.000 Menschenleben; die alliierten Streitkräfte verloren ein Vielfaches. Die Zeit des großen militärischen Erfolgs wurde in Japans Propaganda als das ‚Kaiserliche Chrysanthemen-Wunder‘ bezeichnet.

Nach der Besetzung der Niederlande durch die Deutsche Wehrmacht und der Besetzung ihrer Kolonie Niederländisch-Indien durch Japan witterte die bisher unterdrückte einheimische Bevölkerung in Niederländisch-Indien Morgenluft. Die Niederländer ergaben sich den Japanern ohne große Gegenwehr. Die großen und blonden Niederländer, die die Einheimischen immer für unbesiegbar gehalten hatten, waren geflohen oder untergetaucht und überließen die Bevölkerung ihrem Schicksal. Nun sahen die Einheimischen ihre Chance, die Fesseln der Kolonialzeit abwerfen zu können, und setzten ihre Hoffnung weiterhin auf Hitler. Hitler wurde nach dem Anschluss von Österreich und dem Einmarsch in das Sudetenland sowie wegen seiner schnellen Erfolge an der West- und Ostfront von der einheimischen Bevölkerung ganz Südost-Asiens und Indiens bewundert. Die Stimmung der einheimischen Bevölkerung in Niederländisch-Indien war: *Wenn Hitler in Java einmarschiert, dann werden alle Menschen jubeln und ihm Blumen streuen.*[182]

Jeder Indonesier wollte die schon Jahrhunderte andauernde Knechtschaft der Niederlande endlich beendet sehen, auch mit Hilfe Hitlers, ohne jedoch die eventuell darauf folgenden Konsequenzen zu bedenken.

Die schnellen Erfolge Japans hatten eine kaum abzuschätzende Wirkung auf die asiatischen Völker. Ein asiatisches Volk hatte die weißen Kolonialherrn geschlagen und vertrieben! Man glaubte nun nicht mehr an die Überlegenheit der weißen Rasse! Unterdrückte Völker wollten nun nicht mehr für ihre weißen Kolonialherren gegen andere kämpfen. Dies erklärt auch den gewaltigen Zulauf, den der indische Freiheitskämpfer Subhas Chandra Bose aus den Reihen der indischen Kriegsgefangenen für seine ‚Armee Freies Indien‘ (‚Legion Azad Hind‘) in Deutschland und Asien erhielt. Indische Soldaten in Diensten der britischen Armee wollten nicht mehr ihren Kopf für die britischen Kolonialbestrebungen riskieren. Diese Entwicklung wurde von Großbritannien und den Niederlanden zu spät erkannt. Die darin liegende Chance nutzten die Japaner.

Am 8. Dezember 1941 hatte Niederländisch-Indien Japan den Krieg erklärt. Der Befehl dazu kam aus London, wo die niederländische Exilregierung mit Königin Wilhelmina ihren Sitz hatte. Zu diesem Zeitpunkt saßen die Japaner bereits in Französisch-Indochina, und die Besetzung der Philippinen hatte gerade begonnen. Nach dieser Kriegserklärung rückte Japan schneller als geplant nach Niederländisch-Indien vor, denn Japan benötigte dringend das Öl aus Sumatra und Borneo.

Die Niederländer in ihrer Kolonie Niederländisch-Indien traf nicht nur die volle Wut der Besatzer, auch die 350 Jahre lang gedemütigten Einheimischen, die *Inlanders*, verfluchten die ehemaligen Kolonialherrn. Viele niederländische Kolonialbeamte, die vor der Okkupation Japans nicht mehr fliehen konnten, wollten keinesfalls in die Hände der Japaner fallen und legten zur Tarnung einheimische Kleidung an, färbten sich die Gesichter braun oder versuchten, in den Untergrund zu gehen. Sie wollten untertauchen, *onderduiken,* wie die Niederländer sagten. Ohne Erfolg! Von der einheimischen Bevölkerung erfuhren sie keinen Schutz, im Gegenteil, sie wurden aufgespürt, gejagt und gelyncht. Der im Laufe der Jahrhunderte aufgestaute Hass gegen die weißen Kolonialherren entlud sich in blutigen Massakern. Durch die Städte und Dörfer hallte der Ruf: *Bunuh dia!* Schlagt sie tot! Nie-

---

182 Keppner, *Wie weit bis Airmolang,* S. 99

derländische Männer, Frauen und Kinder waren die Opfer. Die früheren Jäger – die Niederländer – wurden nun selbst zu Gejagten. Die Japaner setzten für jeden festgehaltenen oder verratenen Niederländer ein Kopfgeld aus. Und wer wollte schon in einer ohnehin schwierigen Zeit auf ein zusätzliches Einkommen verzichten?

Die Deutschen, meist Mütter mit Kindern und Jugendlichen, wurden nun von den Japanern aus den niederländischen Internierungslagern befreit. Im Gegenzug wurden nun niederländische Männer, Frauen und Kinder als Kriegsgefangene oder Internierte in bereits bestehende oder rasch errichtete Lager gesperrt. Auf dem Weg zu den Internierungslagern wurden die Niederländer von den Einheimischen beschimpft und bespuckt. Zehntausende männliche niederländische Kriegsgefangene wurden von der Kaiserlichen Japanischen Armee zur Zwangsarbeit beim Bau der Birma- und Transsumatra-Eisenbahn gezwungen.

Überall im Archipel wurden Internierungslager für Niederländer und alliierte Kriegsgefangene eingerichtet. Camps befanden sich in *Gloegoer* und *Aek Pamienke* in Nord-Sumatra. Das Lager *Aek Pamienke* bei dem Ort Rantau Prapat, etwa 300 Kilometer südlich von Medan, wurde auf einer verlassenen Kautschukplantage eingerichtet. Alleine dort waren rund 7.000 Niederländer, Australier und Amerikaner interniert, darunter viele niederländische Frauen und Kinder. In Siantar in Nord-Sumatra wurde das von den Niederländern als Internierungslager für Frauen und Kinder verwendete Krankenhaus von den Japanern als Konzentrationslager zweckentfremdet. 800 niederländische Frauen und Kinder mussten hier bis Kriegsende auf engstem Raum ausharren.

Ein weiteres Internierungslager auf Sumatra war *Si Ringo Ringo*. Hier waren 2.000 niederländische Männer und Jungen ab 16 Jahren untergebracht. Fünf Camps gab es in Palembang in Süd-Sumatra, weitere in Aceh, im Norden der Insel. Alleine im Internierungslager *Pulau Brayan* auf Sumatra waren über 2.000 niederländische Frauen und Kinder hinter Stacheldraht. In den Internierungslagern auf Java, in denen zuvor die Deutschen eingesperrt waren, saßen nun die Niederländer – alleine auf Java 29.000 Männer, 25.000 Frauen und 29.000 Kinder.[183] In allen Lagern waren die Sanitäranlagen, die Wasserversorgung und die medizinische Betreuung – wie zuvor, als die Niederländer noch die Bewacher waren – bei weitem nicht ausreichend. Alle Internierten hatten schwer zu leiden. Krankheiten wie Malaria und Cholera breiteten sich immer weiter aus. Täglich gab es Tote durch Krankheit, Unterernährung und Erschöpfung. Je näher die Niederlage der Japaner rückte, desto härter und rücksichtsloser wurden die Lagerinsassen behandelt.

183 Doel, *Het Rijk van Insulinde*, S. 272ff

Die Sterblichkeitsrate war sehr hoch. Im Lager *Kampili* im Südosten von Celebes war sie mit nur 1,5 % am niedrigsten. In den Internierungslagern auf Java lag die Sterblichkeitsrate bei durchschnittlich 16 % und auf Sumatra sogar bei 37 %. Im Vergleich dazu lag die Sterblichkeitsrate indonesischer Kulis, die auf Plantagen der Niederländer in Nordsumatra arbeiteten, über einen Zeitraum von drei Jahren bei 20 %. Und dies in Friedenszeiten! Aus diesen Zahlen ist zu erkennen, dass die Niederländer die einheimischen Kulis – in Friedenszeiten! – auch nicht viel besser behandelt hatten.[184]

Ein großes Lager für die Kriegsgefangenen wurde von den Japanern in Tandjung Priok (heute: Tanjung Priok), dem Hafen von Batavia, eingerichtet. Hier waren Niederländer, Briten, US-Amerikaner und Australier gemeinsam eingesperrt. Unter den US-Amerikanern befanden sich nicht wenige Japaner, deren Familien teilweise schon vor mehreren Generationen in die USA emigriert waren. Die siegreichen Japaner wollten diese ‚japanischen US-Bürger' für ihre Zwecke verwenden, aber sie waren meist ihrer neuen Heimat gegenüber loyal und verweigerten sich. Im amerikanischen Heimatland dagegen wurden alle Bürger mit japanischem Migrationshintergrund wie Spione behandelt, streng überwacht und oft eingesperrt.

Die alliierten Kriegsgefangenen im Lager von Tandjung Priok wurden zum großen Teil von einheimischen Wärtern, die von den Japanern für diese Aufgabe eingesetzt wurden, bewacht. Wie mir später einige Veteranen schmunzelnd erzählten, machten sich die indonesischen Wärter einen großen Spaß daraus, ihre Schuhe von den ehemaligen holländischen Kolonialherren putzen zu lassen, um sie so zu demütigen.

Durch die japanische Besetzung Niederländisch-Indiens hatte sich die Situation der Reichsdeutschen grundlegend gebessert. Sie waren jetzt frei. Nicht so die Volksdeutschen. Waren die Volksdeutschen aus niederländischer Sicht noch halbe Deutsche gewesen und somit suspekt, so waren sie in den Augen der japanischen Besatzungsmacht nun halbe Niederländer und erst recht verdächtig. Auch die Reichsdeutschen wurden nun gegenüber den Volksdeutschen zurückhaltender. Man war sich ihrer Loyalität gegenüber dem Dritten Reich nicht ganz sicher.

In der Öffentlichkeit wurde von den Japanern die holländische Sprache verboten. Nur wenige der japanischen Offiziere sprachen Deutsch oder Englisch. Eine Verständigung war daher oft schwierig. Die Einheimischen mussten japanischen Offizieren auf der Straße mit einem tiefen Kotau die Ehre erweisen. Die Reichsdeutschen taten dies mit erhobener Hand und einem zackigen ‚Heil Hitler'. Dazu rief man noch deutlich *Doitzu*, Deutscher, um ungeschoren davon zu kommen. Die niederländischen und alliierten Kriegs-

---

184 Mak, *Das Jahrhundert meines Vaters,* S. 370

gefangenen in den Lagern fühlten sich durch den tiefen Kotau erniedrigt, obwohl dies für die Japaner ein ganz normaler Gruß ist.

Um noch freie Niederländer aufzuspüren, führten die Japaner Kontrollen und Razzien durch. Da die Japaner so gut wie keine Fremdsprache sprachen, versuchten anfangs Niederländer, sich mit erhobener rechter Hand und ‚Heil Hitler‘ als Deutsche auszugeben. Erst als die Deutschen von den Japanern neue Ausweise und Anstecknadeln mit schwarzem Hakenkreuz auf rotem Grund bekamen, konnte man sich eindeutig als Deutscher identifizieren und wurde auch als verbündeter Freund behandelt.

Schweizer, Skandinavier, Italiener, Vichy-Franzosen und Weißrussen waren sogenannte ‚freien Gäste‘, die sich weiterhin in den japanisch besetzten Gebieten mit speziellen Genehmigungen begrenzt bewegen durften. Die Deutschen waren die einzigen, die als sogenannte ‚Achsenbrüder‘ alle Freiheiten hatten. Bei einer Ausweiskontrolle mussten sich die Deutschen allerdings hüten, nicht ins gewohnte Holländische zu verfallen. Das hätte die japanischen Kontrolleure sofort misstrauisch gemacht.

In den Kinos liefen nun Filme mit deutschen und japanischen Wochenschauen. Wenn auf der Leinwand ein feindliches Schiff versenkt wurde, schrien die Deutschen nicht mehr ‚Hurra‘ oder ‚Sieg Heil‘, sie und die Indonesier riefen nun gemeinsam *Banzai!* Man lernte schnell die ersten Worte der Sprache des Bündnispartners und des neuen Besatzers.

Wie bereits erwähnt, wurden die Japaner zunächst von der indonesischen Bevölkerung freudig als Befreier von dem kolonialen Joch mit Jubel und Blüten empfangen. Die rot-weiße indonesische Fahne wurde fröhlich geschwenkt, und Soekarno nahm das japanische Angebot an, unter dem japanischen Militär eine indonesische Regierung vorzubereiten, an deren Spitze er stehen sollte. Die indonesische Bevölkerung schwelgte allerdings nur für kurze Zeit im Gefühl der Befreiung und Unabhängigkeit. Hunderttausende junger Männer wurden von ihren Familien getrennt und wie die niederländischen Männer und alliierten Kriegsgefangenen zu Zwangsarbeit verpflichtet. Für den Eisenbahnbau in Sumatra, Siam und Birma meldeten sich viele Indonesier aus der Not heraus auch freiwillig. Frauen wurden für Liebesdienste versklavt, und in den Kasernen der japanischen Soldaten oft über Monate festgehalten.

Da Japan schon in Friedenszeiten auf erhebliche Importe angewiesen war, verschlechterte sich aufgrund des Krieges die Ernährungslage im Heimatland zusehends. Die Seewege waren unsicher gewordenen, und die schon vor Kriegsbeginn von den Vereinigten Staaten gegen Japan verhängte Wirtschaftsblockade verschärfte die Lage. Nun wurden Grundnahrungsmittel wie Reis, Süßkartoffeln und Rohstoffe für den heimischen Markt, in den besetzten Ländern mit dem gleichen Eifer eingetrieben wie es zuvor die westlichen Kolonialmächte getan hatten. Davon war besonders das fruchtbare Niederländisch-Indien betroffen. Das Land wurde rücksichtslos ausgebeutet. Agrarprodukte, Lebensmittel, Textilien und vieles mehr wurden beschlagnahmt und nach Japan gebracht. Die Japaner nahmen sich, was sie brauchten: Häuser, Autos, Reis und die Frauen. Die Japaner verstanden nicht die rücksichtsvolle Mentalität und die gesellschaftlichen Gepflogenheiten der normalerweise sehr geduldigen und genügsamen Südost-Asiaten. In den Augen der Einheimischen führten sie sich auf wie Elefanten im Porzellanladen. Sicherlich hatten sie anfangs die hehre Absicht, den unterdrückten und verarmten Kolonialvölkern Asiens als der ‚ältere, erfahrene Bruder‘ unter die Arme zu greifen, aber sie verspielten schon nach kurzer Zeit die ihnen anfangs entgegengebrachte Sympathie. Die ‚Söhne der aufgehenden Sonne‘, die zielbewussten und fleißigen Japaner, die sich als väterliche Freunde angekündigt hatten, behandelten die einheimische Bevölkerung einfach *kasar*, was man mit rau, grob oder rücksichtslos übersetzen kann, und was absolut nicht der indonesischen Mentalität und den Gepflogenheiten entsprach! Dies hatte zur Folge, dass die einheimische Bevölkerung nach der Kolonialzeit erneut großes Leid erfahren musste.

Dies sowie psychologische Fehler und Arroganz der militärischen Behörden und deren Hilfstruppen führten dazu, dass die anfängliche Sympathie der einheimischen Bevölkerung für eine ‚Ostasiatische Wohlstandssphäre‘ unter der Flagge mit der aufgehenden Sonne rasant schwand. ‚Asien den Asiaten‘ wurde zu einer Farce. Es ist immer ein Nachteil, wenn man im Fernen Osten – auch nur für eine Sekunde – die Höflichkeit vergisst. Im Rausch des Krieges und der Siege hatten die Japaner diese vergessen.

Dies war jedoch keine japanische Eigenart. Bei jedem Krieg fallen die Sitten auf einen zuvor nicht für möglich gehaltenen Tiefpunkt – bei allen Nationen. Disziplinlosigkeit der kämpfenden Truppen zieht sich wie ein Faden durch die Geschichte, von den unbeschreiblichen Verbrechen der Deutschen im Dritten Reich, der Russen und so weiter bis in die heutige Zeit während der Kriege im Irak und Afghanistan. Wie in allen verlustreichen Kriegen, von Vietnam bis heute, wenden sich die Vereinigten Staaten ab und hinterlassen Chaos und Leid.

Im Laufe der Zeit betrachteten sogar die indonesischen Nationalisten die japanische Okkupation mit gemischten Gefühlen. Die niederländische Unterdrückung und Ausbeutung wurde nun durch eine japanische abgelöst. Das wird Japan bis heute verübelt. Aber so, wie Japan das Wohlwollen der einheimischen Bevölkerung verlor, gewann die Freiheitsbewegung unter Soekarno an Kraft und Zulauf.

Während der japanischen Besatzungszeit musste die Bevölkerung keine Angst vor Dieben oder Plünderungen haben. Selbst die kleinsten Vergehen wurden von den japanischen Behörden mit Folter oder sogar dem Tode bestraft. Trotzdem verkrochen sich die Indonesier in ihren Hütten. Die Ruhe auf den Straßen unterbrachen nur die vorbeiziehenden japanischen Truppen mit ihren laut geschmetterten Marschliedern. Wenn Einheimische auf der Straße Japaner trafen, durfte man sie nicht provozieren. Je tiefer man sich vor ihnen verneigte, desto größer war die Chance, dass man ungeschoren davon kam. Schulen wurden wieder eröffnet und die Kinder mussten Japanisch lernen.

Alle privaten Autos verschwanden von den Straßen. Sie wurden versteckt oder waren von der japanischen Militärbehörde beschlagnahmt worden. Nur die japanischen Militärfahrzeuge waren zu sehen. Trotz Lebensmittelkarten für Reis und Zucker waren diese Grundnahrungsmittel auf den offiziellen Märkten nicht mehr zu finden. Provisorische japanische Banknoten wurden ausgegeben, sogenannte Militär-Yen. 1 Yen entsprach dem Wert von 0,60 Reichsmark.[185] Die Militär-Yen wurden im Volksmund abwertend ‚Duit Pisang‘ (Bananenscheine) genannt. Reis war ein ganz seltenes Gut geworden und auf dem Schwarzmarkt auch zu horrenden Preisen kaum mehr zu erhalten. Jedes Fleckchen Erde rund um die Häuser wurde ein Gemüsegarten. Die schnell wachsende ‚Ubi Singkong‘ und ihre Blätter waren das Hauptnahrungsmittel. Die Einheimischen aßen alles, um nicht zu verhungern: Schildkröten, Schlangen und sogar Schnecken. Baumwolle wurde angepflanzt und daraus Material für einfache Kleidung hergestellt. Der Großteil der Ernte des Archipels wurde nach Japan verschifft.

Tjokorda Ibu Adun, die Tochter von Tjokorde Gede Agung Sukawati, dem Fürsten von Ubud auf Bali, erzählte mir die folgende Geschichte: Während der japanischen Okkupation hielten sich die Soldaten besonders gerne auf Bali auf. Japaner waren und sind ein kulturliebendes Volk. Die Japaner waren fasziniert von der Kultur auf Bali und der Kunstfertigkeit der Balinesen. Fast jede Balinesin und fast jeder Balinese ist ein Künstler: entweder malen sie, machen Musik, tanzen, oder sie schnitzen aus einem Stück Holz das schönste Kunstwerk. Nicht nur hunderte, es gab und gibt tausende hinduistischer Tempel auf der Insel, in denen fast täglich Feste stattfanden. Die Japaner vergaßen auf Bali fast den Krieg, denn sie fanden die Vielseitigkeit der Kunst und Kultur auf dieser Insel einzigartig und genial. Und die Japaner lieben die Malerei.

Während dieser Zeit lebte der 1907 in Cirebon geborene indonesische Kunstmaler Affandi in Yogyakarta auf Java. 1934 begann er als Autodidakt zu malen. Er war ein begabter, fanatischer – damals noch völlig unbekannter

---

185 Thomer, *Unter Nippons Sonne*, S. 32

– Maler. Auf Java herrschte Hunger, und mit seiner Kunst konnte er seine Familie nicht ernähren. Er hörte, dass in Bali dank der japanischen Präsenz ein besserer Markt für Kunstwerke sei. Er ging dort hin und freundete sich mit dem Tjokorde Gede Agung Sukawati in Ubud an. Dieser war ein großer Kunstliebhaber, der eng mit dem deutschen Künstler Walter Spies befreundet war. Affandi war Mitglied von POETRA, einer Vereinigung von Künstlern, die sich die Verbreitung der einheimischen Kunst zum Ziel gesetzt hatte. Neben vielen anderen waren auch Soekarno und Mohammad Hatta, die Freiheitskämpfer und Gründer der Indonesischen Republik, Mitglieder dieser Vereinigung.

Entlang der Mauer des Palastes von Tjokorde Gede Agung Sukawati in Ubud, gegenüber dem großen Markt, durfte Affandi seine Gemälde und Zeichnungen aufstellen. Bei den an Kunst interessierten Japanern fand sein moderner Stil großen Anklang, und er verkaufte seine Werke zu immer höheren Preisen. Er wurde in der japanischen Kunstszene so bekannt, dass er während der japanischen Okkupation im Jahre 1943 sogar seine erste Soloausstellung im *Gedung Poetera* in Batavia durchführen konnte.

Viele seiner Werke wurden von den japanischen Besatzungstruppen gekauft und nach Japan mitgenommen. Für Affandis Bekanntheitsgrad war die Zeit der japanischen Besatzung wie ein Dammbruch und der Anfang einer großen Karriere. Mehr als 2.000 seiner Kunstwerke sind bis heute erhalten geblieben und schmücken viele Museen der Welt, auch das ‚Fukuoka Asian Art Museum‘ in Japan. Im Jahre 1973 wurde das Affandi Museum in Yogyakarta gegründet, das bis heute die reichhaltigste Sammlung seiner Werke zeigt.

Nach Ende des Zweiten Weltkrieges erklärte Indonesien seine Unabhängigkeit. Aber die Niederländer kamen zurück, um ihre ehemalige Kolonie wieder unter ihre Herrschaft zu bringen. Affandi wurde ein überzeugter und fanatischer Freiheitskämpfer an der Seite Soekarnos. Er bemalte Eisenbahnwaggons mit dem Slogan ‚Merdeka atau Mati‘ (Freiheit oder Tod) und entwarf Plakate für die Unabhängigkeitsbewegung. Sein bekanntestes Motiv aus jener Zeit ist ein Mann, der die ihn fesselnden Ketten zerreißt. Ich bin mir sicher, dass heute noch viele Kunstwerke Affandis in japanischen Hinterzimmern oder Speichern schlummern, ohne dass die Besitzer wissen, welch wertvollen Schatz ihr Vater oder Großvater als Soldat damals in Ubud auf Bali erstanden hat. Diese frühen Kunstwerke Affandis, damals meist nur mit einem ‚A‘ signiert, werden nämlich heute mit vielen zehntausend Euros auf dem internationalen Kunstmarkt gehandelt.

Obwohl die Japaner den freundlichen, rücksichtsvollen Indonesiern mit einer Härte und Autorität gegenüber traten, die diese bisher nur von ihren weißen niederländischen Kolonialherrn her kannten, aber nicht von einem asiatischen Brudervolk erwarteten, blieb die Unterstützung Japans für die indonesische Unabhängigkeitsbewegung ungebrochen.

Die Sichtweite der meisten Indonesier, dass Hitler durch seinen Krieg mit den Niederlanden entscheidend dazu beigetragen hat, die Unabhängigkeit Indonesiens zu beschleunigen, hat sich bis heute kaum geändert. Diese Einstellung hatte Soekarno, der der erste Präsident eines freien Indonesiens werden sollte, schon lange vor dem Zweiten Weltkrieg vorhergesagt. Soekarno argumentierte, dass durch einen von Hitler verursachten Krieg in Europa der koloniale Machthaber Niederlande so sehr geschwächt würde, dass die dadurch gestärkte Freiheitsbewegung letztendlich Indonesien zur Unabhängigkeit führen würde! 1938, als Soekarno noch ins Exil auf der Insel Flores verbannt war, prophezeite er sogar, dass die Unabhängigkeit 1945 erreicht werden würde. Zu diesem Zeitpunkt schrieb er ein Drama mit dem Titel ‚Indonesia 45'.[186]

Diese Einschätzung Soekarnos ist neben anderem ein Grund, weshalb Hitler bis heute in Indonesien so populär ist. Dazu kommt, dass das Geschichtsbewusstsein der Indonesier erst nach dem Abzug der letzten Niederländer im Jahr 1950 beginnt. Von den Gräueltaten des Hitler-Regimes haben sie nur wenig oder nichts erfahren, oder wollen nichts davon wissen. Ein weiterer Grund dafür sind die Aussagen von Zeitzeugen, die am Unabhängigkeitskampf von 1945 bis Dezember 1949 teilgenommen hatten. Laut diesen soll Hitler die Unabhängigkeitsbewegung in Indonesien und die Aufrüstung der PETA (Pembela Tanah Air), einer Armee der ‚Verteidiger des Vaterlandes', die während der japanischen Besatzung von Soekarno aufgebaut wurde, mit militärischen Gütern und militärischen Ausbildern massiv unterstützt haben. Diesen Hinweisen werde ich im zweiten Teil des Buches nachgehen.

Auch die Tore der berüchtigten niederländischen Konzentrationslager ‚Tanah Merah' und ‚Tanah Tinggi' in Neuguinea, in denen indonesische Nationalisten eingesperrt waren, wurden nun von den Japanern geöffnet. Die beiden Lager wurden von den Niederländern ‚Boven-Digoel' genannt. Neben vielen Tausend anderen kamen dort auch Mohammad Hatta, der erste Vizepräsident Indonesiens und Sutan Sjahrir, der erste indonesische Ministerpräsident, frei. Die beiden Konzentrationslager lagen gut 450 Kilometer von der Mündung des Flusses Digoel (heute: Digul) flussaufwärts im Südosten von Niederländisch-Neuguinea, umgeben von hunderten Kilometern undurchdringlichem Dschungel. Bereits Anfang der 1930er Jahre waren dort schon über 2.100 Indonesier unter schlimmsten Verhältnissen und bei einem mör-

---

186 Adams, *Sukarno,* S. 145
 Anwar, *Sejarah Kecil,* S. 123

derischen feucht-heißen Klima wegen Auflehnung gegen die Kolonialmacht jahrelang eingesperrt. Krankheiten wie Malaria, Masern oder Lungenentzündungen grassierten. Die Todesrate war extrem hoch.[187] Mit der Besetzung Niederländisch-Indiens erhielten jetzt auch diese Menschen die Freiheit!

Nachdem nun auch Niederländisch-Indien japanisches Hoheitsgebiet geworden war, traf der deutsche Hilfskreuzer *Thor* bei seiner zweiten Reise als erster in Batavia ein. Der Kriegsberichterstatter Heinz Tischer veröffentlichte 1983 im Selbstverlag eine Broschüre, aus der ich Einzelheiten dieser Reise wie folgt entnehmen konnte: Aus dem Hamburger Frachtschiff für Südfrüchte *Santa Cruz* wurde in 100 Werfttagen der Hilfskreuzer *Thor*, der von der Deutschen Kriegsmarine auch als *Schiff 10* bezeichnet wurde. Die Briten führten den Hilfskreuzer *Thor* als ,*Raider E*'. Getarnt hinter Attrappen und zu öffnenden Bordwänden waren nun auf jeder Seite des Schiffes zwei Geschütze montiert. Je ein Geschütz waren im Bug und im Heck getarnt platziert. Im Heck befand sich eine zusätzliche Zwillings-Flugzeug-Abwehrkanone. Hinter einer Schanzpartie war auf jeder Seite des Schiffes ein Torpedo-Zwillingsrohr versteckt. In 30 Metern Höhe über dem Schiff war auf einem ausfahrbaren Mast ein Drehsessel für einen Ausguck angebracht. Im Bug war eine Hebebühne für ein Arado 196 A Aufklärungs-Schwimmerflugzeug untergebracht, dessen Flügel für den Transport im Schiff beigeklappt waren. An Bord war ein Antennenreißgerät zum Abspulen, mit dem der zwischen den Masten gespannte Antennendraht der Handelsschiffe im Tiefflug erfasst und durchtrennt werden konnte. Der Gegner wurde somit daran gehindert, einen Funkspruch über den Angriff mit der Positionsangabe abzusetzen. Das Schwimmerflugzeug hatte Maschinengewehre an Bord und konnte zwei Bomben mit je 50 Kilogramm mitführen. Der Aktionsradius der vollgetankten Maschine lag bei knapp 1.000 Kilometern.

Da die Hilfskreuzer oft weit über ein Jahr auf hoher See waren, war auch an Bord der *Thor* ein mustergültig ausgestattetes Krankenhaus mit Operationssaal und ein Lazarett mit vielen Betten erforderlich. Hier konnten auch gefangene Seeleute von gekaperten Schiffen versorgt werden. Der Chirurg war Dr. Buchinger, der Allgemeinarzt Dr. Lehmann, der Zahnarzt Kurt Grobe und der Sanitäts-Obergefreite Hollmann.[188] Für die Unterhaltung der Seeleute gab es an Bord einen Kinosaal und ein Schwimmbad aus Segeltuch. Im Heck des Schiffes wurden lebende Schweine gehalten, um immer mal wieder frisches Fleisch auftischen zu können. Die *Thor* sah auf den ersten Blick wie ein ungefährliches Handelsschiff aus, konnte sich aber in wenigen Sekunden in einen hochaufgerüsteten Hilfskreuzer verwandeln.

---

187 Loeber, *Das niederländische Kolonialreich*, S. 50
188 Tischer, *Die Abenteuer des letzten Kapers*, S. 33ff

Die *Thor* stach im November 1941 unter Kapitän zur See Günther Gumprich in See. Von Kiel führte die Route über Le Havre nach Bordeaux. Zweimal lief die Thor aus Bordeaux aus, musste jedoch wegen eines Orkans im Ostatlantik mit Beschädigungen nach Bordeaux zurückkehren. Das dritte Auslaufen in das antarktische Meer war erfolgreicher. Vier Wochen lang suchte die *Thor* vergeblich nach Walfängern in der eisigen See, dann nahm sie Kurs auf das Kap der Guten Hoffnung. Im Südatlantik wurde die *Thor* von der *Regensburg* mit neuem Treibstoff versorgt. Vollgetankt konnte die *Thor* nun ohne nachzutanken ein Mal rund um die Welt fahren, da bei den Umbauarbeiten zum Hilfskreuzer zusätzliche Tanks eingebaut worden waren.

Im Indischen Ozean kaperte die *Thor* den britischen Passagierdampfer *Nankin,* der von Fremantle in West-Australien nach Colombo unterwegs war. An Bord der *Nankin* waren neben der Besatzung noch australisches Militär und 365 Passagiere, meist Frauen und Kinder. Bei der Kaperung fielen den Deutschen noch 56 Säcke Kurierpost mit wertvollen Informationen und 184 Kisten mit Chinesen-Dollars (*Yüans*) in die Hände.[189] Für die Frauen und Kinder wurde ein Freiplatz mit Spielplatz an Deck angelegt. Selbst ein Kind wurde auf der *Thor* geboren, das die Mutter aufgrund der zuvorkommenden Behandlung an Bord zu Ehren des ‚Geburtshelfers' Dr. Fritz Lehmann auf den Vornamen Fritz taufte. Die *Nankin* fuhr unter dem Kommando von deutschen Prisenoffizieren als Prise *Leuthen* weiter nach Yokohama, wo sie als Wohnschiff für deutsches Marinepersonal diente.

Mit den Mannschaften der zuvor gekaperten Schiffe und der *Nankin* waren nun über 800 Gefangene an Bord der *Thor.* Diese waren nun weit in der Überzahl gegenüber der eigenen Mannschaft. Admiral Wenneker in Tokyo organisierte ein Treffpunkt mit dem Blockadebrecher *Regensburg*, der auf dem Weg nach Yokohama war, um die Gefangenen zu übergeben. Die australischen Frauen und Kinder übergaben einen Dankesbrief an Kapitän Gumprich für die an Bord erwiesene Freundlichkeit und Höflichkeit.[190] Das Schiff erreichte mit den Gefangenen sicher Japan.

Als die *Thor* im östlichen Indischen Ozean ‚japanisches Hoheitsgebiet' erreicht hatte, traf sie mit dem Blockadebrecher *Tannenfels* zusammen, um Frischkartoffeln und einen Abiturienten der Deutschen Schule in Tokyo zu übernehmen. Dieser sprach perfekt Japanisch und Deutsch und sollte als Dolmetscher dienen. In der Sundastraße, kurz vor Batavia, kam der japanische Gouverneur von Java, Kapitän zur See Graf *Maeda*, an Bord, um die *Thor* im japanischen Hoheitsgebiet willkommen zu heißen. Kapitän Graf *Tadeshi Maeda* war der Kaiserliche Marineattaché beim Heeresbefehlshaber

---

189 Tischer, *Die Abenteuer des letzten Kapers,* S. 53
190 Tischer, *Die Abenteuer des letzten Kapers,* S. 61

in Batavia und der Leiter des japanischen Marinestützpunktes. Er war ein Hundenarr. Wie mir Zeitzeugen erzählten, durfte sein Lieblingshund - auch bei offiziellen Empfängen für die Marine-Offiziere - mit ihm vom selben Teller speisen. Graf *Maeda* war 1940 Militärattaché in Den Haag. Während dieser Zeit wurde er auch von Hitler in Berlin empfangen.

Die *Thor* lief nun nach fast 300 Tagen auf See wieder Land an. Bis hier hatte das Schiff zehn gegnerische Schiffe versenkt oder als Prise genommen. Unter den versenkten Schiffen waren auch die britischen Schiffe *Wellpark*, *Willesden*, *Aust* und *Kirkpool*, die ausschließlich militärisches Material für Großbritannien geladen hatten. Mit diesen Schiffen gingen neben andern Gütern fast 100 Flugzeuge, viele Kampfpanzer, Militärfahrzeuge, über 500 Maschinengewehre, 16.000 Kisten mit Munition und 200 Kisten mit britischen Uniformen unter.[191]

Am 10. Oktober 1942 erreichte die *Thor* Yokohama für einen Werftaufenthalt. In einem Seehotel in dem Kurort *Hakone* durfte sich die Mannschaft erholen. Der Bordarzt der *Thor* hatte viel zu tun, denn in Yokohama und Tokyo hatten sich ein Dutzend Männer mit einer Geschlechtskrankheit infiziert.

Am 30. November 1942 kam das Ende des Hilfskreuzers. Das Schiff lag kurz vor einem neuen Einsatz neben der *Uckermark*. Die *Uckermark* hatte Flugbenzin von Singapur nach Yokohama gebracht. Die Tanks waren bereits leergepumpt, als durch eine Unaufmerksamkeit eine Benzingas-Explosion ausgelöst wurde. Dieser folgte eine Explosion der an Bord geladenen Torpedoköpfe. Die *Uckermark* und die danebenliegende *Thor*, das japanische Munitionsschiff *Unkai Maru III* und die erst kurz zuvor von der *Thor* erbeutete Prise *Leuthen* wurden restlos zerstört. Auf der *Uckermark* und der *Thor* fanden 57 deutsche Seeleute den Tod.[192] Die Rückreise der Überlebenden der beiden Schiffe von Japan nach Bordeaux erfolgte mit dem Blockadebrecher *Pietro Orseolo*.

---

191 Tischer, *Die Abenteuer des letzten Kapers*, S. 30
192 Tischer, *Die Abenteuer des letzten Kapers*, S. 91

14. Radio XGRS (German Radio Station), ‚Shanghai Calling'

Die nationalsozialistische Propaganda erreichte auch das ferne Asien. In China gab es eine ganze Menge deutscher Printmedien in deutscher und englischer Sprache. Deutschsprachige Zeitungen und Magazin waren zum Beispiel die *Deutsch-Chinesischen Nachrichten*, die *Deutsche Zeitung in Nordchina*, die *Deutsche Shanghai Zeitung*, der *Ostasiatische Beobachter*, der *Bühnenspiegel im Fernen Osten*, *Die Brücke* oder *Die Dschunke*. In Niederländisch-Indien war es die *Deutsche Wacht*. Die größte internationale Wirkung in der Auslandspropaganda des Dritten Reichs erzielte im fernen Asien jedoch die englischsprachige Monatszeitschrift *The XXth Century*. Die Deutschen und die an Deutschland interessierte internationale Gemeinschaft hatte eine große Auswahl.

Darüber hinaus kamen Informationen und Propaganda auch über den Äther nach Fernost. Die deutsche Nachrichtenagentur ‚Transocean' sendete bereits seit Jahren viermal täglich Nachrichten aus Deutschland in Englisch und Chinesisch über den chinesischen Sender XHHB in Shanghai aus. Aus Königs-Wusterhausen bei Berlin strahlten starke Kurzwellensender mit den Kennungen DJA bis DJE seit 1933 Programme in Deutsch nach Asien. Der Sender konnte in ganz Ost- und Südost-Asien gut empfangen werden.

Der bereits erwähnte Günther Fust war als Vertreter der Pharmasparte Bayer im Konzern IG-Farben in China tätig. Am 20. November 1936 fuhr er an Bord des Schiffes *SS Tungwo* durch die Schluchten des Jangtsekiang, des längsten Flusses Chinas, von dem 3.000 Kilometer bis ins Landesinnere Chinas mit Dampfern schiffbar sind. In einem Brief nach Deutschland schreibt er:

Der Berliner Sender wird hier überall auf den Schiffen, an den Küsten und im Inneren Chinas bestens gehört.

An anderer Stelle schreibt er aus seinem Haus in Chungking, nachdem er Ende 1938 für 750 Dollar ein neues Rundfunkgerät erstanden hatte:

Ein ausgezeichneter 10 Röhren Philips Radio Apparat versorgt uns mit Musik und neuesten Nachrichten aus der ganzen Welt. Der Empfang ist hier hervorragend, Musik und Nachrichten hören wir hier ebenso gut wie irgendwo in Deutschland von einem Sender im gleichen Ort.

Sein Nachbar, der amerikanische Botschafter, hatte das gleiche Rundfunkgerät erhandelt, aber 900 Dollar dafür bezahlt. Über ihn schreibt er:
Unser Haus ist an einen Hügel gelehnt, auf der anderen Seite des Hügels wohnt der amerikanische Botschafter, unser Nachbar, der sich immer über unsere Hakenkreuzfahne ärgert, die ihm höchst herausfordernd vor seiner Nase hängt.

In einem Bericht von Ende 1938 beschreibt Herr Fust aus seinem Domizil in Chungking seinen Tagesablauf, in dem auch seine Hörgewohnheiten erwähnt werden:
Um 4.30 Uhr fährt man nach Hause, dann trinkt man seinen Tee und hört von 5.30 bis 8 Uhr die Mittagsmusik vom Deutschlandsender, die aus Saarbrücken, Hannover, München oder anderen Städten übertragen wird. Um 8.00 Uhr kommen Nachrichten aus Berlin, um 8.30 Uhr aus London und dann kann man Musik aus London, Berlin, Paris, Moskau, Prag, Rom, Hanoi, Tokyo und anderen Städten hören.
Lustig sind immer die deutschen Nachrichten, die Moskau täglich um 12.00 Uhr MEZ sendet. Die Sendung wird eingeleitet mit der russischen Nationalhymne und mit den Worten ,Proletarier aller Länder vereinigt Euch!' Der Inhalt dient zur Erheiterung. Es wird ein solcher Unsinn verzapft, dass man sich fragen muss, ob diese Leute überhaupt ernst genommen werden können.[193]

Wie Nachforschungen ergaben, hatte Deutschland eine weit zurückreichende Geschichte in der Lieferung von Sendeanlagen nach Shanghai. Zwischen 1907 und 1914 wurden drei ,Tönende Löschfunkensender' der Firma Telefunken in Berlin für die Deutsche Konzession nach Shanghai geliefert. Diese Sender fanden vermutlich für die Kommunikation mit dem Ostasien-Geschwader der Deutschen Kaiserlichen Marine Verwendung. 1930 wurden mehrere 2-Kilowatt-Mittelwellen-Röhrensender derselben Firma mit dem Sendebereich zwischen 16 und 60 Metern nach Shanghai geliefert. Auftraggeber waren die Deutsche Konzession und Konzessionen anderer Länder in Shanghai.[194]
Das Deutsche Reich hatte Anfang 1940 einen kleinen Mittelwellensender mit nur 300 Watt Sendeleistung für den lokalen Rundfunk in der deutschen ,Kaiser-Wilhelm-Schule' an der Great Western Road in der Deutschen Konzession in Shanghai in Betrieb genommen. Die Briten hatten ihre

---

193 Aus dem Tagebuch von Herrn Fust, das mir freundlicherweise von Herrn Dr. Walter Jäcker zur Verfügung gestellt wurde. Alle *kursiv* geschriebenen Textteile sind Originalzitate aus dem Tagebuch von Herrn Fust
194 Jürgen Graaff, ehemals Leiter des Bereichs Rundfunksender der Firma Telefunken, private und nicht veröffentlichte *Historische Senderliste*

Rundfunkstation XMHA, die sich ‚Voice of the Orient‘ nannte. Die Japaner hatten ihre Rundfunkstation XQHA, Russland XRVN und Italien XIRS. Insgesamt tummelten sich an die 40, meist leistungsschwache, private Radiostationen in Shanghais Äther. Alle Sendungen dieser Rundfunkstationen konnten nur innerhalb des Stadtgebiets empfangen werden.

Im Laufe der Kriegsjahre verstärkte das Deutsche Reich seine Rundfunk-Präsenz in Ostasien jedoch erheblich. 1940 wurde in Shanghai ein neuer deutscher Rundfunksender in Betrieb genommen, der nun im 49-, im 31- und im 25-Meterband seine Programme ausstrahlte. Es war ein Kurzwellensender, der in ganz Ost- und Südost-Asien und darüber hinaus empfangen werden konnte. Mit 10 Kilowatt Sendeleistung war der deutsche Kurzwellensender nun der leistungsstärkste Rundfunksender im Fernen Osten.

Das Kennzeichen der deutschen Radiostationen war XGRS. Das ‚X‘ war das Kennzeichen für China und ‚GRS‘ stand für ‚German Radio Station‘. Als Kennung meldete sich Radio XGRS am Anfang und Ende eines jeden Programmpunktes mit:

Deutscher Rundfunksender Shanghai – The Call of the Far East.

Bezahlt und finanziert wurde die Rundfunkstation und deren Betrieb vom Reichsaußen- und Propagandaministerium in Berlin.

Die Radiostation wurde in der Deutschen Konzession innerhalb des Internationalen Settlements betrieben. Das Internationale Settlement in Shanghai war bereits Mitte des 19. Jahrhunderts gegründet worden; es war ein wichtiges Handelszentrum, wo ausländische Kaufleute auf chinesischem Boden unter ausländischem Recht ihren Reichtum vermehren konnten. Für den Betrieb der deutschen Radiostation und die vorgesehene Sendeleistung war, trotz des Betriebs in der deutschen Konzession, eine Sendegenehmigung der damaligen Besatzungsmacht Japan erforderlich.

Radio XGRS war zunächst ein deutscher Kultursender, der primär der Unterhaltung der deutschen Gemeinde diente. Dies sollte sich bald ändern! Der Auswärtige Dienst und das Propagandaministerium in Berlin erkannten die Bedeutung von Radio XGRS für die Verbreitung der Nazi-Ideologie und für die Stärkung des Zusammengehörigkeitsgefühls der vielen Deutschen in diesem Raum. Die beiden Ministerien kamen überein, dass das Programm entsprechend geändert werden sollte. Radio XGRS sollte eine Waffe der Propaganda werden und vorwiegend in englischer Sprache senden. Obwohl die Sendungen von Tokyo bis Batavia einwandfrei empfangen werden konnten, wurde bereits Anfang 1940 die Absicht bekundet, die Sendeleistung des 10-Kilowatt-Kurzwellensenders auf 100 Kilowatt zu erhöhen.

Dr. Erwin Wickert wurde Ende 1940 als Rundfunkattaché vom Reichs-Außenministerium nach Shanghai entsandt, um die Leitung von Radio

XGRS zu übernehmen, und auch zu versuchen, gemeinsam mit dem Deutschen Generalkonsul Martin Fischer das Projekt einer Leistungserhöhung – in Abstimmung mit Japan – vor Ort zu beschleunigen. Erwin Wickert war der erste Diplomat, der die Position eines Rundfunkattachés im Dritten Reich übernahm. Bei seiner Entsendung nach Shanghai waren sicherlich neben seiner Qualifikation auch seine Kenntnisse über diese Region mit ausschlaggebend.

Erwin Wickert war Diplomat, Philosoph und Schriftsteller. In den Vereinigten Staaten studierte er Volkswirtschaft und Politik. Nach Abschluss seines Studiums in den USA bereiste er neben vielen anderen Ländern auch Japan, Korea, Mandschukuo und China. Danach promovierte er in Deutschland in Philosophie. 1939, im Alter von 24 Jahren, trat Dr. Wickert in die Dienste des Auswärtigen Amtes in Berlin ein. Nur ein Jahr später erfolgte seine Entsendung als Rundfunkattaché nach Shanghai.

Der Radiosender XGRS spielte in der Region Ost- und Südost-Asien eine herausragende Rolle, nicht nur in der Unterrichtung der Menschen mit Kriegsnachrichten und Kommentaren. Radio XGRS wurde ein NS-Propagandasender, der seine Informationen täglich von 7 bis 24 Uhr in Deutsch, Englisch, Chinesisch, Japanisch und später noch in Hindustani und Russisch ausstrahlte. Der Sender diente aber nicht nur der NS-Propaganda, über den Sender wurden auch kurze verschlüsselte Nachrichten an die vielen Agenten in der Region ausgestrahlt. Später, nach der japanischen Okkupation Niederländisch-Indiens, erhielten auch die Marinestützpunkte auf Java, Sumatra und der malaiischen Halbinsel verschlüsselte Nachrichten über Radio XGRS.

In Shanghai wimmelte es von Agenten aller Nationen. Hier traf auch der für die Sowjetunion spionierende Dr. Richard Sorge 1934 mit ‚Sonja‘ zusammen, die später ‚Stalins beste Spionin‘ werden sollte.[195] Die Stadt war eine Quelle für Gerüchte, aber auch für brauchbare Nachrichten, die dann von Radio XGRS an die im Untergrund agierenden deutschen Agenten verschlüsselt weitergegeben wurden. Zum Beispiel konnte die verschlüsselte Nachricht *10.000 Tonnen Baumwolle liegen in Bombay bereit* bedeuten, *10.000 britische Soldaten wurden in Singapur zusammengezogen.*

Bereits im Dezember 1940 schrieb Dr. Wickert nach Berlin:

Im Großen und Ganzen ist die Umgestaltung von einem deutschen Kultursender, der besonders der Unterhaltung der deutschen Gemeinde diente, zum politischen Kampfsender [...] abgeschlossen.[196]

---

195 Siehe hierzu Kapitel ‚Deutsche Botschaft Tokyo‘, Band 2
196 Rundfunk und Geschichte, Mitteilungen aus dem Deutschen Rundfunkarchiv, 29. Jahrgang Nr. 1/2 – Januar/April 2003, Aufsatz von Astrid Freytag: *XGRS – Shanghai Calling*, S. 40/Fußnote 18, Wickert an AA, 17.12.1940

TUNING IN

PROGRAM OF STATION XGRS IN SHANGHAI

570 kc   *25 m. band*

(Unless otherwise stated, the program will be transmitted by both long and short wave)

ON WEEKDAYS:

7.00 Choral—Folksongs—Marches	4.00 Chinese Program (Kuo Yu)
7.15 Physical Fitness Program	4.45 German Lessons for Chinese
7.30 Light Music	5.00 Afternoon Concert
7.45 News in English	6.00 Light Music
8.00 Light Music	6.15 Commentary by David Lester
8.15 Women's Half-hour with Anne Collins	6.25 Light Music
8.45 Light Music	6.30 Asia's Views on the News
9.00 Children's Hour with Pamela Anne	6.45 La demi-heure francaise
9.30 Light Music	7.15 Commentary in English
10.15 News in English	7.30 Shanghai Walla-Walla
10.30 Hindustani Program	7.45 News in English
11.00 Chinese Program (Cantonese)	8.00 American Program
11.30 News in French	8.30 Commentary by Herbert Moy
11.45 Italian Program	8.45 News in Russian
12.15 German Program	9.00 Ukrainian Program
12.40 Light Music	9.15 Classical Concert
12.45 News in English	10.15 News in English
1.00 Russian Program (Long Wave)	10.30 Light Music
1.00 Half-hour of American Dance Music (Short Wave)	10.35 Commentary by Herbert Moy
	10.50 Light Music
1.30 Light Music	11.15 Late News in English
1.55 Program Preview	11.30 Dance Music
2.00 Broadcast for Overseas Listeners (Short Wave)	11.45 Asia's Views on the News
	12.00-1.00 Broadcast for Overseas Listeners (Short Wave)

ON SUNDAYS:

8.00 Choral—Folksongs—Organ Selections	6.30 Light Music (Short Wave)
8.45 News in English	6.35 Asia's Views on the News (Short Wave)
9.00 Sunday Morning Concert	6.45 Request Program
10.15 News in English	7.00 German Program
10.30 Hindustani Program	7.15 Weekly Review in German
11.00 Chinese Program (Cantonese)	7.30 German Waltzes
11.30 News in French	7.45 News in English
11.45 Italian Program	8.00 Popular French Music
12.15 German Program	8.10 Durand et Dupont
12.40 Light Music	8.30 Reginald Hollingsworth
12.45 News in English	8.45 Commentary in Russian
1.00 Noon Concert (Short Wave)	9.00 Light Music
1.00 Russian Program (Long Wave)	9.30 Bill & Mack
1.30 Noon Concert	9.45 Light Music
1.55 Program Preview	10.15 News in English
2.00 Broadcast for Overseas Listeners (Short Wave)	10.30 Dance Music
	11.15 Late News in English
4.00 Opera Concert	11.30 Dance Music
6.00 Request Program (Long Wave)	11.35 Bill & Mack
6.00 Light Music (Short Wave)	11.50 Concert Program
6.15 Flight Lieut. David Lester (Short Wave)	12.00-1.00 Broadcast for Overseas Listeners (Short Wave)

Abb. 44
Programmhinweis im Magazin ‚The XXth Century‘, Shanghai

Radio XGRS erregte großes Aufsehen und erhielt international einen noch größeren Zulauf durch die kabarettistisch vorgebrachte politische Kolumne ‚A Briton's Point of View‘ des Österreichers Peter Waldbauer, der seine Kommentare in maßlos übertriebenem Oxford-Englisch sprechen konnte.

Generell waren alle Kommentare von Radio XGRS anti-britisch und anti-amerikanisch, vermutlich auch, um die einheimische Bevölkerung der vorwiegend britischen Kolonien in dieser Region – von Hongkong bis Singapur – gegen die britische Besatzungsmacht aufzuwiegeln.

Herbert May, ein Amerikaner chinesischer Abstammung, war bei Radio XGRS der sogenannte ,Slogan Maker'. Seine bissigen Kommentare wurden oft in der Programmzeitschrift von Radio XGRS, deren Frontseite ,Shanghai Calling' hieß, abgedruckt. Herbert May erklärte zum Beispiel in einer Sendung: *Der Krieg, er begann, weil Großbritannien das Lebensrecht der deutschen Nation nicht anerkennen wollte [...] Der Krieg im Pazifik begann, weil Herr Roosevelt darauf bestand, sich in Angelegenheiten zu mischen, die ihn oder die Vereinigten Staaten direkt nichts angingen.*[197]

Im Laufe der Zeit wurde sein Ton aggressiver und er betonte nun auch die rassistische Weltanschauung des Dritten Reichs. Hier ein Beispiel:
Roosevelts Krieg dient nicht dem amerikanischen Volk, sondern der Wiederherstellung der jüdischen Weltposition. Roosevelt ist der Exponent des Weltjudentums und von jüdischen Beratern umgeben. [...] Der findige Jude aber kämpft nicht, sondern verdient nur am Krieg.[198]

Neben den oben genannten beiden Kommentatoren bei Radio XGRS waren der Deutsche Frederick Wiehl, der Amerikaner Robert Fockler und der Australier John Holland weitere herausragende Propagandisten für die ,deutsche Sache'. John Holland wurde wegen seiner aktiven pro-deutschen Propaganda nach Ende des Zweiten Weltkriegs in Australien mit mehreren Jahre Gefängnis bestraft.

Die britische Radiostation XMHA und die deutsche XGRS betrieben einen 'Krieg der Worte'. Erwin Wickert versuchte nun auch auf andere, nichtdeutsche Stationen in Shanghai im Sinne des Dritten Reichs Einfluss zu nehmen, was ihm auch teilweise gelang. Besonders chinesische Stationen übernahmen große Teile des Programms von Radio XGRS.

Im Februar 1942 wurde von Wickert eine Abhörstation in Shanghai eingerichtet, einer Nebenstelle von ,Sonderdienst Seehaus'. Der ,Sonderdienst Seehaus' in Berlin war eine Dienststelle für Nachrichtenbeschaffung, die

---

197 Rundfunk und Geschichte, Mitteilungen aus dem Deutschen Rundfunkarchiv, 29. Jahrgang Nr. 1/2 – Januar/April 2003, Aufsatz von Astrid Freytag: *XGRS – Shanghai Calling*, S. 42, Fußnote 39, Programmzeitschrift v. 6.1.1942, S. 3f

198 Rundfunk und Geschichte, Mitteilungen aus dem Deutschen Rundfunkarchiv, 29. Jahrgang Nr. 1/2 – Januar/April 2003, Aufsatz von Astrid Freytag: *XGRS – Shanghai Calling*, S. 44, Fußnote 50, Office of Strategic Services, China, Report on German Radio Station XGRS, 7.10.1945

dem Auswärtigen Amt und dem Reichsministerium für Volksaufklärung und Propaganda unterstellt war. Rund um die Uhr wurden von 700 Mitarbeitern in 37 Sprachen Nachrichten und Kommentare abgehört, die für die militärische oder politische Führung von Bedeutung sein konnten. Alle interessanten Nachrichten wurden in einem täglichen Bulletin zusammengefasst.

Neben dem ‚Sonderdienst Seehaus‘ in Berlin gab es in Deutschland noch rund ein Dutzend weiterer Abhördienste, zum Beispiel den der Luftwaffe und den der Armee. Der vielleicht größte war der sogenannte ‚Militärische Abhördienst‘ mit rund 3.000 Mitarbeitern in Berlin und Nürnberg. Hier wurde der militärische Funkverkehr der Alliierten in Sprache und Morsecode überwacht und entziffert. Allerdings – und das stellte sich nach dem Krieg als der größte Mangel der Abwehr heraus – fehlte zwischen diesen verschiedenen Abhördiensten die Koordination.[199]

Die Leitung des Abhördienstes in Shanghai übertrug Dr. Wickert an den Schweizer Walter Leo Meyer. Dr. Erwin Wickert berichtete nach Berlin:

Als Aufgabe habe ich Herrn Meyer übertragen, sämtliche Sender, die im pazifischen Raum liegen, regelmäßig abzuhören und zu beobachten. Ich habe ihm aufgetragen, besondere Aufmerksamkeit den Sendern San Francisco, Honolulu, Tokyo, Chungking, Hongkong, Sidney, Manila, Singapore, Saigon, Bangkok und Batavia zu schenken.[200]

Die Aufgabe war aber nicht nur auf das Abhören von Rundfunkstationen beschränkt. Es wurde auch der militärische Funkverkehr der Amerikaner im Pazifik abgehört. Wenn man bedenkt, dass neben dem Abhördienst rund um die Uhr noch bis zu 2.000 Nachrichten pro Tag dechiffriert wurden, muss der Personalaufwand dieser Nebenstelle des ‚Sonderdienstes Seehaus‘ in Shanghai gewaltig gewesen sein.

Es waren aber nicht nur die Deutschen, die Abhördienste unterhielten. Um 1940 hatten die Amerikaner im pazifischen Raum Abhördienste auf den Aleuten, auf den Philippinen, in Samoa und auf Hawaii eingerichtet. Hier wurden neben Rundfunk- auch Morsesendungen aufgezeichnet.

Australien hatte zwei Abhördienste auf seinem Territorium, die Briten einen in Singapur und die Niederländer einen in Batavia. Als die japanische

---

199 Bartolomew Lee, *Radio Spies: Episodes in the Ether Wars*, S. 58 und 117
Flicke, *War Secrets in the Ether*
www.trft.org/TRFTPix/spies9eR2006.pdf

200 Rundfunk und Geschichte, Mitteilungen aus dem Deutschen Rundfunkarchiv, 29. Jahrgang Nr. 1/2 – Januar/April 2003, Aufsatz von Astrid Freytag: *XGRS – Shanghai Calling*, S. 44, Fußnote 53, Wickert an AA, 12.2.1941

Armee 1942 immer weiter nach Süden vorrückte, wurden die Geräte von Singapur und Batavia nach Australien gebracht. Australien bekam dadurch vier Abhörstationen, in Darwin, Perth, Melbourne und in Neuguinea.

Nach Erfüllung seiner Aufgabe in Shanghai wechselte Dr. Wickert 1942 als Rundfunkattaché an die Deutsche Botschaft in Tokyo. Sein Nachfolger in Shanghai war Rudolf Grau. Auch in Japan baute Wickert eine Nebenstelle des ‚Sonderdienstes Seehaus' auf. In Tokyo wurde im Dezember 1942 sein Sohn, der bis heute bekannte Fernsehmoderator, Autor und Journalist Ulrich Wickert geboren.

Ab 1955 war Dr. Erwin Wickert wieder im Diplomatischen Dienst der Bundesrepublik Deutschlands tätig. Er war unter anderem Deutscher Gesandter in London und Deutscher Botschafter in Bukarest und Peking.

Während der propagandistischen Periode von Radio XGRS war noch ein weiterer prominenter Deutscher in Shanghai. Es war der vielen deutschen Bürgern der Nachkriegszeit durch seine Berichte über die politische Lage in Rundfunk und Fernsehen, durch seine politischen Kommentare in einschlägigen Zeitungen und durch seine Bücher bekannte Dr. Klaus Mehnert. Nach Abschluss seines Studiums bereiste Mehnert schon in jungen Jahren China, Japan und Amerika. Als er von 1934 bis 1936 Korrespondent in Moskau war, bereiste er erneut China und Japan. Nach einer Gastprofessur an der Universität in Berkeley in den USA und einer ordentlichen Professur an der Universität in Honolulu gründete er im Auftrag des Reichsaußenministeriums in Shanghai die bereits erwähnte englischsprachige Zeitschrift ‚The XXth Century'. Die Zeitschrift wurde finanziell von Goebbels Propagandaministerium unterstützt und war dementsprechend geprägt. ‚The XXth Century' wurde in Ostasien ein großer Erfolg und erzielte in der Auslandspropaganda eine bemerkenswerte internationale Wirkung.

Klaus Mehnert und Erwin Wickert arbeiteten eng zusammen. Die Zeitschrift ‚The XXth Century' druckte regelmäßig das Programm von Radio XGRS und veröffentlichte anti-britische Berichte und Kommentare. Nach Kriegsende wurde Mehnert wie alle Deutschen in China interniert. Wieder in Deutschland wurde Mehnert ab 1950 zunächst außenpolitischer Kommentator des Süddeutschen Rundfunks. Er beriet auch alle deutschen Bundeskanzler von Konrad Adenauer bis Helmut Schmidt in Fragen der Ost- und Asienpolitik.

Besonders während der japanischen Okkupation Südost-Asiens spielte Radio XGRS eine herausragende Rolle. Trotz der relativ geringen Leistung von 10 Kilowatt waren die Programme laut Empfangsberichten auch in ganz Australien und an der Westküste Kanadas und der USA gut zu hören.

Dem Ostasienausschuss im Reichsaußenministerium wurde im August 1944 eine Ausgabe der amerikanischen Zeitschrift ‚Amerasia' vorgelegt, in der der deutsche Sender in Shanghai große Beachtung fand, weil er auch in Kalifornien empfangen werden konnte. Der Kommentar von Hilmar Bassler hierzu war, *dass die Bedeutung des Senders in dem Artikel weit überschätzt werde, dass aber diese Auffassung Deutschland durchaus nicht schade.*[201]
Legationsrat Hilmar Bassler, der spätere Deutsche Botschafter in Jakarta, saß für die Abteilung Presse des Reichsaußenministeriums in dem Ausschuss.

Die Leistungserhöhung von XGRS auf 100 Kilowatt wurde vor Kriegsende nicht mehr realisiert. Nach der Kapitulation Deutschlands wurde Radio XGRS von Japan übernommen und verbreitete unter der neuen Kennung XGOO anti-amerikanische Nachrichten. Als auch Japan einige Monate später kapitulierte, fiel die Station in chinesische Hände. Mit der Kennung XORA war dies nach Ende des Zweiten Weltkriegs die einzige Station, die aus Shanghai Rundfunksendungen ausstrahlte. Eine Episode deutscher Rundfunkgeschichte in Ostasien war zu Ende gegangen![202]

---

201 Rundfunk und Geschichte, Mitteilungen aus dem Deutschen Rundfunkarchiv, 29. Jahrgang Nr. 1/2 – Januar/April 2003, Aufsatz von Astrid Freytag: *XGRS – Shanghai Calling*, S. 44, Fußnote 52, Protokoll über die Sitzung des Informationsdienstes für Ostasien und die Südsee, Berlin 22.8.1944
202 Astrid Freyeisen, *XGRS – Shanghai Calling: Deutsche Rundfunkpropaganda in Ostasien*, S. 38-46
http://rundfunkundgeschichte.de/assets/RuG_2003_1-2.pdf
www.pateplumaradio.com, Radio Scene in Shanghai

15. Das Massaker von Nanking

Bereits in den 1930er Jahren intensivierte Japan seine kolonialen Bestrebungen in China. Im 1. Japanisch-Chinesischen Krieg von 1932 griffen
japanische Einheiten Shanghai an. Im 2. Japanisch-Chinesischen Krieg von
1937 gab es erhebliche Verluste auf beiden Seiten. Die feindselig lächelnden
und sich selbst überschätzenden Chinesen machten sich zunächst über die
‚japanischen Inselzwerge' mit ihrem übersteigerten Eroberungsdrang lustig.
Aber schon bald forderte Japan, die modernste Industrienation des Fernen
Ostens, die ihm gebührende Hochachtung und griff brutal durch. Die große
Schlacht um Shanghai dauerte vom 13. August bis zum 9. November 1937,
und endete mit dem Sieg der Japaner über die Chinesen. Japan kam bei dem
Eroberungszug durch China zu Hilfe, dass China zu jener Zeit von Unruhen
und Aufständen zerrissen war. Es war ein Jahr nach dem Tod von Sun Yat-
sen, dem Vater der chinesischen Revolution.

Ausgelöst wurde dieser 2. Japanisch-Chinesische Krieg durch Bomben, die
auf Shanghai, aber auch auf die internationale Konzession fielen. Der Zeitzeu-
ge Günther Fust beschreibt in seinem Tagebuch lebendig den Kriegsbeginn:
In Shanghai glaubte ich einen geruhsamen Sommer verbringen zu können. [...]
Doch die Nervosität steigerte sich zusehends. Ein japanischer Offizier wurde in
der Nähe des chinesischen Flugplatzes erschossen und das war das Signal zum
Losschlagen. [...]
Um 19:00 Uhr ertönten die ersten Schüsse. Um 19:30 Uhr traf sich alles im
Gartenklub. Wir alten Kämpfer von 1932 kannten das schon, man konnte ge-
nau unterscheiden: Geschützfeuer, Mörser, Gewehrfeuer und das Bellen der Ma-
schinengewehre. Der Krieg wurde im Klub noch kräftig begossen. [...]
Am nächsten Morgen war es das erste Mal, dass wir in Shanghai Flugabwehr
und Bomben hörten. [...] Wir hörten Schreckensnachrichten von Panik auf den
Straßen. Aber was berührte uns das alles? Wir saßen doch sicher in der Kon-
zession! Und dann passierte das furchtbare Unglück am Nachmittag. Bomben
ins Cathay Hotel, ins Palace Hotel, den Brennpunkten des Internationalen
Settlements von Shanghai. [Anm. d. Verf.: Diese Hotels wurden hauptsächlich
von Diplomaten, ausländischen Gästen, Zeitungskorrespondenten und wohlha-
benden Chinesen frequentiert.] Und Bomben auf der Avenue Edward VII bei
der New World. Über 1.200 Tote am ersten Tag in der Konzession. Wagen mit
Menschenresten und Verwundeten. Panik! Schauerliche Tage folgten mit einer
unbeschreiblichen Nervosität in der ganzen Stadt. [...][203]

203 Tagebuch von Günther Fust, S. 52

Das von Herrn Fust genannte, erst vier Jahre alte exklusive Cathay Hotel mit seinen Kolonaden, dem berühmten Dachgarten und den hervorragenden Restaurants und Bars, ist sicherlich das von Vicki Baum in ihrem 1939 erschienenen Roman *Hotel Shanghai* genannte Hotel. In diesem Roman schildert sie hervorragend die Grausamkeiten und menschlichen Schicksale dieses Krieges.

Die Bombenangriffe wiederholten sich täglich, aber von nun an wurde die Internationale Konzession verschont. Hier fühlte man sich sicher. Herr Fust schrieb nach einem Bombenangriff: *Nachmittags Schwimmen im Klub und Tennis und der übliche Drink auf der Terrasse.* Es galt als feste Regel, dass die Konzession mitten in der Stadt nicht Ziel einer Kriegshandlung werden dürfe. Chinesen und Japaner beschuldigten sich gegenseitig, die Bombe abgeworfen zu haben. Proteste folgten, die letztendlich zu den folgenschweren Kriegshandlungen führten. Die Kämpfe um Shanghai forderten mehrere zehntausend Opfer, meist zivile Chinesen.

Shanghai war mit Flüchtlingen überfüllt. Schon zu Beginn des Dritten Reichs flüchteten rund 15.000 deutsche Juden dorthin. Die Freiheit währte allerdings nur kurze Zeit, denn nachdem Shanghai ab November 1937 von japanischen Truppen besetzt war, wurden alle Juden festgenommen und in Lagern, in sogenannten ‚Wohnstätten für staatenlose Ausländer‘, interniert. Erst acht lange Jahre später, Ende 1945, als US-Truppen sie befreit hatten, konnten sie die Lager wieder verlassen. Viele sind dort umgekommen oder waren durch Krankheit für den Rest des Lebens gezeichnet. Erst Monate nach ihrer Befreiung wurden die Überlebenden mit dem Schiff von Shanghai nach Wladiwostok gebracht und von dort mit der Transsibirischen Eisenbahn weiter nach Moskau. Von hier wurden sie auf verschiedene osteuropäische Städte verteilt.

Nach der Eroberung Shanghais durch Japan war der Weg in die damalige national-chinesische Hauptstadt Nanking frei, die Hauptstadt von Marschall *Chiang Kai-shek. Chiang Kai-shek,* ein Protegé von *Sun Yat-sen,* war im Grunde pro-westlich und anti-kommunistisch eingestellt, und erhielt zunächst auch direkte Unterstützung aus Deutschland. Aber er widersetzte sich vehement einer Besetzung durch Japan.

Chinesische Soldaten, die in Kriegsgefangenschaft gerieten, wurden auf kaiserlichen Befehl hingerichtet. Die japanischen Truppen hinterließen auf ihrem Vormarsch nach Nanking eine Spur der Verwüstung, von Mord und Vergewaltigung. Die ‚Söhne des Tennos‘ wurden von einem machtberauschten brutalen Militär angeführt, das die naturgegebene Höflichkeit der Japaner schnell vergessen ließ. Auch der japanische Geheimdienst *Kempetai* herrschte mit harter Hand. Von den damals 1,2 Millionen Einwohnern

Nankings flüchteten 800.000 in die umliegenden Gebiete. Das Flussschiff *Kutwo* lag zufällig vor Nanking. Die Deutschen von Nanking wurden mit dem Schiff, das von der Deutschen Botschaft gechartert wurde, in Sicherheit gebracht. Fast alle Ausländer hatten die Stadt schon verlassen.[204]

Im Dezember 1937 begann die blutige Schlacht um Nanking. Die Stadt wurde ununterbrochen bombardiert. Nach sechs Tagen, am 12. Dezember 1937, hatten die Japaner die Stadt eingenommen und das im Westen kaum bekannte ‚Massaker von Nanking' begann. Der Befehl der japanischen Heeresführung lautete, keine Gefangenen zu machen. Zehntausende chinesischer Soldaten, unschuldige Männer und Jugendliche, wurden wahllos erschossen oder mit dem Bajonett liquidiert. Es kam zu Massenvergewaltigungen von Frauen und Kindern. Nach Ende des Zweiten Weltkrieges wurde in den japanischen Kriegsverbrecherprozessen von 300.000 chinesischen Opfern und 80.000 Vergewaltigungen in Nanking gesprochen.

Neben diesen Grausamkeiten gab es aber auch einen Lichtblick. Der deutsche kaufmännische Leiter der ‚Siemens-China Corporation' in Nanking, John Rabe, richtete auf dem Fabrikgelände eine Sicherheitszone für Zivilisten ein. Durch das bilaterale Abkommen der deutschen Reichsregierung mit Japan konnte er das Werksgelände als neutrale Zone nutzen. Mit einer riesigen Hakenkreuzfahne schützte er das Gelände vor den japanischen Bombenangriffen. In der Sicherheitszone fanden bis zu 250.000 Menschen Schutz, in seinem Privathaus mit einem nur 500 Quadratmeter großen Grundstück, hausten mehr als 650 Menschen. Diesen Menschen hat Rabe das Leben gerettet. Wegen seiner großartigen humanitären Verdienste wird er in China bis heute als der ‚gute Deutsche von Nanking' oder als der ‚lebende deutsche Buddha' verehrt.

Die Führung des Siemens-Konzerns war – vermutlich auch auf Druck des Deutschen Reichs – gegen die Einmischung Rabes in die brutalen Machenschaften der Japaner. Rabe wurde durch einen resoluten Nazi als Geschäftsführer abgelöst. Als Rabe nach seiner Rückkehr in Deutschland von den durch die Japaner begangenen Grausamkeiten berichten wollte, wurde er von der Geheimen Staats-Polizei ‚Gestapo' verhört und jegliche Berichterstattung über dieses Thema wurde ihm strengstens untersagt. In Nazi-Deutschland durfte keine Stimmung gegen den asiatischen Bündnispartner und ‚Bruder Japan' gemacht werden.

Nach Kriegsende machte Rabe eine schwere Zeit durch. Er war Mitglied der NSDAP und durfte nach seiner langwierigen Entnazifizierung bei Siemens nur noch in einer untergeordneten Position arbeiten. 1950 verstarb er

204 Tagebuch von Günther Fust, II. Teil: China

verarmt in Berlin. Sein Grabstein befindet sich heute im Museum der Stadt Nanking in China.

In China wird John Rabe bis heute in hohem Grade verehrt. Dr. Erwin Wickert, der erste Rundfunkattaché des Dritten Reichs in Shanghai, war bis 1980 Deutscher Botschafter in China. Er setzte John Rabe einen Gedenkstein in Nanking.

2003 wurde in Nanking eine weitere Gedenkstätte für John Rabe eingeweiht und ein John-Rabe-Haus eröffnet. Die Stadt Nanking ehrte John Rabe, indem sie Berlin eine John-Rabe-Bronzebüste stiftete. Mit 17 Gedenksteinen und Ehrenmalen wird in Nanking an das Massaker erinnert.

Nachdem das Tagebuch von John Rabe auftauchte, wurde es in den USA übersetzt und 1998 in New York mit dem Titel *John Rabe, The Good Man of Nanking* verlegt. Die ‚New York Times‘ berichtete am 13. Dezember 1998 in einem Leitartikel mit der Schlagzeile *The good Nazi* über diesen Mann. In Deutschland, in seinem Heimatland, war John Rabe trotz vieler internationaler Ehrungen fast vergessen worden, bis Erwin Wickert 1997 das Buch *John Rabe: Der gute Deutsche von Nanking* herausgab, und Florian Gallenberger 2009 seinen gelungenen Film ‚John Rabe‘ in die deutschen Kinos brachte. 2011 folgte noch eine ausführliche Dokumentation im deutschen Fernsehen. Durch diese Aktivitäten wurde John Rabe endlich auch in Deutschland bekannter gemacht.

16. Der Untergang der *Van Imhoff*

Der außergewöhnliche Maler und Musiker Walter Spies war einer der bekanntesten Deutschen, die in den 1920/30er Jahre in Niederländisch-Indien ein zweites Zuhause fanden. Während der Internierung im Zweiten Weltkrieg fand sein Leben auf der *Van Imhoff* ein tragisches Ende. Auf das Leben und Wirken von Walter Spies kann hier nicht eingegangen werden. Das würde den Rahmen dieses Buches sprengen. Daher werde ich hier nur über den Untergang der *Van Imhoff* berichten. Leider ist der außergewöhnliche Künstler Walter Spies in Deutschland fast nur in Fachkreisen bekannt, während sein Name in der Kunstwelt Indonesiens auch 70 Jahre nach seinem Tod immer noch voller Bewunderung genannt wird.[205]

Damit die deutschen Männer in den Internierungslagern von dem immer näher rückenden Bündnispartner Japan nicht befreit werden konnten, wurden sie in mehreren Transporten nach Britisch-Indien gebracht. Die erste Gruppe mit 975 deutschen Männern verließ Ende Dezember 1941 Sumatra, die zweite mit 938 Männern Anfang Januar 1942.[206]

Abb. 45
Das Schiff Van Imhoff der KPM

---

205 s. Geerken, *Der Ruf des Geckos,* S. 144ff
206 Keppner, *Wie weit bis Airmolang,* S. 162ff

Am 18. Januar 1942 stach das niederländische Schiff *Van Imhoff* der Schifffahrtsgesellschaft KPM (Koninglijke Paketvaart Maatschappij) mit der dritten Gruppe in See.

Die Gefangenen waren deutsche Kaufleute, Missionare, Künstler oder Wissenschaftler, Antifaschisten und deutsche Juden, die bereits seit Jahren in Niederländisch-Indien lebten oder vor Kriegsausbruch noch dorthin fliehen konnten. Unter den Gefangenen war auch Walter Spies. Die *Van Imhoff* war das letzte niederländische Schiff, das noch vor der Invasion der Japaner Niederländisch-Indien verlassen konnte. An Bord waren außer den inhaftierten Deutschen noch 84 niederländische Matrosen als Mannschaft und 62 Soldaten als Bewacher. Die Gefangenen sollten dem Zugriff der Japaner entzogen werden und nun im Lager *Dehra Dun* in Britisch-Indien weiter interniert werden.

Das Schiff war nicht – wie nach internationalem Völker- und Seerecht vorgeschrieben – als Kriegsgefangenentransport gekennzeichnet, und wurde daher nur einen Tag später, am 19. Januar 1942, im Indischen Ozean von einem japanischen Marine-Flugzeug bombardiert. Der japanische Pilot hielt das Schiff für einen niederländischen Truppentransporter. Die 477 deutschen Gefangenen waren unter Deck in Stacheldrahtkäfigen eingeschlossen.[207] Die niederländische Mannschaft brachte sich in einer Dampfbarkasse in Sicherheit. Der Kapitän war der erste, der von Bord ging! Bevor er und die Mannschaft das Schiff verließen, zerstörten sie noch die durch den Luftangriff des japanischen Flugzeugs bereits beschädigte Funkstation. Sie demolierten auch die Pumpanlagen und schlugen die Wasserfässer leck. Auch die nicht benötigten Rettungsboote und Ruder wurden unbrauchbar gemacht, bis auf ein Boot, das sich verklemmt hatte und in der Eile zurückgelassen werden musste.

Als die *Van Imhoff* langsam unterging, konnten sich die Gefangenen befreien. 66 Männer retteten sich in das völlig überladene Rettungsboot und ruderten ohne Trinkwasser und Nahrung in Richtung Sumatra. Da die Niederländer die Ruder zerstört hatten, ruderten sie mit bloßen Händen und einfachen Brettern, ohne Trinkwasser und ohne Nahrung.

Am nächsten Tag kam den Schiffbrüchigen auf hoher See das holländische Motorschiff *Boelongan* entgegen. Die *Boelongan* fuhr ebenfalls unter der KPM-Flagge und war das Schwesterschiff der *Van Imhoff*. Als der Kapitän erfuhr, dass sich nur Deutsche in dem Rettungsboot befanden, wünschte er ihnen eine rasche Himmelfahrt und drehte ab, ohne wenigstens ihren Wunsch nach einem Eimer Trinkwasser zu erfüllen.

---

207 Von den Überlebenden werden etwas unterschiedliche Zahlen genannt. Auch die Passagierlisten der niederländischen Behörden waren unvollständig.

Abb. 46
Die Insel Nias mit Untergangsstelle der Van Imhoff

Ein Einzelner schwamm auf das niederländische Schiff zu. Seine verzweifelten Rufe, er sei aber Jude und bitte um Rettung, beachteten die Niederländer nicht. Es war der Juwelier Arno Schönmann aus Java. In seiner Verzweiflung schwamm er der *Boelongan* nach. Als er eine von Bord hängende Leine fassen wollte, wurde er erbarmungslos zurückgewiesen. Völlig erschöpft ertrank er.

Am 25. Januar 1942 erreichten die Überlebenden – fast verdurstet, von der glühenden Sonnenhitze verbrannt und dem Wahnsinn nahe – die Insel

Nias vor West-Sumatra. Zwei der erschöpften Deutschen ertranken kurz vor dem rettenden Ufer in der Brandung. Unter den 411 deutschen Opfern der *Van Imhoff* war auch Walter Spies.

Ein weiterer ganz ungewöhnlicher Mann ging mit dem Schiff unter. Es war der Bremer Kaufmann, Orientalist, Malaiologe, Sprach- und Insektenforscher Hans Friedrich Overbeck. Er lebte bereits seit 1903 im indonesisch-malaiischen Archipel und hatte sich neben dem Sammeln von Insekten besonders intensiv mit der Literatur dieses Kulturraumes beschäftigt. Er publizierte mehrere Bücher und schrieb über 60 wissenschaftliche Artikel in der Fachliteratur, wie dem *Journal of the Malayan Branch* der *Royal Asiatic Society.* Ende der 1930er Jahre – kurz vor seinem Tod – veröffentlichte er ein Buch, in dem er 1.500 javanische Kinderlieder und Spielreime gesammelt und übersetzt hatte. Auch als Insektenforscher hatte er professionelle Sachkenntnisse, wie seine Zusammenarbeit mit dem Staatlichen Museum für Tierkunde in Dresden und seine Publikationen zeigen. Viele Spezies seiner gesammelten Ameisen und Insekten waren Neuentdeckungen und tragen den Namenszusatz *overbecki*. Schon in jungen Jahren wurde Overbeck Generaldirektor für Südost-Asien des renommierten und alteingesessenen Hamburger Handelshauses Behn, Meyer & Co, aber eigentlich war er eher Forscher als Kaufmann.

Hans F. Overbeck war meist am falschen Ort zum falschen Zeitpunkt. Als 1914 der Erste Weltkrieg ausbrach, war Overbeck in Singapur. Er wurde von den Briten festgenommen und eingesperrt. 1915 wurde er nach Australien überstellt. Dort war er in verschiedenen Konzentrationslagern interniert, bis er 1919 wieder nach Deutschland zurückkehren durfte.

Bei Beginn des Zweiten Weltkriegs war Overbeck in Niederländisch-Indien und wurde diesmal von den Niederländern festgenommen und interniert. Nach dem Internierungslager bei Ngawi auf Java wurde er in das Lager Alas Vallei in Sumatra verlegt. Hier traf er mit Walter Spies zusammen. Optimis-

Abb. 47
Ein Foto aus einer erst kürzlich entdeckten Serie von Hans F. Overbeck, die während seiner Internierung in Australien im Ersten Weltkrieg gemacht wurde

tisch schmiedeten die beiden noch Pläne für die Zukunft und verfassten eine gemeinsame Arbeit. Beide waren Gefangene auf der *Van Imhoff* und für beide wurde das Schiff mitsamt der mitgenommenen Skizzen und Aufzeichnungen zum Grab.

Am selben Tag, am 25. Januar 1942, als die Überlebenden die Insel Nias erreichten, erhielt das Auswärtige Amt in Berlin die erste Nachricht über den Untergang der *Van Imhoff*. Der Legationssekretär Graf Rosen von der Schwedischen Gesandtschaft in Berlin erstattete am Vormittag vorab mündlich im Auswärtigen Amt einen Bericht, den er vom schwedischen Außenministerium in Stockholm erhalten hatte. In Stockholm hatte die Niederländische Gesandtschaft gegenüber der Schwedischen Regierung den Untergang der *Van Imhoff* zur Kenntnis gebracht. Der diensttuende Beamte der Abteilung Protokoll im Auswärtigen Amt, Legationssekretär Kutscher, nahm diesen Bericht zum Protokoll, von dem auch Walther Hewel eine Kopie erhielt. Hier einige Auszüge:

Betr.: Versenkung eines Schiffes mit deutschen Internierten aus Niederländisch-Indien durch japanische Streitmächte.

Die letzte Gruppe deutscher Internierter aus Niederländisch-Indien, die nach Britisch-Indien gebracht werden sollte und die aus 473 Internierten bestand, wäre von Sibolga am 18. Januar an Bord eines holländischen Dampfers [...] abgefahren. Auf dem Schiff wäre ein Begleitpersonal von etwa 92 Personen und ein Sicherheitskommando von 75 Personen gewesen. Das Schiff hätte am 19. Januar um 12 Uhr 30 telegraphiert, dass [...] es im Sinken begriffen wäre. Eine Gruppe von niederländisch-indischen Flugzeugen und ein Schiff wären sofort an den Ort des Unglücks gesandt worden, um den Schiffbrüchigen Hilfe zu bringen. Auch dieses Schiff wäre unterwegs bombardiert worden. Die Flugzeuge hätten Rettungsboote mit Schiffbrüchigen zwar gesehen, sie hätten aber nicht zu Wasser gehen können wegen des schlechten Wetters. [...] 75 Internierte wären in Niederländisch-Indien zurückgeblieben. [...]

Legationssekretär Graf Rosen teilte mit, dass die Schwedische Gesandtschaft dem Auswärtigen Amt morgen früh eine Verbalnote übersenden würde, in der die obigen Mitteilungen der Deutschen Regierung schriftlich zur Kenntnis gebracht werden würden.

Berlin, den 25. Januar 1942, gez.: Ruhe[208]

Wie die Zeugenaussagen der wenigen Überlebenden beweisen, war die Berichterstattung der Holländischen Gesandtschaft schlicht falsch. Das zur Rettung der Schiffbrüchigen ausgesandte holländische Motorschiff *Boelongan* verweigerte die Rettung der schiffbrüchigen Deutschen und die *Boelon-*

---

208 AA, Akte Hewel, Dokument 84673 und 84674

gan wurde auch nicht bombardiert. Außerdem war kein schlechtes Wetter, die See war ausgesprochen ruhig. Die Niederländer waren sich sicher, dass die Männer in dem Boot nicht überleben würden, um später über ihr unredliches Verhalten berichten zu können. Sie wollten dieses Kriegsverbrechen vertuschen.

Nun begann ein hektischer Fernschreib-, Telefon-, und Telegrammverkehr vom Auswärtigen Amt in Berlin mit Tokyo und der Schweizer Botschaft in Batavia, die die Interessen des Deutschen Reichs wahrnahm. Die Japanische Botschaft in Berlin wurde fernmündlich unterrichtet und um Verständigung der japanischen Regierung gebeten, damit Rettungsmaßnahmen eingeleitet werden konnten. Schon am 26. Januar lag die vorläufige Antwort vor, die der Japanische Botschaftsrat *Kase* übermittelte und die vom Auswärtigen Amt wie folgt protokolliert wurde:

Die japanische Armee und Marine seien sofort benachrichtigt worden. Die Armeeführung habe gemeldet, dass am 19. Januar kein japanisches Militärflugzeug in der Nähe der Insel Nias gewesen sei. Die Marine habe berichtet, dass ein Aufklärungsflugzeug am betreffenden Tage etwa 100 Seemeilen südlich Nias ein niederländisches Schiff gesichtet und Bomben abgeworfen habe. Das Ergebnis des Bombenabwurfes sei nicht festzustellen gewesen. Da jedoch ein Aufklärungsflugzeug nur leichte Bomben führe und Bomben dieser Art nicht im Stande seien, einen Dampfer zu versenken, könne nicht angenommen werden, dass dieses Aufklärungsflugzeug den Dampfer vernichtet habe, auf dem sich die deutschen Internierten befanden. Nach Ansicht der japanischen Marineleitung sei es nicht ausgeschlossen, dass niederländische Stellen dem Vorfall eine propagandistische Auslegung geben, um eine eigene Gewalttat zu tarnen. [...]
Berlin, den 28. Januar 1942, gez.: Eisenlohr [209]

In der Zwischenzeit ist jedoch mit Sicherheit davon auszugehen, dass doch das japanische Aufklärungsflugzeug die *Van Imhoff* mit den leichten Bomben versenkt hat. Auch Ernst Heinrich Freiherr von Weizsäcker, Erster Staatssekretär von Reichsaußenminister Ribbentrop und SS-Brigadeführer – der Vater des späteren deutschen Bundespräsidenten Richard von Weizsäcker – schaltete sich in die Angelegenheit ein. Am 1. Februar 1942 unterrichtete er per Fernschreiben aus dem ‚Sonderzug Westfalen‘ den Reichsaußenminister von Ribbentrop mit Kopie an Walther Hewel wie folgt:

Nachricht, dass ein Schiff mit deutschen Internierten auf dem Weg nach Britisch-Indien durch Flugzeugangriff versenkt ist, wurde am 25. Januar gegen Mittag durch Schwedische Gesandtschaft hier mitgeteilt.
<u>*Darauf wurde ohne Verzug folgendes veranlasst:*</u>

209 AA, Akte Hewel, Dokument 84675 und 84676

1. Mündliche Unterrichtung hiesiger Japanischer Botschaft wegen Rettungs-
maßnahmen durch japanische Streitkräfte soweit möglich.
2. Entsprechendes Telegramm an Deutsche Botschaft Tokyo.
3. Ersuchen an Schweizer Regierung, durch ihren Vertreter in Batavia Namen
der Verunglückten und Geretteten festzustellen und drahtlich zu melden.
4. Entsprechendes Ersuchen an Internationales Komitee vom Roten Kreuz in Genf.
Bisher liegen nur die zwei bekannten Drahtberichte der Botschaft Tokyo vor, aus
denen über Namen und Zahl der Verunglückten naturgemäß nichts hervorgeht.
Schweizer Regierung und Internationales Komitee sind drahtlich erneut ersucht
worden, ihre Feststellungen zu beschleunigen und über den Zustand sowie etwa-
ige Hilfsbedürftigkeit der Verunglückten zu berichten.
Die Angelegenheit wird hier weiter verfolgt.
Weizäcker, per Telefon am 1.2. an Sz. gegeben[210]

Der Untergang der *Van Imhoff* im Indischen Ozean wurde auf der allerhöchsten Ebene des Dritten Reichs bearbeitet. Der Reichsaußenminister
von Ribbentrop wurde informiert, Walther Hewel erhielt Kopien aller Vorgänge und somit war auch Hitler im Bilde.

In den genannten Archiven sind noch weitere Telefonnotizen, Aktenver-
merke, Namenslisten und andere Dokumente zum Untergang der *Van Imhoff* erhalten geblieben. Das Auswärtige Amt in Berlin erstellte sofort eine
detaillierte Namensliste mit 329 Namen von vermissten Personen mit Beruf
und Geburtsdatum. Später wurde die Namensliste auf 412 Personen erweitert.[211] Walter Spies und Hans Friedrich Overbeck waren bereits auf der ersten Namensliste mit aufgeführt.

Noch lange dauerte der Telegrammverkehr zwischen dem Reichsaußenministerium und Tokyo, Bern und Batavia an, bis endlich einigermaßen
geklärt werden konnte, wer gerettet war und wer noch vermisst wurde.
Täglich gingen Telegramme und Briefe von Angehörigen der Internierten
beim Reichsaußenministerium und dem ,Zentralnachweisamt' in Berlin ein,
die Klarheit über ihre Ehemänner oder Väter haben wollten. Im Auftrag
des ,Reichsministers des Auswärtigen' wurden Kondolenzschreiben an die
Hinterbliebenen versandt. Alle Informationen liefen bei Walther Hewel zusammen. Es scheint, dass er – wie bei der Internierung der Deutschen in
Niederländisch-Indien – bei dieser Katastrophe die Koordination übernahm
und eine zentrale Rolle spielte.[212]

---

210 AA, Akte Hewel, Dokument 84677
211 AA, Akte Van Imhoff Kult. E/Nf. (Zv.) 4986, 007
212 Berichte von geretteten Augenzeugen Albert Vehring, Gottlob Weiler und
Bruder Aloysius;

Wie erst in neuerer Zeit bekannt wurde, hatte die dem Reichsaußenministerium angeschlossen Auslands-Organisation AO unter der Leitung von Ernst A. Bohle wegen der schweren Vorwürfe gegen die beiden niederländischen Kapitäne und die Schifffahrtsgesellschaft KPM ein Sühnegeld von vier Millionen Gulden erpresst. Arthur Seyß-Inquart, SS-Obergruppenführer, Reichsstatthalter in Österreich und Reichskommissar für die besetzten Niederlande wurde in den Vorgang eingeschaltet. Tatsächlich überwies die KPM die vier Millionen Gulden am 29. Januar 1944 auf das Konto der NSDAP Auslands-Organisation bei der Berliner Stadtbank. Dieser Betrag sollte zwischen den Nachkommen der Opfer der *Van Imhoff*- Katastrophe aufgeteilt werden. Wie Zeitzeugen berichteten, hat jedoch keiner der erbberechtigten Nachkommen der Opfer eine Zahlung erhalten. Das Geld verschwand in den Parteikassen der NSDAP.

Noch während des Krieges verlangte die KPM die Hälfte des Betrags, zwei Millionen Gulden, als Rückzahlung von der niederländischen Exilregierung in London, da die Schiffe der Reederei KPM während des Zweiten Weltkriegs der niederländischen Marine unterstanden und somit im Staatsdienst fuhren. Der Streit der beiden Parteien zog sich bis in die 1950er Jahre hin. Bert Röling, ein international bekannter Professor für Strafrecht und Völkerrecht an der Universität in Groningen, kam in seinem Gutachten zu dem Schluss, dass die Reederei Anspruch auf Schadenersatz habe, und dass die Handlungen der beiden Kapitäne als Kriegsverbrechen einzustufen seien. Bevor es zu einem Prozess kam, lenkte die niederländische Regierung ein und das niederländische Finanzministerium gewährte im September 1954 der KPM einen Steuererlass von zwei Millionen Gulden. Diese Regelung sollte vertraulich behandelt werden. Die niederländische Regierung wollte verhindern, dass die verbrecherischen Handlungen der beiden Kapitäne und das Schuldeingeständnis – das von der Zahlung hergeleitet werden könnte – bei einem Prozess an die Öffentlichkeit kämen.[213]

Die beiden niederländischen Kapitäne H. J. Hoeksema und M. L. Berveling hätten wegen Verstoßes gegen die Genfer Konvention und die internationale *Search & Rescue Convention* verurteilt werden müssen. Aber beide Kapitäne wurden in den Niederlanden nie zur Rechenschaft gezogen. Das Verbrechen wurde verschleiert.

Der Fall *Van Imhoff* rückte in den 1950er Jahren nochmals in die aktuelle Tagespolitik und führte zu Spannungen zwischen den Niederlanden

IfZ, Bestand Karl Helbig Signatur ED 353
AA, Bestand Walther Hewel
Geerken, *Der Ruf des Geckos*, S. 153 ff;
213 Gräbner, *Die ‚van Imhoff‘ - Das Totenschiff*, S. 83ff

und der Bundesrepublik Deutschland. An Weihnachten 1952 gelang sieben niederländischen ehemaligen NS-Kollaborateuren und Mitgliedern der SS die Flucht aus dem niederländischen Strafgefängnis in Breda. Sie konnten sich über die ‚grüne Grenze‘ nach Deutschland absetzen und tauchten unter. Die niederländische Regierung stellte ein Auslieferungsersuchen an Deutschland. Dem wurde mit Bezug auf den ‚Führererlass‘ von 1943 nicht stattgegeben. Aufgrund des noch gültigen ‚Führererlasses‘ wurde ausländischen Bürgern, die in einer Waffengattung der SS dienten, automatisch die deutsche Staatszugehörigkeit erteilt. Sie waren durch ihre SS-Mitgliedschaft Deutsche geworden, und die Auslieferung deutscher Kriegsverbrecher untersagte das Grundgesetz. Die Bundesregierung lehnte eine Auslieferung der ‚Breda‘-Flüchtlinge ab.

Aber nun wurde im Gegenzug der Staatsanwaltschaft in Düsseldorf ein Antrag des ‚Interessenverbandes der vertriebenen Hollanddeutschen‘ auf Auslieferung des Kapitäns der *Van Imhoff* vorgelegt. Die Staatsanwaltschaft Düsseldorf bat das niederländische Justizministerium, die Auslieferung in die Wege zu leiten. Mit Schreiben vom 19. August 1959 reagierte die Niederländische Botschaft mit einer Verbalnote an das deutsche Auswärtige Amt und stritt, unter Verdrehung der Tatsachen, jegliche Verantwortung ab. Deutsche Zeugenaussagen wurden bei der Beurteilung nicht berücksichtigt, und Überlebende der *Van Imhoff*-Katastrophe wurden nicht befragt. Die Wahrheit sollte nicht ans Tageslicht kommen. Bis heute liegt laut niederländischer Justiz kein Grund für die Untersuchung eines Fehlverhaltens der beiden Kapitäne vor, und die aus den Niederlanden geflohenen Kriegsverbrecher lebten, oder leben heute noch unbehelligt in der Bundesrepublik.

Die schreckliche Tat dieser beiden Kapitäne muss sicherlich auch vor dem Hintergrund der vorhergegangenen Bombardierung Rotterdams durch die deutsche Luftwaffe gesehen werden. Alle niederländischen Kapitäne, die in den Gewässern um Niederländisch-Indien auf See waren, bekamen von ihrem Vorgesetzten Admiral Helfrichs den Befehl, deutsche Schiffbrüchige nicht zu retten. Aber laut einem Gutachten von Professor Röling dürfen laut internationalem Recht militärische Befehle, deren Ausführung ein Kriegsverbrechen wäre, nicht ausgeführt werde.[214]

Wie ging es nun weiter mit den deutschen Überlebenden der *Van Imhoff*? Nach ihrer Rettung auf der Insel Nias wurden sie von den Niederländern erneut gefangen genommen und eingesperrt. Sie waren aber nicht lange hinter Gittern. Die indonesischen Polizisten, die die deutschen Überlebenden bewachen sollten, verbündeten sich mit diesen und ließen sie am Palmsonn-

---

214 Gräbner, *Die ‚van Imhoff‘ - Das Totenschiff*, S. 100 und 105ff
   In diesem Buch werden Einzelheiten detailliert und mit Dokumenten belegt.

tag, dem 29. März 1942, frei. Nun brachten die Indonesier gemeinsam mit den Deutschen die Holländer hinter Schloss und Riegel. Nur wenige Tage nach ihrer Freilassung proklamierten die Deutschen zusammen mit indonesischen Persönlichkeiten der Insel Nias die ‚Freie Republik Nias' (Nias Merdeka) mit E. L. Fischer als Ministerpräsident. Vor dem Krieg war Fischer Vertreter der Firma Bosch in Niederländisch-Indien.

Die Insel Nias war der erste Teil des riesigen Archipels, der mehr als drei Jahre vor dem 17. August 1945, dem offiziellen Unabhängigkeitstag Indonesiens, mit deutscher Hilfe nach 350 Jahren Kolonialherrschaft seine Unabhängigkeit erhielt. Diese ‚Freie Republik Nias' bestand, bis einige Wochen später die japanischen Truppen Nias besetzten und die holländischen Gefangenen zum Eisenbahnbau nach Sumatra und Birma abtransportierten. Die ‚Freie Republik Nias' mit deutscher Beteiligung ist bis heute eine einmalige Kuriosität in der indonesischen Geschichte. Über Ministerpräsident Fischer und seine weiteren spannenden Erlebnisse werde ich im zweiten Teil des Buches berichten.

Heute erinnert ein Gedenkstein in Hamburg an die Zivilinternierten, die im Januar 1942 mit der *Van Imhoff* im Indischen Ozean umgekommen sind. Die *Van Imhoff* war das letzte Schiff, das Niederländisch-Indien mit deutschen Internierten verließ. Tragischerweise wurden gerade diese Deutschen, die mit der *Van Imhoff* nach Britisch-Indien gebracht werden sollten, als unpolitische und ungefährliche Zivilisten, Missionare oder Künstler – so wie Walter Spies – eingestuft. Doch nun wurden gerade sie die Opfer!

Wenige Tage vor der Abfahrt der *Van Imhoff* waren die KPM-Schiffe *Plantius* und *Ophir*, voll beladen mit deutschen Internierten, von West-Sumatra nach Britisch-Indien ausgelaufen. Diese Schiffe erreichten sicher ihren Bestimmungshafen. Auf Ceylon und in Britisch-Indien gab es mehrere Internierungslager. Die Deutschen aus Niederländisch-Indien wurden zunächst in einem Internierten-Zwischenlager bei Kalkutta und dann endgültig in dem Lager *Dehra Dun*, am Fuße des Himalayas in der Nähe der Grenze zu Nepal, eingesperrt. Die mit Stacheldraht doppelt umzäunte Zwangsherberge für Zivilgefangene des Zweiten Weltkriegs wurde *City of Despair*, ‚Stadt der Verzweiflung', genannt. Entlang des Zauns standen alle 50 Meter grimmig aussehende Wachposten, britische Soldaten und Gurkhas, mit geladenen Waffen.

Unter den zusammengepferchten 1.500 Insassen – Deutschen, Italienern, Bulgaren, Ungarn, Rumänen und Finnen – waren die Deutschen in der großen Überzahl. In einem mit Stacheldraht abgetrennten Lagerteil waren die Angehörigen der Balkanstaaten untergebracht. Weitere Baracken waren für die deutschen Juden reserviert. Aber generell machten die Briten keinen Unterschied zwischen den verschiedenen Nationalitäten. Für sie waren alle *bloody internees*. In *Dehra Dun* waren nur Männer interniert. Frauen und Kinder wurden in getrennten Lagern in anderen Gebieten Indiens untergebracht.

Wie Zeitzeugen erzählten, wurden die Internierten in *Dehra Dun* – trotz schlechter Verpflegung, tropischer Hitze im Sommer und eisiger Kälte im Winter – in den dunklen strohgedeckten Baracken durch die Briten wesentlich humaner behandelt als zuvor durch die Niederländer auf Sumatra und Java.

In dem riesigen Lager in *Dehra Dun* waren neben vielen Fachleuten, Beamten und Handwerkern auch Professoren, Lehrer, Ärzte und Rechtsanwälte eingesperrt. Darunter waren bekannte Persönlichkeiten wie Heinrich Harrer und Peter Aufschnaiter, die bei Kriegsausbruch während einer Himalaya-Expedition festgenommen worden waren. Später gelang ihnen die Flucht nach Tibet.[215] Auch der seinerzeit sehr bekannte Augenarzt Professor Alfred Leber und der Indologe und Schriftsteller Walther Eidlitz waren in *Dehra Dun* interniert.

Der Zeitzeuge F. Flakowski, der in Niederländisch-Indien interniert war und die letzten Kriegsjahre in Japan verbrachte, hat mir viele Informationen und Dokumente aus jener Zeit zur Verfügung gestellt. Sein Vater, der in Singapur und danach in Bandung auf Java eine homöopathische Arztpraxis und Apotheke unterhielt, war bis Ende 1946 in *Dehra Dun*.

Nach einem Hinweis, vermutlich aus dem dortigen Parteibüro der NSDAP, konnte der Vater nur wenige Tage vor Kriegsbeginn von Singapur in das noch neutrale Niederländisch-Indien flüchten. Nach Kriegsbeginn erlaubten die Briten der Mutter mit ihren beiden Kindern nachzureisen. Die Familie war nun wieder vereint, zuerst in Jakarta, danach in Bandung, aber nach dem Einmarsch deutscher Truppen in die Niederlande wurde sie wieder getrennt. Der Vater kam nach *Dehra Dun* in Indien, die Mutter wurde mit ihren beiden Kindern im Lager Sindanglaja (heute: Sindanglaya) auf Java interniert. Die Mutter wurde mit ihren Kindern nach Japan abgeschoben, wo sie während der Kriegszeit in den großen deutschen Gemeinden in Tokyo und Kobe als freie Bürger integriert waren. Erst nach sieben langen entbehrungsreichen Jahren fand die Familie 1947 in Deutschland wieder zusammen.

Rolf Magener war vor dem Krieg für die I.G.-Farben in China und Bombay tätig. Ihm gelang zusammen mit seinem Freund Have eine abenteuerliche Flucht aus dem Lager *Dehra Dun*. Verkleidet als britischer Offizier erreichten beide das japanisch besetzte Birma. In Birma wurden sie zunächst bei karger Kost von japanischem Militär wieder in Gefängnisse gesteckt und tagelang vom Geheimdienst *Kempetai* verhört. Die Japaner vermuteten, dass sie Spione in Diensten der Briten waren. Sie konnten nicht glauben, dass

---

215 Heinrich Harrer, *Sieben Jahre in Tibet*, Innsbruck 1983

eine Flucht auf dem Landweg von Indien nach Birma durch fast undurchdringlichen Dschungel möglich war. Schließlich wurden sie freigelassen.

In Rangun wurde Rolf Magener von dem indischen Freiheitskämpfer
Subhas Chandra Bose, dem Oberstkommandierenden der INA, der ,Indi-
schen National Army' eingeladen.[216] Das gemeinsame Abendessen zog sich
aufgrund des intensiven und interessanten Meinungsaustauschs bis in die
frühen Morgenstunden hin. Von Birma reiste Magener mit Bus, Bahn und
Flugzeug über Bangkok, Saigon und Taiwan weiter bis zur Deutschen Botschaft in Tokyo. Erst 1947 durfte er nach Deutschland zurückkehren.

Nach dem Krieg wurde Rolf Magener Finanzvorstand der BASF. Als sein
Buch in Großbritannien auf den Markt kam, offenbarte sich einmal wieder
der sprichwörtlich britische Humor und die britische Fairness. Seine Flucht
aus dem britischen Internierungslager in britischer Offiziersuniform wurde
mit großem Interesse, mit Schmunzeln und Anerkennung des gelungenen
Schelmenstücks gelesen und kommentiert.[217]

Im Lager *Dehra Dun* gab es genügend Fachleute, Ärzte, Ingenieure, Professoren. Sie gründeten innerhalb des Lagers eine deutsche Oberschule, in
der man sein Abitur nachholen konnte. Auch ein Vorstudium der Medizin war möglich. Beide Abschlüsse wurden später, als die Internierten nach
Kriegsende wieder in die Heimat entlassen wurden, in Deutschland anerkannt.

---

216 Details zu Subhas Chandra Bose s. Band 2
217 Rolf Magener, *Die Chance war Null; Our Chances were Zero*
     Rolf Magener, *Prisoner's Bluff*
     Heinrich Harrer, *Sieben Jahre in Tibet*, Kap. 4: *Eine gewagte Maskera*

17. Die Birma- und die Trans-Sumatra-Eisenbahn

Das japanische Heer hatte durch den extrem schnellen Vorstoß nach Süden große Nachschubprobleme. In Siam bestand bereits ein Eisenbahnnetz, das deutsche Ingenieure von 1891 bis zum Beginn des Ersten Weltkriegs aufgebaut hatten. Das Streckennetz von Nord nach Süd und Ost nach West konnte sofort benutzt werden, aber eine Verbindung von Siam zum rohstoffreichen Birma mit dem Hafen Rangoon fehlte.

Auf dem Weg nach Rangoon mussten die japanischen Frachtschiffe rund um Singapur und durch die Straße von Malakka, die wegen der zunehmenden Zahl alliierter U-Boote immer gefährlicher wurde, fahren. Der Nachschub für die japanischen Truppen und der Abtransport von Rohstoffen aus Birma nach Japan waren daher sehr zeitraubend und riskant. Gerade auf der letzten Etappe des Transportweges zwischen der Straße von Malakka und dem Hafen von Rangoon wurden von den Alliierten viele japanische Schiffe versenkt.

Aus diesem Grund wollte Japan so schnell wie möglich eine direkte Eisenbahnverbindung von Bangkok in Siam (heute: Thailand) nach Rangoon in Birma (heute: Yangon in Myanmar) bauen. Auf birmanischer Seite bestand bereits eine rund 300 Kilometer lange Verbindung von Rangoon nach Thanbyuzayat. Von Bangkok aus verlief ebenfalls eine mehrspurige Bahnstrecke mit der in Siam üblichen Ein-Meter-Spur bis zur Kreuzung *Nong Pla Duk* im Distrikt *Ban Pong*. Die Lücke dazwischen sollte schnellstmöglich geschlossen werden.

Der erste Spatenstich für diese eingleisige Bahn mit vielen Ausweichstellen erfolgte im Oktober 1942. Es wurde mit zwei Bautrupps gearbeitet. Der erste Bautrupp, der von Rangoon aus mit der Arbeit begann, bestand aus 3.000 australischen Kriegsgefangenen. Beim zweiten Bautrupp auf thailändischer Seite waren es 3.000 Briten. Für dieses riesige Projekt wurden massenhaft Arbeitskräfte benötigt, da die Streckenführung durch fast undurchdringlichen Dschungel verlief. Alle Arbeiten, wie der Bau von 300 Brücken, Durchstiche, Abräumen von Fels oder Graben von Tunnels mussten von Menschenhand durchgeführt werden. Aus Zeitgründen wurden zunächst nur hölzerne Viadukte gebaut, die aber später zum Teil durch Stahlkonstruktionen ersetzt wurden.

Schon bald mussten die Bautrupps verstärkt werden. Viele Kriegsgefangene waren durch Krankheit, Erschöpfung oder Tod ausgefallen. Die arbeitsfähigen internierten Niederländer aus Niederländisch-Indien sowie alliierte Kriegsgefangene – Briten, Australier und US-Amerikaner – wurden nun zu Zwangsarbeit verpflichtet. Dies waren über 60.000 Mann. Dazu kamen rund 200.000 einheimische Arbeiter aus Java, Sumatra und von anderen Inseln des Archipels. Zum großen Teil waren die einheimischen Arbeiter freiwillige Arbeitskräfte, weil ihnen ein großer Verdienst und gute Lebensbedingungen versprochen wurden.

Es stellte sich jedoch heraus, dass die Verpflegung, die Unterbringung in den Camps mitten im feuchten Dschungel, die Hygiene und die medizinische Versorgung völlig unzureichend waren und nicht dem entsprachen, was den Freiwilligen zuvor versprochen worden war. Auch für sie wurde es härteste Zwangsarbeit, wie für die Kriegsgefangenen. Amöbenruhr, Cholera und Malaria raffte die Arbeiter fort, Europäer wie Indonesier. Die verbliebenen Arbeiter mussten mehr schuften, um den Zeitplan einzuhalten. Ununterbrochen wurden sie zu mehr und schnellerer Arbeit angetrieben. Eine Kündigung des Arbeitsvertrags und Rückreise der freiwilligen indonesischen Arbeitskräfte nach Java wurde von den Japanern strikt abgelehnt. Auch japanische Soldaten, die ‚ihre Ehre verloren hatten‘, mussten zur Strafe Zwangsarbeit leisten. Fluchtversuche blieben meist ergebnislos. Entweder wurden die Flüchtenden wieder eingefangen und hingerichtet, oder sie verendeten langsam in dem von Schlangen, Blutegeln und Skorpionen bevölkerten Dschungel. Verzweifelte – Indonesier wie alliierte Kriegsgefangene – stürzten sich von Brücken in den Tod. Selbstmorde waren an der Tagesordnung. Menschenleben hatten in der Euphorie des bisher erfolgreichen Feldzuges in den Augen der 10.000 japanischen Bewacher nur einen untergeordneten Stellenwert.

Von den über 60.000 europäischen und amerikanischen Zwangsarbeitern mussten rund 15.000 an der Strecke ihr Leben lassen. Aber von den 200.000 indonesischen Arbeitskräften kamen nur 50.000 wieder nach Hause. Über 150.000 indonesische Menschen verendeten hier. Ein schrecklicher Blutzoll![218] Kein Wunder, dass die Birma-Siam-Eisenbahn ‚Todes-Eisenbahn‘, ‚Death Railway‘, genannt wurde.

Wenn man von den großen menschlichen Verlusten absieht, war dieses Projekt jedoch eine Meisterleistung der japanischen Ingenieure. Nach genau 12 Monaten war die Birma-Siam-Eisenbahn mit einer Länge von 415 Kilometern durch unwegsamstes Gebiet fertiggestellt. Dschungel, Sümpfe, Pässe und Schluchten wurden bezwungen. Nun konnten die kriegswichtigen Rohstoffe wie Kautschuk – der auch für das Deutsche Reich bestimmt war – von Birma in kürzester Zeit direkt in den Hafen von Bangkok befördert werden. Der Seeweg verkürzte sich durch diese Bahnstrecke um mehr als 3.000 Kilometer.

218 Mak, *Das Jahrhundert meines Vaters*, S. 340

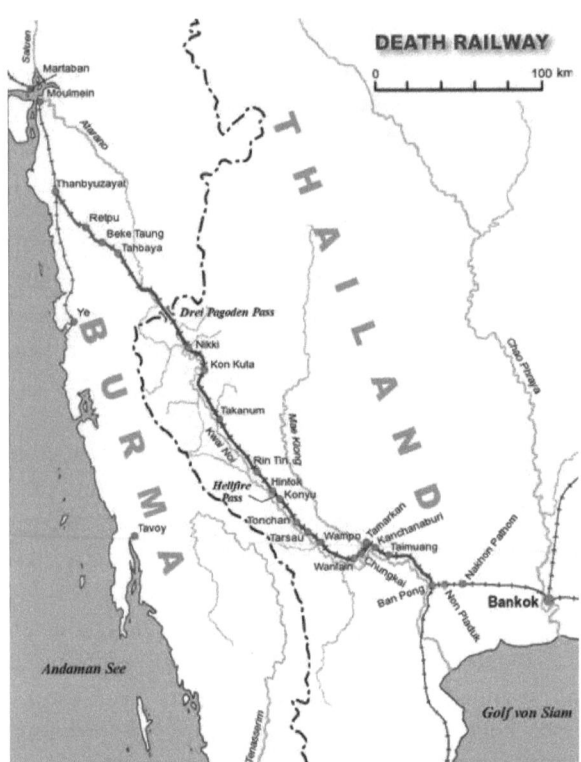

Abb. 48
Route der Siam-Birma-Eisenbahn

1957 wurde das Thema der ‚Todes-Eisenbahn' in dem Film ‚Die Brücke am Kwai' aufgegriffen. Die Bahnlinie überquert bei der thailändischen Stadt *Kanchanaburi*, 111 Kilometer von Bangkok entfernt, den Fluss *Khwae Yai*. Beide Brücken, eine hölzerne und daneben eine stählerne, wurden bei Kriegsende von den Alliierten zerstört. Die Stahlbrücke wurde 1946 durch eine japanische Firma wieder aufgebaut, aber nicht mehr benutzt. Erst 1971 wurde sie repariert und wieder in Betrieb genommen. Heute ist die Brücke eine Touristenattraktion. Nach Kriegsende wurden große Teile der Bahnstrecke demontiert. Heute gibt es Pläne, die Bahnlinie wieder aufzubauen, um mit einer Trans-Asian-Railway einen Zugang zum internationalen Schienennetz herzustellen.

Die japanischen Streitkräfte hatten die Briten mit Hilfe der ‚Indian National Army' INA von Subhas Chandra Bose aus Birma vertrieben. Gegenüber den Birmanen hatten die Briten durch die Niederlage ihr Gesicht verloren, und sie mussten versuchen, in dem verlorenen Gebiet wieder präsent zu sein. Im Osten Britisch-Indiens, in Assam, bereitete der britische Major General Orde Wingate sogenannte ‚Chindid – Kampagnen' vor. Besonders ausgebildete Spezialeinheiten aus Briten, Indern und Gurkhas sollten im Dschungel Birmas hinter den japanischen Linien an Eisenbahnstrecken Anschläge durchführen und Verwirrung stiften. Nachschublieferungen mit Proviant und Munition sollten für die einzelnen Kommandos aus der Luft erfolgen.

Insgesamt wurden rund 2.800 Männer für Operationen hinter die japanischen Linien entsandt.

Im Februar 1943 begann ‚Operation Longcloth'. General Wingate führte die nördliche Gruppe von rund 1.600 Mann mit 850 Maultieren an. Die Gruppe wurde in kleinere Einheiten von rund 400 Mann eingeteilt. Jede Einheit konnte unabhängig von der anderen operieren. Hauptziel war, die für den Nachschub der japanischen Streitkräfte wichtige Eisenbahnstrecke von Mandalay nach Myitkyina zu unterbrechen. Dies gelang auch an mehreren Stellen. Der Nachschub der Japaner war auf dieser Strecke für vier Wochen unterbrochen.

Nachdem die britischen Einheiten von der japanischen Armee stark unter Druck gesetzt wurden, mussten sie durch fast undurchdringlichen Dschungel den Rückzug antreten. Eine Versorgung aus der Luft war wegen der starken japanischen Präsenz nicht mehr möglich. Nun hatten die britischen Einheiten zwei Gegner, die Japaner und den Dschungel. Hunger und Malaria zehrte die Briten aus. Kranke und Verletzte mussten im Dschungel zurückgelassen werden. Viele wurden durch ihre eigenen Leute mit einem Kopfschuss von ihren Leiden erlöst. Nach vier Monaten erreichte General Wingate mit nur 30 Prozent seiner anfänglich nach Birma einmarschierten Truppen wieder britisch-indisches Gebiet. Der Rest war verloren, musste im Dschungel zurückgelassen werden oder kam in japanische Gefangenschaft. Für Churchill war dieser gescheiterte Einsatz die größte Katastrophe in der Geschichte des Vereinigten Königreichs. Trotzdem war die vorübergehende Unterbrechung der japanischen Eisenbahnlinie die erste positive Nachricht des britischen Einsatzes in Fernost und wurde von Churchill hoch gelobt. General Orde Wingate verunglückte 1944 mit einem Flugzeug in den Bergen von Assam tödlich.[219]

Ein ähnlich spektakuläres Eisenbahnprojekt wie das der Birma-Siam-Eisenbahn, jedoch mit einer nur halb so langen Strecke, wurde auf Sumatra in Niederländisch-Indien in Angriff genommen, die sogenannte Trans-Sumatra-Eisenbahnlinie. Dieser Eisenbahnbau ist leider weltweit nicht so bekannt geworden wie die Birma-Siam-Eisenbahn, aber dieses Bauvorhaben war genauso spektakulär und todbringend wie das der Birma-Siam-Eisenbahn.

Das japanische Militärhauptquartier für Sumatra war in Bukittinggi, etwa 70 Kilometer nördlich von Padang. Padang war eine Hafenstadt in Westsumatra und nur über den Indischen Ozean zu erreichen. Das Militärhauptquartier wurde durch die verstärkte Präsenz von Kriegsschiffen und

---

219 ZDFinfo, *Der Zweite Weltkrieg in Fernost*, 02.07.2013, 21.00h und 27.10.2013, 21.00h

U-Booten der Alliierten im Indischen Ozean zunehmend isoliert. Auch die Kohle, die in dieser Region in großen Mengen geschürft wurde, konnte nicht mehr sicher mit Frachtschiffen von Padang abtransportiert werden. Die japanischen Ingenieure suchten somit nach einer Lösung, die nicht nur den langen Umweg der Frachtschiffe rund um die Nord- oder Südspitze Sumatras verkürzte, sondern auch einen sicheren Abtransport der für Japan äußerst wichtigen Kohle und anderer Rohstoffe aus der Region Westsumatra sicherstellte.

Die Versorgungslage Japans mit Kohle war bereits zu Kriegsbeginn sehr schlecht. Der deutsche Vizekonsul von Osaka und Kobe, Dr. von Braun, berichtete über diesen Mangel bereits mit seinem Schreiben vom 19. Dezember 1939 an Walther Hewel:

Die Versorgungslage auf dem Brennstoffsektor ist schlecht. Es gibt keine Kohle für neugeschaffene Ersatzstofffabriken. Die Elektrizität wurde gekürzt. Die Reisernte war schlecht und die Transportmittel sind knapp.[220]

Eine schnelle Verbesserung der Versorgungslage war dringend erforderlich. Die Antwort darauf war die Trans-Sumatra-Eisenbahn. Die niederländische Kolonialregierung hatte bereits 1891 begonnen, ein Eisenbahnnetz in West-Sumatra aufzubauen. Als die Japaner Sumatra besetzt hatten, fanden sie eine Strecke vor, die von Padang zur 155 Kilometer entfernten Kohlestadt Sawahlunto führte und nach einer Gesamtstrecke von 177 Kilometern in Muara endete. Von hier aus musste die Strecke weiter nach Nordosten durch Dschungel und Sumpfgebiet gebaut werden, und zwar bis nach Pekanbaru, mitten in Sumatra. Durch Pekanbaru fließt der Fluss Siak, der ab hier für größere Schiffe schiffbar ist und südlich von Dumai in die Straße von Malakka mündet. In Pekanbaru sollte die Bahnstrecke enden. In der Mitte der neuen Strecke war noch eine kurze Nebenstrecke zu den Kohleminen Sapa und Karu geplant, da diese großen Vorkommen wegen fehlender Infrastruktur bisher nicht ausgebeutet werden konnten. Die Trans-Sumatra-Eisenbahn war für Japan ein strategisch äußerst wichtiges Projekt.

Die Japaner fanden bei ihrem Einmarsch nicht nur die sofort benutzbare Bahnstrecke bei Padang vor, sondern auch eine ganze Reihe funktionstüchtiger deutscher Dampf- und Diesellokomotiven der Firmen Borsig, Hanomag und der Maschinenfabrik Esslingen. Einen Teil dieser Lokomotiven transportierten die Japaner ab, um sie in Kambodscha und Birma einzusetzen.

Im März 1944 wurde mit dem Bau der Verlängerung der Strecke von Muara bis Pekanbaru begonnen. Zehntausende freiwillige indonesische Arbeiter – meist aus Java – wurden rekrutiert, weil man ihnen neben gutem

220 AA, Akte Hewel, Dokument R 27.468

Lohn auch gute Arbeitsbedingungen versprach. Oft wurden sie mit Musik-
kapellen und kleinen Geschenken aus ihren Dörfern gelockt. Als die Arbeitsbedingungen an den Baustellen ganz anders aussahen und viele wieder in
ihre Heimatdörfer zurück wollten, wurden sie unter katastrophalen Bedingungen zu Zwangsarbeit gezwungen. Die Japaner nannten diese Zwangsarbeiter *Romushas* (Arbeiter).

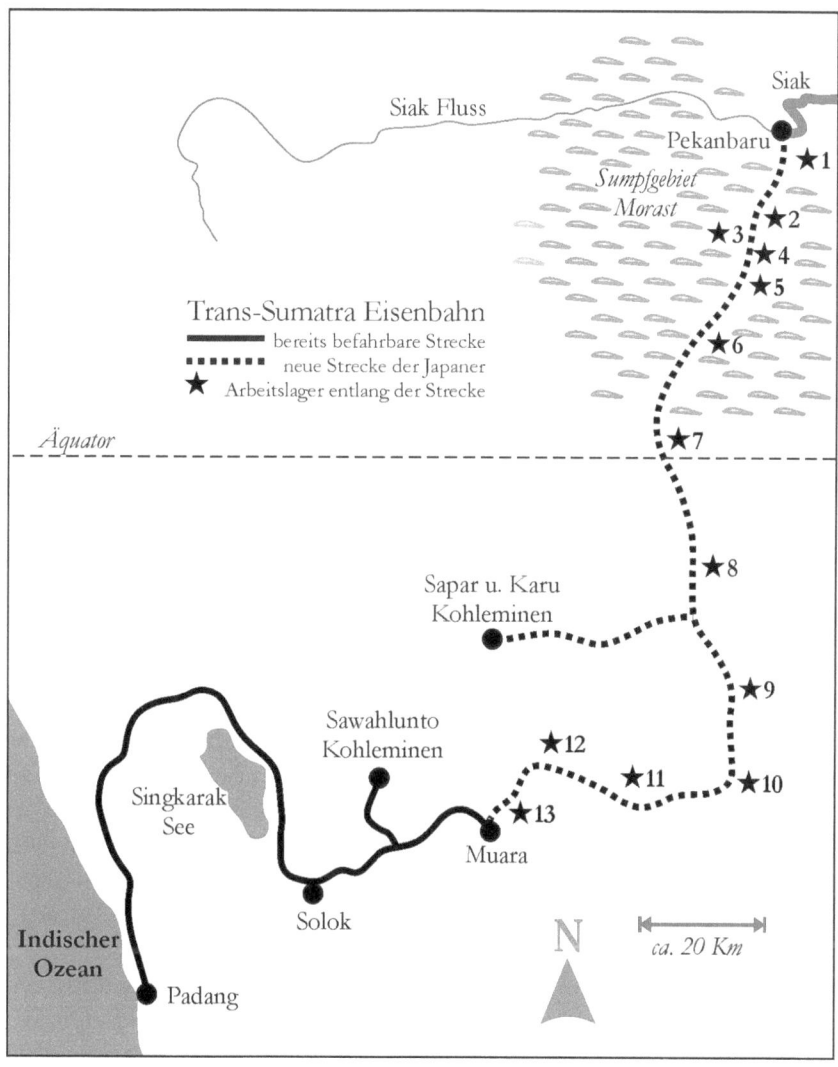

Abb. 49
Die Trans-Sumatra-Eisenbahn

Für Unterkünfte in den Arbeitslagern entlang der Strecke war nicht ausreichend gesorgt, die Verpflegung war knapp und schlecht, eine medizinische Versorgung fand trotz der vielen tropischen Krankheiten kaum statt. Die Arbeitszeit war von 7:30 bis 18:30 Uhr, nur unterbrochen von einer kleinen Reismahlzeit. Es herrschten Verhältnisse wie beim Bau der Birma-Siam-Eisenbahn. Man schätzt, dass zwischen 100.000 und 150.000 indonesische Arbeiter beim Bau dieser Bahnstrecke eingesetzt waren. Auch hier lag die Todesrate bei 75 Prozent!

Neben den indonesischen Zwangsarbeitern mussten auch Tausende niederländische, britische, australische und US-amerikanische Kriegsgefangene, sowie niederländische Internierte unter denselben erbarmungslosen Zuständen an der Strecke arbeiten. Das tägliche Grundnahrungsmittel bei allen Mahlzeiten war Reis, kein Brot, keine Kartoffeln, keine Teigwaren. Für die Japaner und Indonesier war dies Normalität, aber für die alliierten Kriegsgefangenen und Internierten war dies eine harte Prüfung. Die Todesrate bei dieser Gruppe lag bei 35 Prozent. Der Verlust an Arbeitskräften wurde laufend durch neue indonesische Zwangsarbeiter und alliierte Kriegsgefangene ausgeglichen.

In der Nacht vom 14. auf 15. September 1944 verließ die *SS Junyo Maru* mit der Nummer 652 auf dem Schornstein den Hafen Tanjung Priok von Batavia. Die *SS Junyo Maru* war ein schon altes Schiff, das 1908 in Liverpool vom Stapel lief. Das Schiff war vollgestopft mit 6.800 ‚Passagieren‘, einer etwa 200 Mann starken japanischen Besatzung und zusätzlichem Wachpersonal. Die ‚Passagiere‘ waren 4.500 indonesische Arbeiter aus Java und 2.300 alliierte Kriegsgefangene und niederländische Internierte, die aus Lagern in Java kamen. Den größten Anteil der zweiten Gruppe stellten die Niederländer.

Das Ziel war Padang in West-Sumatra, um frische Arbeitskräfte an die Baustellen der Trans-Sumatra-Bahn zu bringen. Die *SS Junyo Maru* fuhr durch die Sunda-Straße, vorbei am Vulkan Krakatau und dann in einem Abstand von 15 bis 20 Seemeilen entlang der Westküste Sumatras nach Norden. Zur Sicherheit gegen einen U-Boot-Angriff wurde das Schiff von zwei japanischen Kampfflugzeugen sowie einer Korvette und einem Kanonenboot begleitet.

Am 18. September 1944 geschah das Unglück. Das Schiff war bereits südlich von Padang auf der Höhe von Mukomuko, als es von dem britischen U-Boot *HMS Tradewind* torpediert wurde. Nach zwei Treffern sank die *SS Junyo Maru* innerhalb von Minuten. An Bord gab es nicht genügend Rettungsboote und Flöße. Es entstand großes Chaos. In dem mit Haifischen verseuchten Meer gab es nur wenig Überlebende.

Von den 4.500 indonesischen Zwangsarbeitern überlebten nur 200 das Unglück. Sie waren auf den untersten Decks auf engstem Raum eingesperrt und konnten das Schiff nicht rechtzeitig vor dem Untergang verlassen. Dazu kam, dass viele Javaner ein gewisses Misstrauen vor dem Meer hatten und nicht schwimmen konnten. Von den 2.300 alliierten westlichen Kriegsgefangenen und niederländischen Internierten überlebten knapp 680 die Katastrophe. Die genannten Zahlen schwanken etwas nach unten und oben, je nach Quelle und den Berichten der Überlebenden. Eine Passagierliste gab es natürlich nicht. Rechnet man noch die toten Japaner der Besatzung und des Wachpersonals hinzu, dann fanden durch den Torpedoangriff des britischen U-Boots *HMS Tradewind* unter dem Kommando von Lt. Cmdr. Stephen Lynch Conway Maydon über 6.000 Menschen vor der Westküste Sumatras ein Seegrab im Indischen Ozean. Obwohl dieses Unglück in der westlichen Welt so gut wie nicht bekannt ist, war dies die größte maritime Katastrophe des Zweiten Weltkriegs.[221]

Die wenigen Überlebenden der *Junyo Maru*, die es bis zur Küste Sumatras schafften, mussten nur wenige Tage nach dem Unglück noch elf Monate lang, elf Stunden pro Tag und sieben Tage die Woche, Schwerstarbeit in dem menschenfeindlichen Dschungel von Sumatra leisten. Viele erlebten die Kapitulation Japans nicht mehr.

Mit Hochdruck wurde an der Trans-Sumatra-Eisenbahn weitergearbeitet. Nach Schätzungen verloren an dieser Eisenbahnstrecke bis zu 100.000 Menschen das Leben. Am Tag der bedingungslosen Kapitulation Japans, am 15. August 1945, wurde die allerletzte Schiene mit den Schwellen dieser Bahnstrecke verschraubt. Nun konnte der erste Gütertransport von Padang am Indischen Ozean nach Pekanbaru am Fluss Siak fahren. Aber nicht mehr für Japan. Die Trans-Sumatra-Eisenbahn war in der Rekordbauzeit von 16 Monaten fertiggestellt worden – aber unter welch großen Menschenopfern! Kein einziger Zug konnte für die Japaner noch Rohstoffe von West- nach Ostsumatra transportieren. Der Krieg war zu Ende.

Die Japaner waren die ersten, die im Regenwald und in den Sümpfen rund um Rumbai, 10 Kilometer nördlich von Pekanbaru, Ölvorkommen vermuteten und dort auch während der japanischen Besetzung erfolgreich bohrten. Heute sind dort große Ölfelder entstanden. Da die heutigen ozeangängigen Tankschiffe wegen ihrer Größe den Fluss Siak nicht mehr bis Pekanbaru befahren können, wurde eine Pipeline gebaut, die Pekanbaru mit den Raffinerien in Dumai verbindet.

Zu vermerken ist noch, dass die Eisenbahnschienen für die Birma-Siam-Eisenbahn wie auch für die Trans-Sumatra-Eisenbahn aus Java kamen. Hier

---

221 www.wikipedia.org/höllenschiffe

müssen riesige Vorräte der Niederländer gelagert haben. Der deutsche Stahl-konzern Friedrich Krupp AG war der Hauptlieferant von Schienen und Lokomotiven nach Niederländisch-Indien. Für den Aufbau des Eisenbahn-netzes auf Java wurden bis 1890 bereits über 49.000 Tonnen Schienen von Essen in Deutschland nach Java geliefert. Danach sind in den Exportstatis-tiken nur die Lieferungen in die Niederlande aufgelistet, ohne Angaben, wie groß der Anteil für Niederländisch-Indien war. Im ,Historischen Archiv' der Friedrich Krupp AG (heute: Thyssen Krupp) liegen über weitere Zeiträume, zum Beispiel über die 1930er und 1940er Jahre bis Kriegsende, keine Statis-tiken mehr vor. Die Unterlagen wurden in den Kriegswirren zerstört.

Noch heute sind Teilstrecken aus der niederländischen Kolonialzeit und der japanischen Trans-Sumatra-Bahn in West-Sumatra befahrbar. Die PTKA Sumatra Barat, die West-Sumatra-Eisenbahngesellschaft, hat Pläne, die von den Japanern aufgebaute Bahnstrecke bis Pekanbaru wieder aufleben zu las-sen. Ein neuer Eisenbahn-Masterplan enthält auch eine neue, 2.168 Kilo-meter lange Bahnstrecke, die Sumatra von Nord nach Süd durchqueren soll. Der Baubeginn ist für das Jahr 2014/15 vorgesehen.[222]

---

222 William Wanrooy: *The Defining Years of the Dutch East Indies 1942-1949: Survivors' Accounts of Japanese Invasion and Enslavement of Europeans and the Revolution that Created Free Indonesia,* 1996
Historisches Archiv Friedrich Krupp und Thyssen Krupp, Villa Hügel 1, Essen
www.thyssenkrupp.com/en/asien/indonesien
www.members.iinet.net.au/vanderkp
ww.international steam.co.uk/trains/Sumatra

18. Maritime Katastrophen im Zweiten Weltkrieg in Südost-Asien

Über maritime Katastrophen im Atlantik ist schon viel berichtet worden. Zum Beispiel versenkte das deutsche Schlachtschiff *Bismarck* – Hitlers Symbol einer eingebildeten deutscher Übermacht auf See – am 24. Oktober 1941 den Stolz der Royal Navy, den Schlachtkreuzer *HMS Hood*. Von der 1.419 Mann starken britischen Besatzung überlebten nur drei Seeleute das Seegefecht.

Großbritannien war schockiert. Churchill gab den Befehl *Hunt the Bismarck* und setzte die gesamte britische Kriegsflotte auf die Fährte der *Bismarck*. Nur drei Tage später wurde die *Bismarck* bei dem entscheidenden Seegefecht etwa 1.000 Kilometer westlich von Brest versenkt. Dabei fanden 2.106 deutsche Marinesoldaten und Offiziere den Tod.

Dies sind nur zwei Beispiele eines grausigen Seekrieges im Atlantik. Aber wer weiß schon, dass es viele vergleichbare und noch größere Katastrophen auch in den Gewässern rund um Niederländisch-Indien gab?

Über die Versenkung der *Van Imhoff* mit 411 deutschen Opfern und den Untergang der *SS Junyo Maru* mit 4.300 indonesischen und 1.620 alliierten Opfern habe ich bereits in den vorhergehenden Kapiteln berichtet. So schlimm diese Tragödien waren, es waren nicht die einzigen. Hier folgt eine Zusammenstellung der schrecklichsten maritimen Katastrophen des Zweiten Weltkriegs in Südost-Asien:

- 1. Juli 1942: Das japanische Schiff *Montevideo Maru* war mit 1.053 australischen Kriegsgefangenen auf dem Weg von Neuguinea zur Insel Hainan im Süden Chinas. Auf der Höhe der südlichen Philippinen wurde das Schiff von *USS Sturgeon* torpediert. Es gab keine Überlebenden. Bis heute ist dies die größte Seekatastrophe Australiens.
- 28. November 1942: Der britische Truppentransporter *SS Nova Scotia* war mit rund 1.200 Mann auf dem Weg von Aden nach Durban in Südafrika. An Bord waren über 700 Italiener, die in Nordafrika in Kriegsgefangenschaft gerieten. Südwestlich von Lourenco Marques, der Hauptstadt der damals portugiesischen Kolonie in Ostafrika (heute: Maputo in Mosambik), wurde die *SS Nova Scotia* von U 177 unter dem Befehl von Kommandanten Robert Gysae torpediert. Das Schiff war nicht als Transporter von Kriegsgefangenen markiert. Nur 117 Italiener und 64 Briten konnten aus den Fluten des Indischen Ozeans gerettet werden.

- 28. November 1943: Der japanische Transporter *Suez Maru* sollte 546 alliierte Kriegsgefangene von Ambon nach Java bringen. In der Javasee wurde das Schiff von *USS Bonefish* torpediert. Es gab keine Überlebenden.

- 21. Januar 1944: Das japanische Schiff *Ikoma Maru* war mit 611 alliierten Kriegsgefangenen auf dem Weg von den Palau Inseln nach Neuguinea. Es wurde von dem amerikanischen U-Boot *USS Seahorse* torpediert. Es gab 418 Tote.

- 25. Februar 1944: Der japanische Transporter *Tango Maru* war mit 3.500 alliierten Kriegsgefangenen auf dem Weg von Java zur Insel Ambon. In der Javasee wurde das Schiff von *USS Rasher* torpediert. Über 3.000 Menschen kamen ums Leben.

- 8. August 1944: Das japanische Schiff *Koshu Maru* war auf dem Weg von Batavia nach Makassar. An Bord waren 1.513 alliierte Kriegsgefangene: Briten, Australier, US-Amerikaner und Niederländer. Das Schiff wurde von dem amerikanischen U-Boot *USS Ray* torpediert. Es gab 1.239 Opfer.

- 12. September 1944: Nachdem die Alliierten immer mehr Gebiete der ‚Großasiatischen Wohlstandssphäre' zurückeroberten, wurden alle alliierten Kriegsgefangenen und Internierten, die noch in besetzten Gebieten in Lagern waren, nach Japan verlegt. Das japanische Schiff *Kachidoki Maru* war mit 900 britischen Kriegsgefangenen und einer größeren Anzahl japanischer Soldaten auf dem Weg von Singapur nach Japan. Südlich von Formosa wurde die *Kachidoki Maru* in der Chinasee von dem amerikanischen U-Boot *USS Pampanito* torpediert. Alleine 250 britische Kriegsgefangene verloren dabei ihr Leben. Über die Verluste der Japaner, die mindestens genauso hoch waren, gibt es keine Unterlagen.

- 12. September 1944: Auch die *Rakuyo Maru* war mit 1.318 alliierten Kriegsgefangenen, meist Briten, auf dem Weg von Singapur nach Japan. Das Schiff wurde von *USS Sealion II* torpediert. Es gab 1.159 Opfer.

- 24. Oktober 1944: Die *Arisan Maru* war mit 1.800 US-amerikanischen Kriegsgefangenen auf dem Weg von Manila nach Japan. Das Schiff wurde von dem amerikanischen U-Boot *USS Shark* torpediert. Nur acht Amerikaner überlebten das Unglück. Mit 1.792 umgekommenen US-Bürgern gilt diese Versenkung bis heute als die größte Seekatastrophe der USA.

- 17. November 1944: Die *HIJMS Shinyo*, das von Japan zum Flugzeugträger umgebaute deutsche Linienschiff *SS Scharnhorst*, sicherte einen Konvoy von Tankern und Truppentransportern auf der Fahrt von Japan nach Singapur, als sie überraschend von dem U-Boot *Spadefish* der US-

Marine angegriffen und mit sechs Torpedos versenkt wurde. Die Zahl der dabei umgekommenen Seeleute schwankt je nach Quelle zwischen 950 und 1.130 Mann.

- 15. Dezember 1944: Das Schiff *Oryoku Maru* lag bereit zum Auslaufen nach Japan in der Bucht von Luzon in den Philippinen. An Bord waren 1.620 meist US-amerikanische Kriegsgefangene, als es von Flugzeugen des Flugzeugträgers *USS Hornet* bombardiert wurde. Unter den amerikanischen Kriegsgefangenen gab es 300 Opfer.

Wie man sieht, haben die Briten, die Amerikaner, die Australier und Niederländer Tausende ihrer eigenen Leute in den Tod geschickt, da die Japaner – wie die Alliierten und die Niederländer – ihre Schiffe nicht entsprechend der Genfer Konvention als Kriegsgefangenentransporte markiert hatten. Die Gewässer Südost-Asiens wurden im Zweiten Weltkrieg ein großer Seemanns-Friedhof, für Freund und Feind. Im tropisch warmen blauen Meer fanden Tausende Soldaten, Seeleute und Zivilisten ihr Grab – ein Massengrab, auf dem keine Blumen wachsen!

19. Jüdisches Leben in Niederländisch-Indien und der Exodus der Juden im Dritten Reich

Jüdisches Leben hatte in Niederländisch-Indien eine lange Tradition. Bereits aus dem 19. Jahrhundert gibt es Hinweise von Reisenden über kleine jüdische Gemeinden in Batavia, Surabaya und Semarang. Im Jahre 1850 besuchte Jacob Saphir aus Jerusalem das damalige Batavia. Ihm wurden bereits 20 aus Deutschland und den Niederlanden stammende Familien genannt.[223]

Viele jüdische Familien lebten trotz Einschränkungen seit Generationen friedlich mit den Kolonialherren und der einheimischen Bevölkerung zusammen. Die meisten Juden waren Händler aus den Niederlanden. Eine zweite Gruppe waren die ‚Baghdadi Jews'. Dieser Gruppe gehörten Juden in Britisch-Indien und in Niederländisch-Indien an. Die Vorfahren der ‚Baghdadi Jews' stammten meist aus dem Raum, der heute den Staat Irak umfasst. Als dieses Gebiet noch Teil des Osmanischen Reichs war, wanderten sie nach Niederländisch-Indien aus. Zwischen den beiden Weltkriegen wird eine Zahl von 1.500 bis 2.000 aller in Niederländisch-Indien ansässigen Juden genannt. Jüdische Gemeinden waren in den größeren Städten wie Batavia, Bandung, Padang oder Surabaya zu finden.

Obwohl die seit Generationen in Niederländisch-Indien ansässigen Juden friedlich mit der Kolonialregierung kooperierten, wurden sie in vielerlei Hinsicht diskriminiert. In Deutschland wurde im Dritten Reich ein Rassengesetz eingeführt, in Niederländisch-Indien bestand ein solches zur Zeit des Dritten Reichs bereits seit vielen Jahrzehnten. Das ‚Tripartite Racial'-Gesetz (Regeerings Reglement) geht zurück auf das Jahr 1854. Darin werden die Menschen in Niederländisch-Indien in drei Gruppen eingeteilt. Jede Gruppe wurde unterschiedlich vor dem Gesetz behandelt. Diese Gruppen (Bevolkingsgroepen) waren

1. ‚European Subjects', d.h. reinrassige Niederländer und Europäer
2. ‚Foreign Orientals' (Vreemde Oosterlingen), darunter fielen z.B. Chinesen, Japaner, alle Muslime und Ungläubige, aber auch die meisten Juden.
3. ‚Natives' (Inlanders), d.h. die einheimische Bevölkerung.

Ab 1890 wurden alle aus Formosa stammenden Chinesen – und das waren die meisten – als Europäer eingestuft. Dies führte zu der grotesken Situation, dass sich die Chinesen aus Formosa bei einem Vergehen vor einem europä-

223 Encyclopaedia Judaica 1971, Vol. 8, S. 1363

ischen Gericht (Raad van Justitie) mit europäischem Recht verantworten mussten, Japaner oder Juden mussten sich jedoch mit einem lokalen Gericht (Landraad) begnügen. Erst im Jahre 1920 bekamen die Japaner auch den Status von Europäern – die Juden nicht! Um welch große Zahl von nicht der malaiischen Rasse angehörigen Menschen es sich dabei handelt, soll der Auszug aus einer Statistik zeigen. Demnach lebten im Jahre 1930 in Niederländisch-Indien 240.417 Europäer, 1.233.214 Chinesen und 71.355 Araber.[224] Eine Zählung der einheimischen Bevölkerung hat anscheinend nicht stattgefunden. Welcher Gruppe die Chinesen aus Formosa und die Japaner zugeordnet wurden, ist aus der Statistik nicht ersichtlich.

Kein Chinese in Batavia, ob aus Formosa oder vom chinesischen Festland, durfte außerhalb der für Chinesen vorgesehenen Viertel wohnen. Die Chinesen bezahlten im Vergleich zu Europäern doppelt so viel Steuern, durften kein Land besitzen und mussten fließend Holländisch sprechen können, um niederländische Staatsbürger werden zu können. Es gab viele Schikanen, um den Chinesen, den Juden und der einheimischen Bevölkerung das Leben schwer zu machen.

Wie mir indonesische Veteranen, die im Zweiten Weltkrieg in der niederländischen Kolonialarmee KNIL (Koninklijk Nederlandsch-Indisch Leger) gedient hatten, mit großer Bitterkeit erzählen, gibt es die Rassendiskriminierung der niederländischen Regierung bis heute. Es ist *de Indisch Kwestie!* Niederländern weißer Hautfarbe, die in Gefangenschaft gerieten, wird die Zeit ihrer Gefangenschaft bei den Pensionsansprüchen voll angerechnet und sie erhielten eine Kompensationszahlung von der niederländischen Regierung. Indonesier und Niederländer indonesischer Abstammung (die sogenannten *Indos*), die in der gleichen Zeit in der KNIL dienten, gingen leer aus. Bis heute, mehr als 65 Jahre nach Kriegsende, fordern diese eine Gleichberechtigung.[225] Die niederländische Regierung argumentiert, dafür müsste man die indonesische Regierung verantwortlich machen. Welch absurde Argumentation! Die freie indonesische Regierung verteidigte doch ihr Vaterland gegen die zurückkehrenden Niederländer! Bis heute fühlen sich die niederländischen Indonesier diskriminiert und übergaben erneut eine Petition an die niederländische Regierung.

Auch in Großbritannien gab es bereits Ende des 19. Jahrhunderts eine rassistisch motivierte Bewegung. Im Gegensatz zu Hitlers ‚Rassenhygiene‘

---

224 Creutzberg und van Laanen, *Sejarah Statistik Ekonomi Indonesia,* S. 32
   Wilson, *Orang dan Partai Nazi..,* S. 100
   Furnivall, *Netherlands India,* 1944

225 Aussage von Betroffenen (wie L. R. aus den Niederlanden. Der Name ist dem Autor bekannt.)

wurde diese viel ältere Bewegung in Großbritannien ‚Eugenic' genannt. Das Ziel war dasselbe. Der britische Anthropologe Francis Galton schlug vor, *Menschen mit minderwertigen Erbanlagen, wie Mörder oder geistig Behinderte durch eine Sterilisation an der Weitergabe dieser Gene zu hindern.* Die als positiv bewerteten Erbanlagen sollten dadurch in Großbritannien vergrößert werden.

Winston Churchill war ein herausragender Befürworter der Eugenik-Bewegung, obwohl er Hitlers Rassenhygiene scharf verurteilte. Churchill trat für eine Sterilisation von zunächst 100.000 ‚minderwertigen' Menschen ein, damit deren Gene nicht an nachfolgende Generationen weitergegeben werden.[226]

Auch in den USA gab es ähnliche Programme. 1909 wurden alleine in Kalifornien 60.000 Geistesschwache und Epileptiker zwangssterilisiert. Theodor Roosevelt gehörte zu den Unterstützern dieses Rassenwahns. Amerikanische Eugeniker wie Lothrop Stoddart hatten in den 1930er Jahren persönlichen Kontakt zu Hitler.[227] Es ist verblüffend, wie viel Hitler aus den Eugenik-Bewegungen in Großbritannien und den USA in sein Rassengesetz übernommen hat.

Als sich die Gefahr eines Krieges in Europa immer mehr abzeichnete und als sich die Wortwahl Hitlers und die Repressalien gegenüber den in Deutschland lebenden Juden immer weiter verschärften, brach ein Exodus der Juden aus. Aber wo sollten sie eine neue Heimat finden?

Deutschland zu verlassen und in Palästina einzuwandern war zu Beginn des Dritten Reichs noch möglich, aber auch schon sehr umständlich. Wie der Reiseausweis des Kindes Eli Mayer zeigt, dauerte seine Reise von Berlin über Österreich nach Italien und mit dem Schiff weiter von Triest nach Haifa in Palästina vom 1. Juni 1933 bis zum 18. September 1933. Freigrenzen und Erleichterungen im Reiseverkehr waren von der Stelle für Devisenbewirtschaftung in Berlin gesperrt, das heißt, schon damals durften nur beschränkt finanzielle Mittel mitgenommen werden. Der Leiter der Stelle für Devisenbewirtschaftung war damals der schon erwähnte Staatsrat Helmut C. H. Wohlthat.

Eine Auswanderung der Juden in ein anderes, vermutlich sichereres Land, gestaltete sich weit schwieriger als erwartet. Länder wie die Vereinigten Staaten von Amerika, Großbritannien, Australien oder die Niederlande sträubten sich, jüdische Familien aus Deutschland aufzunehmen. Großbritannien verweigerte sogar den meisten Juden eine Einreise in ihr Mandatsgebiet Palästina, und die Niederlande in ihre Kolonie Niederländisch-Indien. Roose-

---

226 3SAT, 20.01.2014, 22,25h, *Der taumelnde Kontinent*
    Gilbert, Martin, *Churchill and Eugenic*, 2009
227 Spiegelonline, 05.01.2012

velt lehnte eine Erhöhung der Einwanderungsquote für Juden aller Nationalitäten kategorisch ab. Visumanträge für Juden wurden in den USA bewusst verzögert und jüdische Familien waren unüberwindlichen bürokratischen Repressalien ausgesetzt. Die Briten suchten schon Jahrzehnte vor dem Dritten Reich nach Möglichkeiten, irgendwo in der Welt einen Platz zu finden, an dem man einen jüdischen Staat gründen könnte. Auch sie wollten ihre Juden möglichst weit weg von ihrem Königreich haben. Bereits 1917 sagte Großbritannien seine Unterstützung zu, Palästina zum Heimatland der Juden zu machen. Es war – wie sich zeigte – ein Lippenbekenntnis.

Abb. 50
Reiseausweis für Palästina von Eli Mayer vom 29. Mai 1933
Stempel:
Freigrenze und Erleichterungen im Reiseverkehr sind gesperrt. Berlin den 1. 6. 1933,
Stelle für Devisenbewirtschaftung beim Landesfinanzamt Berlin
1. 6. 1933: Ausreise Deutschland
21. 6. 1933: Ausreise Österreich
21. 6. 1933: Einreise Italien
11. 9. 1933: Visum für Palästina vom Britischen Konsulat in Triest erhalten
13. 9 1933: Ausreise Triest/Italien
18. 9. 1933: Einreise Palästina

Anfang des 20. Jahrhunderts wurde das ‚British Uganda Proposal‘ heftig im britischen Parlament diskutiert. Im damaligen Uganda in Ostafrika sollte ein jüdisches Heimatland entstehen. Eine Ausführung scheiterte jedoch an der fehlenden Zustimmung der ‚Zionistischen Bewegung‘. Pläne für jüdische Siedlungen in Australien und Neuseeland scheiterten am Widerstand der dortigen Bevölkerung.

Hitler griff den ‚Madagaskar-Plan‘ wieder auf, den der deutsche Orientalist Paul de Lagarde bereits Ende des 19. Jahrhunderts entwickelt hatte, und der von den Briten Henry Hamilton Beamish und Arnold Leese in den

1920er Jahren intensiv weiter verfolgt und unterstützt wurde. Nun war es Hitler, der alle europäischen Juden auf die Insel Madagaskar östlich von Afrika deportieren wollte. Es sollte damit – wie Himmler in seiner Denkschrift *Die Behandlung der Fremdvölkischen im Osten*[228] schrieb – die Judenfrage in Europa endgültig gelöst werden. Am 25. Mai 1940 übergab Himmler dieses Dokument Hitler, der die darin geschilderte Vorgehensweise befürwortete. Bei den Verhandlungen eines Friedensvertrages mit Frankreichs Vichy-Regierung war der ‚Madagaskar-Plan‘ einer der wichtigsten Verhandlungspunkte.

Frankreich sollte seine damalige Kolonie Madagaskar als Platz für die Juden aus Europa zur Verfügung stellen. Über einen Zeitraum von vier Jahren sollten jährlich 1 Million europäischer Juden nach Madagaskar deportiert werden. Madagaskar sollte ein jüdischer Staat – oder ein ‚Super-Ghetto‘? – werden. Mussolini aus Italien, Marschall Petain von Vichy-Frankreich und Spaniens Staatschef General Franko waren mit von der Partie. Die beschlagnahmten Wertsachen und Bankguthaben der Juden sollten die Kosten der Deportation decken.

Die deutschen Journalisten wurden in der täglichen Reichspressekonferenz durch ‚Anweisungen‘ auf eine Linie gebracht und auch zu Korrekturen angewiesen. In einer Anweisung vom 28. Februar 1939 heißt es zum Beispiel, dass eine Mittagszeitung die Meldung ‚Gebt den Juden Madagaskar‘ verbreitet habe. Die ‚Anweisung‘ an die Journalisten lautete: *‚Der deutsche Standpunkt sei jedoch, dass die Juden Deutschland verließen. Wohin sie gingen, sei Deutschland verhältnismäßig gleichgültig‘.*[229] Nachdem freie französische Militärs Madagaskar wieder in ihre Gewalt brachten, wurde der ‚Madagaskar Plan‘ von Hitler aufgegeben und es folgte der lange Marsch in die Gaskammern.[230]

Wie bereits berichtet drängte Großbritannien im Anschluss an das ‚Münchner Abkommen‘ vom September 1938 die Niederlande, die Insel Sumatra an das Deutsche Reich abzutreten. Wollte Großbritannien mit Hilfe Deutschlands dort eine Heimat für die Juden schaffen? Vermutlich! Darüber fehlen jedoch bis heute die Beweise.

Nach der Machtübernahme Hitlers im Jahre 1933 begann eine Auswanderungswelle von europäischen Juden nach Osten. In Shanghai reisten bis zu

---

228 DIE ZEIT Online No. 14, 4.5.1957, S. 3. In der englischsprachigen Literatur wird diese Niederschrift als *Treatment of Alien Races in the East* bezeichnet
229 Frei/Schmitz, *Journalismus im Dritten Reich*, S. 30
230 Magnus Brechtken, *Madagaskar für die Juden*, 1895-1945, München 1997
     Heinrich Himmler, *Treatment of Alien Races in the East*, 1940
     www.forum.axishistory.com

15.000 deutsche Juden ein. In kürzester Zeit verdoppelte sich die jüdische Gemeinde Australiens. Die britische Regierung, die damals noch die Regierungsgewalt über Australien hatte, fürchtete, dass durch weiteren ‚Import of Foreign Subjects‘ auch ein Rassenproblem importiert werden würde. Nur 17 Prozent der Australier waren dafür, weitere Juden ins Land zu lassen. Australien erhielt erst 1942 die Unabhängigkeit, nachdem das australische Parlament dem ‚Protokoll von Westminster‘ zustimmte.

Nach der sogenannten ‚Reichs-Kristallnacht‘ vom November 1938 wurde in Australien die Einwanderungsquote für Juden aus ‚humanitären Gründen‘ – aber gegen den Willen der Bevölkerung – auf 4.000 Personen pro Jahr erhöht, jedoch begrenzt auf einen Zeitraum von drei Jahren. Im Endeffekt waren es aber aufgrund bürokratischer Hindernisse insgesamt nur 7.000 Juden, die sich zwischen 1933 und 1939 in Australien niederlassen durften.[231]

Kaum bekannt ist der sogenannte 'Schacht-Rublee-Plan', auf den ich zufällig bei meinen Recherchen über die Aktivitäten des Reichsbankpräsidenten Hjalmar Schacht in Jakarta stieß. Schacht war nach Ende des Zweiten Weltkriegs von Präsident Soekarno in die noch junge indonesische Republik eingeladen worden, um eine neue Staatsbank und einen stabilen Finanzapparat aufzubauen.[232] Darüber werde ich noch im zweiten Teil des Buches ausführlich berichten.

Im Juli 1938 wurde das ‚Intergovernmental Commitee on Refugees‘, kurz ICR, in Evian in Frankreich ins Leben gerufen. Das Komitee setzte sich aus Vertretern von 32 Staaten zusammen. Neben Deutschland waren auch Großbritannien mit dem Delegationsleiter Edward Turnour (6. Earl Winterton, Mitglied des ‚House of Lords‘), Frankreich mit dem Politiker Henri Bérenger und die USA mit Myro C. Taylor vertreten. Direktoren wurden die beiden Amerikaner George Rublee und Robert Pell. Das Ziel der Konferenz war, in ihren Ländern größere Einreisekontingente für jüdische Familien aus Deutschland und Österreich durchzusetzen.

Der Erfolg war gleich null. Es konnten keine nennenswerten Kontingente vereinbart werden. Aufgrund dieses Misserfolges lehnte es der damalige Erste Staatssekretär von Reichsaußenminister Ribbentrop, Ernst von Weizsäcker – trotz offizieller Bitte des Britischen Botschafters Nevile Henderson – ab, an einer Nachfolgekonferenz im August 1938 teilzunehmen. Die weiteren internen Verhandlungen des ICR mit Ernst von Weizsäcker kamen immer wieder ins Stocken, da:

---

231 Files Investigation Branch 1919-1946, Central Office, Canberra, File CA 747
232 Über den Aufenthalt von Hjalmar Schacht in Indonesien wird in Band 2 des Buches berichtet

- Weizsäcker sein Einverständnis verweigerte, den jüdischen Flüchtlingen Vermögenswerte und Devisen mitzugeben,
- die angesprochenen Staaten – vorrangig Großbritannien, die USA sowie weitere Einwanderungsländer wie Kanada und Australien – ihre Kontingente für jüdische Flüchtlinge nicht ausweiten wollten und
- jüdische Organisationen die Pläne mehrfach, fast einstimmig, ablehnten.

Die jüdische Seite verhängte einen weltweiten Boykott deutscher Waren und Devisen. Diese Maßnahme nahm das Nazi-Regime als Vorwand, um die bereits seit 1933 betriebene systematische Politik der Enteignung und Entfernung der Juden aus der deutschen Wirtschaft und aus Deutschland verstärkt voranzutreiben. Die Spannungen zwischen dem ICR und Deutschland sowie den an den Verhandlungen teilnehmenden Ländern wurden immer größer. Das Ergebnis war, dass die Grenzen der an das Deutsche Reich angrenzenden Staaten, aber auch die der USA und Großbritanniens, für aus Deutschland kommende vertriebene und geflüchtete Juden immer undurchlässiger wurden.

Kurz nach den Ausschreitungen gegen die deutschen Juden in der Nacht vom 8. auf 9. November 1938 – die im Volksmund verniedlichend ,Reichskristallnacht' genannt wurden – entsandte Hitler den Präsidenten der Reichsbank, Hjalmar Schacht, nach London, um einen Durchbruch bei den Verhandlungen zu erreichen. Schacht verhandelte dort mit dem Direktor des ICR, George Rublee. Außerdem hatte er gute Kontakte zu seinem Freund Montagu Norman, dem Gouverneur der ,Bank of England', der ihn bei seinen Bemühungen voll unterstützte. Norman war wie Schacht Mitglied in der Vereinigung ,Anglo-German Fellowship', die sich die Freundschaft beider Länder zum Ziel gesetzt hatte.

Das Ergebnis der Verhandlungen war der ,Schacht-Rublee-Plan', in dem nun gewisse Zugeständnisse in finanzieller Hinsicht an die umzusiedelnden Juden gemacht wurden. Obwohl dieser ,Schacht-Rublee-Plan' vom US-Außenministerium positiv bewertet wurde, wurde er von den jüdischen Organisationen abgelehnt. Nun kam im Januar 1939 Rublee nach Berlin und verhandelte erneut mit Schacht. Das Ergebnis war ein neuer ,Schacht-Rublee-Plan', dessen Bedingungen für die deutschen Juden nun etwas günstiger waren. Innerhalb von fünf Jahren sollten alle Juden aus Deutschland ausgesiedelt werden. Ein Treuhand-Fond sollte mit einer Starthilfe dafür Sorge tragen, dass alle ausgesiedelten Juden in den Ländern außerhalb Deutschlands ein neues Leben beginnen konnten. Sobald die Umsiedlung anlaufen würde, sollten die Juden aus den Lagern freikommen. Die jüdische Meinung zu diesem neuen Plan war natürlich gespalten, da es sich im Grunde immer noch um eine Vertreibung und Enteignung handelte.

Vermutlich waren Hitler die von Schacht gemachten Zugeständnisse zu großzügig, denn nur wenige Tage nach dem Abschluss der Verhandlungen wurde Hjalmar Schacht am 21. Januar 1939 von Hitler persönlich seines Postens als Reichsbankpräsident enthoben.

Schon am darauf folgenden Tag traf der ICR-Präsident Rublee den Oberbefehlshaber der Luftwaffe und designierten Nachfolger des Führers, Hermann Göring, in Berlin. Rublee wollte den zweiten ‚Schacht-Rublee-Plan' schnellstmöglich in die Tat umgesetzt sehen. Göring versicherte ihm, die jüdische Auswanderung zu fördern. Nur wenige Tage später, im Februar 1939, beauftragte Göring den Leiter des Reichssicherheitshauptamtes, Reinhard Heydrich, mit der Gründung einer ‚Reichszentrale für jüdische Auswanderung'.

Staatsrat Helmut C. H. Wohlthat, der für den Außenhandel und die Devisenbeschaffung im Dritten Reich zuständig war, unterstand der direkten Weisung von Reichsmarschall Hermann Göring. Er wurde von Göring beauftragt, die Verhandlungen mit George Rublee weiter zu führen. Nun wurden die Bemühungen, größere Einreisekontingente für Juden aus Deutschland und Österreich zu erreichen, ‚Rublee-Wohlthat-Plan' genannt.[233] Staatsrat Wohlthat wird uns noch bei mehreren Gelegenheiten begegnen, zum Beispiel als er die Organisation der deutschen Südpolexpedition von 1938/1939 leitete, und als er ab 1941 als Leiter der Wirtschaftsdelegation in Japan weilte.

Als Rublee mit dem neuen deutschen Verhandlungsführer Wohlthat keinen Schritt weiterkam, trat Rublee am 13. Februar 1939 von seinem Amt als Direktor des ICR zurück. Der ‚Schacht-Rublee-Plan' und der ‚Rublee-Wohlthat-Plan' verschwanden für immer in den Schubladen der Bürokratie.

Im Jahre 1941 wurde Reinhard Heydrich von Göring mit der Organisation der ‚Endlösung der Judenfrage' beauftragt. Der Holocaust und die Vernichtung von sechs Millionen Juden in den Konzentrationslagern nahmen ihren Lauf. Auch Hjalmar Schacht wurde ab 1944 bis Kriegsende in den Konzentrationslagern Ravensbrück und Flossenbürg eingesperrt. Gründe waren seine vermutete Mitverschwörung beim Attentat auf Hitler am 20. Juli 1944 und seine regierungskritischen Äußerungen.[234] Schacht war gegen den Missbrauch von Krediten der Reichsbank für die Kriegsrüstung.

233 *Das neue Universum*, 63. Band von 1942, Union Deutsche Verlagsgesellschaft Stuttgart

234 Yehuda Bauer: *Der Hüter meines Bruders. Eine Geschichte des Amerikanischen Jüdischen Vereinigten Verteilungskomitees*, Kapitel 6: *Der Beginn vom Ende*
Ralf Weingarten: *Die Hilfeleistung der westlichen Welt bei der Endlösung der deutschen Judenfrage. Das Intergovernmental Commitee on Political Refugees*, Bern 1983
www. geschichteinchronologie.ch/judentum

Um das aus britischen und australischen Augen gesehene ‚jüdische Problem' aus dem Wege zu schaffen, wurden von Großbritannien jüdische Kolonien in abgelegenen Regionen in Kanada und Argentinien, ja selbst im wüstenähnlichen Zentrum Australiens in Erwägung gezogen. In Australien waren es Gebiete in den heißen Kimberleys, auf Melville Island, im Northern Territory und in South Australia, die für die europäischen Juden vorgeschlagen wurden. Der Plan für eine jüdische Kolonie in South Australia hatte zunächst die besten Chancen für eine Realisierung. Er scheiterte jedoch am Veto des damaligen australischen Premiers R. L. Butler. Fast gleichzeitig mit dieser Ablehnung wurde von dem australischen Geschäftsmann J. H. Catts das 2.000 Meter hoch gelegene Plateau von Papua-Neuguinea als Platz für die Juden aus aller Welt vorgeschlagen. Als Argument diente, dass dieses Gebiet größer als Palästina sei, und die landwirtschaftlichen Flächen könnten auch besser genutzt werden. Auf die auf diesem Hochplateau lebenden Einheimischen wurde keine Rücksicht genommen.

Hierüber gibt es auch ein Schreiben des Südsee-Experten und Kaufmannes Heinrich Rudolph Wahlen, der regelmäßig aus dieser Region Berichte an Walther Hewel sandte. Wahlen war oft monatelang in Niederländisch-Indien, Australien, Neuguinea, China, Japan und der Südsee unterwegs. Seine Berichte stießen bei Walther Hewel immer auf großes Interesse. Am 28. Januar 1939 schrieb Wahlen an Hewel (Ausschnitt):

Betr. Aussiedlungsgebiet für Juden: Die britische Regierung hat ihre Gouverneure in der Südsee ersucht, Untersuchungen über eventuelle Ansiedlungsgebiete für Juden anzustellen. Auch an Neuguineas Plateaus wird gedacht.[235]

Ab 1944 wurden alle Siedlungsprojekte für Juden in Australien nicht weiter verfolgt, da die große Mehrzahl der Bevölkerung gegen eine Zuwanderung von jüdischen Flüchtlingen war.

Heute scheint sich die Geschichte zu wiederholen, aber diesmal ist der Plan schon Realität geworden. Australien hat erneut das tropisch heiße Papua-Neuguinea als Abschiebeort ausgemacht – diesmal nicht für Juden aus Europa, sondern für Flüchtlinge aus Asien und andern Regionen der Welt. Mitte 2013 beschloss die sozialdemokratische Labor-Regierung Australiens, alle bereits nach Australien gekommenen und auch alle zukünftigen Flüchtlinge nach Papua abzuschieben und dort in Lagern festzuhalten.

Auf der Insel Nauru bestehen bereits Flüchtlingslager der australischen Regierung. Die kleine Insel Nauru, östlich von Papua-Neuguinea gelegen, war bis Ende des Ersten Weltkriegs als Kolonie Teil des Deutschen Kaiserreichs. Im zweiten Band des Buches wird diese kleine Insel im Pazifik im

235 AA, Hewel, Akte 27.474

Zweiten Weltkrieg wieder eine Rolle spielen. Heute ist die Republik Nauru mit knapp 10.000 Einwohnern auf nur 21.000 Quadratkilometer Fläche die kleinste Republik der Welt. Australien hat dort durch extensiven Phosphatabbau die Umwelt nachhaltig zerstört. 1989 klagte Nauru vor dem Internationalen Gerichtshof Australien an, die verursachten Schäden zu beseitigen. Es wurde eine außergerichtliche Einigung erzielt.

2005 vereinbarte Australien mit Nauru, asiatische Flüchtlinge aufzunehmen. Im Gegenzug sollte Nauru dafür eine finanzielle Unterstützung erhalten. 2006, 2007 und 2012 wurden Flüchtlinge nach Nauru abgeschoben und in Lagern festgehalten. Heute gibt es genau so viele Flüchtlinge wie polynesische Einheimische auf der kleinen Insel. Bei einer Arbeitslosigkeit der einheimischen Bevölkerung von rund 90 Prozent ist dies für sie eine drückende Bürde und kann nur zu sozialen Unruhen führen. Nauru liegt 40 Kilometer südlich des Äquators und hat mit einer durchschnittlichen Tagestemperatur von über 30° Celsius ein mörderisches Klima. Für die Flüchtlinge, zum Beispiel aus den bergigen Kriegsgebieten Irak und Afghanistan, müssen die tropischen Temperaturen eine Tortur sein.

Die australische Regierung will nun die nach Papua-Neuguinea und auf die Insel Nauru gebrachten Flüchtlinge dort dauerhaft ansiedeln. Die Regierungen Australiens, links wie rechts, übertreffen sich in für Flüchtlinge abschreckenden Maßnahmen. Der ehemalige sozialistische australische Premierminister Kevin Rudd sagte: *Kein Flüchtling soll noch einen Fuß auf australischen Boden setzen! Dies ist unsere unerschütterliche Position!*

Die USA mit Großbritannien haben den gegen internationales Recht verstoßenden Krieg gegen den Irak ausgelöst. Australien war sofort bereit, seine Truppen dorthin zu entsenden. Zehntausende unschuldige Zivilisten haben seither ihr Leben verloren. Nun herrscht dort Chaos, von einer Demokratie ist das Land weit entfernt. Es wurde mehr zerstört als neu aufgebaut. Hunderttausende Menschen sind auf der Flucht. Dafür tragen die USA und Großbritannien mit Australien die Verantwortung. Aber warum weigern sich gerade diese Länder, die unschuldigen Flüchtlinge aufzunehmen? Durch die Kriege der USA mit Unterstützung Großbritanniens und Australiens im Irak und Afghanistan wurde die Flüchtlingswelle doch erst ausgelöst! Ein Krieg war für diese kriegsführenden Länder wichtig, aber Chaos wird hinterlassen und die Opfer sind für sie anscheinend Nebensache!

Nach Ende des Zweiten Weltkriegs führten die letzten turbulenten Jahre vor dem Ende des britischen Mandats in Palästina zu einer weiteren Verschärfung und erneuten Reduzierung der Quote für jüdische Einwanderung nach Palästina. Dazu beigetragen haben sicherlich auch die blutigen antibritischen Demonstrationen jüdischer Nationalisten in Palästina und die Zerstörung des ‚King David Hotels' in Tel Aviv.[236]

Wie ist es eigentlich zu erklären, dass Großbritannien die Juden an die unterschiedlichsten Plätze dieser Welt bringen wollte, nur nicht nach Palästina? In der ‚Balfour Declaration' hatte sich doch Großbritannien bereits im November 1917 bereit erklärt, in Palästina eine Heimstätte für die Juden aus aller Welt mit aufzubauen!

In Palästina gab es zur Zeit des britischen Mandatsgebiets durch die Einwanderung von Juden bereits Spannungen. Durch eine neue Einwanderungswelle von Juden wäre das Gleichgewicht zwischen Palästinensern und Juden erheblich gestört worden. Eine Revolte der palästinensischen Araber bei einer Zuwanderung von zu vielen Juden wurde befürchtet. Der Verlust der britischen Vormachtstellung in diesem Raum wäre dadurch schon zu einem früheren Zeitpunkt eingetreten. Divide et impera – teile und herrsche – war auch hier, wie bei allen Kolonialherren, das Prinzip ihres Machterhalts. Großbritannien wollte die Bildung eines jüdischen Staatsgebildes, also Israels, so weit wie möglich in die ferne Zukunft schieben.

Einige wenige Beispiele sollen zeigen, mit welch großen Schwierigkeiten Juden rechnen mussten, wenn sie unter den Glücklichen waren, die Nazi-Deutschland noch verlassen konnten:

Bis 1930 konnten Juden noch relativ einfach in das britisch dominierte Südafrika einreisen. 1933 wurden aber bereits strikte Einwanderungsbestimmungen für Juden eingeführt. 1936 legte die *MS Stuttgart*, ein ‚Kraft-durch-Freude'-Kreuzfahrtschiff der HAPAG, in Kapstadt an. An Bord waren über 500 jüdische Flüchtlinge aus Deutschland, die lautstark mit antisemitischen Protestdemonstrationen von südafrikanischen Rechten empfangen wurden. Dies war das größte Einzelkontingent für Juden, das während der Dritten Reichs in Südafrika einwandern konnte.

Nach dieser geglückten Landung wurde von der seit 1910 bestehenden südafrikanischen und von Großbritannien dominierten Regierung der sogenannte ‚Alien Act' ausgearbeitet, der das Einwanderungsgesetz für Juden enorm verschärfte. Dieser ‚Alien Act' trat 1937 in Kraft. Waren es von 1933 bis 1936 noch rund 3.600 jüdische Flüchtlinge, die nach Südafrika einreisten durften, ging die Zahl nach 1937 aufgrund des ‚Alien Acts' gegen null zurück.[237]

Über die Rolle, die Südafrika während des Dritten Reichs spielen sollte, war die Bevölkerung gespaltener Meinung. Schon seit der Kolonialisierung

---

236 Isaac Nachman Steinberg, *Australia: The Unpromised Land*
    www.naa.gov.au
237 Jüdische Zeitung, August 2006, Artikel von Brigitte Kirste und Susanne Zeller
    Brian Bunting, *The Rise of the South African Reich*

durch die Niederländer, die Buren, fühlten sich die Buren näher an Kontinentaleuropa gebunden als an Großbritannien. Die britischen Einwanderer fühlten sich jedoch Großbritannien verpflichtet. Während des Dritten Reichs gab es im südafrikanischen Parlament große Debatten, auf welche Seite sich Südafrika schlagen solle. Während der eine Teil bedingungslos an der Seite Großbritanniens war, forderten die nationalistischen Buren der ‚Afrikaans Nasionale Party' mit ihrer großen Sympathie für Hitler sogar einen Anschluss Südafrikas an das Deutsche Reich. Bei Kriegsbeginn flog Dönitz sogar nach Südafrika, da ihm die Buren den Bau eines U-Boot-Hafens in der Nähe von Kapstadt genehmigen wollten. Bereits im Zweiten Burenkrieg von 1899 bis 1902 wollte sich der damalige ‚Oranje-Freistaat' der Buren mit der deutschen Kolonie ‚Deutsch-Südwest-Afrika' (heute: Namibia) verbünden. Dies war schon damals für die Briten ein wichtiger Grund, die Buren zu bekämpfen. Nach dem Sieg über die Buren wurde Südafrika in das Britische Empire eingegliedert.

Vier Monate vor Kriegsbeginn verließ das deutsche Linienschiff *MS St. Louis* der Reederei HAPAG den Hamburger Hafen in Richtung Karibik. An Bord waren 906 jüdische Flüchtlinge; Männer, Frauen und Kinder. Die Reederei hatte von der kubanischen Regierung die Zusage erhalten, dass sie die Flüchtlinge aufnehmen werde. Man kann sich gut vorstellen, wie entspannt und fröhlich die jüdischen Passagiere waren, wie ihre Augen glänzten, wie befreit sie sich fühlen mussten, als endlich das Schiff auf hoher See gen Westen fuhr, in die vermeintliche Freiheit. Ihre Angst vor der Erniedrigung, der Verfolgung und den Konzentrationslagern legte sich langsam.

In der Zwischenzeit, als das Schiff bereits kurz vor dem Hafen von Havanna war, änderte die kubanische Regierung ihre Meinung und verweigerte der *MS St. Louis,* einen Hafen auf Kuba anzulaufen. Auf keiner der vielen Karibik-Inseln erhielt das Schiff eine Anlege-Erlaubnis. Kapitän Gustav Schröder versuchte nun sein Glück in Kanada. Auch dort verweigerte die Regierung jegliche Hilfe. Nun fuhr die *St. Louis* wieder zurück in die Karibik und wartete zwischen Kuba und Florida in der Hoffnung, dass die USA Mitleid mit den 906 jüdischen Passagieren haben würde. Präsident Roosevelt – dessen Anmahnung der Menschenrechte bekanntermaßen Lippenbekenntnisse waren – wurde persönlich um Hilfe gebeten. Schroffer hätte die Antwort nicht ausfallen können: Das Anlegen der *MS St. Louis* in jedem Hafen der USA wurde verweigert und jegliche Hilfe für die Passagiere abgelehnt! Kein Land in Nord- und Mittelamerika wollte die jüdischen Flüchtlinge aufnehmen.

Der Treibstoff und der Proviant der *MS St. Louis* wurden knapp. Der Kapitän hatte keine andere Wahl. Auf Anraten seiner Reederei musste er nach der wochenlangen Odyssee mit den jüdischen Flüchtlingen an Bord wieder zurück nach Deutschland fahren. Man kann sich gut vorstellen, wie groß die Enttäuschung und Verzweiflung der Passagiere gewesen sein muss, als das Schiff wieder nach Osten fuhr, Deutschland entgegen! Ein Teil der Flüchtlinge versuchte vergeblich, das Kommando des Schiffes zu übernehmen. Aber wohin hätten sie gehen können?

Auf dem Weg zurück nach Europa setzte Kapitän Schröder durch, dass die Flüchtlinge in einem neutralen westeuropäischen Land von Bord gehen durften. Kapitän Gustav Schröder rettete zunächst alle 906 jüdischen Flüchtlinge. Als aber 1940 die Deutsche Wehrmacht Belgien, die Niederlande und Frankreich besetzte, kamen viele dieser Menschen erneut in die Fänge der Nazis und landeten in einem der Konzentrationslager. Die Flüchtlinge waren bereits so nahe an der Freiheit!

Präsident Roosevelt war von vielen antisemitisch eingestellten Beratern umgeben, die ihn stark beeinflussten. Einer der fanatischsten war der US-Diplomat im State Departement Breckinridge Long. Er war hauptsächlich verantwortlich für die Abweisung der jüdischen Flüchtlinge auf der *MS St. Louis*, aber auch für die Verzögerungen und Nichterteilungen von Visa für Juden aus Europa. Statistiken wurden gefälscht, um die Zahl der bereits eingereisten Juden höher erscheinen zu lassen. Während der 12 langen Jahre des Dritten Reichs wollte er insgesamt nur eintausend Juden aus ganz Europa die Einreise in das ‚gelobte Land' erlauben. Diese Eintausend sollten in einem geschlossenen Lager untergebracht werden und nach Kriegsende die USA wieder verlassen. Ihnen sollte nicht einmal erlaubt werden, ihre Verwandten in den USA zu besuchen. Trotz der abweisenden Haltung Breckinridge Longs ist es Zehntausenden jüdischer Flüchtlinge gelungen, in die USA zu gelangen.

Das tragische Schicksal der jüdischen Flüchtlinge auf der *MS St. Louis* wurde 1976 in den USA nach dem gleichnamigen Buch von Gorden und Thomas mit dem Titel *Voyage of the Damned* (Reise der Verdammten) verfilmt. Die zwielichtige Rolle der USA und Kanadas spielen in dem amerikanischen Film leider nur eine sehr untergeordnete Rolle.[238]

Selbst 1940 gab es noch von den Nazis genehmigte Ausreisen für Juden aus Deutschland und Österreich. Das folgende Beispiel zeigt die Irrfahrt von jüdischen Flüchtlingen, die nach Palästina wollten. Das Drama fand letztendlich aber auf Mauritius, im südlichen Indischen Ozean, ein Ende: Am 3. September 1940 verließen vier Schiffe der ‚Deutschen-Donau-Schifffahrts-Gesellschaft' Wien und das nur 60 Kilometer donauabwärts liegende Preßburg (heute: Bratislava in der Slowakei). Es waren die Schiffe *Helios*, *Melk*, *Uranus* und *Schönbrunn*. Insgesamt waren rund 4.000 jüdische Flüchtlinge

---

238 Reinfelder, MS St. Louis. *Die Irrfahrt nach Kuba, Frühjahr 1939*
  Schröder: *Heimatlos auf hoher See*

mit dem Ziel Palästina an Bord. Am Schwarzen Meer stiegen die Flüchtlinge in die hochseegängigen Schiffe *Atlantic, Pacific* und *Milos* um. 1.829 Passagiere fanden auf dem griechischen Frachter *Atlantic* einen Platz. Die drei Schiffe sollten die Flüchtlinge über das Marmara- und Mittelmeer nach Palästina bringen.

Während die *Pacific* und die *Milos* pünktlich in Palästina angekommen waren, geriet die *Atlantic* in einen Sturm und musste repariert werden. Bei einem von den Briten erzwungenen Zwischenaufenthalt auf der damals britisch kontrollierten Insel Zypern kam britisches Militär als Begleitung an Bord. Schließlich erreichte auch die *Atlantic* am 23. November 1940 den Hafen von Haifa in Palästina.

Die Enttäuschung war groß, als die britische Verwaltung den jüdischen Passagieren der *Atlantic* verbot, an Land zu gehen. Den Passagieren der beiden zuvor eingetroffenen Schiffen *Pacific* und *Milos* war dasselbe Schicksal widerfahren. Sie wurden direkt nach ihrer Ankunft in Haifa auf das von Frankreich requirierte Linienschiff *MS Patria* übergesetzt. Man wartete nur auf die *Atlantic*, dann sollten alle 4.000 Flüchtlinge gemeinsam nach Mauritius im südlichen Indischen Ozean deportiert werden.

Am 25. November 1940 wurde gerade begonnen, die ersten Passagiere der *Atlantic* auf die *MS Patria* überzusetzten, als eine schlimme Explosion die *MS Patria* erschütterte. Innerhalb von nur 15 Minuten versank das Schiff vor dem Hafen von Haifa. Es gab Hunderte von Toten, hauptsächlich weil viele Flüchtlinge auf den unteren Decks eingeschlossen waren und ertranken.

Alle überlebenden Flüchtlinge wurden nun in ein Internierungslager auf Zypern gebracht. Von hier aus wurden sie einige Zeit später nach Mauritius deportiert. Dort blieben sie fünf Jahre lang in dem Gefängnis ‚Beau Bassin‘, in der Nähe der Hauptstadt Port Luis.[239]

Es gibt noch viele Beispiele dafür, wie Großbritannien verhinderte, dass jüdische Flüchtlinge in das Mandatsgebiet Palästina einreisen konnten. Als weiteres Beispiel soll hier das bulgarische Schiff *Struma* dienen, das mit 800 jüdischen Flüchtlingen an Bord nach Palästina fuhr. Die Briten wiesen das Schiff in Palästina ab, und auch die Türken verweigerten eine Anlandung. Das Schiff irrte mit den jüdischen Flüchtlingen auf dem Mittelmeer von Land zu Land, von Hafen zu Hafen. Letztendlich wurde die *Struma* von einem russischen U-Boot torpediert und sank. Nur ein einziger der 800 jüdischen Flüchtlinge und drei Mitglieder der Mannschaft überlebten den Untergang.

---

239 Ofer, *Escaping the Holocaust: Illegal Immigration to the Land of Israel 1939-1944,* S. 44
www.wikipedia.org/Patria_Disaster

Es gab aber auch Fälle, bei denen sich deutsche Kapitäne über Befehle des Reichs-Verkehrsministeriums hinwegsetzten, um jüdische Flüchtlinge in Sicherheit zu bringen. Dazu zwei Beispiele: Glück im Unglück hatten die Passagiere auf dem 138 Meter langen und 5.864 Bruttoregistertonnen großen deutschen Frachter *MS Poseidon* unter Kapitän Nielsen. Am 4. August 1939 stach das Schiff ohne Fracht in See. An Bord waren jüdische Familien, die Deutschland noch verlassen konnten und hofften, in Südamerika eine neue Heimat zu finden. Gut drei Wochen später, schon in der Nähe der südamerikanischen Küste, erhielt Kapitän Nielsen bei Kriegsbeginn am 1. September 1939 – wie alle Kapitäne von Handelsschiffen – den strengen Befehl, sofort nach Deutschland zurückzukehren oder durch Selbstversenkung zu verhindern, dass das Schiff in feindliche Hände fallen würde. Plötzlich war der Kapitän nicht mehr seiner Reederei, dem Norddeutschen Lloyd unterstellt, sondern musste – wie die gesamte deutsche Handelsflotte – die Befehle des Reichs-Verkehrsministeriums befolgen. Unter Missachtung des Befehls steuerte Kapitän Nielsen sein Schiff weiter in Richtung Südamerika.

Ohne Probleme erreichte die *MS Poseidon* die Küste Südamerikas, als plötzlich der britische Leichte Kreuzer *HMS Ajax* am Horizont aufkreuzte und die *Poseidon* ansteuerte. Mit einer Höchstgeschwindigkeit von 32,5 Knoten (60 km/Stunde) war dieses Kriegsschiff fast dreimal so schnell wie die *Poseidon* und kam schnell näher. Mit Höchstgeschwindigkeit schaffte es Kapitän Nielsen, in letzter Minute ohne Lotsenhilfe in einen unbedeutenden argentinischen Hafen einzulaufen. Das Schiff, die Mannschaft und die jüdischen Familien waren zunächst gerettet.

Der Kapitän erhielt von der deutschen Seekriegsleitung den neuen Befehl, sich mit den Passagieren nach Buenos Aires ins neutrale Argentinien durchzuschlagen. Dies erschien dem deutschen Kapitän als viel zu riskant, da die *HMS Ajax* Tag und Nacht vor dem Hafen patrouillierte, um die *Poseidon* doch noch abzufangen. Er wollte die Passagiere nicht gefährden und weigerte sich auszulaufen. Mit Hilfe des sehr hilfsbereiten Marine-Attachés der Deutschen Botschaft in Buenos Aires – ebenfalls ein Kapitän – konnte Kapitän Nielsen erreichen, dass zunächst alle jüdischen Passagiere über Land an ihren jeweiligen Bestimmungsort weitergeleitet wurden. Mit Hilfe des argentinischen Hafenkapitäns und eines von ihm mitgebrachten Lotsen gelang es der *MS Poseidon,* bei Nacht die Blockade der *HMS Ajax* unbemerkt zu durchbrechen und die Heimreise nach Deutschland unter fremder Flagge anzutreten.

In der Nähe von Island wurde die *Poseidon* von zwei britischen Hilfskreuzern aufgebracht. Nun befolgte Kapitän Nielsen den Befehl der Seekriegsleitung und öffnet die Seeventile und Tankdeckel. Das Schiff sank. Die Briten reagierten sehr aggressiv, denn Großbritannien benötigte dringend gekaperten Schiffsraum. Die deutschen U-Boote hatten in den ersten Kriegswochen bereits 200.000 Bruttoregistertonnen der britischen Handelsflotte versenkt.

Kapitän Nielsen und seine Mannschaft wurden zunächst nach England gebracht. Dort wurden sie zusammen mit anderen deutschen Seeleuten, mit deutschen Geschäftsleuten, die in Großbritannien tätig waren, mit 800 italienischen Kriegsgefangenen, mit jüdischen Flüchtlingen und britischen Soldaten auf die *SS Arandora Star* der ‚Blue Star Line‘ gebracht. Die Deutschen und Italiener sollten in Internierungslager nach Kanada gebracht werden. Außerdem wurden noch 500 Verletzte an Bord gebracht, die in kanadischen Krankenhäusern behandelt werden sollten. Die Zahl der an Bord befindlichen Personen schwankt aufgrund verschiedener Aussagen von Zeitungsberichten, Rotem Kreuz oder Bordstewards. Es sollen zwischen 2.000 und 3.000 Personen gewesen sein. Die 170 Meter lange *SS Arandora Star* war zuvor als Linien-Passagierschiff zwischen London und Südamerika, und später, bis zum Ausbruch des Zweiten Weltkriegs, als Kreuzfahrtschiff eingesetzt.

Am 2. Juli 1940 verließ die *SS Arandora Star* den Hafen von Liverpool. Schon kurz danach traf sie mittschiffs ein Torpedo. Nichts funktionierte mehr, die Maschinen waren zerstört, die Elektrizität war ausgefallen. Chaos brach aus. Die Rettungsboote waren zum Teil zerstört oder konnten nicht mehr zu Wasser gelassen werden. Innerhalb von nur 35 Minuten versank das Schiff.

Das deutsche U-Boot, das die *SS Arandora Star* torpediert hatte, war U 47 mit dem seit seinem Husarenstück von Scapa Flow berühmten Kommandanten Kapitänleutnant Günther Prien. Prien konnte mit seinem U-Boot am 14. Oktober 1939 in die enge Bucht von Scapa Flow im südlichen Schottland schleichen und in dem britischen Kriegshafen das Schlachtschiff *HMS Royal Oak* mit über 800 Mann Besatzung versenken. U 47 entkam unbeschadet. Dieser Erfolg wurde natürlich von der NS-Propaganda gebührend verwertet. Prien hatte die *SS Arandora Star* torpediert, weil er annahm, einen britischen Truppentransporter vor sich zu haben. Das Schiff war nicht mit einem roten Kreuz markiert, wie es eigentlich entsprechend der Genfer Konvention bei einem Transport von Kriegsgefangenen, Internierten, Zivilisten und Verletzten internationale Vorschrift gewesen wäre.

Von den bis zu 3.000 Personen an Bord überlebten nur rund 700 Menschen das Unglück, auch Kapitän Nielsen. Unter den vielen Opfern befand sich auch Kapitän Buhrfein. Er hatte sein Frachtschiff *Adolph Woermann* durch Selbstversenkung einer Kaperung durch die Briten entzogen. Bevor er vor Erschöpfung in den eisigen Fluten des Nordmeeres ertrank, hatte er noch vielen Passagieren das Leben gerettet. Für seinen heroischen Einsatz und Mut bei der Rettung Schiffbrüchiger wurde er posthum von der britischen Regierung geehrt.[240]

Abb. 51
Artikel aus ‚London Express News' 1960,
Ausschnitt

Der Schnelldampfer *TS Bremen* war ein Traumschiff, das Prunkstück des Norddeutschen Lloyds und der gesamten deutschen Handelsflotte. Mit vier Turbinen, vier Schrauben und maximal 135.000 PS gewann er 1929 als das schnellste Schiff auf der Atlantik-Route das ‚Blaue Band'. Am 22. August 1939 verließ das Schiff Bremerhaven mit Kurs New York. An Bord waren neben der 1.000 Mann starken Besatzung 1.800 Passagiere, fast nur jüdische Familien, die eine der letzten Chancen nutzen wollten, aus Deutschland zu entkommen.

Kurz vor New York und nur wenige Tage vor Ausbruch des Zweiten Weltkriegs erhielt der Kapitän Adolf Ahrens von der Reederei die Aufforderung, sofort umzukehren und die *Bremen* sicher in einen deutschen Hafen zurückzubringen. Der Kapitän verweigerte den Befehl und setzte seine Fahrt nach

---

240 Brenneke, *Schwarze Schiffe*, S.97-101
      London Express News
      www.wikipedia.org/SS_Arandora_Star

New York fort, wo er seine Passagiere sicher und pünktlich an Land setzte. Hier erhielt er erneut die Nachricht, unverzüglich und ohne Passagiere die Rückreise nach Deutschland anzutreten. Das Schiff wurde noch mit Treibstoff der Standard Oil versorgt. Das Deutsche Reich arbeitete eng mit dieser amerikanischen Gesellschaft zusammen.

Die Abfahrt der *Bremen* wurde jedoch durch Einmischung und vorgetäuschte Beschwerden der Briten um fast zwei Tage verzögert. Die Briten wollten Zeit gewinnen, um ihre Kriegsschiffe in Stellung zu bringen. Die *Bremen* sollte gekapert oder vernichtet werden. Endlich, am 30. August 1939 – nur einen Tag vor Ausbruch des Zweiten Weltkriegs – konnte die *Bremen* die Anker lichten und die Rückreise antreten. Inzwischen hatte der britische Admiral Forbes große Teile seiner Flotte im Atlantik zusammengezogen. Sein Befehl lautete, die *Bremen* nicht entwischen zu lassen. Gleich nach der Abfahrt von New York ließ Kapitän Ahrens das Riesenschiff von 290 Metern Länge mit grauer Tarnfarbe überziehen. Gleichzeitig brachte er Vorrichtungen zur Selbstversenkung der *Bremen* an. Das Schiff sollte nicht in feindliche Hände fallen. Durch eine Kaperung wollten die Briten einen großen propagandistischen Vorteil ziehen.

Mit ,Äußerster Kraft Voraus' und 29 Knoten (fast 54 km/h) Geschwindigkeit jagte die *Bremen* nach Nordost, dem Eismeer zu. Die britischen Schiffe lagen weiter südlich auf der Lauer. Unbehelligt von der britischen Flotte erreichte die *Bremen* den russischen Hafen von Murmansk in der Bucht von Kola im nördlichen Eismeer, nahe der Grenze zu Norwegen. Der Blockadedurchbruch im Atlantik war geglückt.

Die Sowjetunion war zu dieser Zeit noch neutrales Gebiet. Als drei Monate später der Krieg zwischen Finnland und der Sowjetunion ausbrach, wagte die *Bremen* in einer nebligen und verschneiten dunklen Polarnacht einen weiteren Blockadedurchbruch. Wieder hatte Kapitän Ahrens Glück. Er brachte sein Schiff sicher in einen deutschen Hafen zurück. Diese Beispiele sollen zeigen, wie deutsche Kapitäne Befehle missachteten, um jüdische Familien noch sicher ins Ausland zu bringen.[241]

Die Niederländer behandelten die jüdischen Flüchtlinge, die während des Dritten Reichs in die Niederlande einreisen oder weiterreisen wollten, nicht besser als die Briten oder die Vereinigten Staaten von Amerika. Besonders nach der ,Reichskristallnacht' vom November 1938 wollten Tausende deutscher Juden in die Niederlande fliehen. Sie suchten dort oder in Niederländisch-Indien Sicherheit vor den Nazis. Schon 1930 hatte F. A. Schöppel ein Büchlein mit dem Titel *Einreise, Aufenthalt und Ansiedlung in*

---

241 Ahrens, *Die Siegesfahrt der Bremen*
   AA, Akte Botschafter Moskau, Graf von der Schulenburg

Niederländisch-Indien herausgebracht. Vermutlich war dieses Büchlein nicht nur als Leitfaden für auswanderungswillige Juden gedacht.

Massen deutscher Juden drängten sich ab 1939 an der deutsch-niederländischen Grenze, aber die Niederländische Regierung verweigerte ihnen die Einreise. Sie hatte ein Kontingent für deutsche Juden von 7.000 pro Jahr festgesetzt, das nicht überschritten werden durfte, das bedeutete, dass nur 20 Personen pro Tag (!) einreisen durften. Der niederländische Premier Colijn erklärte, andernfalls würden die Niederlande ‚zu voll werden‘. Für die aufgenommenen jüdischen Flüchtlinge war ein Lager bei Ermelo geplant. Der Plan wurde aber von Königin Wilhelmina abgelehnt, da sie kein jüdisches Flüchtlingslager in der Nähe ihres Sommersitzes dulden wollte.[242]

Von den etwa 140.000 Juden, die in den Niederlanden lebten, überlebten nur 40.000 den Zweiten Weltkrieg. Die Niederlande hatte neben Polen mit rund 75 Prozent die höchste Todesrate von jüdischen Bürgern. Die geringste Todesrate mit ‚nur‘ 2 Prozent war in Dänemark zu verzeichnen.[243] Dies bedeutete jedoch nicht, dass die Niederländer antisemitischer eingestellt waren als ihre Nachbarländer. Im Gegenteil, der Führer der *Nationaal-Socialistische Beweging* NSB, Anton Adriaan Mussert, übernahm wohl das Parteiprogramm von Hitlers NSDAP, jedoch nicht die antisemitischen Passagen. Meiner Ansicht nach lag es an der Obrigkeitshörigkeit der Niederländer gegenüber ihren deutschen Besatzern. Sie wollten keine Gesetze übertreten und registrierten diszipliniert und pedantisch ihre jüdischen Nachbarn. Der niederländische bürokratische Apparat funktionierte – nun allerdings im Auftrag der Nazis – hervorragend und reibungslos weiter. Die Niederländer verhafteten Juden, trieben sie zusammen, und die Züge der niederländischen Eisenbahngesellschaft ‚Nederlandse Spoorwegen‘ transportierten sie nach Osten in den sicheren Tod. Sabotageakte waren selten und nur wenige Niederländer gewährten den Juden Unterschlupf. Es mangelte in den Niederlanden – wie in Deutschland – an Zivilcourage.

Es gab nur wenige Juden in Europa, denen nach 1933 noch eine Immigration nach Niederländisch-Indien gelang. Aber selbst dort waren sie Verfolgung und Terror ausgesetzt, denn für die Juden in Niederländisch-Indien ergab sich eine paradoxe Situation: Sie waren aus Deutschland geflüchtet um Hitlers Konzentrationslagern zu entrinnen, aber die Niederländer dort machten keine Unterschiede zwischen Juden und Deutschen. Als deutsche Truppen 1940 in die Niederlande einmarschierten, wurden auch die Juden in Niederländisch-Indien von der Kolonialverwaltung festgenommen und in Lager gebracht, obwohl sich Niederländisch-Indien auf die Seite der Alli-

---

242 Mak, *Das Jahrhundert meines Vaters,* S. 211
243 Mak, *Das Jahrhundert meines Vaters,* S. 305

ierten geschlagen hatte. Es spielte keine Rolle, welche Nationalität die Juden hatten. Sie wurden alle interniert. Es war eine Tragik ganz besonderer Art, dass Juden aus Europa, die in ein vermeintlich sicheres Land geflüchtet waren, nun wie alle Deutschen von den Niederländern wie Verbrecher behandelt wurden und hinter Stacheldraht leiden mussten.

Viele Juden kamen in das Internierungslager von Tangerang, westlich von Batavia. Frauen mit ihren Kindern wurden hier getrennt untergebracht. Im Internierungslager *Adek* in Batavia wurden die ‚Baghdadi Jews' von den neu zugewanderten Juden getrennt. Andere kamen in das *Werfstraat*-Gefängnis in Surabaya. In dem berüchtigten Camp *Ngawi* in Ostjava wurden jüdische und deutsche Männer zusammen eingepfercht.

Nach der Besetzung Niederländisch-Indiens 1942 durch Japan wurden die Deutschen befreit, die deutschen Juden nicht. Nun kamen die Niederländer zusammen mit den Juden hinter Gitter. Wie viele Juden später berichteten, wurden in allen Camps – zuerst durch die niederländischen und danach durch die japanischen Bewacher – die Nicht-Juden zuerst und besser verpflegt. Diskriminierungen waren an der Tagesordnung. Die jüdischen Männer wurden zusammen mit Niederländern von der japanischen Besatzungsmacht zur Zwangsarbeit an den Baustellen der Eisenbahnstrecken in Sumatra und Birma eingesetzt. Viele Frauen und Kinder sahen ihre Männer und Väter nie wieder.

Nach der Unabhängigkeitserklärung Indonesiens am 17. August 1945 herrschte totales Chaos auf den Straßen. Es herrschte die Periode *Bersiap* - Seid Bereit! Verschiedene indonesische Milizen-Verbände, die sich japanische Waffen angeeignet hatten, plünderten und töteten jeden Niederländer und Juden, den sie auf der Straße antrafen. Am sichersten fühlten sich die Juden nun in den verhassten Internierungslagern.

Es gab Fälle, wie in Bogor in Westjava, dass selbst nach der Kapitulation Deutschlands Niederländer und Juden in den Lagern von deutschen Marinesoldaten vor dem indonesischen Mob beschützt werden mussten. Die aufgebrachten Indonesier versuchten, die verhassten Kolonialherren zu lynchen. Deutsche Marinesoldaten und deutsches Personal der Stützpunkte wurden von den Briten – die als Erste nach der Kapitulation Japans auf die Insel Java kamen – mit Waffen ausgerüstet. Und das nach der Kapitulation Deutschlands und Japans! Ein Kuriosum: Die Verlierer des Zweiten Weltkriegs mussten die Sieger vor der einheimischen Bevölkerung mit Waffen beschützen! Grund dafür war, dass die Briten auf Java noch nicht über genügend eigenes Personal verfügten und das Chaos nach Kriegsende nicht beherrschten.

Nach Ende des Zweiten Weltkriegs dauerte es noch ein ganzes Jahr, bis die Juden die Internierungslager in dem nun Indonesien genannten Land verlassen konnten. Mit der ersten sich bietenden Möglichkeit wanderten viele Juden zurück in die Niederlande. Als sie auch dort wieder auf Ablehnung stießen, versuchten sie nach Israel zu kommen. Dass auch dies schwierig war, zeigt die Irrfahrt der *Exodus*.

Einer der spektakulärsten Fälle, der nach dem Krieg für heftigste Diskussionen sorgte und der auch verfilmt wurde, war die Reise der *Exodus* in das immer noch englische Mandatsgebiet Palästina. Die *Exodus* stach am 10. Juli 1947 mit 4.515 jüdischen Passagieren – Familien mit Kindern, die das Glück hatten, den Holocaust zu überleben – von Marseille aus in See. Die *Exodus* hatte bereits im Vorfeld die Aufmerksamkeit der Weltöffentlichkeit auf sich gelenkt. Als am 18. Juli 1947, vor der Küste Palästinas, der Kapitän der Aufforderung der Briten, das Schiff zu stoppen, nicht nachkam, enterten britische Soldaten das Schiff. Bei dem vierstündigen Übernahmekampf gab es Tote und Verletzte auf beiden Seiten. Der Bordfunker berichtete live von den Kämpfen an Bord. In Begleitung von britischen Kriegsschiffen lief die *Exodus* am 20. Juli in Haifa ein. Die jüdischen Flüchtlinge wurden auf drei Schiffe umgeladen und nach Marseille zurückgeschickt, wo sie am 29. Juli wieder eintrafen.

Als sich die Passagiere drei Wochen lang weigerten, die Schiffe zu verlassen, wurden sie auf britischen Druck nach Hamburg umgeleitet. Hier wurden die Familien von britischen Wehrmachtsangehörigen unter den Augen der internationalen Presse mit Gewalt an Land und in Internierungslager gebracht. Widerstand wurde mit Nahrungsentzug bestraft. Die Reaktion der internationalen Presse war verheerend, was dann auch dazu führte, dass ein Staat Israel schneller Wirklichkeit wurde als von Großbritannien gewünscht. Die Hintergründe, die zu diesen ungewöhnlich brutalen Maßnahmen der Briten führten, habe ich bereits dargelegt. Sie dienten ausschließlich dem Machterhalt in ihrem Mandatsgebiet Palästina.[244]

Zusammenfassend kann gesagt werden, dass die Vereinigten Staaten und Großbritannien mit Kanada und Australien zu zögerlich auf die systematische Vertreibung und den anschließenden Massenmord Nazi-Deutschlands an der jüdischen Bevölkerung reagierten. Obwohl gewisse Kontingente an jüdischen Flüchtlingen in diesen Ländern aufgenommen wurden, waren die Hilfeleistungen zu schwach. Dies soll jedoch keinesfalls die unentschuldbaren Verbrechen der Nazis an den Juden relativieren.

---

244 Siebecke, Horst, *Die Schicksalsfahrt der Exodus 1947*
Halamish, *The Exodus Affair: Holocaust Survivors and …*

Nach dem Putsch von 1965 und dem Sturz des ersten Präsidenten der Republik Indonesien folgte eine Auswanderungswelle der Juden aus dem nun unabhängigen Indonesien. Viele wanderten nach Israel aus, ein kleiner Teil blieb jedoch weiterhin auf Java.

Die indonesische Regierung erkennt bis heute Israel nicht an, und es bestehen keine diplomatischen Beziehungen zwischen Indonesien und Israel. Zunächst müsse Israel in der Palästina-Frage einlenken und die nach internationalem Völkerrecht illegal besetzten Gebiete und Siedlungen in Palästina wieder aufgeben, sagt Indonesien. 1957 war die Zahl der Juden in Indonesien bereits auf 450 Personen geschrumpft, bis 1963 sogar bis auf 50. Es gibt so gut wie keine jüdische Zuwanderung mehr.[245]

Die ‚Asian Games' in Jakarta, eine 1962 von Indonesiens erstem Präsidenten Soekarno initiierte Sportveranstaltung asiatischer Staaten, waren als Gegen-Olympiade der Entwicklungsländer geplant. Soekarno sah die Olympiade nicht mehr als sportliche Veranstaltung, sondern als ein kommerzielles Unternehmen und wollte einen Gegenpol setzen. Der Delegation aus Israel wurde die Einreise nach Indonesien verweigert. Diese Einschränkung besteht bis heute.

Heute gibt es kaum mehr jüdisches Leben in Indonesien. Nur in Surabaya und Bali gibt es wieder zwei kleine jüdische Gemeinden von jeweils etwa zehn Personen. In Surabaya wurde 1950 eine noch aus der niederländischen Kolonialzeit stammende Residenz erworben, die heute eine kleine Synagoge mit einem kleinen jüdischen Friedhof beherbergt. Die meisten jüdischen Mitglieder – falls sie nicht naturalisierte Indonesier geworden sind – haben heute eine doppelte Staatsangehörigkeit. Die älteren Juden besitzen meist noch einen niederländischen und israelischen Pass, die jüngeren einen deutschen und israelischen. Dies wunderte mich, da doch gerade Deutschland den Juden das größte Leid zugefügt hatte. Die Antwort war einfach: Deutschland ist das einzige westliche Land, das Juden am einfachsten und ohne große bürokratische Hürden einen deutschen Reisepass als Zweitpass ausstellt. So wird in Israel mit dem israelischen Reisepass aus- und eingereist und in Indonesien und andern Ländern Asiens mit dem deutschen. Durch diese Maßnahme wird den Israelis geholfen, und Deutschland versucht damit, sein Gewissen etwas zu erleichtern.

Das indonesische Grundgesetz, die fünf Säulen der *Pancasila*, garantieren eigentlich religiöse Freiheit mit dem Glauben an einen einzigen Gott, aber in indonesischen Dokumenten darf ‚Jude' oder ‚jüdisch' als Religionszugehörigkeit nicht erscheinen. Daher wird einfach nur ‚Muslim' oder ‚Hindu' vermerkt.

---

245 Encyclopaedia Judaica 1971, Vol. 8, S. 1363

20. Das Tagebuch von Walther Hewel

In den Kapiteln zuvor war immer wieder die Rede von Walther Hewel. Nun soll auf diese Person näher eingegangen werden. Walther Hewel hat ein sehr detailliertes Tagebuch geführt, aus dem man vieles über den Privatmann Hewel sowie über den Privatmann Hitler erfährt. Leider hat nur ein kleiner Teil des Tagebuchs, vom 1. Januar 1941 bis zum 31. Dezember 1941, die Kriegswirren überlebt. Dieser Teil liegt heute als Bestandteil der ,Sammlung Irving' im Archiv des ,Instituts für Zeitgeschichte' in München.

Ich hatte Gelegenheit, diesen Teil des Tagebuches einzusehen. Interessanterweise schrieb Hewel sein Tagebuch nicht nur in Deutsch, es gibt auch einige Einträge, die in einwandfrei lesbarem Malaiisch abgefasst sind. Weitere Einträge sind aus einem Kauderwelsch aus Malaiisch, einem westjavanischen Dialekt und Balinesisch abgefasst, das keinen Sinn macht. Ich vermute, dass diese Einträge aus Sicherheitsgründen in einem nur von Hewel lesbaren Geheimcode abgefasst wurden. Mit Hilfe des Journalisten Herrn Iwan Ong Santosa aus Jakarta konnte ein Teil des Textes entziffert werden. Auf den ersten Blick sind es nur Nebensächlichkeiten, die Hewel vielleicht nur spaßeshalber in diesem Gemisch niedergeschrieben hat. Es ist aber auch möglich, dass in den Texten eine noch nicht entzifferte Botschaft versteckt ist. Hier sind einige Beispiele:

9. Mai 1941: *Awewe uben pagoh sanur andjing.* (Macht keinen Sinn)

1. Juli 1941: *Führer schimpft wieder über AA. Sau-AA [...] Down katjida libak.* (Macht keinen Sinn)

7. August 1941: *Führer sakit. Sudah envems dina Lage. Katjidoh ansah [oder susah]. Ntembh peogoch dina bunker. Ocrang lebak.*

Grob übersetzt könnte dies bedeuten: ,Führer ist krank. Bereits seit einigen Tagen. Wie es scheint, ist er unglücklich. Im Bunker angespannte Stimmung'. (Die beiden letzten Worte *Ocrang lebak* machen keinen Sinn.)

7. Oktober 1941: *Führer erra katjida. Nten datang kaun makanan. Ori parenta (bullit Panzer nten bisa ai pake anoe katjida Anjar sama balik). Nten ai bira kana Soldado koe oj. K.*

Frei übersetzt könnte dies bedeuten: ,Führer ist verwirrt. Er wurde in eine unangenehme Lage gebracht. Irgendetwas war mit dem Essen nicht in Ordnung. Nicht zum Essen gekommen, weder mittags noch abends, obwohl der, der Geburtstag hatte, zum Mittagessen geladen hatte. Die wenigen, die brandneu aussehen, können nicht gebraucht werden. Sie sind nur so gut wie die alten'.[246]

Es war der Geburtstag von Heinrich Himmler, der am 7. Oktober 41 Jahre alt wurde. Aus Hitlers Tageseinträgen ist zu erfahren, dass er an diesem Tag lediglich den Befehl erteilte, eine Kapitulation Moskaus auf keinen Fall anzunehmen, und dass die Reichsfrauenführerin Gertrud Scholz-Klink ein internationales Frauentreffen in Berlin eröffnete.[247]

Vielleicht hat ein Leser dieses Buches eine Lösung parat, um diesen babylonischen Sprachenwirrwarr zu entziffern.

In dem Tagebuch des Jahres 1941 ist nichts Außergewöhnliches über Niederländisch-Indien/Indonesien zu finden. Aber es besteht kein Zweifel, dass Hewel regelmäßig mit Hitler und anderen Führungspersönlichkeiten im Hauptquartier über diesen Archipel gesprochen hat. Davon zeugen zum Beispiel seine Einträge vom:

22. Februar 1941, Samstag: *Chef guter Dinge. Lange Unterhaltung über Niederländisch-Indien.*

Hewel bezeichnete Hitler in seinen privaten Aufzeichnungen meist als Chef. Hitler und Hewel haben sich des Öfteren über Niederländisch-Indien unterhalten. Oder:

3. Juni 1941: *Oshima [Anm. d. Verf.: Botschafter Japans in Berlin] erzählt von japanischen Spionen in Malaya.*

Ganz Südost-Asien war zu jener Zeit unterwandert von Spionen des japanischen Geheimdienstes *Kempetai,* um sofort nach der Okkupation die ‚Feinde Nippons' ausmachen und liquidieren zu können.

Walther Hewel interessierte sich weiterhin für sein geliebtes Niederländisch-Indien, und er stand immer noch mit dem Forschungsreisenden, Filmemacher und Autor Victor Baron von Plessen in Verbindung. Von Plessen hatte von 1930 bis 1931 seinen Film *Insel der Dämonen* auf Bali gedreht, und nur drei Jahre später einen weiteren mit dem Titel *Kopfjäger von Borneo.* Während der Zeit der Dreharbeiten für beide Filme war auch Walther Hewel in Niederländisch-Indien, von 1926 bis Anfang 1936. Dass sich die beiden bereits aus dieser Zeit kannten ist mit großer Sicherheit anzunehmen, denn beide waren prominente Persönlichkeiten unter den Deutschen in Niederländisch-Indien.

Interessant ist, dass sich Victor Baron von Plessen überhaupt mit Hewel traf. In den 1930er Jahren, als von Plessen seine Filme auf Bali und Borneo drehte, hatte Hewel schon eine einflussreiche Position in der NSDAP

---

246 IfZ: Archiv ED 100/78 und Microfilm DJ-75
247 www.chroniknet.de

Niederländisch-Indiens inne. Auch später, als Hewel bereits zum engsten Kreis um Hitlers gehörte, trafen sie sich in Deutschland. Hewel war bereits seit 1937 Ehrenführer der SS und ab 1941 SS-Oberführer. Von Plessen war aber bekanntermaßen kein Freund der Nazis. Die Mitglieder des ‚Deutschen Auslands-Clubs‘ – dem hauptsächlich neben deutschen Honoratioren ausländische Journalisten und Diplomaten angehörten – waren bei Baron von Plessen und seiner Ehefrau Marie-Isabel anlässlich der ‚Kieler Woche 1939‘ in ihrem Gut Wahlstorf zu Gast. Es ist bemerkenswert, dass keiner der Eingeladenen in Uniform erschien.[248] Wie die sogenannten ‚Egmont-Berichte‘ zeigen, war auch Hewel nicht uneingeschränkt mit Hitler einer Meinung.[249]

Wie eng Hewel mit Victor von Plessen verbunden war, zeigt zum Beispiel ein Eintrag in Hewels Tagebuch:

3. Mai 1941: *Mit Thesi und Victor von Plessen Mittag gegessen. Führerrede vorbereitet.*

Bei Thesi handelt es sich um Walther Hewels Schwester. Thesi Hewel war auch, wie ein Eintrag im Gästebuch von Baron von Plessen aus dem Jahre 1942 zeigt, vom 11. bis 23. August 1942 Gast auf Plessens Gut Wahlstorf in Norddeutschland. Dankend schrieb sie:

Vom 11. – 23. August [Anm. d. Verf.: 1942] waren herrliche Tage für mich. Tausend Dank! Thesi Hewel[250]

Es scheint, dass der Kontakt zwischen Walther Hewel und Victor Baron von Plessen und dessen Frau Marie-Isabel sehr persönlich war. Sie trafen sich zum Beispiel mitten im Zweiten Weltkrieg zu einem *gemütlichen Abend*. In Hewels Nachlass habe ich den Durchschlag eines Briefes vom 4. April 1941 gefunden, in dem Hewel sich für den Abend und für ein Buch bedankt, das er mit einer Widmung von Baron von Plessen erhalten hatte. In Baron von Plessens Brief erkundigte sich dieser bei Hewel, ob Hitler seinen Film *Insel der Dämonen* gesehen habe. Hewel antwortete mit Brief vom 4. April 1941 wie folgt aus Berlin:

Lieber Baron Plessen!
Ich erhielt heute Ihr Buch mit der netten Widmung und habe mich sehr darüber gefreut. (Anm. d. Verf.: Victor von Plessens Buch ‚Bei den Kopfjägern von Borneo‘ erschien nach meinen Recherchen als Taschenbuch erst 1944. So muss es sich bei dem Walther Hewel überlassenen Buch um die Ausgabe im Leinenumschlag aus dem Jahr 1936 gehandelt haben.) Ich werde bei meiner nächsten Reise hineinsteigen. Riesig nett von Ihnen, dass Sie daran gedacht haben.

---

248 Ein Fotoalbum im Plessen-Archiv in Wahlstorf stellt dies unter Beweis
249 IfZ, Archiv ED 100/78
250 laut Eintrag in Gästebuch, Plessen-Archiv, Wahlstorf

Aus meinem Bekanntenkreise höre ich, dass der Film ‚Bali‘ doch einen guten Eindruck macht und von vielen als sehr schön bezeichnet wird. Dies natürlich nur von Leuten, die Ihre Insel der Dämonen nicht kennen. Um Ihre Frage zu beantworten, kann ich Ihnen mitteilen, dass der Führer den Film ‚Bali‘ bestimmt nicht gesehen hat, da der Führer sich seit Beginn des Krieges überhaupt keine Filme, außer Wochenschauen und rein militärischen Filmen, mehr ansieht. Der Film ist zwar in der Reichskanzlei für die Umgebung des Führers gelaufen. Bei dieser Gelegenheit habe ich ihn mir auch angesehen, der Führer selbst hat ihn aber nicht gesehen.

Ich denke noch immer gerne an den gemütlichen Abend, den ich mit Ihnen und Ihrer wirklich lieben Frau verleben durfte und hoffe, dass wir das bald einmal wiederholen werden und bitte um entsprechenden Anruf.

Mit vielen herzlichen Grüßen an Sie und Ihre liebe Frau, Ihr [gez. Hewel][251]

Auffallend ist, dass Hewel das Scheiben nicht – wie sonst von ihm üblich – mit ‚Heil Hitler‘ unterzeichnet hat.

Wie man aus den Tagebucheinträgen von 1941 ersehen kann, traf Hewel während des Jahres 1941 fast täglich mit Hitler zusammen. Bei allen offiziellen Gelegenheiten, bei Konferenzen oder Essen für ausländische Staatsoberhäupter und Diplomaten war er dabei, oft als Protokollführer. Hewel traf unter anderen mit Chamberlain (Premierminister des Vereinigten Königreichs), Benito Mussolini (Diktator Italiens), Emil Hacha (Staatspräsident der Tschechoslowakei), *Yosuke Matsuoka* (Außenminister Japans) und Michailowitsch Molotow (Regierungschef/Ministerpräsident und Außenminister der UdSSR) zusammen. Dabei kamen Hewel seine langjährige Auslandserfahrung in England und Niederländisch-Indien sowie seine vielseitigen Sprachkenntnisse zu Gute.

Hewel war immer in Hitlers Nähe, auch wenn Hitler im Flugzeug oder in seinem Sonderzug unterwegs war. Regelmäßig nahm Hewel mit Hitler das Mittagessen oder den Nachmittagstee ein. Hitler bat nach dem Abendessen meist um Hewels Gesellschaft. Oft saßen die beiden noch halbe Nächte lang alleine zusammen und diskutierten und philosophierten über Gott und die Welt. Hitler war versessen auf Hewels Berichte aus dem fernen Asien. Hewel war in dieser Angelegenheit der einzige kompetente Ansprechpartner, denn bei ihm liefen alle Fäden aus dieser Region zusammen.

Oft sahen Hitler und Hewel, bevor sie den Abend beendeten, gemeinsam noch einen Film an. Hitler war ein Film-Enthusiast. Er ging nur selten vor drei Uhr am Morgen ins Bett. Er war, wie alle Nazi-Größen, vom Film fasziniert und begeistert. Die deutsche Filmproduktion lief bis Kriegsende in allen Studios auf Hochtouren. Heinz Rühmann, der Liebling des deut-

251 AA, Handakte Hewel 4, R27472

schen Filmpublikums, wirkte in fünf Filmen pro Jahr mit, meist in der Hauptrolle.

Hitler sah keineswegs nur Wochenschauen und rein militärische Filme an, wie Hewel an Baron von Plessen schrieb. Er sah sich auch begeistert Hollywood-Produktionen an, und gab viele für das deutsche Publikum frei. Deutschland war einer der wichtigsten Filmmärkte der Welt. Daher fügten sich alle Hollywood-Bosse Hitlers Wünschen und löschten bereitwillig anti-deutsche Passagen weltweit aus ihren Filmen. Die maßgeblichen Hollywood-Produzenten von MGM bis FOX umschwärmten Hitler. Sie unterschrieben ihre Briefe an das Dritte Reich mit ‚Heil Hitler'! Als Handlanger der Nazis machten alle großen Studios Propaganda für Nazi-Deutschland und pro-duzierten sogar Wochenschauen. Von 1933 bis 1940 liefen 225 Filme aus Hollywood in deutschen Filmtheatern. In Hollywood zählte nur das Geld. Dafür nahmen die amerikanischen Filmbosse auch eine Kollaboration mit Hitler in Kauf.[252]

Als Charlie Chaplin seinen Film *Der große Diktator* – eine Parodie auf Hitler – produzierte (Originaltitel: *The Great Dictator*), wollten die Filmbos-se aus Hollywood verhindern, dass dieser Film in die Kinos kam. Sie woll-ten Hitler nicht verärgern. Der amerikanische Presseboss William Randolph Hearst bezichtigte Chaplin sogar der Kriegshetze. Aber Roosevelt bestand darauf, dass dieser Film fertiggestellt und gezeigt wurde.[253] Der Film wurde Ende 1940 uraufgeführt und war Chaplins größter Erfolg. In den Doku-menten des Filmarchivs ist belegt, dass Hitler diesen Film zweimal aus dem Archiv angefordert hat.[254]

Die Gespräche mit Hitler bringen durch das Tagebuch von Hewel ganz neue unbekannte persönliche Seiten Hitlers zu Tage. Das zeigt zum Beispiel der Tagebucheintrag Hewels vom

2. Juni 1941: *Der Führer sagte: Als Privatmann würde ich niemals mein Wort brechen. Als Politiker für Deutschland, wenn es notwendig ist, tausend Mal.*

Als dem Reichsaußenminister von Ribbentrop am 30. April 1943 an-lässlich eines Jubiläums eine Zusammenstellung aller von ihm abge-schlossenen Verträge übergeben wurde, erwähnte Hewel unter dem schallenden Gelächter Hitlers, *dass dabei nur wenige Verträge seien, die von Deutschland nicht gebrochen worden wären!*

2. Juli 1941: *Abends lange mit Führer zusammen. Philosophiert über Ursprung des Menschen.*

---

252 3SAT, 16.10.2013, *Kulturzeit,* 19.20h
253 *Dokumentation* ZDF Info, 29.01.2014, 20.15h
254 ZDFinfo, 28.10.2012, 21.45h, *Der Tramp und der Diktator*

Abb. 52
Von links: Joachim von Ribbentrop, Karl Wolf (General der Waffen-SS und Verbindungsmann der Waffen-SS zu Hitler) und Walther Hewel, vermutlich 1938 im Sudetenland

11. Juli 1941, Freitag: *Führergespräch über [Anm. d. Verf.: die deutschen Philosophen] Kant, Schopenhauer und Nietzsche. Hitlers Ansicht:*
1) Kant: Zweckgebundene, praktische Vernunft. Erster Schritt in die Freiheit aus den religionsgebundenen Gedankengängen. Aber Gebrauchsphilosophie für Landesregierungen etc.
2) Schopenhauer: Der größte klare Geist, den jeder Deutsche gelesen haben muss. Meisterhaft in der Beweisführung. Schreibt besten deutschen Stil. Politischer Verstand, aber da nur verstandsmäßig zum Defaitismus neigend. Auch übersteigernd.
3) Nietzsche: Mehr intuitiv als rein analytisch. Bejahung der Naturgesetze und des Kampfes. Positive Gebrauchsanweisung. Daher der eigentliche Philosoph des Nationalsozialismus. Auch Mussolini größter Verehrer von Nietzsche.
3. Oktober 1941: *Mittagessen mit dem Führer [...] Dann mit dem Führer zum Sportpalast. Ganz große Rede, - aus dem Stegreif. Unerhört andachtsvoll.*
10. Oktober 1941: *Führer bei Tisch: Das Christentum ist die Auflehnung gegen die Schöpfung. Es ist die Verkehrung aller Naturgesetze, die selbst*

im kleinsten Prozess der Befruchtung auf Kampf und Auslese des Besten basiert sind.

Es ist immer wieder erstaunlich, wie positiv sich Hitler über England/Großbritannien geäußert hat. Allgemein war man doch davon ausgegangen, dass Hitler einen unsäglichen Hass gegenüber England hätte. Seine Ansicht im privaten Kreise zeigt jedoch eine andere Seite. Walther Hewel schrieb am 8. September 1941 in sein Tagebuch: *Abends Führertafel. Führer: [...] Sympathien haben wir Deutschen nur zu Finnland, könnten es mit Schweden haben und natürlich mit England. Ein Deutsch-Englisches Bündnis wäre ein Bündnis von Volk zu Volk. Die Engländer brauchten nur ihre Finger vom Kontinent zu lassen. Ihr Empire und die Welt könnten sie behalten.* An anderer Stelle sagte Hitler in Bezug auf Großbritannien: *Wir brauchen ihre Kolonien nicht.* Großbritannien hatte 1937 ein von Hitler vorgeschlagenes Bündnis zwischen Großbritannien und Deutschland abgelehnt. Der Kommunismus war Hitlers Erzfeind. Er war überzeugt, er selbst könne der Erlöser der Welt werden, wenn er den Kommunismus – durch ein Bündnis mit Großbritannien – besiegen könnte.

16. Dezember 1941: *Führer über Japan: Seltsam, dass wir mit Hilfe Japans die Position der weißen Rasse in Ostasien vernichten und dass England mit den bolschewistischen Schweinen gegen Europa kämpft.*

Mit der weißen Rasse waren die Niederländer in ihrer Kolonie Niederländisch-Indien, die Briten in Birma, Malaya und Singapur, die Vereinigten Staaten auf den Philippinen und die Franzosen in Indochina gemeint.

Der britische Historiker David Irving schrieb: Hitler wünschte sich eine Allianz mit England. Er versuchte auch einen Krieg mit den USA zu vermeiden.[255]

Die am 16. Dezember gemachte Bemerkung Hitlers über Japan fiel eine Woche nach dem Beginn der Besetzung Südost-Asiens durch Nippon. Sie hängt sicher mit der um diese Zeit im japanischen Rundfunk und in japanischen Zeitungen verbreiteten Nachricht zusammen, dass man *mit eintausend Millionen asiatischen Menschen einen Heiligen Krieg gegen die weiße Rasse führen würde.* Bereits im Jahre 1938 wurde in dem Buch *Von der Erneuerung Japans (Nippon Kakushin nosho)* die ,Zerstörung der weißen Rasse' angekündigt. Selbst diese eindeutigen Warnungen aus dem Land der ,Aufgehenden Sonne' ignorierten die ,weißen kolonialen Götter' von Hongkong über Singapur bis Batavia. Die sich selbst überschätzenden Kolonialherren tranken weiterhin fröhlich ihre geliebten Cocktails und spielten in ihren Clubs

255 IfZ, Anhang ED 100/78

Bridge, bis die Kaiserliche Japanische Armee vor ihren Türen stand und sie aus ihrer Lethargie und Gleichgültigkeit wachrüttelte.

Die letzte Eintragung von 1941 in Hewels Tagebuch ist an Silvester:

31. Dezember 1941: *Schlechte Nachrichten von der Front. [...] Abends beim Führer. Gedrückte Stimmung. Führer sagte: Ich bin froh, ganz große Schwierigkeiten lösen zu können. Möge mir 1942 eben so viel Glück bringen wie 1941. Die Sorgen können bleiben. Es ist bisher immer so gewesen, dass ganz schwere Zeiten die Vorbereitungen zu ganz großen Ereignissen waren [...] Siebente Symphonie von Bruckner gehört.*

In den ersten Dezembertagen 1941 erfolgte bei Moskau die Gegenoffensive der Russen. Hitlers Glück und Erfolg hatten sich gewendet. An Silvester 1941 muss Hitler somit bereits Gewissheit gehabt haben, dass der Krieg kaum mehr gewonnen werden konnte. Im Laufe der Jahre ließ Hitlers Vorliebe für die Musik Richard Wagners nach, und er wandte sich eher der seines österreichischen Landsmannes Anton Bruckner zu.

Gegen Kriegsende, im Frühjahr 1945, fiel Hitler in völlige Lethargie. Gegenüber Walther Hewel erwähnte er im Führerhauptquartier: *Politik? Ich mache keine Politik mehr. Das widert mich so an.*[256] Kurz vor seinem Tod im Führerbunker in Berlin warnte Hitler noch Walther Hewel:

Wenn Sie den Russen in die Hände fallen, wird man Sie ausquetschen bis Ihnen die Augen aus den Höhlen treten und dann wird man Sie durch die Straßen von Moskau zerren und Sie in einem eisernen Käfig im Zirkus oder im Zoo zur Schau stellen![257]

Es gab sicherlich keinen einflussreichen Mitarbeiter des engeren Kreises um Hitler, der öfter mit Hitler zusammen war als Walther Hewel. Er hatte die Gabe, zwischen den einzelnen Interessengruppen um Hitler zu vermitteln und auszugleichen. Hewel war der Einzige, dessen Nähe Hitler auch privat suchte, obwohl Hewel oft genug Hitler widersprach. Hitler wurde im Laufe des Krieges von immer mehr Menschen umgeben, die nur ‚Ja-Sager‘ waren. Walther Hewel war der Einzige, dem Hitler bis zum bitteren Ende voll vertraute. Bei ihm konnte Hitler auch fröhlich sein und sich entspannen.

Man könnte vielleicht annehmen, Martin Bormann, der als Leiter der Kanzlei und Hitlers Privatsekretär auch fast täglich mit ihm zusammentraf, habe ein ähnlich enges Verhältnis zu Hitler wie Hewel gehabt. Keineswegs, Bormann erlangte, besonders nach dem Englandflug von Hess, wohl eine außergewöhnliche dienstliche Machtstellung. Er regelte durch seinen Ein-

256 Haffner, *Anmerkungen zu Hitler,* Frankfurt 1981, S. 166
257 Aussage von Hitlers Adjutant Otto Günsche, Der Spiegel 15/1955

fluss, wer Zugang zu Hitler erhielt und wer nicht. Bormann war daher bei Parteigenossen und Militär, wie auch bei Eva Braun, äußerst unbeliebt. Aber eine persönliche Nähe zu Hitler, wie Hewel sie hatte, erreichte Bormann nie.

Die persönliche Nähe Hewels zu Hitler zeigt auch ein Vergleich der Stellungen von Werner Koeppen und Walther Hewel im Führerhauptquartier. Koeppen hatte eine Parallel-Rolle zu Hewel. Koeppen war der ständige Verbindungsmann von Alfred Rosenberg, dem ‚Reichsminister der besetzten Länder Osteuropas‘ und NS-Chefideologe in der ‚Wolfsschanze‘.

Abb. 53
Hitler mit seinem Stab in der Wolfsschanze, Juni 1940. Direkt über der Mütze Hitlers ist der Kopf von Walther Hewel zu sehen

Ab 1941 kam Hitler nur noch selten in die Reichshauptstadt Berlin. Sein Hauptquartier war von diesem Zeitpunkt an die ‚Wolfsschanze‘ bei Rastenburg in Ostpreußen. Hewel und Koeppen waren dort in der gleichen Position bei Hitler, aber trotzdem gab es große Unterschiede. Hierzu schreibt Martin Vogt in seinem Buch *Herbst 1941 im Führerhauptquartier*:
Koeppen war allerdings nicht in der Lage, tatsächlich die ‚Parallel-Rolle‘ zu Hewel zu übernehmen; denn dieser war nicht allein der Vertreter des ‚Auswärtigen Amtes‘, sondern zwischen ihm und Hitler bestand die starke Bindung, die Hitler zu den ‚alten Kämpfern‘ der frühen Zeit besaß, im besonderen Maße. An solche persönliche Nähe und ähnlichen persönlichen Einfluss konnte Koeppen nicht

denken. Er hatte im Gegensatz zu Hewel bestenfalls eine Bedeutung zweiten Ranges in der Wolfsschanze.[258]

Bei der täglichen Mittags- und Abendtafel im Führerhauptquartier, selbst wenn die Zahl der Gäste besonders groß war oder Staatsbesuche stattfanden, saß Walther Hewel immer an Hitlers Tisch. Dagegen gehörte Werner Koeppen zu denen, die meist in einem anderen Raum ihren Platz zugeteilt erhielten.[259]

Hitler empfand gegenüber Ribbentrop, dem Chef des Reichsaußenministeriums, eine große Abneigung. Hitler wollte Ribbentrop oft wochenlang nicht sehen und besprach alle auswärtigen Angelegenheiten fast ausschließlich mit Hewel. Äußerungen Hitlers gegenüber Hewel belegen, dass es zwischen Hitler und Ribbentrop große Spannungen gab. Dies zeigen auch Hewels Tagebucheintragungen:

1. Juli 1941: *Führer schimpft wieder über AA.[Anm. d. Verf.: Auswärtiges Amt] ,Sau-AA' etc.*

14. Oktober 1941: *Die russische Front kracht in allen Fugen. Führer sehr optimistisch. Abends Schulze und ich lustige Erzählungen über ,kepala orang'. Führer sehr gelacht und nachdenklich.*

Mit *kepala orang*, das mit Vorgesetztem übersetzt werden kann, ist mit Sicherheit Hewels Vorgesetzter Ribbentrop gemeint. Sie haben sich also wieder einmal über Außenminister von Ribbentrop lustig gemacht. Der genannte Schulze war Richard Schulze (nach Kriegsende Richard Schulze-Kossens). Er war SS-Offizier und von 1941 bis 1944 ,Ordonanzoffizier und persönlicher Adjutant' Hitlers. Im August 1939 war er mit Hitler zur Unterzeichnung des Hitler-Stalin-Paktes in Moskau. Hitler sagte am

7. November 1941 zu Hewel: *Führer: Ich könnte keine drei Wochen unter Ihrem Chef [Anm. d. Verf.: Ribbentrop] arbeiten!*[260]

Aus den überlieferten Unterlagen geht hervor, dass Hitler Walther Hewel immer wieder verheiraten wollte. Hitler präsentierte ihm eine Dame aus der ,guten nationalsozialistischen Gesellschaft' nach der andern. Ohne Erfolg! Zum Beispiel schreibt Hewel in seinem Tagebuch:

23. März 1941: *Morgens Ankunft in Wien. Führer gratuliert mir auf dem Bahnsteig zum Geburtstag. Sehr herzlich [...] Abends Essen bei Schirach. [...] Führer spricht ununterbrochen von meiner Heirat.*

---

258 Vogt: *Herbst 1941 im Führerhauptquartier,* S. XIX.
259 Vogt, *Herbst 1941 im Führerhauptquartier,* S. XIX und Dokumentation *Berichte Werner Koeppens an seinen Minister Alfred Rosenberg*
260 Alle Tagebucheinträge: IfZ, Archiv ED 100/78

Baldur von Schirach, der Reichsjugendführer, war seit 1932 mit Henriette, der Schwester von Hitlers Leibfotografen Heinrich Hoffmann verheiratet. Bei der Verkupplung dieser beiden hatte auch Hitler seine Finger im Spiel. Die 1933 geborene Tochter Angelika Benedikta von Schirach kam natürlich als Heiratskandidatin für Hewel noch nicht in Frage. Baldur von Schirach gab gemeinsam mit Heinrich Hoffmann eine Reihe von sehr erfolgreichen Bildbänden heraus, wie *Der Triumph des Willens* oder *Hitler, wie ihn keiner kennt*.

Auch die Tochter von Dr. Fritz Todt, Generalinspekteur für das Straßenwesen und zuständig für den Bau der Reichsautobahnen und der U-Boot-Stützpunkte an der französischen Westküste, brachte Hitler als gute Partie für Hewel immer wieder erfolglos ins Gespräch. Als Hewel eine Verheiratung mit der Tochter von Fritz Todt mehrmals hartnäckig abgelehnt hatte, war Hitler verärgert. Vermutlich war dies das einzige Mal, dass eine Missstimmung zwischen Hitler und Hewel aufkam.

Walther Hewel litt nie Mangel an weiblicher Gesellschaft. Er war ganz sicher kein Frauenfeind, eher das Gegenteil. In seinem Tagebuch findet man nämlich viele Einträge über Besuche in Lokalen und Bars, überall in Europa, in Rom, in Paris und Lissabon. Immer wieder ist die Rede von Tanz und schönen Frauen:

Sehr hübsche Engländerin, hübsches Badefräulein, Sigi noch hübscher geworden, phantastische Frauen usw.

Viele Vornamen – leider nur die Vornamen – von Frauen, die mit ihm zusammengetroffen sind, werden in seinem Tagebuch erwähnt. Die Auswahl war riesengroß.

Vielleicht wollte Hitler, dass Hewel nach einer Heirat ‚ruhiger' wurde und wollte ihn aus diesem Grunde ‚unter die Haube' bringen. Eine Anekdote zeigt eine persönliche Seite Hitlers in diesem Zusammenhang. Als Hewel bei einem offiziellen Essen in Wien von einer Reihe hübscher Frauen umringt war, schob ihm Hitler bei Tisch eine Speisekarte zu, auf die er geschrieben hatte: *Sie Schwerenöter! Passen Sie nur auf sich auf!*

Hitler scheint mit Hewel besonders jovial umgegangen zu sein, denn in den persönlichen Unterlagen von Hewel finden sich Speisekarten, auf die Hitler immer wieder eine spaßige oder private Bemerkung für Hewel aufgeschrieben hatte.[261]

Hitlers Geliebte und spätere Ehefrau Eva Braun hatte zwei Schwestern, Ilse und die bereits erwähnte Margarete, genannt Gretl. Eva und Gretl Braun machte eine Fotografenlehre bei Heinrich Hoffmann, der zwei Fotoateliers in München hatte. Hoffmann trat schon 1920 in die NSDAP ein und be-

261 IfZ, Akz.4770/72, David Irving: *Notes on a first interview*

gann, Parteigrößen zu fotografieren. Dabei lernte er auch Hitler kennen, dessen persönlicher Kameramann und Leibfotograf er wurde. Hitler und Hoffmann verband eine lebenslange enge Freundschaft.

Eva Braun war 17 Jahre alt und Hitler bereits 40, als sie sich bei Fotoaufnahmen in den Ateliers von Hoffmann kennenlernten. Eva wurde die Geliebte Hitlers. Eva und ihre Schwester Gretl waren fleißige Fotografen und Filmer. Beiden verdanken wir umfangreiches Foto- und Filmmaterial, das zum Teil bis heute erhalten geblieben ist. Eva und Gretl hatten auf Hitlers Residenz Obersalzberg immer eine Foto- oder Filmkamera zur Hand. Besonders Eva war besessen von der Dokumentation auf Filmen.

Eva und ihre jüngere Schwester Gretl waren regelmäßig Gäste auf dem Obersalzberg und im Adlernest, dem Kehlsteinhaus in den bayrischen Alpen hoch über Berchtesgaden. Bei den dabei gedrehten Filmen, die ab und zu im deutschen Fernsehen gezeigt werden, ist immer wieder Walther Hewel in nächster Nähe Hitlers zu sehen. Walther Hewel schenkte bei einer dieser Dokumentationen Eva Braun das damals neueste und modernste Model einer Filmkamera.[262]

Auf dem Obersalzberg gab es viele familiäre Verknüpfungen, und viele neue Freundschaften wurden geschlossen. Hier lernte Walther Hewel auch Gretl Braun kennen. Beide hatten für einige Zeit eine Affäre. Zum Beispiel sandte Gretl Braun am 17. Juni 1942 ein Telegramm mit folgendem Inhalt an Walther Hewel, der zu der Zeit im Grand Hotel Splendido in Portofino an der Amalfiküste in Italien residierte. Das Telegramm lautete: *Ankomme 20. Juni mit Schlafwagen Anschlusszug über Mailand-Genua.* Der 20. Juni 1942 war ein Samstag. Obwohl an diesem Tag bereits heftige Rückzugsgefechte in Russland tobten und gerade der Angriff von Generaloberst Rommel in Nordafrika auf die libysche Stadt Tobruk begann, scheinen die beiden für ein Wochenende oder länger ein sorgenloses Liebesnest an der bezaubernden Amalfiküste gefunden zu haben.[263]

Der SS-Gruppenführer und Generalleutnant der Waffen-SS, Hermann Fegelein, der Verbindungsoffizier des Reichsführers der SS und späteren Reichsinnenministers Heinrich Himmler zu Hitler war, brachte häufig seine Freundin auf den Obersalzberg mit. Es war die Krankengymnastin Blanda-Elisabeth Ludwig. Auf dem Obersalzberg wurde Blanda allgemein ‚Blondie‘ gerufen (nicht zu verwechseln mit Hitlers Schäferhündin ‚Blondi‘). Schon nach kurzer Zeit gab es einen Partnertausch. Nun waren Hewel und Blondie

---

262 N24, 29.08.11, *Eva Braun*

263 Quelle: AA R2749,1 Handakte 14. In dieser Akte befinden sich auch noch Schreiben in alter deutscher Kurzschrift zwischen Walther Hewel und Gretl Braun, die ich leider nicht lesen konnte.

ein Paar und Fegelein ging mit Gretl zusammen. Im Juni 1944 heirateten Hermann Fegelein und Gretl Braun im Beisein von Hitler. Die Kriegshochzeit dauerte drei Tage!

Aufgrund von Aussagen von Hitlers beiden Sekretärinnen Wolf und Schröder wird Hermann Fegelein ein Verhältnis mit Hitlers Geliebten Eva Braun nachgesagt. Falls Hitler dies erfahren haben sollte, würde dies die nachfolgend beschriebene unnachgiebige Haltung Hitlers gegenüber Fegelein kurz vor Kriegsende verständlicher machen.

Eigentlich war Eva Braun in Hermann Fegelein verliebt. Die Hochzeit Fegeleins mit Evas Schwester Gretl Braun soll auf Druck von ihr vereinbart worden sein. Nach der Hochzeit sagte Eva Braun, dass sie nun ‚wenigstens' die Schwägerin von Fegelein sei. Kurz vor Kriegsende erwähnte sie gegenüber ihrer Freundin Marion Schönmann: *Wenn ich Fegelein zehn Jahre früher kennengelernt hätte, würde ich den Chef [Anm. d. Verf.: Hitler] gebeten haben, mich freizugeben.* Marion Schönmann war eine der engsten Freundinnen von Eva Braun. Von 1935 bis 1944 war sie regelmäßiger Gast auf dem Obersalzberg. Am 7. August 1937 heiratete sie im Beisein von Hitler auf dem Obersalzberg. Unter den vielen Gästen befand sich auch Frau Dreesen, in deren Rheinhotel Dreesen in Bad Godesberg bei Bonn auch Hitler gern verkehrte. Es muss eine freundschaftliche Beziehung zwischen der Familie Dreesen, Schönemann und Hitler bestanden haben, denn Hitler war von Mitte der zwanziger Jahre bis Kriegsende annähernd 70 Mal am Rhein. Ein spektakulärer Auftritt Hitlers im Rheinhotel Dreesen war im September 1938, als er dort drei Tage lang mit dem britischen Premier Arthur Neville Chamberlain konferierte.[264]

Hewel überlebte als Einziger ein Flugzeugunglück im April 1944. Die Maschine war kurz nach dem Start in Österreich gegen einen Berg geprallt. Hewel lag bis zu seiner Genesung in Krankenhäusern in Salzburg und Berchtesgaden. Während dieser Behandlungszeit schrieb Hewel einen Lebenslauf, den er vermutlich für die Vorbereitung seiner Hochzeit mit Blanda-Elisabeth Ludwig benötigte. Aufgrund seiner Verletzungen konnte dieses Dokument nur mit der Maschine geschrieben oder diktiert werden. Das Dokument ist in Anlage 4 beigefügt.

Nach seiner Entlassung aus dem Krankenhaus heiratete Walther Hewel am 12. Juli 1944 Blanda Ludwig im Schloss Klessheim bei Salzburg. Adolf Hitler war der Ehrengast. Nach dem Fest bedankte sich Hewel brieflich bei Hitler für den Besuch.[265]

---

264 Der Spiegel, 15/1995
   TV Phönix, *Eva Hitler*, 18.12.12, 21h
265 IfZ, Fa 74/39

Abb. 54
Hochzeitsfoto von Walther Hewel
mit seiner Frau Blanda,
12. Juli 1944

Vor der Hochzeit holte das Auswärtige Amt beim Polizeipräsidenten in Berlin Informationen
über Blanda-Elisabeth Ludwig
ein. Nachdem ihr am 8. Juli
1944 eine arische Abstammung
bestätigt wurde und keine straf-
rechtlichen oder politischen Vor
gänge gegen sie vorlagen, stand
einer Heirat nichts mehr im
Wege.[266] In Anlage 5 ist die
Antwort des Polizeipräsidenten
von Berlin und in Anlage 6 die
Heiratsurkunde abgelichtet.

Leider ist – wie schon erwähnt – von Hewels Tagebuch nur das Jahr 1941
erhalten geblieben. Die Jahre bis Kriegsende hätten sicherlich noch viele interessante und bisher unbekannte Informationen ans Tageslicht gebracht,
besonders über das Kriegsgeschehen in Südost-Asien, das mit der Errichtung
von Stützpunkten und dem Einsatz von deutschen U-Booten erst 1942 begann. Ich bin mir sicher, dass Hewel auch bei diesen Operationen, besonders
bei der Unterstützung der Unabhängigkeitsbewegung, eine wichtige Rolle
spielte.

Beispiele, dass Walther Hewel nicht uneingeschränkt Hitler ergeben war,
beweisen Dokumente im Archiv des Auswärtigen Amts in Berlin. Ab Juli
1944 war auch Hewel fest davon überzeugt, dass der Krieg nicht mehr gewonnen werden konnte. Eine kleine Gruppe um Schellenberg und Wirsing
wollten über Himmler den ‚Führer‘ zu einem teilweisen Machtverzicht
und einer Teilkapitulation im Westen drängen. Walther Hewel stand dieser
Gruppe sehr nahe. Aber auch Hewel wusste, dass Hitler in seiner dualisti-
schen Sichtweise kaum zu überzeugen war. Für Hitler gab es nur Licht und
Finsternis, Sieg oder Untergang, aber keine Kompromisse.

---

266 IfZ, ED 100/78, Anhang David Irving
   AA, Handakte Hewel, Rep. IV Personalia Nr. 719/ 005950
   www.thirdreichruins.com/berghofvisitors.htm

Im Auftrag von Walter Schellenberg, SS-Brigadeführer und Generalmajor der Polizei sowie Leiter der Geheimdienste ‚Sicherheitsdienst/SD und Abwehr‘, stellte Giselher Wirsing (SS-Sturmbannführer, Zeitungsverleger und Buchautor) Informationen der deutschen Geheimdienste zusammen, um danach die entsprechenden Schritte Hitler vorzutragen. Das Ziel der Gruppe war, Hitler zu überzeugen, den Krieg vorzeitig zu beenden.

Walter Schellenberg war auch für die Abhöraktion im ‚Salon Kitty‘ verantwortlich, einem Edelbordell in Berlin, in dem vorzugsweise ausländische Diplomaten verkehrten. Die dort beschäftigten Damen waren intelligent, mehrsprachig und sehr national eingestellt. Vor ihrem ‚Einsatz‘ mussten sie eine Spionageschulung durchlaufen, und dann ihre Liebhaber durch raffinierte Fangfragen aushorchen. Das Laster wurde zur Kriegswaffe.

Der Buchautor Giselher Wirsing hatte eine stark antisemitische und pro-islamische Gesinnung. Sein Kampf gegen Großbritannien und die USA waren wichtige Themen seiner Schriften. *Hundert Familien beherrschen das Britische Empire* lautete ein Beitrag der nationalsozialistischen Schriftreihe *England ohne Maske*. Dies sagte auch Walther Hewel. *England ohne Maske* erschien regelmäßig in einer Auflage von 120.000 Exemplaren in 10 Sprachen.[267] Wirsings Buch *Der maßlose Kontinent: Roosevelts Kampf um die Weltherrschaft* ist bis heute bekannt. Darin sagt er aus, dass ein Sieg des ‚American way of life‘ den Tod der europäischen Kultur nach sich ziehen werde.

Die Berichte Wirsings wurden – seiner eigenen Sicherheit wegen – unter dem Namen ‚Egmont-Berichte‘ geschrieben. Aufgrund seiner großen internationalen und journalistischen Erfahrung beschrieb er klar, wie sich die Niederlage Deutschlands abzeichnete.[268] Der Kreis der Empfänger der ‚Egmont-Berichte‘ war extrem begrenzt, auf sechs Personen. Etwa alle drei Wochen erschien ein neuer Bericht im Umfang von 14 bis 16 Seiten. Neben Walter Schellenberg und Giselher Wirsing waren die Empfänger noch Herman Fegelein, der Ehegatte von Gretl Braun, Heinrich Himmler, Reichsführer der SS und Reichsinnenminister, und der Österreicher Arthur Seyß-Inquart, SS-Obergruppenführer, Reichsstatthalter in Österreich und Reichskommissar für das besetzte Niederland. Der sechste im geheimen Bunde war Walther Hewel.

Alle diese Hitler nahestehende Personen konnten jedoch Hitler nicht überzeugen. Nun wollte Hitler den ‚Totalen Krieg‘. Walter Schellenberg drängte Heinrich Himmler wiederholt, *Schluss zu machen mit Hitler und Schluss zu machen mit dem Krieg!* Und Himmler drängte Hitler, endlich

---

267 Frei und Schmitz, *Journalismus im Dritten Reich,* S. 177
268 Frei und Schmitz, *Journalismus im Dritten Reich,* S. 178ff
      www.de.wikipedia.org/wiki/Giselher_Wirsing

Verhandlungen mit den Westalliierten aufzunehmen. Ohne Erfolg. Danach handelte Himmler ohne Hitlers Auftrag im Geheimen. Nachdem gut einem Dutzend Egmont-Berichte erschienen waren, wurden diese kurz vor Kriegsende eingestellt.[269]

Anfang 1945 führte Heinrich Himmler auf Drängen von Schellenberg mit Graf Folke Bernadotte aus Schweden, dem Vizepräsidenten des Schwedischen und Internationalen Roten Kreuzes, geheime Gespräche über die Freilassung von skandinavischen Inhaftierten. Er erreichte die Freilassung und Überführung von 8.000 Häftlingen skandinavischer Herkunft nach Schweden, und weiteren 12.000 anderer Nationalitäten aus deutschen Konzentrationslagern. Darunter waren 5.000 Juden. Als Hitler davon erfuhr, kam es zu einem ersten Vertrauensbruch mit Himmler.

Am 23. April 1945 kam es erneut zu Geheimgesprächen zwischen Himmler und Graf Bernadotte. Himmler machte eigenmächtig ein Kapitulationsangebot an die Westmächte, das Graf Bernadotte an Dwight D. Eisenhower weiterleitete. Himmler wollte nur gegenüber den Westmächten kapitulieren, aber den Krieg gegen den Bolschewismus im Osten weiterführen. Als Dwight D. Eisenhower eine Kapitulation an alle Alliierten, also auch an die Sowjetunion und nicht nur an die Westmächte forderte, soll Himmler auch diese Bedingung erfüllt haben. Als Hitler davon erfuhr, entließ er wütend Himmler aus allen Partei- und Staatsämtern.[270]

Heinrich Himmler floh mit gefälschten Papieren. Er wurde jedoch von britischen Einheiten festgenommen. Beim Verhör durch die Briten schied er durch Suizid mit Hilfe einer Zyankali-Kapsel im Verhörzimmer aus dem Leben.

Hitler verdächtigte Herman Fegelein, den Schwager von Eva Braun, an dem Kapitulationsangebot mitgewirkt zu haben. Fegelein flüchtete kurz vor Kriegsende aus dem Führerbunker in Berlin. Er wurde wenige Stunden später festgenommen. Dabei hatte er einen Koffer, gefüllt mit Devisen und Papieren, die die geheimen Kapitulationsverhandlungen Himmlers bewiesen. Am 24. April 1945 wurde Fegelein – trotz der Gnadengesuche von Eva Braun und seiner Ehefrau Gretl – nach einem kurzen Kriegsgericht hingerichtet.

Walter Schellenberg wurde im Nürnberger Kriegsverbrecherprozess zu sechs Jahren Haft verurteilt. Giselher Wirsing arbeitete nach dem Krieg zunächst für den US-Geheimdienst. Danach war er Mitbegründer der Wochenzeitung ‚Christ und Welt' und bedeutender Journalist in der Bonner Republik. Er wirkte aktiv an der Fernsehsendung ‚Internationaler Früh-

---

269 Der Spiegel 10/67
270 Büttner und Voss-Louis, *Neuanfang auf Trümmern,* S. 99

schoppen' von Werner Höfer mit und wurde 1958 Chefredakteur der Zeitung *Die Welt*. Er konnte weiterhin unbeschadet in der Bundesrepublik tätig bleiben. Seyß-Inquart, auch ein Empfänger der ‚Egmont-Berichte', wurde in Nürnberg zum Tode verurteilt und 1946 hingerichtet.

Der kleine Verteiler der ‚Egmont-Berichte' zeigt schon, wie wichtig die Position war, die Hewel in der Führungsebene des Dritten Reichs innehatte. Obwohl Hewel sicherlich die einflussreichste Person in Hitlers Umfeld war, gelang es auch ihm nicht, Hitler von einer Kapitulation zu überzeugen. Deutschland steuerte unbeirrt weiter auf die Katastrophe zu.

Das Überraschende ist allerdings, dass Walther Hewel das Komplott, das im Grunde gegen Hitler gerichtet war, unbeschadet überlebt hat. Hitler konnte kaum verborgen geblieben sein, dass auch Hewel Teil der Verschwörung war. Er genoss weiterhin das Vertrauen Hitlers. Um Hewels Verbindungen und sein Verhältnis zu Hitler im Zusammenhang darzustellen, habe ich hier den Ereignissen etwas vorgegriffen.

21. Gründe für die Errichtung deutscher Stützpunkte in Südost-Asien

Das deutsch-japanische Verhältnis war schon vor dem Zweiten Weltkrieg traditionell von beiderseitiger Freundschaft und Achtung geprägt. Auch die militärische Zusammenarbeit beider Länder geht weit zurück. Zum Beispiel ist im Militärmuseum *Yasakuni* in Tokyo ein Mörser zu besichtigen, den der deutsche Kanonier Hans Wolfgang Braun bereits 1639 in Japan konstruiert und gebaut hatte.

Nach einer rund 250 Jahre dauernden Abschottung und Isolierung des Landes unter dem *Tokugawa-Shogunat* erkannte die nachfolgende *Meiji-Regierung*, dass Japan aktiv westliche Wissenschaft und Technologie importieren müsse, um sich einen Platz unter den fortschrittlichen Nationen zu sichern. Durch den im Jahre 1868 verkündeten sogenannten *Fünf-Artikel-Eid* sollten Wissenschaftler in der ganzen Welt zur Unterstützung der kaiserlichen Herrschaft gesucht werden. Die japanische Regierung nahm nun zahlreiche ausländische Experten in ihre Dienste, sogenannte *o-yatoi gaikokujin*. Dabei waren auch Militärberater wie der Feldwebel Carl Koeppen im Jahre 1870, oder ab 1885 der bis heute in Japan verehrte preußische Brigadegeneral Jacob Meckel. Meckel war ein Schüler von Feldmarschall von Moltke. Er war ausschlaggebend an der Gründung einer japanischen Militärakademie beteiligt, die er nach dem Vorbild der preußischen Militärakademie aufbaute.[271]

Auch in meiner Familie gibt es frühe Verbindungen nach Japan. Mein 1838 geborener Ururgroßonkel Carl Schenk nahm die Chance der Öffnung Japans wahr. Nach Beendigung seines Studiums in Stuttgart und San Francisco machte er sich schnell einen Namen in der Mineralogie. Schon bald bekam er einen Ruf an die Kaiserliche Universität in *Yedo* (heute: Tokyo). Er war einer der Experten, der in japanischen Diensten einen grundlegenden Beitrag zum Aufbau der westlichen Naturwissenschaften in Japan geleistet hat. Vom japanischen Kaiser wurde er als sein Berater und ‚Minister für Technik' bestellt. Carl Schenk, Professor für Mineralogie, wird heute noch in Japan als ‚Vater der japanischen Mineralogie' verehrt.[272]

Beide Länder, Japan und Deutschland, hatten eine starke antikommunistische Einstellung und fühlten sich durch Russland bedroht. Für Hitler wa-

---

271 Kerst, *Jacob Meckel*
272 Takeshi Ozawa, *Carl Schenk, the First Professor of Mineralogy in Japan*, Proc. INHIGEO, Japan, pp. 157-159, 2012 und KAGAKUSHI, Vol.39, 2012, pp. 199-202

ren die Kommunisten Todfeinde. Schon seit dem japanisch-russischen Krieg von 1905 waren auch die Aktivitäten Japans besonders gegen die Machtausdehnung Russlands in Fernost gerichtet.

Am 25. November 1936 wurde zwischen dem nationalsozialistischen Deutschen Reich und dem imperialistischen Japan der ‚Anti-Komintern-Pakt' abgeschlossen, mit dem Ziel der Bekämpfung bolschewistischer Aktivitäten in beiden Ländern. Der ‚Anti-Komintern-Pakt' war die Antwort Hitlers auf die Bündnisverträge, die die Sowjetunion ein Jahr zuvor mit Frankreich, der Tschechoslowakei und dem kommunistischen Teil Chinas geschlossen hatte. Dem ‚Anti-Komintern-Pakt' traten wenige Monate später noch andere Länder wie Italien, Ungarn, Spanien, Bulgarien, Dänemark, Finnland, Rumänien, die Slowakei, Mandschukuo und das national-chinesische Nanking-China bei. Der ‚Anti-Komintern-Pakt' war der erste Schritt in Richtung des ‚Drei-Mächte-Abkommens'.

Das Verhältnis Japans zum Deutschen Reich war jedoch anfangs von Misstrauen geprägt. Es war ein fataler Zusammenprall der Kulturen. Deutsche und Japaner lebten in völlig verschiedenen Kulturen und Welten. Missverständnisse waren an der Tagesordnung. Einer der Gründe für das anfängliche Misstrauen war China. Das Hauptziel der japanischen Okkupationsbestrebungen war ein vereintes Groß-China unter japanischer Verwaltung. Das Deutsche Reich hatte jedoch starke Wirtschaftsinteressen in National-China unter Chiang Kai-shek. Deutschland war auf die Rohstofflieferungen aus National-China angewiesen und hatte noch Lieferverträge von knapp 300 Millionen Reichsmark laufen.

Die größten Vorbehalte, die Japan gegenüber Deutschland hatte, waren in der Militärhilfe und der Zurverfügungstellung von deutschen Militärberatern an National-China begründet. Nachdem die letzten Militärberater, Generaloberst Hans von Seeckt und General der Infanterie Alexander Freiherr von Falkenhausen, Mitte 1938 von National-China abgezogen waren, besserte sich das Verhältnis zwischen Japan und Deutschland.

Der Zeitzeuge Günther Fust beschreibt die Ereignisse dieser Tage wie folgt:

Für die Deutschen waren die letzten Tage und Wochen durch die bevorstehende Abberufung der deutschen Berater besonders aufregend. Die Deutsche Regierung hatte die Entlassung der Berater aus chinesischen Diensten verlangt, aber es gab immer neue Schwierigkeiten. Fast sah es so aus, als ob ein ernster Konflikt zwischen Deutschland und China daraus werden sollte.

Eines Tages Mitte Juni [Anm. d. Verf.: 1938], als sich die Lage immer mehr zuspitzte, saßen wir im Terminus Hotel: Oberst L., Oberst N., Major B., und wir glaubten, ein Konflikt sei unabwendbar. Ein Telegramm der Deutschen Regie-

rung war bei der Botschaft eingetroffen, das an Deutlichkeit nichts zu wünschen übrig ließ. An diesem Nachmittag hatte der Marschall Chiang Kai-shek dem Generalberater Freiherr von F. eine ebenso deutliche Antwort gegeben. Freiherr von F. saß auch im Terminus Hotel im Nebenzimmer. Und immer neue Nachrichten kamen: der Deutsche Botschafter wird abberufen, Abbruch der diplomatischen Beziehungen.[273]

So weit kam es dann doch nicht. In aller Freundschaft entließ Marschall Chiang Kai-shek alle Militärberater bei einem großen Abschiedsessen. Am 5. Juli 1938 reisten die deutschen Militärberater, begleitet von freundlichen Abschiedsworten der chinesischen Presse, mit ihren Frauen in einem Sonderzug nach Hongkong. Das Deutsche Reich hatte sich für Japan entschieden.

Gegenseitige Flottenbesuche der deutschen und japanischen Marine, wie die der Leichten Kreuzers *Karlsruhe* und *Emden* in Japan und des japanischen Kreuzers *Ashigara* in Kiel, festigten das Vertrauen. Eine grundlegende Verbesserung des Verhältnisses zu Japan trat aber erst ein, als der prodeutsche und antisowjetische General *Tojo* in Japan Kriegsminister wurde.[274]

Die gemeinsame Kooperation zwischen Japan, dem Deutschen Reich und Italien führte dann Ende 1940 zum Abschluss des auf Initiative Hitlers herbeigeführten Dreimächtepakts. Bis 1941 schlossen sich noch Ungarn, Bulgarien, Rumänien, Kroatien und die Slowakei diesem Abkommen an.

Heinrich Georg Stahmer, der spätere Deutsche Botschafter am Hofe des *Tenno Hirohito*, leitete federführend die Verhandlungen in Tokyo. Außerdem war er 1940 und 1942 an der Vermittlung im Japan-China-Konflikt beteiligt. Er wird noch mehrfach als Nachfolger des deutschen Botschafters Ott in Tokyo Erwähnung finden.

Nach Abschluss des Dreimächtepaktes war es Hitler, der über Japan verärgert war. Beim Angriff auf die Sowjetunion im Juni 1941 hatte Hitler erwartet, dass das mit ihm

Abb. 55
Japanischer Sonderstempel anläßlich der Unterzeichnung des Drei-Mächte-Abkommens.
Datumsanzeige nach japanischer Zeitrechnung

---

273 Günther Fust, Tagebuch Teil III, *Krieg*. Das Tagebuch wurde mir freundlicherweise von Herrn Dr. Walter Jäcker zur Verfügung gestellt.

274 Stahmer, *Japans Niederlage -- Asiens Sieg ...*, S. 56

verbündete Japan ihn unterstützen würde und die Sowjetunion von Osten her angreifen würde. Im Vorfeld hatte es schon mehrere größere Grenzkonflikte zwischen der Sowjetunion und Japan gegeben. Hitler musste jedoch erfahren, dass Japan – ohne das Deutsche Reich zu informieren – nur wenige Wochen vor dem Angriff Deutschlands auf die Sowjetunion mit dieser einen Neutralitäts-Pakt abgeschlossen hatte. Dieses Abkommen hielt bis Kriegsende.

Japan und Deutschland zogen von da an nur selten an demselben Strang. Das beiderseitige Verhältnis war wieder von Misstrauen geprägt. Dazu kam, dass Japan große Bedenken hatte, Deutschland werde nach der schnellen Besetzung Frankreichs und der Niederlande auch Ansprüche auf deren Kolonien in Südost-Asien – Französisch-Indochina und Niederländisch-Indien – geltend machen.

Beide Nationen operierten mehr oder weniger eigenständig, da sie auch verschiedene strategische Interessen hatten. Das Hauptziel der Deutschen Kriegsmarine war, die Handels- und Nachschubflotte der Briten zu vernichten. Japans Hauptfeind waren dagegen die Vereinigten Staaten, und ihr Ziel war die amerikanische Kriegsmarine. Bei der völlig unterschiedlichen Kommandostruktur und Organisation der Streitkräfte der beiden Nationen, war eine effektive Zusammenarbeit auch nur selten möglich. Im Grunde waren es zwei Kriege, die unabhängig voneinander geführt wurden, der eine im Westen, der andere im fernen Osten. Die riesige Entfernung zwischen den beiden Bündnisstaaten von mehreren tausend Kilometern spielte beim Austausch von Kriegsmaterial, von technischen Spezialisten oder Passagieren und den damit verbundenen Problemen eine ausschlaggebende Rolle. Auch die damals noch beschränkten Mittel der Telekommunikation behinderten den Informationsaustausch.

Die Sprache war eine weitere Barriere. Nur sehr wenige Japaner sprachen Deutsch oder Englisch, und auch nur wenige Deutsche sprachen Japanisch. Für die Regierungsgespräche waren immer Dolmetscher erforderlich. Allerdings sprach der Japanische Botschafter in Berlin, *Oshima Hiroshi,* Deutsch, und der Marineattaché an der Deutschen Botschaft in Tokyo, Admiral Paul Wenneker, Japanisch. Die Japaner hatten eine spezielle asiatische Mentalität und eine Art sich auszudrücken, die nicht immer korrekt von den deutschen Partnern verstanden wurde. Den Japanern wird es mit den Deutschen ebenso ergangen sein.

Allerdings funktionierte die Kooperation zwischen der deutschen Seekriegsleitung und dem japanischen Marineministerium *Kaigunshō* besser. Man brauchte sich gegenseitig. Deutschland benötigte dringend Rohstoffe, die während des Krieges nur noch im Einflussgebiet Japans zu erhalten waren, und Japan benötigte deutsche Technologie für seine Kriegswirtschaft.

Eine gute Kooperation war besonders im ‚Südraum' gegeben, wo das deutsche und japanische Personal auf den Marine-Stützpunkten eng zusammenarbeiten musste. Dies war besonders wichtig, denn der einzige Weg, um noch Kriegsmaterial, Rohstoffe, Personal oder militärische Technologie auszutauschen, führte durch den Indischen Ozean und die Gewässer um Niederländisch-Indien.

Der Hauptgrund, dass die Zusammenarbeit dieser beiden Bündnispartner im ‚Südraum' reibungsloser verlief, lag auch an den hervorragenden Beziehungen, die der deutsche Marineattaché in Tokio, Admiral Paul Wenneker, zu seinen japanischen Gesprächspartnern auf höchster Ebene hatte, und an dem großen Vertrauen, das er während seiner langjährigen Tätigkeit in Japan genoss. Auch die Leiter der deutschen Stützpunkte in Niederländisch-Indien, Malaya und Singapur pflegten einen engen persönlichen Kontakt zu ihren japanischen Kollegen.

Anfangs gab es jedoch auch hier Probleme. Die japanischen Stützpunktleiter waren in der militärischen Rangordnung viel höher eingestuft als die deutschen. Meist waren die japanischen Partner Admiräle. Die deutschen Stützpunktleiter wurden dagegen aus dem Offizierskader der Blockadebrecher und der Unterseeboote rekrutiert. Die Japaner, die sehr auf die Bewahrung ihres Gesichts bedacht sind, trafen somit keinen deutschen Partner auf gleicher Augenhöhe an. Dies führte zunächst zu Verstimmungen des Verbündeten Deutschlands, die aber durch die Einschaltung des deutschen Marineattachés in Tokio, Admiral Wenneker, ausgeräumt wurden. Durch Toleranz und Loyalität auf beiden Seiten war die Kooperation bei der Marine im Allgemeinen gut. Wie groß der Einfluss Wennekers bei der Japanischen Kriegsmarine war und welche Wertschätzung er erfuhr, zeigt folgender Vorfall: Bei dem Jahresdinner des japanischen Marineministers *Yonai* für die ausländischen Diplomaten und Marineattachés musste der russische Attaché, als längster in Japan dienender Marineattaché, seinen Stammplatz neben dem Minister zu Gunsten von Admiral Wenneker räumen. Der russische Marineattaché verließ daraufhin unter Protest die Gesellschaft.[275]

Die Zusammenarbeit zwischen der deutschen und japanischen Marine begann bereits sehr früh. Vor dem Ersten Weltkrieg bestellte die Kaiserliche Marine Japans den Panzerkreuzer *Yakumo* in Deutschland. Ab 1919 intensivierte sich die Zusammenarbeit. Mehrere hochrangige japanische Marinedelegationen reisten nach Deutschland, um die neuesten Technologien, die für die japanische Marine Verwendung finden konnten, zu studieren. Japan plante eine sogenannte ‚Acht-Acht-Flotte', bestehend aus acht Schlachtschiffen und acht Schlachtkreuzern. Deutschland war es aufgrund des Versailler

---

275 Krug, Hirama, Sander-Nagashima, Niestlé, *Reluctant Allies,* S. 137

Vertrags verboten, Schiffe dieser Größenordnung zu bauen, aber Deutschland unterstützte Japan intensiv bei der Planung. Die Firma Krupp lieferte für dieses Projekt große Mengen Panzerstahl an japanische Werften. Zu dieser Zeit nahmen mehrere Tausend Japaner ihren festen Wohnsitz in Deutschland. Nach 1933 stieg die Zahl japanischer Studenten, die an deutschen Universitäten studierten, immens an. Nun gab es auch Programme zur Schulung japanischen Marinepersonals in Deutschland. Auch deutsche Marinedelegationen nach Japan nahmen zu.

Bis Kriegsbeginn wurden die Anstrengungen zum Ausbau der Deutschen Kriegsmarine verstärkt, denn zu diesem Zeitpunkt waren nur die mit Dieselmotoren ausgestatteten ‚Kleinen Schlachtschiffe' *Deutschland*, *Admiral Graf Spee* und *Admiral Scheer* einsatzbereit. Der neue Schwere Kreuzer *Admiral Hipper* und die Schlachtschiffe *Scharnhorst* und *Gneisenau* hatten Turbinen-Antrieb und waren für große zurückzulegende Entfernungen und lange Einsatzzeiten – wie im ‚Südraum' – nicht geeignet. Die Deutsche Kriegsmarine war für einen Krieg äußerst schlecht ausgerüstet.

Die Schlachtschiffe *Scharnhorst* und *Gneisenau* sind nicht zu verwechseln mit den gleichnamigen Schnelldampfern des Norddeutschen Lloyds, die reine Passagierschiffe waren. Zum Beispiel machte das Passagierschiff *Scharnhorst* seine Jungfernfahrt Anfang 1935, das Schlachtschiff *Scharnhorst* wurde dagegen erst 1938 in Dienst gestellt. Das Passagierschiff *Scharnhorst* wurde, um Verwechslungen zu vermeiden, oft *Scharnhorst II* genannt.

Als Notlösung schuf die Deutsche Kriegsmarine die sogenannten ‚Hilfskreuzer'. Dies waren frei herumschleichende Wegelagerer hinter den Fronten, deren Aufgabe es war, feindliche Tonnage zu vernichten. Hilfskreuzer waren normale schnelle Frachtschiffe, die natürlich nur provisorisch gepanzert waren. Die Schiffe wurden bei Kriegsbeginn von der Kriegsmarine requiriert und umgebaut. Mit minimaler Bewaffnung, die hinter Attrappen verborgen war, wurden ab 1941 elf deutsche Hilfskreuzer als Minenleger und Kaperschiffe in ferne Gebiete delegiert. Um die Hilfskreuzer möglichst unentdeckt operieren zu lassen, wurde ein Funkkontakt mit ihnen nur in äußersten Notfällen hergestellt. Die erfahrenen Kapitäne hatten freie Hand und konnten nach eigenem Ermessen operieren und Entscheidungen treffen.

Schon zu Kriegsbeginn war die Deutsche Kriegsmarine an Kampfeskraft den Alliierten weit unterlegen. Hitler hatte dieses Manko bei seinen strategischen Planungen vollkommen unterschätzt. Trotzdem waren die Erfolge der Deutschen Kriegsmarine zu Beginn des Krieges beachtlich.

Den Expansionsplänen der Japaner und der Gestaltung einer ‚Großasiatischen Wohlstandssphäre' stand das Deutsche Reich wohlwollend gegenüber. So ist es nicht verwunderlich, dass sofort nach Beginn des Zweiten Weltkriegs, noch bevor Japan in den Krieg eintrat, zwischen Deutschland und Japan eine intensive Zusammenarbeit auf dem militärischen Sektor begann.

Der luxuriöse Ozean-Liner *SS Scharnhorst*, der 1935 vom Norddeutschen Lloyd in Dienst gestellt wurde, lag bei Ausbruch des Zweiten Weltkriegs im September 1939 im Hafen von Kobe in Japan. Die *SS Scharnhorst* und die Schwesterschiffe *SS Gneisenau* und *SS Potsdam* waren der Stolz des Dritten Reichs und symbolisierten die Wiedererstarkung der deutschen Passagier- und Handelsschifffahrt auf den Weltmeeren. Mit einer Länge von 190 Metern, einer Verdrängung von damals beachtlichen 18.184 Bruttoregistertonnen und einer Geschwindigkeit von 21 Knoten (39 km/h) zählten sie damals zu den Giganten auf See.

Da die *SS Scharnhorst* bei Kriegsausbruch im Hafen von Kobe festlag, reisten Einheiten der deutschen Kriegsmarine nach Japan, um das Schiff zurück nach Deutschland zu bringen. Da das Risiko einer Rückführung nach Deutschland zu groß wurde, fand das Schiff zunächst als Depotschiff für die deutschen Blockadebrecher Verwendung. Nach Unterzeichnung des ‚Dreimächtepaktes‘ wurde die *SS Scharnhorst* an die Japanische Kaiserliche Marine abgegeben. Japan wollte dafür als Gegenleistung nach dem Krieg zwei hochwertige Frachtschiffe an Deutschland liefern.

Zunächst sollte die *SS Scharnhorst* in der japanischen Marine als Truppentransporter Verwendung finden. Als aber Japan bei der Schlacht um die Midway-Inseln im Pazifik vier große Flugzeugträger verlor, wurde die *SS Scharnhorst* zu einem Flugzeugträger für 32 Jagdflugzeuge und Bomber konvertiert. Ab November 1943 war der Flugzeugträger mit dem neuen Namen *HIJMS Shinyo* als Begleitschutz für die Versorgungsschiffe im Einsatz. Diese Versorgungsschiffe sammelten in Südost-Asien kriegswichtige Rohstoffe ein, die zum Teil auch von deutschen Blockadebrechern weiter nach Deutschland transportiert werden sollten.

Die *HIJMS Shinyo* sicherte einen Konvoy von Tankern und Truppentransportern auf der Fahrt von Japan nach Singapur, als sie überraschend von dem U-Boot *Spadefish SS-411* der US-Marine angegriffen und versenkt wurde. Fast die ganze 1.200 Mann starke Besatzung ging, wie bereits beschrieben, mit dem Schiff unter. Der stolze Passagierdampfer *Scharnhorst* war Geschichte.

Die bereits beschriebene Zerstörung von mehreren großen deutschen Schiffen im Hafen von Kobe und der wachsende Verluste an Blockadebrechern verlangten neue Überlegungen, wie ein Warenaustausch und Personentransport zwischen dem Deutschen Reich und Japan aufrechterhalten werden konnte. Nachdem Deutschland im Juli 1941 auch noch der Sowjetunion den Krieg erklärt hatte, entfiel der bis dahin wichtigste Transportweg für Rohstoffe aus Ostasien – die Transsibirische Eisenbahn. Rohstofftransporte mit Übersee-Blockadebrechern wurden zu verlustreich. Die Deutsche Seekriegsleitung war gezwungen, sich auf den Transport mit U-Booten zu verlegen. Dies war jedoch wegen der geringen Ladekapazität äußerst unproduktiv.

Als die malaiische Halbinsel und Niederländisch-Indien im Jahre 1942 in die Hand des mit Hitler verbündeten Japan gelangten, wünschte das Deutsche Reich die Schaffung von Marinestützpunkten in diesem Raum, um näher bei den dringend benötigten Rohstoffen zu sein. Diese wurden hauptsächlich in diesen südostasiatischen Ländern produziert. Allerdings hatte die japanische Regierung diesen Plänen zunächst nur sehr zögerlich zugestimmt, da Japan nicht gegen die eigene Maxime einer ‚Großasiatischen Wohlstandssphäre‘ – das heißt ‚Asien den Asiaten‘, ohne die weiße Rasse! – durch den ‚Import‘ einer neuen ‚weißen Nation‘, nämlich der deutschen, verstoßen wollte. Nachdem Japan erkannt hatte, dass ein Einsatz deutscher U-Boote im Indischen Ozean und in den Gewässern von Niederländisch-Indien auch in ihrem Interesse war, wurde umgehend mit dem Aufbau von Stützpunkten für die deutsche Kriegsmarine begonnen.

Die deutsche Marineleitung hatte sich schon gut für einen Einsatz der Marine rund um Niederländisch-Indien vorbereitet. Bereits 1933 hatte die Deutsche Marine ein *Handbuch für den ostasiatischen Archipel* erstellt, das die Südwest- und Ostküste Sumatras, die Sunda-Straße, die westliche Javasee, die Banka-, Riouw- (heute: Riau), Gaspar- und Karumata-Straße, sowie die Westküste Borneos umfasste. Das Marine-Handbuch war mit 715 Seiten, 304 Abbildungen und Seekarten sowie 12 Tafeln sehr genau und umfangreich. Nachträge zu diesem Handbuch gab es 1934 und 1940. Die deutschen Boote hatten also eine gute Grundlage, in den Gewässern von Niederländisch-Indien zu navigieren.[276]

Außerdem wurden zwischen 1933 und 1945 mehrere Sprachführer für Malaiisch herausgegeben, die *Lingua franca* in Südost-Asien. In Deutschland gab es damals viele Familien, in denen wenigsten ein Familienmitglied für die Niederländer in ihrer Kolonie arbeitete oder gearbeitet hatte. So wurde versucht, möglichst jedem Blockadebrecher – und später jedem U-Boot – mindestens ein Mannschaftsmitglied mit malaiischen Sprachkenntnissen beizustellen. In einigen Fällen waren es sogar die U-Boot-Kommandanten selbst, zum Beispiel der in Padang auf Sumatra geborene Fritz Schneewind, Kommandant von U 511 und U 183.

Die Offiziere und Mannschaften der in den ‚Südraum‘ auslaufenden U-Boote wurden ausführlich über das zu erwartende Zielgebiet informiert

---

276 Werner Müller, *Bibliographie deutschsprachiger Literatur über Indonesien*, 1983, S. 63

und darauf vorbereitet. Ein *Penang-Büchlein* und ein *Shonan-Büchlein* sind erhalten geblieben.[277] Das Penang-Büchlein wurde von dem ersten Stützpunktleiter in Penang, Korvettenkapitän Wolfgang Erhardt, zusammengestellt. Es wird mehrfach Toleranz und Loyalität gegenüber dem Verbündeten Japan – trotzt eventueller Missverständnisse – angemahnt. Das japanische Stützpunktpersonal erhielt ähnliche Anweisungen. Das Shonan-Büchlein wurde 1944 in Singapur von dem japanischen ‚Navy Printing Departement, 104-110 Anson Road‘ gedruckt. Ob auch entsprechende Büchlein über die Stützpunkte Batavia und Surabaya erschienen sind, konnte ich nicht in Erfahrung bringen.

Bereits auf der ersten Seite wird bei den beiden erhalten gebliebenen Büchlein vor Spionage gewarnt: *Halte den Mund! – Sei überall vorsichtig! – Traue Keinem! – Achtung, Spionage Gefahr! – Schärfste Geheimhaltung!* Es folgen Erklärungen und Hinweise über *Geographie, Stadtpläne und Landkarten, Klimaverhältnisse, Informationen über die Stadt, Geschichte,* im Penang Büchlein auch über die ‚*ruhmreiche deutsche Seegeschichte des Kreuzers Emden‘ in diesen Gewässern, über Vergnügungs- und Ausflugsmöglichkeiten, sowie Erholungsurlaub, über Verkehrsmittel,* zum Beispiel mit dem Hinweis: *Es ist strengstens verboten, fahrende Autos anzuhalten, [...]*

Bei dem Kapitel über die *ärztliche Versorgung* wird vor unsauberen Lebensmitteln, Wasser, Speiseeis und Geschlechtskrankheiten gewarnt: *Vorsicht beim Essen und Trinken. Die kleinste Unvorsichtigkeit hat größte Folgen. Das Essen von Waren der Essensstände ist untersagt.* Der Verzehr alkoholischer Getränke aus lokaler Produktion – mit Ausnahme von Bier – war strengstens verboten. *Jedes Mädchen ist krankheitsverdächtig! Ohne Präservativ ist eine Erkrankung sicher!* Zehn Prozent der Männer der ersten Kommandos nach Penang und Singapur wurden mit Geschlechtskrankheiten infiziert.

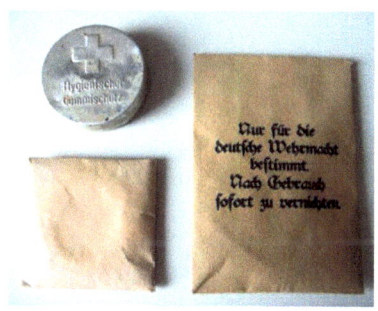

Abb. 56
Kondome für Wehrmachtsangehörige

277 www.die-feldpost-2-weltkrieg.de

Bei den Kapiteln *Verpflegung* und *Verhalten in der Öffentlichkeit* gibt es unter anderem den Hinweis: *Der Anzug in Penang (Anm. d. Verf.: wie auch auf allen anderen Stützpunkten) ist stets zivil. Anzug muss stets sauber und das Auftreten der Soldaten muss vorbildlich sein.*

Alle Mann eines U-Bootes mussten, bevor sie an den Stützpunkten an Land gehen durften, ihre während der monatelangen Überfahrt gewachsenen Bärte abrasieren. Dies war eine Verordnung, die weniger ein sauberes Auftreten betraf. Es war eine Sicherheitsmaßnahme – die U-Boot-Leute sollten nicht sofort an ihrem Bart als solche erkannt werden. Spione gab es im ‚Südraum' überall. Bei *Einkauf* wird vor dem Schwarzmarkt gewarnt und so weiter. Die deutschen Offiziere und die Mannschaften wurden auf den Einsatzort gut vorbereitet. Im Grunde genommen gelten die meisten genannten Vorsichtsmaßnahmen bis heute.

In dem im September 1940 geschlossenen Dreimächtepakt wurde zwischen Deutschland und dem Kaiserreich Japan eine ausgedehnte militärische Kooperation beschlossen. Nachdem Japan seine Zustimmung für die Errichtung deutscher Stützpunkte in diesem Raum gegeben hatte, begannen sofort die Vorbereitungen für Penang und Singapur auf der malaiischen Halbinsel. Batavia war schon gut ausgerüstet, da hier zuvor viele Blockadebrecher überholt und für die Rückreise nach Europa beladen und abgefertigt wurden. Der Ausbau des Stützpunkts Surabaya erfolgte erst etwas später. Sabang auf der Insel Weh vor der Nordspitze Sumatras war primär ein japanischer Stützpunkt, der von der Kriegsmarine nur mitbenutzt wurde.

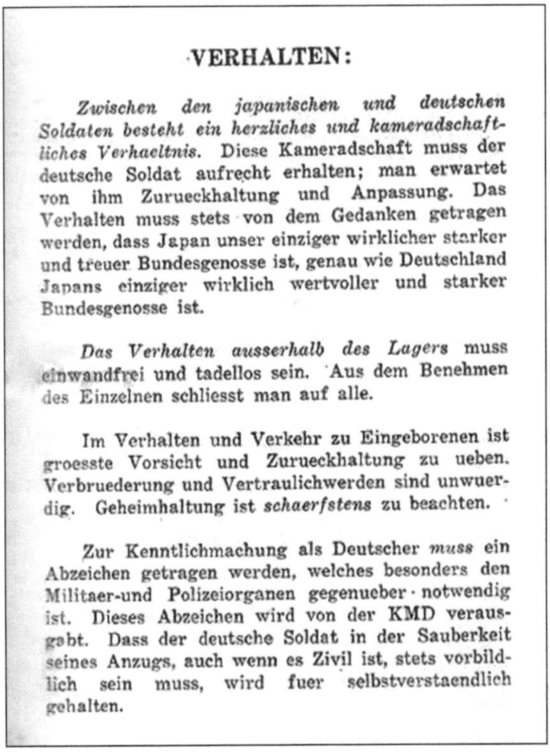

·VERHALTEN:

Zwischen den japanischen und deutschen Soldaten besteht ein herzliches und kameradschaftliches Verhaeltnis. Diese Kameradschaft muss der deutsche Soldat aufrecht erhalten; man erwartet von ihm Zurueckhaltung und Anpassung. Das Verhalten muss stets von dem Gedanken getragen werden, dass Japan unser einziger wirklicher starker und treuer Bundesgenosse ist, genau wie Deutschland Japans einziger wirklich wertvoller und starker Bundesgenosse ist.

Das Verhalten ausserhalb des Lagers muss einwandfrei und tadellos sein. Aus dem Benehmen des Einzelnen schliesst man auf alle.

Im Verhalten und Verkehr zu Eingeborenen ist groesste Vorsicht und Zurueckhaltung zu ueben. Verbruederung und Vertraulichwerden sind unwuerdig. Geheimhaltung ist *schaerfstens* zu beachten. ·

Zur Kenntlichmachung als Deutscher *muss* ein Abzeichen getragen werden, welches besonders den Militaer-und Polizeiorganen gegenueber · notwendig ist. Dieses Abzeichen wird von der KMD verausgabt. Dass der deutsche Soldat in der Sauberkeit seines Anzugs, auch wenn es Zivil ist, stets vorbildlich sein muss, wird fuer selbstverstaendlich gehalten.

Abb. 57
Seite 5 aus dem
Shonan-Büchlein

Bis zum Ausbruch des Zweiten Weltkriegs war der Indische Ozean fest in der Hand der britischen ‚Eastern Fleet‘. Der Indische Ozean war von Südafrika über Aden und Indien bis Singapur lückenlos von britischen Besitzungen umgeben. Der ganze Raum war praktisch ein britisches Territorium und der Indische Ozean ein britisches Meer.

Singapur war während der britischen Herrschaft die Basis der ‚Easten Fleet‘, des Flottenverbands der britischen Royal Navy, sowie Sitz des ‚Far East Command‘. In der Zeit der japanischen Okkupation wurde Singapur die japanische Hauptstadt der ‚Südlichen Region‘. Singapur war nun *Shonan*, was so viel wie ‚Licht des Südens‘ bedeutet.

Als Italien im Juni 1940 in den Krieg eintrat, sahen die Briten ihre Nachschubwege für Öl und andere kriegswichtige Güter durch die italienisch kontrollierten Häfen in Ostafrika und im Roten Meer bereits massiv bedroht. Außerdem bestand für Großbritannien die Gefahr, dass die Japanische Kaiserliche Marine nach der Okkupation der malaiischen Halbinsel die Briten aus weiteren angestammten Gebieten, wie Britisch-Indien, auch noch vertreiben würde. Die ‚Eastern Fleet‘ der Briten bekam daher Unterstützung durch alliierte Verbände der ‚Royal Australian Navy‘, der ‚Royal New Zealand Navy‘, der ‚Königlich Niederländisch-Indischen Marine‘ und der ‚United States Navy‘. Als dann deutsche U-Boote den Indischen Ozean, die Javasee und die Straße von Malakka durchpflügten und Jagd auf feindliche Kriegs- und Handelsschiffe machten, konnten die Deutschen zunächst große Erfolge erzielen. Wie im Atlantik war es im Indischen Ozean kein Eroberungskrieg der Deutschen Kriegsmarine, sondern ein Krieg, der die Störung der alliierten Nachschubwege zum Ziel hatte.

Aus den bisher eingesehenen Unterlagen geht nicht hervor, ob deutsche Boote auch Madagaskar, das noch von der deutschfreundlichen französischen Vichy-Regierung kontrolliert wurde, oder die neutralen portugiesischen Kolonien in Ostafrika und Goa in Indien angelaufen haben. Dies ist jedoch eher unwahrscheinlich. Mogadischu im italienischen Somaliland (heute: Republik Somalia) kam für die U-Boote als Hafen nicht mehr in Frage, da diese italienische Kolonie bereits 1941 von britischen Truppen zurückerobert worden war.

Die Straße von Malakka ist bis heute mit bis zu 2.000 Schiffen pro Tag die am stärksten befahrene Meeresstraße der Welt. Etwa 25 Prozent des gesamten Welthandels, der mit Schiffen transportiert wird, passiert diese Meerenge. Die Seestraße, die die Landmassen von Sumatra im Westen und der Malaiischen Halbinsel im Osten trennt, ist etwa 800 Kilometer lang. An der breitesten Stelle sind die Landmassen gut 300, an der engsten nur knapp drei Kilometer voneinander entfernt. Die wichtigsten Orte an der Küste der malaiischen Halbinsel sind Malakka und Georgetown auf der Insel Penang. An der Südspitze liegt der Insel-Stadtstaat Singapur. Auf der Seite von Sumatra sind es Medan mit seinem Hafen Belawan und ganz im Norden die Insel Weh mit Sabang. Die Straße von Malakka, die den Indischen Ozean mit der Javasee und dem Südchinesischen Meer verbindet, wird bis heute von Piraten unsicher gemacht. Trotzdem ist sie immer noch die wichtigste Verbindungsstraße für Handelsgüter und Ölprodukte zwischen dem Atlantik, dem Indischen Ozean und China sowie Japan.

Für das Deutsche Reich war es daher von besonderer Bedeutung, die Straße von Malakka sowie die umliegenden Gewässer zu kontrollieren und gleichzeitig einen Zugriff auf die Rohstoffe dieser Region zu sichern. Deutschland benötigte weiterhin dringend Wolfram, Molybdän, Titan, Chrom, Nickel und Zinn, sowie Kautschuk für die Reifenproduktion. Die Blockadebrecher erlitten bereits große Verluste und konnten den Bedarf für die Kriegsmaschinerie nicht mehr decken.

Besonders Wolfram und Molybdän wurden als Legierungselement und für die Produktion von Panzerplatten und Kugellagern sowie für Flugzeug- und Raketenteile benötigt. Obwohl Wolfram, das Metall mit dem höchsten Schmelzpunkt, in Europa in kleinen Mengen in Österreich gefördert wurde, reichten diese Vorkommen bei Weitem nicht aus, den deutschen Bedarf zu decken. Wolfram kam bisher aus Minen in den von Japan besetzten Gebieten in China und Korea. Auch aus Chile und Peru wurde Molybdänerz nach Japan verschifft und von dort weiter nach Deutschland transportiert. Vorkommen in Niederländisch-Indien gab es in den Riau-Inseln auf Pulau Sinkap, in Halmahera (Anm. d. Verf.: Teil der Molukken-Inseln), im Norden von Celebes und in Ostjava (s. Abb. 19, Rohstoffe).

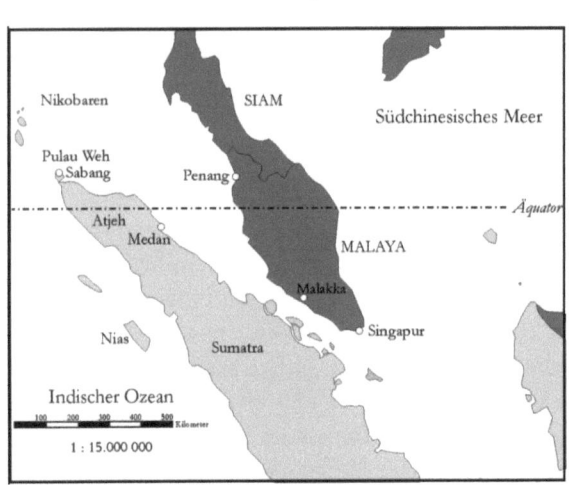

Im März 1944 brachen drei japanische U-Boote nach Europa auf, um Deutschland mit Molybdän zu unterstützen. Die Boote I-34 und I-52 gingen verloren. Nur I-29 erreichte Lorient

Abb. 58
Karte der Straße
von Malakka

an der Westküste Frankreichs. Das Boot hatte zwischen 30 und 50 Tonnen Molybdän und 150 Tonnen Rohstoffe dabei. Mit dieser Hilfe konnte der Bedarf an Molybdän für einige Monate gedeckt werden. Außerdem waren zwei Tonnen Gold an Bord, um Ausgaben Japans in Europa begleichen zu können. Für die Rückreise nach Japan wurden fernsteuerbare Bomben, Flugzeugkanonen, Munition und anderes Kriegsmaterial aus deutscher Produktion geladen. Dies war ein gelungenes Beispiel, wie die Zusammenarbeit effektiv und unbürokratisch erfolgen konnte. Doch dies war nicht immer der Fall. Durch den Verlust der Boote I-34 und I-52 wurde Japan zurückhaltend, weitere Boote nach Europa zu entsenden.

1933 erwarb Rheinmetall den Berliner Lokomotiven-Hersteller Borsig AG und produzierte ab 1935 in großem Stil für die Deutsche Wehrmacht Panzer und Kanonen. Während des Zweiten Weltkrieges ging die Firma nahezu vollständig in der ‚Waffenschmiede Hermann Göring' (offizieller Name: ‚Reichswerke Hermann Göring') auf, die die Kriegsproduktion im Bereich der Schwerindustrie vorantrieb. Hier bestand der dringendste Bedarf an Molybdän.

Ein weiterer Grund für die Entsendung der U-Boote war, dem Wunsch der japanischen Verbündeten nachzukommen, die deutsche U-Boot-Technik zu studieren und für den japanischen U-Boot-Bau zu verwenden. Hier kann nur über einige U-Boote, die spektakuläre Aktionen durchführten, ausführlich berichtet werden. Über 50 deutsche U-Boote erreichten den ‚Südraum' und waren in den Gewässern von Niederländisch-Indien im Einsatz. Noch mehr operierten im Indischen Ozean und an der Ostküste Afrikas. Viele wurden auf der Fahrt dorthin oder auf dem Rückmarsch versenkt. Da der Austausch von neu entwickeltem Kriegsmaterial und von Konstruktionsplänen meist streng geheime Unternehmungen waren, sind kaum Unterlagen vorhanden. Manche Transporte in den ‚Südraum' waren sogar so geheim, dass keinerlei Dokumente erstellt wurden.

Mit der Verschärfung des Krieges wurde ein Austausch von Menschen und Material zwischen Deutschland und dem ‚Südraum', sowie mit Japan immer schwieriger. Bis zum Jahre 1942 konnten deutsche Blockadebrecher und Handelsschiffe immer noch Japan erreichen. Aber danach war nur noch ein Austausch von Material und Personen durch U-Boote möglich. Dies erforderte sehr viel mehr Zeit und Aufwand. Die Boote waren oft viele Monate zwischen Deutschland und dem Fernen Osten unterwegs. Ein großer Nachteil war die im Vergleich zu Überwasserschiffen viel geringere Ladekapazität.

Um einen schnelleren Austausch zu ermöglichen, plante die Deutsche Luftwaffe Mitte 1943 einen Direktflug auf der Nordroute über die Beringstraße von Norwegen nach Japan. Ein mit Zusatztanks ausgerüsteter viermotoriger Fernaufklärer Ju 290 sollte ursprünglich mit einer vierköpfigen Besatzung und zwei Passagieren die Strecke von 7.700 Kilometern überbrücken. Der Plan, mit einer Ju 290 Japan zu erreichen wurde jedoch zu Gunsten der Weiterentwicklung einer vergrößerten Version, der Ju 390, aufgegeben. Die Ju 390 hatte wesentlich größere Tragflächen und sechs 14 Zylindermotoren von BMW. Jeder Motor hatte eine Leistung von 1.500 PS. Die Ju 390 war erheblich größer als die damals größte amerikanische ‚Fliegende Festung‘, die ‚B-29 Superfortress‘.

Im Oktober 1943 absolvierte der Langstreckenbomber Ju 390 seinen Jungfernflug. Bei einer Nutzlast von 10 Tonnen und einer Geschwindigkeit von knapp 500 Kilometern pro Stunde hatte dieses neu entwickelte Flugzeug eine Reichweite von maximal 10.000 Kilometern. Von diesem Zeitpunkt an hätte man von Deutschland aus China oder Japan ohne Zwischenlandung sicher erreichen können. Bis Kriegsende wurden noch weitere Maschinen dieses Typs gebaut. Der geplante Flug nach Japan oder Südost-Asien fand jedoch laut deutschen Quellen nicht mehr statt.

In amerikanischen Quellen sehen die technischen Daten des Bombers und seine Operationen viel spektakulärer aus. Hier handelt es sich meiner Meinung nach um Spekulationen und Fiktionen, die aus neonazistischen Kreisen der USA und Deutschland stammen. Allerdings schrieb der angesehene amerikanische Autor und Journalist James P. O'Donnell in seinem Buch ‚The Berlin Bunker‘[278], dass ihm der Reichsminister Albert Speer bestätigt haben soll, dass 1944 eine Ju-390 über die Polarroute nach Japan geflogen sei. Eigentlich ist James P. O'Donnell ein zuverlässiger und korrekter Autor. Er war Freund der Familie Kennedy, er hatte eine herausragende Position bei dem renommierten Magazin ‚Newsweek‘ und ist Autor vieler historischer Bücher. James P. O'Donnell war der erste nicht-russische Journalist, der führende Personen des Dritten Reichs nach Kriegsende in Berlin befragen konnte. Ich denke, dass seine Aussagen einen gewissen Wahrheitsgehalt haben.

Im Laufe des Krieges ist nach deutschen Quellen kein einziges deutsches Flugzeug in Ost- oder Südost-Asien gelandet. Einem italienischen Flugzeug ist dies allerdings gelungen. Am 30. Juni 1942 hob eine mit zusätzlichen Treibstofftanks ausgestattete dreimotorige Maschine vom Typ Savoia-Marchetti SM 75 in Rom ab. Nach einer Zwischenlandung in der von Deutschland besetzten Ukraine erreichte das Flugzeug am 2. Juli 1942 das von Japan besetzte National-China und einen Tag später Tokyo. Aufgrund starker Gegenwinde dauerte der Rückflug einen Tag länger. Am 20. Juli 1942 erreich-

278 Houghten Mifflin Harcourt Publishing Company, Boston 1975

te das Flugzeug sicher wieder seinen Heimatflughafen Rom. Ein geplanter zweiter Flug, mit dem der indische Freiheitskämpfer Subhas Chandra Bose von Rom nach Tokyo gebracht werden sollte, wurde nicht mehr durchgeführt.

Der Vertreter des ‚Deutschen Nachrichten Büros‘ DNB, der zentralen Presseagentur des Deutschen Reichs in Chungking (heute: Chongqing) in Südwest-China, Wolf Schenke, hat Walther Hewel die Machbarkeitsstudie einer Flugverbindung zwischen National-China und Deutschland über Russisch-Zentralasien bereits mit einem Schreiben vom 7. August 1940 vorgelegt. Da Deutschland die entsprechenden Flugzeugtypen bereits entwickle, forderte er eine baldmöglichste Realisierung. Eine Antwort Hewels habe ich nicht finden können.

Von Singapur hob 1944 eine Maschine der japanischen Luftwaffe mit hohen Generalstabsoffizieren in Richtung Deutschland ab. Es gibt Quellen, die behaupten, dass dieser erste und einzige Flug der japanischen Luftwaffe nach Europa bereits am 1. August 1943 in Singapur begann. Waren es vielleicht zwei getrennte Flüge? Ich vertraue der Aussage des Zeitzeugen Botschafter Stahmer, der das Jahr 1944 nannte. Es sollte ein Non-Stop-Flug auf der südlichen Route über Indien und Arabien nach Europa erprobt werden. Die Maschine erreichte ihr Ziel nie und wurde als verschollen gemeldet.[279]

Es ist heute kaum verständlich, weshalb kein Flugzeug von Deutschland nach Fernost abhob, denn die Lufthansa und ihre Piloten hatten auf dieser Strecke schon einige Erfahrung gesammelt. Bereits 1926 führte die deutsche Lufthansa eine Fernost-Flugexpedition mit einem Junkers G 24-Flugzeug durch. 1934 flog Flugkapitän Gerstenkorn die Strecke Berlin-Shanghai mit einer Junkers W 34 in nur vier Tagen und im selben Jahr wurde noch eine Junkers Ju 53 von Berlin nach Shanghai überführt.

Im Jahre 1937 folgte im Auftrag von Reichsmarschall Göring ein spektakulärer Forschungsflug der Lufthansa, der den Luftweg nach dem Fernen Osten für eine regelmäßige Flugverbindung erkunden sollte. Erstmals sollte eine neue Route über neutrales Gebiet, die von der kürzesten Route über Russland abwich, erkundet werden. Die Flugroute wurde über den Hindukusch und das Pamirgebirge festgelegt. Am 14. August 1937 starte eine vollbeladene Ju 52 mit der Kennung D-ANOY von Berlin über Damaskus und Teheran in das 1.800 Meter hohe gelegene Kabul. Um die Höhe über den Hindukusch und das Pamirgebirge überwinden zu können, wurde die Maschine mit stärkeren BMW-Motoren und verstellbaren Propellern ausgerüstet. Auch fünf zusätzliche Treibstofftanks waren eingebaut worden, damit möglichst wenige Zwischenlandungen erforderlich wurden. Der Flug über

279 Stahmer, *Japans Niederlage...*, S. 198f

die Gebirgsstrecke nach Jarkand und Sian (heute: Xian) westlich von Nan-king verlief erfolgreich. Es war das erste Mal, dass ein Flugzeug das Pamirge-birge bezwang.

Der Rückflug verlief etwas problematischer. Nach einer durch eine Mo-torstörung erzwungenen Zwischenlandung in Turkestan, im westlichen Chi-na, wurde die Mannschaft von der chinesischen Militärbehörde wegen Pass-vergehens einige Wochen festgehalten. Endlich, 50 Tage nach dem Abflug, landete D-ANOY wieder sicher in Berlin. Die Maschine hat den Zweiten Weltkrieg überlebt und kann heute noch auf dem Flughafen München be-sichtigt werden.[280]

---

280 Gablenz, *D-Anoy bezwingt den Pamir*

22. Die letzten Blockadebrecher und der Mangel an Kautschuk

Bisher hatten die deutschen Blockadebrecher vorzugsweise Häfen in Japan und Mandschukuo angelaufen. Nachdem Malaya und Niederländisch-Indien durch Japan besetzt waren, änderte sich die Strategie der zwischen Deutschland und Japan pendelnden Blockadebrecher. Nun wurden Stützpunkte der deutschen Marine im ‚Südraum' aufgebaut. Hier gab es Naturkautschuk, Erze und lebenswichtige Güter in Hülle und Fülle zu günstigen Preisen. Ein weiterer Vorteil war, dass die Fahrstrecke in den ‚Südraum' gegenüber Japan um 6.000 Seemeilen kürzer war.

Ab 1942 begannen die Krisenjahre für die deutschen Blockadebrecher. Seit August 1942 konnten die Schiffe aus Japan und Niederländisch-Indien nur noch durch den Indischen Ozean in die Häfen an der Westküste Frankreichs geleitet werden. Die Route um das Kap Horn und über den Atlantik war zu riskant geworden. Eine Fahrt über den Indischen Ozean bot auch den Vorteil, dass aus Japan kommende Schiffe in Batavia nochmals versorgt und vollgeladen werden konnten.

Die Alliierten hatten aber nicht nur ihre Radargeräte insoweit verbessert, dass sie die Nacht zum Tage machen konnten, sie hatten auch auf der neuen Route durch den Indischen Ozean und rund um Südafrika die militärischen Maßnahmen – besonders vor Südafrika und im Golf von Biskaya – so verstärkt, dass ein Durchkommen der Blockadebrecher kaum mehr möglich war. Großadmiral Dönitz, der nun den Oberbefehl über die Kriegsmarine hatte, besprach im Februar 1943 das Problem der Blockadebrecher mit Hitler, denn die Verluste waren untragbar geworden. Dönitz verlangte von Hitler:

1. eine massive Unterstützung der Kriegsmarine, um die Blockadebrecher durch die Gefahrenzonen zu bringen,
2. den sofortigen Bau von Fracht-U-Booten für den Rohstofftransport und
3. den sofortigen Einsatz von italienischen U-Booten für den Transport von Rohstoffen aus dem Bereich Südost-Asiens.[281]

Als sich die Präsenz der Alliierten im Indische Ozean weiter verstärkte, mussten alle aus Japan kommenden Schiffe noch einen Aufenthalt in Batavia einlegen, um einen günstigen Moment für einen Durchbruch durch die Sundastraße abzuwarten. Batavia wurde wegen seiner Lage an der Sun-

---

281 Brennecke, *Schwarze Schiffe..*, S. 219

da-Straße der Hauptplatz für die ein- und auslaufenden Schiffe im Verkehr zwischen Europa und dem ‚Südraum'. Hier wurden die Blockadebrecher – von den Matrosen wegen der Kautschuktransporte auch ‚Gummischiffe' genannt – vollgetankt und mit Kautschuk voll beladen. Hier wurden auch die Schiffsmotoren vor der lange Rückreise nochmals genau überprüft. Auch der Hafen Menado im Norden der Insel Celebes wurde ab und zu angelaufen. Hier wurden Reis und andere landwirtschaftliche Erzeugnisse geladen.

In der Sundastraße lauerten immer mehr amerikanische U-Boote auf die deutschen Frachter. Oft mussten die Blockadebrecher tagelang in Batavia warten, bis sich eine günstige Gelegenheit bot, in den Indischen Ozean durchzubrechen. Ein Passagier, Oberstleutnant Niemöller, der mit dem 7.840 BRT Frachter *Tannenfels* im Mai 1942 von Bordeaux nach Yokohama fuhr, schrieb über die Sundastraße in sein Tagebuch:

[...] in der Sundastraße mit dem zufällig einmal ruhigen [Anm. d. Verf.: Vulkan] Krakatau. Die Chinasee [richtig: Javasee] ist still und glatt wie Öl und dabei von einer wundervollen Klarheit. U-Boot-Warnungen am laufenden Band. U-Boot hier, U-Boot dort gesichtet [...][282]

Die Verluste der im Winter 1942 aus Südost-Asien ausgelaufenen Blockadebrecher waren ausgesprochen hoch. Dies zeigt nachstehende Aufstellung der wichtigsten Schiffe:

Regensburg des Norddeutschen Lloyd ist am 14.09.1942 aus Kobe ausgelaufen. Das Schiff wurde beim Durchbruchversuch in den Indischen Ozean in der Sundastraße von einem amerikanischen U-Boot torpediert. Die *Regensburg* hatte Glück im Unglück. Genau an der Stelle, an der das Torpedo traf, waren einige Tonnen dickes Fett gelagert, die das Leck wieder abdichteten. Das Schiff konnte wieder Batavia erreichen und anschließend in Singapur repariert werden. Am 6.2.1943 ist das Schiff erneut aus Batavia ausgelaufen. Kurz vor dem Ziel ist das Schiff in der Nordsee von einem britischen Kreuzer versenkt worden.

Rhakotis der HAPAG ist am 27.9.1942 aus Yokohama ausgelaufen. Das Schiff wurde bei Annäherung eines britischen Kreuzers am 1. Januar 1943 von der Mannschaft versenkt.

Ramses der HAPAG ist am 23.10.1942 aus Kobe ausgelaufen. Das Schiff wurde beim zweiten Auslaufversuch in den Indischen Ozean von zwei alliierten Kreuzern gestellt und wurde von der Mannschaft am 10. 12. 1942 in der Sundastraße versenkt.

Hohenfriedberg (Prise Herborg) ist am 11.11.1942 aus Yokohama ausgelaufen. Kurz vor dem Ziel, an der französischen Westküste, wurde das

282 Brennecke, *Schwarze Schiffe...*, S. 197

Schiff bei Annäherung des britischen Kreuzers *HMS Sussex* von der Mannschaft versenkt.

Rossbach (Prise Madrono) ist am 12.11.1942 aus Kobe ausgelaufen. Das Schiff wurde aus dem Südatlantik nach Batavia zurückgerufen und Mitte Mai 1943 durch ein amerikanisches U-Boot versenkt.

Irene (Prise Kota Nopan) ist am 10.10 1942 von Westfrankreich nach Batavia ausgelaufen. Am 2.2.1943 lief es wieder aus Singapur in Richtung Europa aus. Kurz vor dem Ziel wurde das Schiff von einem britischen Kreuzer gestellt. Es wurde von der eigenen Mannschaft versenkt.

Pietro Orseolo ist bei seiner ersten Fahrt sicher von Kobe nach Bordeaux gelangt, wo es am 24.2.1942 eintraf. Bei seiner zweiten Fahrt ist das Schiff am 2.12.1942 wieder in Kobe eingetroffen und am 25.1.1943 von dort ausgelaufen. Das Schiff hat trotz Torpedotreffer und großem Leck Bordeaux erreicht.

Rio Grande der HSDG (,Hamburg Südamerikanische Dampfschifffahrt Gesellschaft', kurz ,Hamburg-Süd') hat vom 21.9.1941 bis 16.4.1942 auch schon eine erfolgreiche Fahrt von Bordeaux nach Osaka und zurück durchgeführt. Bei seiner zweiten Blockadebrecher-Fahrt ist das Schiff am 4.10.1943 wieder aus Kobe ausgelaufen. Weitere Ladung wurde in Singapur und Batavia an Bord genommen. Als das Schiff vor der Küste Südafrikas von *USS Omaha* angegriffen wurde, wurde es von der Mannschaft versenkt.

Der Verlust dieses Schiffes tat der Marineleitung besonders weh. In Yokohama hatte es Reifen geladen und in Singapur Kautschuk. In Batavia wurde noch eine größere Menge des aus Meeresalgen gewonnenen Agar-Agar geladen. Agar-Agar ist ein vegetarisches Geliermittel, aber während des Krieges war es ein wichtiger Grundstoff für den Anstrich von Flugzeugen. An diesem Grundstoff herrschte in Deutschland während des Krieges ein großer Mangel.

Karin (Prise Silvaplana) ist aus Bordeaux kommend im Januar 1943 in Singapur eingetroffen. Am 4.2.1943 ist das Schiff wieder ausgelaufen. Vor Südafrika wurde es bei Annäherung eines US Kreuzers und eines Zerstörers von der Mannschaft versenkt.

Burgenland der HAPAG ist bei seiner zweiten Asienfahrt am 7.2.1943 aus Kobe ausgelaufen und wurde jedoch wegen verstärkter Präsenz der Alliierten vom Stützpunkt Batavia nach Japan zurückbeordert. Am 29.10.1943 ist das Schiff erneut von Yokohama nach Batavia ausgelaufen. Das Schiff erhielt in Batavia noch die restliche Ladung an Kautschuk, Wolfram, Chinin und Jod. Die beiden letztgenannten

Rohstoffe waren für die Kriegswirtschaft genauso wichtig wie Kautschuk oder Wolfram, da sie in Deutschland durch nichts anderes ersetzt werden konnten. Nach dem Aufenthalt in Batavia trat die *Burgenland* die Heimreise nach Deutschland durch die Sunda-Straße an. Am 5. Januar 1943 wurde das Schiff vor der Küste Südafrikas von den alliierten Zerstörern *Omaha* und *Jouett* angegriffen. Das Schiff wurde von der Mannschaft versenkt. Mit dem Schiff ging auch der der Spionage verdächtigte Journalist Hoffmeier unter, der von Japan für ein Gerichtsverfahren nach Deutschland gebracht werden sollte. Über diesen Fall wird noch in Zusammenhang mit dem Spion Richard Sorge berichtet werden.

Weserland, ex *Ermland* der HAPAG ist am 1.12.1942 aus Bordeaux in Yokohama eingetroffen und von dort am 26.10.1943 ausgelaufen. Das Schiff wurde von einem US-Zerstörer beschossen und wurde von der eigenen Mannschaft versenkt.

Osorno war ein Kombischiff der HAPAG. Bei Kriegsausbruch lag das Schiff in Chile. Nach einem geglückten Ausbruchversuch in Chile erlitt das Schiff im Atlantik einen Motorschaden und war manövrierunfähig. Der Notruf wurde von dem Blockadebrecher *Bogota* des Norddeutschen Lloyd empfangen. Die *Bogota* eilte zum Unglücksort und schleppte die Osorno 1.800 Seemeilen bis Yokohama. Die *Bogota* fuhr erfolgreich als Blockadebrecher von Japan nach Bordeaux und zurück nach Batavia. Bei dieser zweiten Asienfahrt ist das Schiff am 2.10.1943 aus Kobe ausgelaufen und trat vollbeladen von Batavia den Heimmarsch an. Am 26.12.1943 ist das Schiff in der Mündung der Gironde auf ein Wrack gelaufen und wurde leck geschlagen. Der Kapitän setzte das sinkende Schiff auf den Strand, so dass die wertvolle Fracht aus Kautschuk geborgen werden konnte. Die *Osorno* war der letzte Blockadebrecher, der wenigstens noch einen Teil der Fracht in den Heimathafen bringen konnte.

Alsterufer ist am 4.11.1943 aus Kobe über Batavia nach Europa ausgelaufen. Es war der letzte Blockadebrecher, der in Ostasien auslief. Das Boot hatte neben dem dringend benötigten Kautschuk noch 344 Tonnen Wolfram geladen, ein Vorrat, der den Bedarf der deutschen Kriegsindustrie für ein Jahr gedeckt hätte. Die *Alsterufer* erreichte sicher den östlichen Nordatlantik. Um das Schiff mit seiner wertvollen Fracht gefahrlos in den Heimathafen Brest[283] zu bringen, entsandte die Marine zum Schutz des Schiffes ein großes Aufgebot von elf Zerstörern und

---

283 es gibt auch Quellen, die Bordeaux als Heimathafen nennen

zwei Flottentorpedobooten. Nur wenige hundert Seemeilen vor dem Heimathafen Brest griffen die Alliierten am 27.12.1943 die *Alsterufer* mit Flugzeugbomben an. Es war ein verlustreiches Unternehmen und das Ende der Blockadebrecher-Fahrten. Die *Alsterufer* ging verloren, ebenso zwei Flottentorpedoboote. Welch ein Aufwand an Mensch und Material – für nichts! Vier Rettungsboote der *Alsterufer* mit 74 Mann wurden zwei Tage später von einer kanadischen Korvette geborgen.

Weitere Blockadebrecher wie die *Cortellazzo*, die *Anneliese Essberger*, die *Benno (ex Ole Jacob)*, die *Kota Pinang* oder die *Elbe* wurden durch die eigene Mannschaft versenkt.[284]

Eine groß angelegte Flottenoperation, um die Blockadebrecher in dem besonders gefährdeten Gebiet im Nordatlantik zu sichern, wurde bei den letzten auf dem Heimmarsch befindlichen Schiffen neben der *Burgenland* auch bei *Irene* und der *Regensburg,* angewandt. Allerdings blieben all diese Operationen ohne Erfolg. Die Alliierten hatten mit Hilfe der neuen britischen ASV-Radargeräte, die ab Juni 1942 eingesetzt wurden, die Lufthoheit im Ostatlantik errungen. Besonders der Golf von Biskaya wurde nun ununterbrochen überwacht, um jedes deutsche Schiff am Einlaufen in den Heimathafen zu hindern.

Die meisten der Blockadebrecher wurden bei Gefahr von der Mannschaft versenkt, damit die Schiffe und deren Fracht nicht in die Hände der Feinde fallen konnten. Einige Schiffe wurden nach Batavia oder Japan zurückgerufen, wenn ein Durchbruch durch die alliierte Linie von vorn herein aussichtslos erschien. Von den elf im Südraum und Japan ausgelaufenen Blockadebrechern erreichte nur einer, die *Pietro Orseolo* – mit den Männern des bei einem Feuer im Hafen von Yokohama zerstörten Schiffes *Thor* – den Hafen von Bordeaux. Nach dieser Serie von Misserfolgen stellte die Seekriegsleitung den Verkehr mit Blockadebrechern ein.

Neben den für die Stahlaufbereitung dringend benötigten und besonders wertvollen Metallen Wolfram und Molybdän war die Hauptfracht der Blockadebrecher Kautschuk. Ohne Gummi keine Räder und ohne Räder kein Vorwärtskommen und kein Nachschub! Aber warum war Kautschuk plötzlich so wertvoll wie Gold und wurde auch ‚Schwarzes Gold‘ genannt?

---

284 J. P. Mallmann-Showell: *Das Buch der deutschen Kriegsmarine 1939 – 1945,* 1982
Hans Jürgen Witthöft: *Lexikon zur deutschen Marinegeschichte,* 1978
Bericht über Aufenthalte in Japan von Admiral P. W. Wenneker, Marineattaché, Tokyo
www.deutsches-marinearchiv.de

Der Chemiker Fritz Hoffmann hatte den Kunstkautschuk bei der IG-Farben AG erfunden und mit dem Markennamen ‚Buna' zur Marktreife gebracht. Daraufhin triumphierte Hitler, *dass uns die Buna-Produktion unabhängig von überseeischen Rohstoffen gemacht hat* und *wir könnten den Krieg noch 10 Jahre lang aushalten.* Diese Aussage Hitlers war keineswegs zutreffend.

Das Ausland beobachtete die Entwicklung der Buna-Produktion in Deutschland mit Argusaugen. In den Unterlagen von Walther Hewel fand ich mehrere Schreiben von Heinrich Rudolph Wahlen, der regelmäßig Berichte über die Wirtschaftslage in Südost-Asien und im Pazifik an ihn sandte. In seinem Bericht vom 31. Juli 1939 berichtet er zum Beispiel aus dem Fachmagazin ‚*Pacific Islands Monthly*' aus Sydney über den Kopra- und Holzmarkt, über Goldminen und über die Ölsuche in Papua-Neuguinea. Über Buna schreibt er folgendes: *Das Produkt ‚Buna' wird von den Gummi pflanzenden Pionieren gefürchtet [...]* Zum Schluss tröstete man sich: *But there will be always a market for natural rubber, vegetable oil, silk, wool and so on. Substitutes may live, but there are indicatives of an expanding market and ever-widening consumption.*[285]

Heinrich Rudolph[286] Wahlen war ein Experte für den Raum Neuguinea. Anfang des 20. Jahrhunderts wurde er – ein überaus erfolgreicher Großkaufmann aus Hamburg – der ‚König der Südsee' genannt. Er war damals Konsul in Deutsch-Neuguinea und besaß die im nördlichen Bismarck-Archipel gelegene, aus 17 Inseln bestehende Gruppe der Maron-Inseln. Hier hatte er sein stattliches Anwesen. Sein großes Vermögen machte er mit riesigen Bananenplantagen und dem Export von Südseemuscheln für die Herstellung von Perlmuttknöpfen nach Deutschland. Im Alter von 97 Jahren verstarb er 1970 in Hamburg. Heinrich Rudolph Wahlen war für Walther Hewel eine erstklassige Informationsquelle über diesen Raum. Wahlen wurde im Dritten Reich mit Kolonialfragen beauftragt.[287]

Bis heute sind die fast unerschöpflichen Rohstoffvorkommen in Neuguinea ein Grund für die Begehrlichkeiten der Industrienationen. Bereits seit Ende des 19. Jahrhunderts stritten sich Niederländer, Briten und Deutsche um die Vorherschaft in diesem Gebiet. Deutschland hatte mit der Begründung, es sei nicht fähig, eine Kolonie ordentlich zu führen, nach dem Ersten Weltkrieg alle Kolonien verloren. Aus heutiger Sicht war es ein Segen für Deutschland.

---

285 AA, Hewel, Handakte 6, R 27474
286 auch Rudolf
287 Hamburger Abendblatt, 7. Dezember 2008, Bericht ‚*Südsee-Ausstellung*' von Matthias Gretzschel

Mit Schlagworten wie: *Heim ins Reich* oder *Volk ohne Raum* forderte Hitler nun offen die ehemaligen Kolonien zurück: *Auch Deutschland benötigt Kolonien und wird sie auch bekommen!* Immerhin lebten und arbeiteten in den ehemaligen Kolonien immer noch 30.000 deutsche Bürger. Deren ökonomische Interessen und die Erhaltung des Deutschtums sollten dort geschützt werden. Durch finanzielle Zuwendungen wurden besonders in Ostasien und im pazifischen Raum deutsche Schulen, Kirchen, Zeitungen und Vereinigungen gefördert, besonders in Niederländisch-Indien.[288]

Mitte 1939 gab es bereits konkrete Pläne, was mit den ehemaligen deutschen Kolonien im Pazifik geschehen sollte. Heinrich Rudolf Wahlen schrieb in seinem Bericht vom 27. April 1939 an Hewel:

Ich verweise hierbei auf Java mit einer Einwohnerzahl von rund 40 Millionen Menschen. Java kann heute die Menschenmassen nicht mehr ernähren. [...] Sicherlich wird es Großdeutschland möglich sein, mit Holland Abmachungen zu treffen, die eine Besiedlung und Arbeiterbeschaffung für Neuguinea gewährleisten (Bismark Archipel, Salomon Inseln). [...] Auf Samoa soll ein Flughafen erbaut werden. [...] Da Neuseeland mit den Verwaltungsmethoden in Samoa gerade keine Lorbeeren geerntet hat, wird der Plan erwogen, das Mandat zurückzugeben und Großbritannien damit zu beauftragen. Wir werden überhaupt nicht gefragt. [...] Wir sind einverstanden mit der Weggabe Samoas gegen die Einverleibung Papuas.[289]

Wahlen lag mit seinen Vorhersagen richtig, denn heute hat Indonesien in Neuguinea die weltgrößte Goldmine sowie die Kupfermine mit den niedrigsten Förderkosten der Welt. Die Einnahmen aus diesen Minen belaufen sich auf mehrere Milliarden US-Dollars pro Jahr.

Auch die ehemalige deutsche Kolonie Bismarck-Archipel wird ab 2015 der Schauplatz einer neuen Ära des Rohstoffabbaus werden. In der Bismarcksee, in der bei einer Schlacht zwischen Japan und den Vereinigten Staaten im März 1943 neben 6.100 Japanern auch Tausende Amerikaner und Australier ein Seemannsgrab fanden, soll nun auf dem Meeresgrund nach Gold, Silber, Kupfer und ‚Seltenen Erden' geschürft werden. Die erste Lizenz für eine Mine auf dem Meeresboden erhielt ein kanadisches Unternehmen. Hauptabnehmer soll das rohstoffhungrige China werden.[290] Heinrich Rudolph Wahlen, der ‚König der Südsee', hatte – wie seine Berichte an Walther Hewel zeigen – also schon in den 1930er Jahren ein Gespür, wo die verborgenen Schätze liegen.

---

288 McKale, *The Swastika Outside Germany*, S. 6
289 AA, Akte R27474
290 Süddeutsche Zeitung Nr. 198, 28.08.12

Die USA und Großbritannien wurden – nachdem Japan ganz Südost-Asien unter seine Kontrolle gebracht hatte – in eine äußerst schwierige Lage gebracht. Malaya und Niederländisch-Indien stellten rund 80 Prozent der Weltproduktion an Naturgummi her, und der gesamte Bedarf der USA und Großbritanniens kam aus diesen Ländern. Nach der Besetzung Südost-Asiens durch Japan waren die USA und Großbritannien von ihren wichtigsten Produktionsgebieten abgeschnitten. Japan erhoffte durch diese Maßnahme, das Rüstungspotential der Gegner entscheidend zu treffen. Aber diese Annahme erwies sich als falsch. Die deutsche Firma IG-Farben AG hatte das Patent ihres inzwischen zur Produktionsreife gebrachten Produkts ‚Buna‘ zu Beginn des Zweiten Weltkriegs mit dem Einverständnis Hitlers an die US-Firma Standard Oil verkauft! War sich Hitler so sicher, dass die USA nicht in den Krieg eintreten würden, oder war es die Geldgier nach Devisen, durch die sich Hitler zu dieser unverständlichen Handlung hinreißen ließ?

In den USA erlebte der Kunstkautschuk durch das IG-Farben-Patent einen kometenhaften Aufstieg. Nachdem 1941 nur 8.200 Tonnen produziert worden waren, waren es 1945 bereits 833.500 Tonnen. Die Qualität des amerikanischen Kunstkautschuks war gegenüber der des deutschen Produkts erheblich besser. Mit der erzeugten Menge konnten die USA und Großbritannien ihren gesamten Bedarf decken und waren nicht mehr auf Importe von Naturkautschuk aus Südost-Asien angewiesen.

Aber welche Entwicklung nahm der deutsche Kunstkautschuk ‚Buna‘ in dieser Zeit? Warum mussten immer noch so große Mengen an Naturkautschuk aus Niederländisch-Indien und sogar fertig produzierte Reifen aus Japan importiert werden? Deutschland, als Erfinder des Kunstkautschuks, sollte eigentlich einen großen Vorteil gehabt haben!

Deutschland produzierte 1942 etwa 110.000 Tonnen ‚Buna‘. Infolge der Kriegseinwirkungen und der Luftangriffe auf die Produktionswerke der IG-Farben AG in Ludwigshafen und Leverkusen konnte die Kapazität bis Kriegsende lediglich auf 170.000 Tonnen gesteigert werden. Von den insgesamt mit Blockadebrechern nach Deutschland verschifften 94.000 Tonnen Naturkautschuk erreichten lediglich 44.500 Tonnen ihr Ziel.[291]

Der Hauptgrund, weshalb Deutschland noch so sehr abhängig von Naturkautschuk war, war vermutlich Sabotage. Während der Kunstkautschuk aus den USA für Reifen ohne Schwierigkeiten eingesetzt werden konnte und dem Naturkautschuk bereits gleichwertig war, gab es mit dem deutschen ‚Buna‘ große Probleme. Obwohl die deutschen ‚Buna-Reifen‘ in den Produktionsstätten die Qualitätskontrollen ohne Beanstandung passieren konnten, zerplatzten viele Reifen bereits nach wenigen 100 Kilometern Fahrt an

291 Brennecke, *Schwarze Schiffe...*, S. 224f und 259

der Front. Besonders der Afrika-Feldzug von General Rommel in der nordafrikanischen Wüste und der Russland-Feldzug im Winter gerieten dadurch ins Stocken. Die Buna-Reifen waren den extremen Anforderungen nicht gewachsen. Zur Verbesserung der Qualität musste der Kunstkautschuk mit Naturkautschuk gemischt werden.

Nach dem Krieg wurde in den Nachfolgegesellschaften der IG-Farben-Werke hinter vorgehaltener Hand geflüstert, dass ein für die Fertigung der Buna-Reifen zuständiger Chemiker Sabotage betrieben habe. Durch einen in geringsten Mengen der Kunstkautschuk-Rezeptur beigefügten Stoff, hätte dieser Chemiker erreicht, dass die Reifen extrem schnell alterten und den extremen Anforderungen an den Fronten nicht standhielten.[292]

Mit der Versenkung der letzten Blockadebrecher war die Seeschlacht um Kautschuk zu Ende. Der Meisterspion Dr. Richard Sorge hatte in Tokyo ganze Arbeit geleistet, indem er jeden Blockadebrecher, der Japan oder Batavia verließ, mit der entsprechenden Fahrtroute an die Sowjetunion und die westlichen Alliierten meldete.[293]

Selbst die eigenen deutschen U-Boote machten den Blockadebrechern das Leben schwer. Die Blockadebrecher fuhren meist unter fremder Flagge und sie änderten zur Tarnung immer wieder den Schiffsnamen und den Anstrich. Für die Kommandanten der U-Boote war es daher nicht einfach, sie als deutsche Schiffe zu identifizieren. Mehrere Blockadebrecher wurden durch eigene U-Boote versenkt. Ein Beispiel möchte ich hier anführen:

In Friedenszeiten transportierte die *Goldenfels* für die Bremer Reederei Hansa Stückgüter zwischen Europa, Indien und Birma. Nach Beginn des Zweiten Weltkriegs wurde das Schiff als Hilfskreuzer *Atlantis* eingesetzt. 1941 kaperte die *Atlantis* im Indischen Ozean das britische Schiff *Speybank* und setzte es als Prise ein. Die *Speybank* wechselte immer wieder die Namen in die ihrer baugleichen Schwesterschiffe *Doggerbank, Levernbank* oder *Inverbank.* Das war nicht nur verwirrend für die Alliierten, sondern auch für die deutschen U-Boote, die die britischen Handelsschiffe jagten. Zur weiteren Verwirrung tarnte sich das Schiff immer wieder durch falsche Aufbauten aus Segeltuch und Holz.

Die *Speybank* legte bei mehreren Gelegenheiten Seeminen vor der Küste Südafrikas. Im Südatlantik versorgte das Schiff zwei deutsche Hilfskreuzer und nahm 177 britische und US-amerikanische Kriegsgefangene an Bord. Das Schiff passierte zum wiederholten Mal ungehindert das Kap der Guten

---

292 Informationen von Günther Fust und anderen ehemaligen Mitarbeitern der IG-Farben AG
293 Spionagering Richard Sorge in Kap. ‚*Die Deutsche Botschaft in Tokyo*‘, Band 2 des Buches

Hoffnung und brachte die 177 Kriegsgefangenen in Batavia an Land. Danach machte das Schiff am 19. August 1942 in Yokohama fest, um neuen Proviant und Treibstoff zu fassen.

Als *Doggerbank* getarnt stach sie am 17. Dezember 1942 mit einer Ladung von Kautschuk und Fetten wieder in See. Solange das Schiff überholt und neu beladen wurde, durfte sich die Mannschaft in Schichten im Urlaubsort *Hakone* erholen. Hier hatte die Deutsche Kriegsmarine eine Reihe von Bungalows für die Mannschaften der in Japan im Hafen liegenden Schiffe angemietet.

In den Häfen Kobe, Saigon, Singapur und Batavia nahm die *Doggerbank* weitere Ladung auf. Am 10. Januar 1943 verließ das Schiff schwer beladen den Hafen von Batavia. Ziel war der 10.000 Seemeilen entfernte Hafen Bordeaux an der französischen Atlantikküste. Es waren 365 Menschen an Bord. Zu der Stammbesatzung von 109 Mann kam ein Teil der Überlebenden der Schiffe *Uckermark* und *Thor,* die in Yokohama einer Explosion zum Opfer gefallen waren.

Mit der zweiten Reise des Hilfskreuzers *Thor* reiste der Kriegsberichterstatter Leutnant zur See Heinz Tischer von Bordeaux nach Yokohama. Auf dieser Reise nach Japan hatte die *Thor* neben Batavia auch Balikpapan auf Borneo angelaufen.

Die Reise von Heinz Tischer bis nach Yokohama hatte ich bereits in einem vorhergehenden Kapitel beschrieben. Nach seiner Ankunft wurde er von den japanischen Behörden im ‚Hotel New Grand' untergebracht. Bei der Explosion der *Uckermark* im Hafen von Yokohama ist auch das gesamte Bild- und Tonmaterial von Tischer auf der *Thor* vernichtet worden. Tischer verließ am 25. Januar 1943 ohne Material für einen Kriegsbericht an Bord des Blockadebrechers *Pietro Orseolo* wieder Yokohama. Vor dem Auslaufen in den Indischen Ozean legte das Schiff noch in Singapur und Batavia

Abb. 59
Kriegsberichterstatter,
Leutnant zur See Heinz
Tischer, dritter von rechts
auf der zweiten Reise der
Thor im September 1942
in Balikpapan auf Borneo.
Rechts von Tischer steht
der Verwaltungsbeamte des
Hilfskreuzers Thor,
Dr. Kurt Sudan.

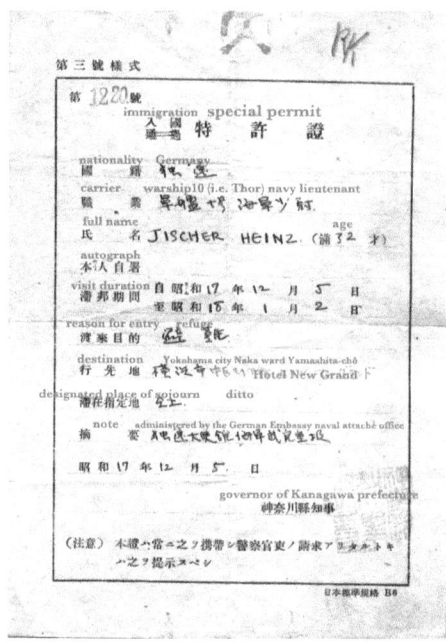

Abb. 60
Das Einreisevisum von Tischer für Japan

an, um Ladung aufzunehmen. Hier wurde von den Seeleuten der *Uckermark* und *Thor* das letzte Geld für Andenken ausgegeben, denn außerhalb der von Japan besetzten Gebiete war das Besatzungsgeld wertlos. Die *Pietro Orseolo* erreichte am 1. April 1943 sicher wieder den Heimathafen Bordeaux.[294]

Die restlichen Überlebenden der Katastrophe von Yokohama hatten weniger Glück. Am 3. März 1943 wurde die *Speybank,* die gerade unter dem Tarnnamen *Doggerbank* lief, im Mittelatlantik versehentlich von dem deutschen Boot U 43 mit drei Torpedos versenkt.

Erst 26 Tage später wurde der Bootsmann der *Doggerbank,* Fritz Kuert, nach einer 1.600 Seemeilen langen Odyssee in einer kleinen Jolle von einem spanischen Schiff im südwestlichen Atlantik entdeckt. Die Jolle hatte die Mannschaft der *Doggerbank* in Japan zu ihrem Vergnügen erworben und an Bord genommen. Nach der Torpedierung konnten sich 13 Mann in die Jolle retten. Einer nach dem andern starb, an Erschöpfung, durch den Genuss von Meerwasser oder durch Selbstmord. 364 Seeleuten fanden den Tod. Nur einer überlebte, der Bootsmann Fritz Kuert. Kuert muss einen Schutzengel an seiner Seite gehabt haben, denn innerhalb nur eines Jahres hatte der Bootsmann zuvor schon den Untergang von vier Schiffen überlebt.

Kuert kam in amerikanische Kriegsgefangenschaft und wurde im Rahmen eines Gefangenenaustausches durch das Internationale Rote Kreuz bereits 1944 nach Deutschland entlassen. Er sollte der deutschen Seekriegsleitung von der Katastrophe berichten. Es war aber eher ein Verhör, denn zwischenzeitlich hatten die Sender der BBC die Versenkung des Blockadebrechers durch ein eigenes U-Boot für die britische Propaganda ausgeschlachtet. Kuert wurde verdächtigt, bei den Verhören in den USA geplaudert zu haben.

294 Datumsangabe laut Zeitzeuge Tischer, der mit dem Schiff nach Bordeaux fuhr. In anderen Dokumenten wird der 2. April genannt

Er hörte jedoch in Deutschland zum ersten Mal, dass die *Doggerbank* von einem eigenen U-Boot versenkt wurde.[295]

Die Gesamtladung der Blockadebrecher aus dem ‚Südraum' war knapp 220.000 Tonnen, viel zu wenig für die deutsche Kriegswirtschaft. Bei dem Transport der dringend benötigten Rohstoffe nach Deutschland gingen ab 1943 über 20 deutsche Frachtschiffe und Tanker sowie eine Anzahl der sie sichernden Kriegsschiffe verloren.[296]

Auch bei den deutschen Hilfskreuzern war die Verlustrate hoch. Von den neun in Dienst gestellten Hilfskreuzern gingen sieben verloren. Dessen ungeachtet fügten sie den Alliierten übergroße Verluste zu. 102 Frachtschiffe und zwei Kreuzer wurden durch sie versenkt und 27 Prisen erbeutet. Fast eine Million Bruttoregistertonnen gingen den Alliierten durch sie verloren.[297]

---

295 Herlin, *Der letzte Mann der Doggerbank*
296 Brennecke, *Schwarze Schiffe ...*, S. 259
297 Tischert, *Die Abenteuer des letzten Kapers,* S. 104

23. Die *Yanagi*-Mission

Im Dreimächtepakt wurde ein Austausch von strategischem Kriegsmaterial, neu entwickelten Waffen und Personal zwischen Deutschland und Japan beschlossen. In Japan und bei der Deutschen Kriegsmarine wurde dieser Austausch als *Yanagi*-Mission bezeichnet. Auch neu entwickelte Waffen, Forschungsergebnisse und Konstruktionszeichnungen sollten ausgetauscht werden.

Da die Reisen von Überwasser-Blockadebrechern zu risikoreich geworden waren, wurde von Berlin der Rohstofftransport mit U-Booten geplant. Am 31. März 1943 berichtete der Japanische Botschafter in Berlin, *Oshima Hiroshi,* dass Generalfeldmarschall Erich von Manstein anregte, große Unterseeboote als Transporter für die *Yanagi*-Mission zwischen Fernost und Europa einzusetzen. Der ausbleibende Nachschub an Rohstoffen hemmte die deutsche Kriegsmaschinerie bereits erheblich. Botschafter *Oshima Hiroshi* empfahl der Japanischen Regierung, diesen Plan so schnell wie möglich umzusetzen. Deutschland besaß zunächst keine speziellen Transport-U-Boote, obwohl Großadmiral Dönitz den Bau dieser Boote schon seit langem befürwortete. Hitler unterstützte diese Idee anfangs nicht oder nur sehr zögerlich, da er Frontboote für den Handelskrieg im Atlantik dringender denn je benötigte.

Dönitz schlug Hitler daher vor, die in Bordeaux liegenden U-Boote des Bündnispartners Italien – die ohnehin für den Fronteinsatz wenig geeignet waren – als Untersee-Transporter zwischen Südost-Asien und Westfrankreich einzusetzen. Mit diesem Vorschlag konnte sich Hitler anfreunden. Das italienische Oberkommando der Marine, die ‚Supermarina‘ in Rom, gab ebenfalls seine Zustimmung, alle Boote mit Ausnahme der *Ammiraglio Cagni,* als Fracht-U-Boote zu verwenden.

Für die Deutsche Kriegsmarine war dieser Tausch von großem Vorteil. Die gegenüber deutschen U-Booten schwerfälligeren und langsameren italienischen Boote waren nach einem Umbau besser als Transport-U-Boote geeignet. Zu jener Zeit lieferten deutsche Werften fast täglich ein neues U-Boot aus. Die Kriegsmarine konnte jedoch nicht schnell genug Personal ausbilden, um diese Boote einsetzen zu können. Die italienischen Boote wurden der Kriegsmarine dagegen mit den italienischen Mannschaften übergeben, die jedoch unter deutscher Befehlsgewalt standen. So waren diese Boote sofort einsatzbereit.

Die Meinungsänderung Hitlers, nun doch deutsche U-Boote nach Südost-Asien zu entsenden, wurde sicherlich auch von der erfolgreichen Reise

des großen japanischen Untersee-Kreuzers I-30 beeinflusst. I-30 war das erste U-Boot der Kaiserlichen Japanischen Marine, *Dai-Nippon Taikoku Kai-
gun,* das von Südost-Asien kommend glücklich Lorient in Westfrankreich
erreichte.

I-30 war am 22. April 1942 unter dem Kommandanten *Shinobu Endo* als
Aufklärungs-U-Boot aus Penang ausgelaufen. Das Boot führte mit seinem
Bordflugzeug Aufklärungsflüge über Aden, Djibouti, Sansibar und Durban
durch. Am 24. Juni 1942 wurde I-30 von den japanischen Hilfskreuzern
Kokoku Maru und *Aikoku Maru* südlich von Madagaskar auf hoher See auf-
getankt und mit Rohstoffen für Deutschland beladen. Das Boot setzte seine
Fahrt mit dem Codenamen *Kirschblüte* fort.

Am 5. August 1942 traf es im Hafen von Lorient ein. Zum Schutz vor
feindlichen Angriffen wurde I-30 die letzten Seemeilen von Booten der
deutschen Marine und von acht Junkers Ju 88 Flugzeugen in den sicheren
Hafen geleitet. In einem der 16 bombensicheren Unterständen für U-Boote
in Lorient machte das Boot fest. Die Großadmiräle Raeder und Dönitz sowie der in Berlin stationierte japanische Marineattaché *Yokoi Tadao* empfin-
gen den U-Kreuzer I-30 mit Marschmusik und Blumen. Kommandant *Endo*
wurde eine Medaille überreicht. Am Abend gab es zu Ehren der japanischen
Offiziere und der Mannschaft ein Bankett mit deutschen Offizieren und
Diplomaten.

In den folgenden Tagen durfte die japanische Mannschaft deutsche
U-Boote besichtigen und fotografieren; eine Besichtigung von I-30 wurde
von den Japanern jedoch nur ausgewählten Personen gestattet. Alle Männer
von I-30 wurden nach Berlin eingeladen, wo Kommandant *Endo* von Hitler
eine weitere Auszeichnung erhielt. Nach einer Besichtigung von Paris ging
es zurück nach Lorient.

Zum Leidwesen der Deutschen Kriegsmarine war die Ladung an Rohstoffen für Deutschland äußerst gering. Die Fahrt von I-30 war eher dazu
gedacht, den Seeweg nach Europa zu erproben. Allerdings überbrachte I-30
Konstruktionszeichnungen des japanischen Lufttorpedos Typ 91. Dabei
wurde verschwiegen, dass die Kaiserliche Japanische Marine bereits Lufttorpedos des neueren und wesentlich effektiveren Typs 95 einsetzte. Japan
war in der Preisgabe von geheimen Informationen wesentlich zurückhaltender als Deutschland. Vor der Rückfahrt nach Japan wurde I-30 mit einem
Radarsystem ausgerüstet, und deutsche Fachleute montierten an Deck eine
moderne Mauser Vierlings-Flugzeugabwehrkanone.

Am 26. August 1942[298] stach I-30 mit einem neuen Anstrich und kriegswichtiger Fracht für Japan wieder in See. Kommandant *Endo* ließ als Dank

298 Es gibt auch Quellen, die den 22. August 1942 nennen

für die Gastfreundschaft der deutschen Kriegsmarine ein japanisches Wasserflugzeug zurück. Außer der 110 Mann starken Besatzung war noch General *Susuki*, der Leiter des Projektes ‚Nachbau Würzburg Radaranlage' und ein ziviler japanischer Radar-Ingenieur als Passagier an Bord. Beide Passagiere hatten eine Schulung in Konstruktion und Betrieb dieser Anlage bei Telefunken in Deutschland erhalten. Japan war sehr bemüht, dieses weltweit führende Frühwarnsystem ebenfalls in seiner Region einsetzten zu können.

Die deutsche Kriegsmarine übergab I-30 folgendes Material für die Mitnahme nach Japan: eine komplette Würzburg-Radaranlage, alle Konstruktionszeichnungen für den Nachbau dieser Anlage, fünf neue deutsche Lufttorpedos G 7, drei G 7e Torpedos mit elektrischem Antrieb, Raketen, Gleitbomben, Panzerfäuste, Zeiss-Optiken für Flugabwehrsysteme, 50 Enigma Codier-Maschinen, Industriediamanten im Wert von einer Million Yen und vieles mehr.

Die streng geheimen Enigma Codier-Maschinen wurden Japan für die verschlüsselte Kommunikation mit den deutschen Stützpunkten im ‚Südraum' überlassen. Für den ‚Südraum' wurde der sogenannte ‚Sumatra Code' vereinbart.[299]

Für die Deutsche Wochenschau wurden noch Testflüge mit den von I-30 mitgeführten Wasserflugzeugen über dem Atlantik gefilmt. Dies blieb den Alliierten nicht verborgen und sorgte für große Aufregung. Es wurde vermutet, dass japanische U-Boote und das japanische Marine-Fliegercorps neben den Deutschen nun auch von den Stützpunkten an der französischen Westküste aus operieren würden. Die drei an Bord von I-30 mitgeführten Wasserflugzeuge wurden immer wieder mit anderen Farben und unterschiedlichen Markierungen versehen, um eine größere Anzahl von Flugzeugen vorzutäuschen. Diese Vortäuschung wurde von deutschen Nachrichtenagenturen unterstützt, um die Alliierten zu verunsichern.

Am 9. Oktober 1942 erreichte I-30 sicher wieder Penang. Ein Teil der Güter wurden hier entladen. Die Konstruktionspläne wurden auf dem Luftweg direkt nach Japan weitergeleitet. Nach dem Auftanken nahm das Boot Kurs auf Singapur, wo es zwei Tage später eintraf. Hier wurden zehn Enigma Codier-Maschinen entladen. Als das Boot den Hafen von Singapur in Richtung Japan verlassen hatte, lief es am 13. Oktober 1942 nur drei Seemeilen vor Singapur auf eine britische Seemine und sank. Kommandant *Endo* und 96 Mann der Besatzung konnten sich retten. 13 Besatzungsmitglieder gingen verloren. Ein Teil der Ladung konnte noch gerettet werden, da das versenkte Boot in flachem Wasser lag.

---

299 Forum für deutsche Militärgeschichte, www.balsi.de
www.combinedfleet.com

Erst 1943 erreichte ein zweiter japanischer U-Kreuzer die Westküste Frankreichs. I-8 verließ am 1. Juni 1943 unter dem Kommando von Kapitän *S. Uschino* den Marinehafen Kure in Japan. An Bord waren außer der Stammbesatzung noch eine komplette zusätzliche 48-köpfige U-Boot-Mannschaft und drei deutsche Ingenieure als Passagiere, die ihren Auftrag in Japan erledigt hatten. Die zusätzliche U-Boot-Mannschaft sollte in Deutschland an dem deutschen U-Boot U 1224 der IX C-Klasse ausgebildet werden. Es war vorgesehen, dieses Boot – nach abgeschlossener Ausbildung der japanischen Mannschaft – unter japanischer Flagge zurück nach Japan zu bringen. Mit insgesamt etwa 160 Mann an Bord war es in dem Boot I-8 sicherlich sehr eng und es blieb wenig Raum für zusätzliche Fracht.

Nach einem technischen Aufenthalt in Singapur wurde I-8 in Penang trotzdem noch mit einigen Tonnen Molybdän und anderen Rohstoffen beladen. Am 27. Juni 1943 stach das Boot in Richtung Europa in See. Nachdem I-8 zweimal im Indischen Ozean betankt wurde, erreichte das Boot Mitte Juli den Atlantik.

Am 24. Juli empfing I-8 ein erstes verschlüsseltes Funktelegramm der Deutschen Kriegsmarine, in dem vor verstärkter Luftaufklärung der Alliierten gewarnt wurde. Südlich der Azoren traf I-8 mit U 161 zusammen. Oberleutnant zur See Jahn und zwei Funkoffiziere wurden von U 161 übernommen, um I-8 sicher in den Hafen von Brest zu geleiten. Im Golf von Biskaya bekam I-8 verstärkten Geleitschutz von mehreren Zerstörern und Flugzeugen. Am 31. August 1943 wurde I-8 mit Blumen und Musik im Hafen von Brest empfangen. Dieses Ereignis war ein Grund, um über die deutsch-japanische Zusammenarbeit ausführlich in der Deutschen Wochenschau zu berichten.[300]

Für die Offiziere und die Mannschaft gab es ein Festessen. Die deutschen Passagiere auf I-8 werden froh gewesen sein, nach der wochenlangen Reise wieder auf europäischem Boden zu stehen, denn sie beschwerten sich nach der Ankunft bitterlich über das eintönige Essen an Bord und die Mentalität der japanischen Mannschaft.[301]

Am 5. Oktober 1943 stach I-8 beladen mit Torpedomotoren, Flugzeugkanonen, Chronometern, dem ‚Rotterdam-Sonargerät‘ und 20-Zylinder Daimler-Benz Dieselmotoren für Schnellboote wieder in See. Passagiere an Bord waren der ehemalige Marineattaché in Berlin, Konteradmiral *Yokoi Tadao* und der ehemalige Marineattaché in Frankreich, Kapitän *Hosoya Sukeyoshi*. Außerdem wurden auch deutsche Passagiere auf die lange Reise über Penang und Singapur nach Japan mitgenommen. Das waren drei Ma-

---

300 Wochenschau I-8, www.facebook.com/pages/japanese -submarine-I-8
301 Krug, Hirama, Sander-Nagashima, Niestlé, *Reluctant Allies*, S. 204f

rineoffiziere mit dem Dolmetscher für Japanisch, Leutnant Koch, vier Radar- und Sonar-Spezialisten, ein Major der Armee und vier oder fünf zivile Passagiere, darunter ein Dr. Jakob und ein Dr. Müller. Vermutlich waren die beiden letztgenannten Herren Dolmetscher für Deutsch-Japanisch, die an den deutschen Stützpunkten im ‚Südraum' eingesetzt werden sollten.[302] Dr. Jakob war nach dem Krieg in den 1960er Jahren Kulturattaché an der Deutschen Botschaft in Jakarta.[303]

Ende Oktober wurde das Boot an der Westküste Afrikas zwei Tage lang von amerikanischen Flugzeugen verfolgt und angegriffen. I-8 überstand die Angriffe durch Alarmtauchen in 60 m Tiefe mit nur leichten Beschädigungen. Ohne weitere Zwischenfälle erreichte I-8 am 2. Dezember 1943 Penang und drei Tage später Singapur. Nach einer Überholung erreichte das Boot am 21. Dezember wieder sicher den Hafen der japanischen Marine in Kure. I-8 war das einzige japanische U-Boot, das die 30.000 Seemeilen lange Fahrt von Japan an die Westküste Frankreichs und zurück unbeschadet überstand.

Im September 1944 war I-8 nach einer Operation im Indischen Ozean wieder in Penang. Am 9. September 1944 traf Kommandant Heinrich Timm mit seinem Boot U 862 in Penang ein. Die Offiziere und die Mannschaft des japanischen Bootes begrüßten U 862 herzlich. Gegenseitige Essen und Besuche wurden im Interesse der deutsch-japanischen Freundschaft auf den beiden Booten veranstaltet. Im April 1945 wurde I-8 bei Okinawa versenkt.[304]

Auf Hitlers besondere Bitte, die Lieferung von Rohstoffen aus Japan zu steigern, entsandte die japanische Marine zwischen September und Oktober 1943 drei große U-Boote nach Europa. Dies waren I-29, I-34 und I-52. Nur der japanische U-Kreuzer I-29 erreichte bei dieser *Yanagi*-Mission den Hafen von Lorient in Westfrankreich. I-29 hatte bei einer vorhergehenden Operation den indischen Freiheitskämpfer Subhas Chandra Bose von U 180 im Indischen Ozean übernommen und sicher nach Sabang in Niederländisch-Indien gebracht. Details dazu im zweiten Teil des Buches.

I-34 verließ am 15. September 1943 mit 94 Mann Besatzung Japan und erreichte Singapur am 22. Oktober 1943, um Fracht und Passagiere für

---

302 Anm. d. Verf.: Dr. Jakob war Lektor für Japanisch im Zentrum für Sprache und Kultur Japans. Dass es sich dabei um denselben in meinem Buch DER RUF DES GECKOS beschriebenen Kulturattaché Dr. Jakob handelt, der Mitte der 1960er Jahre als Kulturattaché an der Deutschen Botschaft in Jakarta akkreditiert war, ist so gut wie sicher. Ich kannte Dr. Jakob persönlich. Über die Kriegszeit wollte er nie sprechen. Er sprach fließend japanisch und vietnamesisch und Japan war – wie er selbst sagte – seine zweite Heimat

303 Geerken, *Der Ruf des Geckos*, S. 399-401

304 www.combinedfleet.com/I-8.htm

Deutschland aufzunehmen. Wegen Verzögerungen bei der Ladung, bestehend aus einigen Tonnen Molybdän, Zinn und Chinin, reisten die Passagiere über Land weiter nach Penang, um dann dort von I-34 aufgenommen zu werden. In der Straße von Malakka wurde I-34 kurz vor Penang von dem britischen U-Boot HMS *Taurus* am 13. November 1942 torpediert und versenkt. Nur 14 Seeleute überlebten.

Auch die Fahrt von I-52 – des letzten Boots der Dreiergruppe, das Japan verließ – endete in einem Desaster. I-52 war ein spezielles Fracht-U-Boot vom Typ C-3 der japanischen Marine. Der Bau von 20 Stück diesen Typs war geplant, aber bis Kriegsende kamen nur drei dieser Boote zum Einsatz. Es war das größte je gebaute und modernste Unterseeboot während des Zweiten Weltkriegs. Es hatte eine Länge von 108,7 Metern, eine Höhe von 9,3 Metern und die Breite war 5,1 Meter. Die Geschwindigkeit über Wasser war 17,7 Knoten (33 km/h), getaucht 6,5 Knoten (12 km/h). Bei einer Reisegeschwindigkeit von 16 Knoten (30 km/h) konnte das Boot ohne nachzutanken eine Strecke von 21.000 Seemeilen (30.000 km) zurücklegen. Der Typ C-3 war mit sechs Torpedorohren ausgerüstet. An Deck waren noch vier bis fünf *Kamikaze*-Torpedos untergebracht. Diese Torpedos wurden von einem zum Tod bereiten Matrosen direkt ins gegnerische Ziel gesteuert.

Durch die wesentlich größere Ladekapazität der Boote vom Typ C-3 hätte der Nachschub an Rohstoffen für Deutschland gesichert werden können. Aber durch immer neue Peil-, Sonar-, Ortungs-, und Radargeräte der Alliierten war nun ein Transport mit U-Booten genauso gefährlich und verlustreich geworden wie bei Überwasserschiffen.

Das Boot I-52 hatte den Codenamen *Momi*, ,Immergrün'; der Kommandant war *Uno Kameo*. In Japan kamen 10 Tonnen Molybdän und über zwei Tonnen Gold für Nazi Deutschland an Bord. Nicht nur des Goldes wegen war die Reise von I-52 als Geheimmission deklariert, es wurden auch noch unzählige Kisten mit Geheimdokumenten geladen. Das Gold war als Zahlung an Deutschland für optische Geräte und andere Kriegsmaterialien vorgesehen, die schon zuvor mit Blockadebrechern und über die Transsibirische Eisenbahn nach Japan geliefert worden waren. Bevor die lange Reise durch den Indischen Ozean und den Atlantik begann, wurde in Singapur noch Zinn, 60 Tonnen Kautschuk, 55 Tonnen Kaffee, Opium und Chinin geladen. Es war die Jungfernfahrt von I-52. An Bord waren 95 Besatzungsmitglieder und 14 japanische Ingenieure, die sich in Deutschland mit der deutschen U-Boot-Technik vertraut machen sollten.

Im Atlantik, rund 1.400 Kilometer westlich der Kapverdischen Inseln, traf I-52 am 22. Juni 1944 mit dem deutschen Boot U 530 unter dem Kommando von Kapitänleutnant Kurt Lange zusammen. Außer einem deutschen Navigator und einem Lotsen für den Golf von Biskaya setzten auch die deutschen Funkoffiziere Schulze und Behrend auf I-52 über, um das deutsche Radargerät ‚Naxos' auf dem japanischen Boot zu montieren. Die wertvolle Fracht von I-52 sollte mit Hilfe des neuen Radars und des deutschen Navigators sicher in den Zielhafen Lorient gebracht werden.

Ausgerüstet mit dem neuen Radar fühlte sich Kommandant *Uno Kameo* so sicher, dass er über Wasser weiter in Richtung Lorient fuhr. Die Alliierten waren über das Zusammentreffen der beiden Boote durch den Funkverkehr informiert, und versenkten I-52 kurz nach dem Zusammentreffen mit U 530 mit einem Lufttorpedo. Das deutsche Boot U 530 konnte entweichen und seine Fahrt unbehelligt fortsetzen. Über die weiteren Aktionen von U 530 wird später noch zu berichten sein. Bis heute liegt die wertvolle Fracht von zwei Tonnen Gold in 5.000 Metern Tiefe auf dem Grund des Atlantiks. Es wurde schon mehrfach vergeblich versucht, den Schatz zu heben.

Im Gegensatz zu I-34 und I-52 verlief die Reise von I-29 glücklicher. Das Boot verließ am 8. August 1942 Penang zu seiner zweiten Operation im Indischen Ozean. Einsatzgebiete waren Diego Suarez, die Seychellen, Sansibar, Mombasa und der Golf von Aden. Innerhalb weniger Tage wurden vier britische und ein amerikanischer Frachter versenkt. Ab 5. Oktober 1942 erfolgte eine Überholung des Bootes auf dem Stützpunkt Singapur.

Am 11. November 1942 verließ das Boot von Singapur kommend wieder Penang und nahm mit Kapitän *Terraoka Masao* Kurs auf den Golf von Aden. Hier wurde das britische Passagierschiff *Tilawa* versenkt. Das britische Schiff *HMS Birmingham* konnte 678 Schiffbrüchige retten. 252 Passagiere und 28 Mitglieder der Mannschaft verloren ihr Leben.

Nach einer Überholung von I-29 auf der japanischen Militärwerft in Kure traf das Boot am 14. November 1943 wieder in Singapur ein. Hier wurde I-29 für eine *Yanagi*-Mission mit 80 Tonnen Kautschuk, rund 50 Tonnen Molybdän, Zinn, Chinin und anderen Rohstoffen für Deutschland beladen. Am 16. Dezember 1943 verließ I-29 mit Kommandant *Kinashi* unter dem japanischen Code-Namen *Matsu* (der deutsche Code-Name war ‚U-Kiefer') Singapur und nahm Kurs auf Europa. Neben der Mannschaft befanden sich noch 16 Passagiere an Bord, unter ihnen Admiral *Kojima Hideo*, der neue japanische Marine-Attaché für Deutschland, und sein Vertreter, Kapitän *Ogi Kazuto*. Zur Unterstützung der japanischen Offiziere war für die gesamte Strecke ab Singapur ein deutscher Navigationsoffizier an Bord, um das Boot sicher durch den für den japanischen Kommandanten unbekannten Indischen Ozean und Atlantik bis in den Golf von Biskaya zu navigieren.

Am Morgen des 23. Dezember 1943 übernahm I-29 im westlichen Indischen Ozean Treibstoff und Proviant von dem deutschen Versorgungsschiff

Bogota. Am 16. Januar 1944 umfuhr das Boot das Kap der Guten Hoffnung und setzte seinen Weg an der Westküste Afrikas nach Norden fort.

Am 12. Februar 1944 traf I-29 südlich der Azoren mit dem deutschen U-Boot U 518 unter Kommandant Offermann zusammen. Drei deutsche Techniker kamen an Bord des japanischen Boots und installierten auf der Brücke das neueste deutsche Radar FuMB7 Naxos. Am nächsten Tag übernahm I-29 nochmals rund 1.700 Tonnen Treibstoff von dem deutschen Versorgungs-U-Boot U 488.

Am 10. März 1944 erreichte I-29 den Golf von Biskaya und wurde von 5 Junkers Flugzeugen, den Zerstörern Z-23 und ZH-1 und den Torpedobooten T-27 und T-29 in den Hafen von Lorient an der französischen Westküste geleitet. Zwei Angriffe der Alliierten kurz vor dem Zielhafen überstand I-29 unbeschadet. Eine Junkers-Maschine wurde abgeschossen. I-29 machte in einem der massiven U-Boot-Bunker fest. Besondere Freude löste bei den Deutschen die sichere Ankunft von Molybdän aus. Der Bedarf für die kommenden zwei oder drei Monate war wieder gesichert.

Die japanische Mannschaft wurde freudig begrüßt und mit einem großen Festessen im Château de Trévarez, oberhalb des Ortes Château Neuf de Faou, bewirtet. Die japanische Mannschaft wurde mit dem Zug zu einer Besichtigungstour nach Paris eingeladen. Kommandant *Kinashi* reiste nach Berlin, wo er von Hitler das Eiserne Kreuz 2. Klasse überreicht bekam.

Nach seiner Ankunft in Lorient beklagte sich der deutsche Navigationsoffizier, der nun fast drei Monate auf dem japanischen Boot war, über das eintönige Essen an Bord. Täglich viermal Reis mit Würstchen und Gemüse war nicht nach seinem Geschmack.[305] Im Gegensatz dazu wurde auf deutschen U-Booten größter Wert auf abwechslungsreiches und gesundes Essen gelegt.

Abb. 61
Der U-Boot-Bunker
in Brest, 1945

---

305 Krug, Hirama, Sander-Nagashima, Niestlé, *Reluctant Allies*, S. 206

Es war die vierte erfolgreiche Fahrt eines japanischen U-Bootes, das Rohstoffe und Passagiere in das von Deutschland besetzte Frankreich bringen konnte. Wenn man bedenkt, wie sehr die japanische U-Boot-Flotte im Pazifischen Ozean gegen die amerikanische Marine beansprucht war, waren diese Transporte für Deutschland ein eindeutiges Zeichen einer guten Zusammenarbeit beider Länder. Als Gegenleistung für diese Hilfe schenkte Hitler Japan mehrere U-Boote. Hitler erhoffte sich durch die Schenkung natürlich auch einen Vorteil. Durch eine Aufrüstung des Verbündeten mit moderner Technologie aus Deutschland sollten mehr Einheiten der Alliierten im Pazifischen Raum gebunden werden.

Am 16. April 1944 verließ I-29 mit den folgenden modernen deutschen Waffen beladen wieder Lorient: Teilen der Rakete V1, je einem Motor für die Düsenjäger Messerschmidt Me 163 und Me 262, einem 37mm Krupp-Geschütz, einer Mauser Vierlings-Flugzeugabwehrkanone, akustischen Seeminen, Bauxit und Quecksilber. Außer vielen Konstruktionszeichnungen wurden noch 18 Passagiere für die Reise nach Südost-Asien an Bord genommen, darunter vier deutsche Ingenieure. Die Reise verlief problemlos.

Auf der Höhe von Sabang traf I-29 mit zwei Mitsubishi-Bombern zusammen, die das Boot durch die Straße von Malakka bis Singapur begleiteten, wo das Boot am 14. Juli 1944 anlegte. Von hier flogen die japanischen und deutschen Experten nach Japan weiter. Ein Teil der Fracht wurde in Singapur entladen. Am 22. Juli 1944 verließ I-29 wieder den Hafen von Singapur in Richtung Japan. Am 26. Juli 1944 wurde I-29 von dem amerikanischen U-Boot ‚*Sawfish*‘ torpediert und versenkt. Nur ein einziger Mann konnte sich auf eine kleine Insel der Philippinen retten.

24. Stützpunkte der Deutschen Kriegsmarine in Südost-Asien und Ankunft der ersten Boote

Die meisten der deutschen U-Boote, die zu den deutschen Marinestützpunkten nach Südost-Asien und Japan fuhren, hatten ihren Heimathafen in Lorient, dem größten deutschen Marinestützpunkt an der französischen Atlantikküste. Auch von Bordeaux, Brest, La Pallice (dem Industriehafen von La Rochelle) und St. Nazaire liefen deutsche Boote in den ‚Südraum‘ aus.

Im Frühjahr 1942 versuchten die Alliierten, die deutschen U-Boot-Stützpunkte auszuschalten. Selbst die größten Bomben, die während des zweiten Weltkriegs den Alliierten zur Verfügung standen, richteten keinen Schaden an. Die viele Meter dicken Betondecken hielten jedem Angriff stand. Bis heute kann man diese U-Boot-Unterstände entlang der französischen Atlantikküste noch sehen.

Ab Sommer 1941 wurde das Operationsgebiet für deutsche U-Boote auf die gesamte afrikanische Westküste bis Kapstadt ausgeweitet. Erst Anfang 1942 entschloss sich das Marine-Oberkommando in Berlin für Operationen im Indischen Ozean und in den Gewässern um Niederländisch-Indien. Die im Indischen Ozean und rund um Afrika operierenden deutschen U-Boote sollten dann nicht mehr in der Heimat, sondern in Malaya und Niederländisch-Indien, dem von Japan besetzten ‚Südraum‘, überholt, betankt und mit Proviant versorgt werden. Zunächst hatten die Boote die Aufgabe, den Material-, Informations- und Passagieraustausch zwischen Deutschland und Japan zu intensivieren. Auch die bisher un-

Abb. 62
Deutsche U-Boot-Stützpunkte an der Atlantikküste Frankreichs

behinderten Nachschubwege der Briten aus Australien sollten im Indischen Ozean gestört werden. Möglichst viele alliierte Kriegsschiffe sollten in diesem Raum gebunden werden, um den Seekrieg im Atlantik zu entlasten.

Schon bald begannen Vorbereitungen für die Errichtung der Stützpunkte in Penang, Singapur, Batavia und Surabaya. Der britische Marinestützpunkt Penang fiel den japanischen Truppen fast intakt in die Hände. Die britische Armee hatte bereits vor dem Einmarsch der japanischen Truppen fluchtartig Malaya in Richtung Indien verlassen. Lediglich das Schwimmdock in Penang war während des Krieges verschleppt worden. Der Hafen und die Fazilitäten konnten somit von Japan direkt genutzt werden. Vor dem Eintreffen des ersten deutschen Personals erfolgten von Penang aus bereits Operationen japanischer U-Boote im Indischen Ozean. Daher war Penang auch der erste Stützpunkt, der für die Aufnahme der deutschen U-Boote bereit war.

Penang ist eine Insel in der Straße von Malakka mit einem großen Hafen. Über eine Brücke ist Penang bis heute mit dem Festland von Malaya verbunden. In der Hauptstadt Georgetown gibt es nicht nur viele Sehenswürdigkeiten, wie Tempel, Moscheen, Kirchen und Synagogen, Georgetown war auch ein wichtiger Warenumschlagplatz in der Region. Schon seit Mitte des 19. Jahrhunderts waren deutsche Kaufleute, Ingenieure, Architekten und Missionare in Penang ansässig. Erfolgreich betrieben die Handelshäuser Import und Export mit Europa und dem benachbarten Nord-Sumatra. Deutsche Reedereien waren zum Ärger der Briten gut vertreten und machten gute Geschäfte. Die Hamburger Reederei F. L. Laeisz taufte in ihrer als P-Liner bekannten Flotte eine Drei-Mast-Bark auf den Namen *Penang*. Schon 1898 wurde in Penang ein ‚Deutscher Club' gegründet.

Auch deutsche Schriftsteller wie Karl May oder Hermann Hesse besuchten Penang. Karl May wohnte anlässlich seiner Asienreise, die ihn von Ägypten nach Colombo, Penang und Atjeh (heute: Aceh) in Nord-Sumatra brachte, im November 1899 mit seinem ägyptischen Butler Omar Sejjid in dem bis heute legendären ‚Eastern & Oriental Hotel' (P & O Hotel) in Penang. Die Anlage des Hotels beschrieb Karl May detailliert in seinem 1904 erschienenen Buch *Friede auf Erden*. Besonders prangert er in dem Buch die Überheblichkeit der weißen Rasse und der Chinesen gegenüber der einheimischen malaiischen Bevölkerung an.

Auch Hermann Hesse, der Empfänger des Nobelpreises für Literatur im Jahre 1946, bereiste Südost-Asien. Außer Indien, Sumatra, Borneo und Singapur führte ihn seine Reise zwei Mal nach Penang. Im September und nochmals im November 1911 wohnte auch er im ‚Eastern & Oriental Hotel'. Diese Reise beschrieb Hesse in seinem 1913 erschienenen Buch *Aus Indien*.

Die Geschäftstätigkeiten der Deutschen waren während des Ersten und Zweiten Weltkriegs unterbrochen, da alle deutschen Unternehmen in Britisch-Malaya und Singapur von den Briten konfisziert und versteigert wurden. Als die deutschen U-Boote nach Penang kamen, waren bereits alle in Malaya ansässigen Deutschen in Camps in Australien interniert.

Das Hauptgebäude der deutschen Stützpunktleitung in Penang lag in der Northam Road, in der Nähe des ehemaligen ‚British Penang Clubs‘. Nebengebäude und einige Villen als Unterkünfte für das Stützpunktpersonal und die U-Boot Mannschaften wurden in der Bell Road angemietet. Im Elysee-Hotel, im Geschäftsviertel von Penang, waren die Marineflieger untergebracht. Die Häuser für die Offiziere lagen in der Rose Road. Die Schwimmbäder im Springtide-Hotel und im Penang-Swimming-Club waren zur ausschließlichen Benutzung durch die Deutschen angemietet worden.

Im Hafen von Penang konnten nur maximal fünf Unterseeboote aufgenommen werden. Da auch japanische Boote Penang anliefen, mussten deutsche Boote immer wieder nach Singapur und Batavia ausweichen. Singapur wurde das Zentrum für Reparaturen und Wartung der deutschen U-Boote.

In Batavia waren bereits Infrastruktur und Reparatureinrichtungen vorhanden, da die deutschen Blockadebrecher vorzugsweise diesen Hafen angelaufen hatten. Das deutsche Marinepersonal war in Häusern von Deutschen untergebracht, die zuvor von den Niederländern enteignet worden waren. Japan gab diese Häuser wieder an Deutschland zurück. Die Bungalows der Offiziere lagen in der Straße Gambir-Selatan. Die Mannschaftsunterkünfte lagen zum Teil in dem damaligen Vorort Batavias, in Menteng Pulu (heute: Menteng Pulo). Der Stützpunktleiter von Batavia, Korvettenkapitän Dr. Hermann Kandeler, der gleichzeitig der Vertreter des Deutschen Reiches in Niederländisch-Indien war, übernahm zunächst die Koordination zwischen allen deutschen Stützpunkten im ‚Südraum‘.

Der Marinestützpunkt Surabaya war der letzte, der für die deutschen U-Boote zur Verfügung stand. Dies ist eigentlich unverständlich, denn in Surabaya befand sich der zentrale und größte Hafen der Niederländisch-Indischen Marine. Vermutlich hatten die Niederländer vor ihrer Flucht die Einrichtungen zerstört. Als der Marinestützpunkt Surabaya wieder betriebsbereit war, lief das erste aus Europa kommende U-Boot im Oktober 1944 ein. Es war das Boot U 537 unter dem Kommando von Kapitänleutnant Schrewe.

Anfang 1943 brachte der Blockadebrecher *MS Quito* Material für den Aufbau der Stützpunkte Penang und Singapur. Kurz danach brachte die *MS Quito* zusammen mit der *MS Alstertor* auch Material und Proviant nach Batavia.

Auf allen Stützpunkten wurden dem Personal der Deutschen Kriegsmarine Gebäude und Häuser von der Kaiserlichen Japanischen Marine zur Verfügung gestellt. Das Dienstgebäude der Deutschen Kriegsmarine in Singapur war das ‚Union Building‘ am Collyer Quay Nummer 12. Es befand sich in zentraler Lage, in der Nähe des Raffles Place vor dem Innenhafen gegenüber der Anlegestelle *Yamato Sambashi*.

Hier waren auch die Diensträume des japanischen Marineattachés. Das 1924 erbaute ‚Union Building‘ war mit acht Stockwerken zu jener Zeit das größte und höchste Gebäude Singapurs. Die Diensträume der Deutschen Kriegsmarine lagen im 4. und 5. Stock. Das Haus wurde 1981 abgerissen, um einem neuen Gebäude Platz zu machen.

Wohnstätten für deutsches Personal waren in drei Häusern in der Gilstead Road Nummer 25, 31 und 39 untergebracht (Haus Nummer 1, 2 und 3, s. Abb. 63, Punkt 7). In Haus Nummer 3 befanden sich auch die Empfangsanlagen für die Funkstation. Haus Nummer 4 lag in der Newton Road 23 (s. Abb. 63, Punkt 6). Hier war das Hauptbüro von Stützpunktleiter Wolfgang Erhardt. Hier wohnten der Leiter der Dienststellen in Malaya und der Stützpunktleiter von Singapur. In Haus Nummer 3 waren die Sendeanlagen untergebracht. Der Codename für den Stützpunkt Singapur war im deutschen verschlüsselten Funkverkehr ‚Punkt Siegfried‘.

Etwa 12 Kilometer westlich von diesen Gebäuden war das Lager *Pasir Panjang* an der Westreede Singapurs. Hier lagen das Lager 1 (genannt Sack-Lager nach dem Lagerleiter Sack) und das Lager 2 (genannt Maerz-Lager nach dem Lagerleiter Maerz). Das Werftkommando residierte in Haus 3, Haus 4 war die Zentrale des Lagerkommandanten und das Offiziershaus war das Haus Nummer 5. Ein Soldatenheim befand sich in Haus Nummer 6 und Haus Nummer 7 war das so genannte ‚Tigerhaus‘.

Im ‚Tigerhaus‘ befand sich der Nachtclub für die deutschen

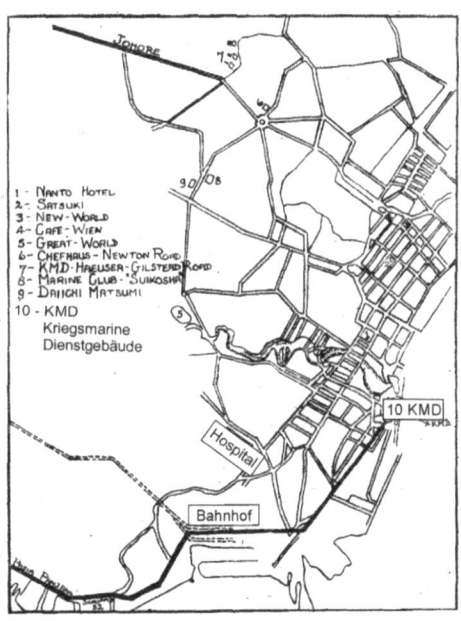

Abb. 63
Plan von Singapur aus Shonan-Büchlein, Ausgabe 1944

309

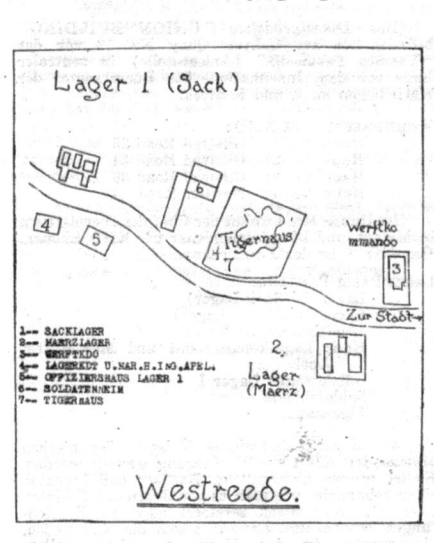

Abb. 64
Skizze des Pasir Panjang-Lager
im Westen Singapurs aus dem
Shonan-Büchlein, Ausgabe
1944, Seite 4

Offiziere. Der Nachtclub wurde von der japanischen Ballett-
tänzerin Frau *Kadowaki* geleitet. Es wurde vermutet, dass sie
ein Mitglied der japanischen
Geheimpolizei *Kempetai* war.
Selbst unter Freunden wurde
spioniert. Ganz in der Nähe
des ‚Tigerhauses‘ gab es für die
Mannschaft des Stützpunktes
und die Mannschaften der
im Hafen liegenden U-Boote
noch den ‚Jungle Club‘.[306]

Der Marinestützpunkt in Sabang auf der Pulau Weh (Insel Weh), nur
wenige Seemeilen nördlich von Sumatra in der Andamanensee, nahm eine
Sonderstellung unter den deutschen Stützpunkten ein. Sabang war ein japanischer Stützpunkt am nördlichen Eingang der Straße von Malakka und
wurde von deutschen Booten oft nach der monatelangen Seereise als erster
Anlaufhafen genutzt. Sabang mit seinem großen Naturhafen war ein strategisch wichtiger Stützpunkt, da man von hier aus den nördlichen Teil der
Straße von Malakka hervorragend überwachen konnte.

Die aus Europa kommenden deutschen Boote blieben nur ein oder zwei
Tage im Hafen von Sabang, um auf Begleitschutz aus Penang zu warten. Ab
Sabang wurden die Boote dann von Schiffen und Flugzeugen beschützt nach
Penang geleitet. Die Straße von Malakka war durch alliierte U-Boote sehr
unsicher geworden.

In Sabang betraten die deutschen U-Boot Männer nach vielen Wochen
auf einem beengten U-Boot zum ersten Mal wieder festen Boden. Von den
Japanern des Stützpunktes wurden sie freudig begrüßt und vor dem Festessen zu einem heißen japanischen Bad eingeladen. Nach der langen entbehrungsreichen Seereise erhofften die deutschen U-Boot-Männer grazile und
zarte japanische Kurtisanen in seidenen Kimonos für ein warmes Bad und
eine entspannende Massage, aber zu ihrer großen Enttäuschung wurden sie

---

306 Shonan-Büchlein, Ausgabe 1944, S. 3

von kräftigen japanischen Männern unsanft abgeschrubbt. Oft brachten die deutschen U-Boote wertvolles und dringend erwartetes Militärmaterial für Japan mit, das hier entladen wurde und direkt per Flugzeug nach Japan transportiert wurde.

In Sabang war nur wenig deutsches Marinepersonal stationiert, da hier weder Wartungsarbeiten durchgeführt noch eine Verproviantierung der deutschen Boote erfolgen konnte. Trotzdem spielte – wie wir noch sehen werden – Sabang auf der Insel Weh im Ersten sowie im Zweiten Weltkrieg eine herausragende Rolle.

Der deutsche Marine-Sonderdienst MSD in Tokyo, der bisher die Blockadebrecher in Japan und Mandschukuo mit Fracht, Treibstoff und Proviant versorgt hatte, wurde nun in den ‚Südraum' nach Penang in Malaya verlegt. Der MSD war fachlich dem Oberkommando der Kriegsmarine unterstellt. Der Marineattaché in Tokyo, Admiral Paul Wenneker, und sein Stabschef Kapitän zur See, Werner Vermehren, waren für den operativen Betrieb zuständig. Durch die deutschen Stützpunkte im ‚Südraum' konnten die Rohstoffe nun direkt vor Ort, wo sie erzeugt wurden, auf die Schiffe verladen werden. Man ersparte sich dadurch den 6.000 Seemeilen langen Seeweg für die Hin- und Rückfahrt nach Japan.

Nach dem Desaster mit den Überwasser-Blockadebrechern musste für die dringend benötigten Rohstoffe schnellstens auf Unterwasser-Transporte ausgewichen werden. Aber die Deutsche Kriegsmarine hatte noch keine dafür geeigneten Boote, und der Bau der neuen deutschen Fracht-U-Boote vom Typ XX verzögerte sich durch Einwände Hitlers immer weiter. Diese Boote sollten als Langstrecken-Boote mit der Bezeichnung U 1601 bis 1800 nach Südost-Asien in See stechen. Die Boote vom Typ XX hatten keine Torpedorohre und sie konnten rund 800 Tonnen Fracht aufnehmen. Der Bau dieser speziellen Fracht-U-Boote wurde jedoch 1944 zu Gunsten der neuen und modernen Elektro-U-Boote vom Typ XXI und XXIII zurückgestellt.

Italien verfügte zu Beginn des Zweiten Weltkriegs mit 120 U-Booten, nach der Sowjetunion mit 160 U-Booten, über die zweitgrößte U-Boot Flotte der Welt.[307] Zum Vergleich: Deutschland hatte zu Kriegsbeginn nur 51 einsatzbereite, meist kleine U-Boote. Weitere 78 waren im Bau. Italien war stolz auf seine Marine, mit der es seine Hoheit im Mittelmeer sichern wollte. Allerdings nahmen die Alliierten die italienische U-Boot Flotte nicht ernst, da sie technisch nicht dem neuesten Stand entsprach, und die Kommandanten und Mannschaften nicht ernsthaft für ihre Zielsetzung motiviert waren.[308] Italien hatte eigentlich eine große Kriegsmarine, aber wie Hitler

---

307 Brennecke, *Jäger - Gejagte,* S. 117
308 Brennecke, *Jäger - Gejagte,* S. 117

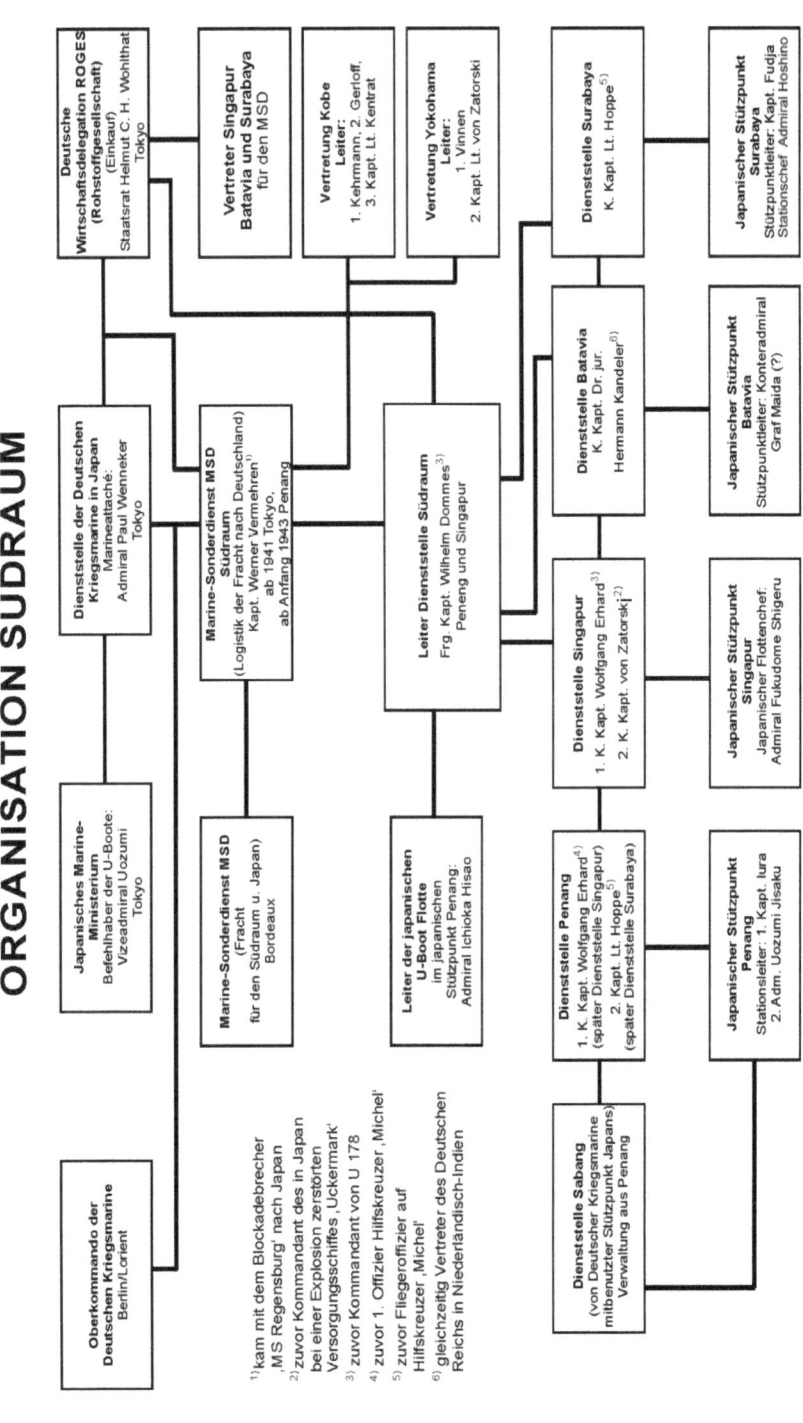

Abb. 65 Organisation der Deutschen Kriegsmarine im ‚Südraum'

nach einer Besichtigung der italienischen Flotte im Mittelmeer verächtlich gegenüber seinen Admirälen erwähnt haben soll, war der *Kulissenzauber grö-ßer als die Kampfeskraft.*

In Bordeaux lagen zehn große italienische U-Boote, die für den Seekrieg im Atlantik zu langsam und bisher kaum erfolgreich waren. Für Hitler war daher der Einsatz der italienischen U-Boote für den Transport von Gütern zwischen Europa und Südost-Asien eher lohnend als ein kaum erfolgver-sprechender Kampfeinsatz. Hitler tauschte die in Bordeaux liegenden itali-enischen Atlantik-U-Boote gegen neun deutsche Kampf-U-Boote vom Typ VII C ein. Nach einem Umbau von sechs Wochen konnten die italienischen Boote Transportaufgaben wahrnehmen. Die Ladekapazität lag bei 200 Ton-nen je Boot.

Etwa zur gleichen Zeit als die ersten japanischen U-Boote von Penang aus in Richtung Europa in See stachen, liefen auch die ersten fünf italienischen Boote ab Mai 1943 als ‚Mission Aquila' (Adler) für den Transport von Mate-rial und Passagieren von Bordeaux nach Südost-Asien aus. Diese ersten fünf Boote hatten zum größten Teil Material für den Aufbau und die Ausrüstung der Stützpunkte geladen.

Die *Commandante Cappellini* erreichte als erstes Boot am 9. Juli 1943 Sabang. Vermutlich hatte das Boot als Fracht auch eine für Sabang vorgese-hene Telefunken-Radaranlage des Typs ‚Würzburg' an Bord. Die *Reginaldo Guiliani* erreichte am 26. Juli 1943 Singapur und die *Luigi Torelli* kam am 26. August 1943 in Sabang an. Die *Luigi Torelli* hatte definitiv zwei Ra-daranlagen des Typs ‚Würzburg'[309] für den ‚Südraum' und Japan sowie den Telefunken-Radar-Ingenieur Heinrich Foders mit einem weiteren Techniker an Bord.[310] Die *Barbarigo* wurde am 19. Juni 1943 bei den Azoren versenkt. An Bord waren mehrere Radaranlagen des Typs ‚Würzburg'. Die *Enrico Taz-zoli* wurde im Atlantik als verschollen gemeldet.

Nur wenige Tage nach der Abfahrt der ersten italienischen Boote folgten ihnen die beiden deutschen Kampf-U-Boote U 511 und U 178 als sogenann-te Vorhut der ‚Operation-Monsun'. U 511 war von den deutschen Booten das Erste, das Penang erreichte. Das Boot hatte schon einige Feindfahrten hinter sich und operierte zuvor bereits in der Karibik, im Atlantik und an der Westküste Afrikas. Bis dahin hatte U 511 schon mehrere alliierte Frachter und einen US-Tanker versenkt. Am 10. Mai 1943 verließ das Boot unter dem Kommando von Kapitänleutnant Fritz Schneewind den Hafen Lorient im

---

309 Nach Angaben von Radar-Ingenieur Heinrich Foders
310 Tsuda, Kiyokazu, *Vorhaben Würzburg* (Übersetzung des japanischen Titels),
      CQ Verlags GmbH, Tokyo 15.12.1981
      Das Buch wurde mir freundlicherweise von Fred Flakowski übergeben

Westen Frankreichs in Richtung Südost-Asien. Das Boot wurde auf den Namen *Marco Polo* getauft. Auf seinem Deck hatte es zunächst eine Abschussbasis für Artillerie-Raketen montiert. Die Raketen konnten über Wasser und bis zu 12 Meter unter Wasser abgefeuert werden. Sie hatten eine Reichweite von vier Kilometern. Die Versuche mit diesem Raketenwerfer hatte Dr. Wernher von Braun mit U 511 in der Ostsee bei Penemünde durchgeführt. Für die lange Reise nach Südost-Asien wurde diese Vorrichtung wieder abgebaut, da sie die Geschwindigkeit bei Unterwasser-Fahrten erheblich reduzierte.

Außer der Fracht für den neuen deutschen Marinestützpunk in Penang waren auch Passagiere an Bord. Es waren dies der neue Botschafter des Deutschen Reichs für den Japanisch Kaiserlichen Hof in Tokyo, Heinrich Georg Stahmer, sowie der japanische Marineattaché Admiral *Yokoi Tadao*, der seit 1940 als der japanische Vertreter des Dreimächtepaktes in Berlin stationiert war. Außerdem waren einige deutsche Offiziere, Wissenschaftler und Ingenieure als Passagiere an Bord. Stahmer wurde trotz seiner ‚nichtarischen‘ Frau Deutscher Botschafter in Japan und löste Eugen Ott ab, der – wie im zweiten Teil des Buches erörtert wird – in Zusammenhang mit der ‚Spionageaffäre Richard Sorge‘ zu Fall gekommen war.

Im Indischen Ozean versenkte U 511 zwei US-Liberty Frachter, bevor es zunächst den japanischen Stützpunkt Sabang anlief und am 7. August 1943 in Penang eintraf. Es war das erste U-Boot, das als Geschenk Hitlers zum Zwecke des Nachbaus an die Kaiserlich Japanische Marine übergeben wurde. Hitler wollte sich für die japanische Hilfe bei der Rohstoffversorgung erkenntlich zeigen. Kommandant Fritz Schneewind und der Besatzung von U 511 wurde in Penang von den Japanern ein begeisterter Empfang bereitet. Ein Festessen löste das nächste ab. In Penang wurde U 511 an die Kaiserliche Japanische Marine übergeben.

Abb. 66
Japanisch-deutsches Festessen anlässlich der Ankunft von U 511 in Penang

Für die deutschen Unteroffiziere und Mannschaften stellten die Japaner Hotels zur Verfügung, für die Offiziere war in der Park Road ein Villenviertel beschlagnahmt worden. Die deutschen Offiziere ließen sich in den Villen von demselben chinesischen oder malaiischen Dienstpersonal bedienen, das zuvor schon in den Häusern gedient hatte. Die Bezahlung von Unterkunft und Verpflegung erfolgte von der deutschen Marine-Dienststelle in Chinesen-Dollars. Auch der Wehrsold der deutschen Soldaten wurde in Südost-Asien in Chinesen-Dollars ausgezahlt. Aus Tarnungsgründen wurde an alle Besatzungsmitglieder Zivilkleidung verteilt. Allerdings mussten sie, damit sie von den Japanern als Deutsche erkannt wurden, eine kleine schwarz-rot-gelbe Kordel an der Jacke tragen. Diese Kordel machte sie natürlich auch wieder gegenüber den zahlreichen alliierten Agenten in Penang erkenntlich.[311]

In Penang und in Singapur wurde die japanische U-Boot-Mannschaft mit der Technik von U 511 vertraut gemacht. Ein Teil der deutschen Besatzung von U 511 wurde in Penang als Personal des Stützpunktes eingesetzt. Das Boot fuhr Anfang September 1943 als RO-500 unter dem japanischen Sonnenbanner mit dem deutschen Botschafter, dem japanischen Marineattaché und einem Teil der deutschen Besatzung weiter nach Japan. Auf dieser letzten Strecke erfolgte die abschließende Einweisung der japanischen Mannschaft durch die deutschen U-Boot Männer. 90 Tage nach der Abfahrt in Lorient kam U 511/RO-500 unversehrt im Werfthafen der japanischen Marine in *Kure* an. Im September 1943 wurde RO-500 unter dem Kommando von Kapitän zur See *Okuda* offiziell in japanischen Dienst gestellt. Das Boot operierte bis Kriegsende im Pazifik und kapitulierte dort gegenüber den USA.

Die deutschen Besatzungsmitglieder von U 511/RO-500 fuhren mit dem Blockadebrecher *MS Osorno* vom Marinehafen *Kure* in Japan nach Singapur zurück. Sie wurden im Oktober 1943 auf die in der Zwischenzeit von der Deutschen Kriegsmarine übernommenen italienischen Boote verteilt.

Nachdem Italien am 3. September 1943 einen Waffenstillstand verkündet hatte und nur kurz danach auf Seiten der Alliierten in das Kriegsgeschehen eingriff, wurden die italienischen Boote von der japanischen Marine requiriert und danach feierlich an die deutsche Kriegsmarine übergeben.

Die *Commandante Cappellini* war das erste U-Boot das am 9. Juli 1943 den ‚Südraum' in Sabang erreichte. Nach drei Tagen Aufenthalt reiste das Boot nach Singapur weiter. Hier wurde das Boot im September 1943 von der deutschen Kriegsmarine übernommen und als UIT 24 (UIT stand für ‚Unterwasser Italien Transport') unter dem Kommando von Oberstleutnant zur See Heinrich Pahls wieder in Dienst gestellt. Es war das erste wirkliche

---

311 Brennecke, *Haie im Paradies*, S. 41

Transport-U-Boot, das unter deutscher Flagge fuhr. Für die feierliche Übergabe des italienischen Bootes an die Deutsche Kriegsmarine waren der deutsche Marineattaché aus Tokyo, Admiral Paul Wenneker, und mehrere höhere japanische Offiziere nach Singapur angereist. UIT 24 führte bis Kriegsende Transportfahrten zwischen den Stützpunkten im ‚Südraum‘ durch.

Auch die *Emilio Tortelli* wurde im September 1943 in Singapur von der deutschen Kriegsmarine übernommen und unter Fregattenkapitän Werner Striegler als UIT 25 wieder in Dienst gestellt.

Die *Reginaldo Guiliani* wurde in Singapur übernommen und fuhr unter dem Kommando von Fregattenkapitän Heinrich Schäfer als UIT 23 weiter. Die beiden letztgenannten UIT-Boote fanden hauptsächlich für den Transportaustausch zwischen Japan und dem ‚Südraum‘ Verwendung. Eine Fahrt dauerte in der Regel neun Tage.

Die UIT-Boote hatten nun eine gemischte deutsch-italienische Besatzung. Viele Offiziere und Männer der italienischen Besatzungen wollten nicht in japanische Kriegsgefangenschaft geraten und standen weiterhin freiwillig den Deutschen als Mannschaftsangehörige zur Verfügung.

Die Boote UIT 23, UIT 24 und UIT 25 waren die einzigen der italienischen Boote, die den ‚Südraum‘ erreichten. Das Transport U-Boot *Alpino Bagnoli* wurde von der deutschen Kriegsmarine in Bordeaux übernommen, bevor es als UIT 22 in den ‚Südraum‘ auslief. Im März 1944 wurde es vor dem Kap der Guten Hoffnung von einem alliierten Flugzeug versenkt. Die 43 Mann starke Besatzung kam dabei ums Leben.

Als ‚Gruppe Merkator‘ wurden die restlichen fahrbereiten italienischen Boote in den ‚Südraum‘ entsandt. Die *Archimede* wurde vor der Küste Brasiliens versenkt und die *Leonardo da Vinci* im Golf von Biskaya. Nach der Absetzung Mussolinis stellte sich die *Ammiraglio Cagni* mit ihrer italienischen Besatzung in Durban in Südafrika den Briten. Das Boot *Guiseppe Finzi* wurde ebenfalls in Bordeaux von der Deutschen Kriegsmarine übernommen. Wegen Problemen mit den Motoren konnte es vor Kriegsende nicht mehr eingesetzt werden. Vor Bordeaux erfolgte kurz vor Kriegsende die Versenkung durch die Kriegsmarine.

Ende Juli 1943 traf der kleine italienische Kreuzer *Eritrea* in Singapur ein, um die im ‚Südraum‘ liegenden italienischen Fracht-U-Boote zu versorgen. Nach der Absetzung Mussolinis beobachtete Japan die Italiener mit großem Misstrauen. Sie waren sich der Loyalität der Italiener nicht sicher und verzögerten bewusst immer wieder das Auslaufen des Kreuzers. Die Kriegserklärung Italiens vom 3. September 1943 an Deutschland führte zum sofortigen Bruch zwischen dem Deutschen Reich und Italien. Unbemerkt von den deutschen und japanischen Behörden des Marinestützpunktes Singapur brach der Kreuzer *Eritrea* aus dem Hafen aus und flüchtete nach Ceylon in Britisch-Indien. Hier begab sich der italienische Kapitän mit Mannschaft und Schiff in britische Hände und übergab den Alliierten viele geheime Informationen, wie Anzahl der deutschen und japanischen Boote im ‚Südraum', Positionen der Versorgungsschiffe, Verschlüsslungscode des Funkverkehrs und so weiter. Dies war ein harter Schlag, der die Seekriegsführung für die deutsche Marine im Indischen Ozean und ‚Südraum' enorm erschwerte.

Ein weiteres deutsches U-Boot, das Boot U 1224, sollte als Hitlers Geschenk an Japan übergeben werden, diesmal allerdings mit einer komplett japanischen Besatzung, die zunächst in Deutschland und Norwegen ausgebildet werden sollte. Mit einer doppelten Mannschaft – der eigenen und der für U 1224 vorgesehenen Besatzung – lief der japanische U-Kreuzer I-8 am 27. Juni 1943 aus Penang aus und erreichte den französischen Hafen von Brest. I-8 trat vollbeladen mit Material und mehreren Passagieren die Rückfahrt an und erreichte sicher wieder den Hafen von Singapur.

Als die Ausbildung der japanischen Besatzung auf dem deutschen U-Boot 1224 in Norwegen abgeschlossen war, trat U 1224, nun unter japanischer Flagge als RO 501, im April 1944 die Rückfahrt nach Japan an. Am 13. Mai 1944 wurde RO 501 bei den Kapverdischen Inseln versenkt. Es gab keine Überlebenden.

Botschafter Stahmer, der nun in Tokyo akkreditiert war, besuchte schon kurz nach seiner Amtsübernahme gemeinsam mit einer hochrangigen japanischen Delegation die von Japan besetzten Länder der ‚Großasiatischen Wohlstandssphäre'. Über diese Reise von Botschafter Stahmer gibt es den Aktenvermerk von Walther Hewel für den Reichsaußenminister:

Am 28. Januar 1944 trat Stahmer auf Einladung des japanischen Außenministeriums und des japanischen Generalstabs eine 14-tägige Reise in die japanischen Südgebiete an.[312]

Von seiner Fahrt mit U 511 war Stahmer der Stützpunkt Penang bereits bekannt. Bei seinem Zwischenaufenthalt lernte er den Stützpunkt in seiner Aufbauphase kennen. Nun beschrieb er in seinem Buch kurz die Situation vor Ort und die Stimmung der U-Boot-Mannschaften, wie er sie Anfang 1944 vorfand. Nun lagen schon mehrere deutsche U-Boote am Kai von Penang. Stahmer traf auf eine große Anzahl fröhlicher deutscher Marinesoldaten. Er schreibt:

Trotz drückender Hitze fand ich die Offiziere und Mannschaften der Station Penang bei einem Besuch in guter Stimmung und wohlversorgt vor [...] Eine schöne Erholungsmöglichkeit bot eine Bergbahn, die aus der schwülen Hitze des Tages auf ein etwa achthundert Meter hohes Gebirgsplateau führt [...] Die Boote

312 AA: Hewel, Akte 147720/1420

hatten in Penang eine recht lange Wartezeit, bis sie mit den verhältnismäßig primitiven Mitteln vor Ort überholt und wieder für die Rückfahrt hergerichtet waren. Im Jahre 1944 waren die Fahrten bereits sehr gefahrvoll, und die Zahl der Boote, die sich trotz Radar [Anm. d. Verf.: der Alliierten] über ihren weiten Weg durchschlagen konnten, wurde immer geringer.[313]

Mit seinem Telegramm vom 24. Februar 1944 an Hewel kündigte Stahmer seine Rückkehr für den 25. Februar in Tokyo an. Nach Stahmers Bericht konnten in Batavia bereits Reparaturen durchgeführt werden und die italienischen Fracht-U-Boote UIT sollten nun vorzugsweise Batavia anlaufen.[314]

Um eine möglichst reibungslose Zusammenarbeit mit den japanischen Kollegen zu gewährleisten, waren auf allen deutschen Stützpunkten Dolmetscher für Deutsch-Japanisch eingesetzt. Zum Beispiel war es auf dem Stützpunkt Surabaya ein Dr. Schreiber. Der Dolmetscher in Batavia war Dr. Hupfer, der schon viele Jahre vor Kriegsbeginn als Dozent an der Universität in Tokyo tätig war.

In allen deutschen Stützpunkten gab es wohl Werkstätten, aber überall mangelte es an qualifizierten Fachkräften. Da das große Schwimmdock der britischen Marine in Penang vor dem Einmarsch der Japaner verschleppt wurde, war Singapur der einzige Stützpunkt, der über Trockendocks zur Generalüberholung der Boote verfügte. Somit mussten alle im ‚Südraum' stationierten deutschen Boote für Wartungsarbeiten an der Außenhaut in die Trockendocks des ehemaligen britischen Marinehafens Selatar in Singapur überführt werden. Der deutsche Stationsleiter in Singapur musste die Termine mit dem zuständigen japanischen Marineattaché, Konteradmiral *Watanabe,* absprechen. Da auch die japanischen Boote nur hier überholt werden konnten, gab es immer wieder Engpässe. Die Docks waren ununterbrochen belegt. Tag und Nacht wurde hier gearbeitet. Trotzdem mussten lange Wartezeiten für die deutschen Boote in Kauf genommen werden.

Für die Reinigung der neu aus Europa angekommenen Boote rechnete man durchschnittlich drei Tage, für die Grundversorgung 20 Tage, für Reinigung der Außenhaut mit Neuanstrich und Wartung mindestens 14 Tage, und für das Tanken und die Beladung mit Munition, Proviant und Fracht mindestens weitere 14 Tage. Falls ein Boot von einem anderen Stützpunkt kam, musste man für die Überführung nach Singapur drei weitere Tage einrechnen. Es folgten noch Probefahrten und mindestens ein Tauchgang. Bis die deutschen Boote für einen Rückmarsch in ihren Heimathafen an der französischen Atlantikküste wieder bereit waren, vergingen mindestens drei Monate.

---

313 Stahmer, *Japans Niederlage...,* S. 197f
314 Stahmer, *Japans Niederlage...,* S. 197

25. Operation Monsun

Nicht nur Fracht-U-Boote liefen Niederländisch-Indien an. Auch viele konventionelle Kampf-U-Boote der deutschen Kriegsmarine waren in den Gewässern des Indischen Ozeans und des Malaiischen Archipels im Einsatz. Dies waren zunächst Langstreckenboote der Klasse IX D2, die auch ‚Ostasienboote' genannt wurden. Die ersten entsandten Boote, die in der Gruppe ‚Monsun' zusammengefasst wurden, hatten die Aufgabe, Fracht und Passagiere für die aufzubauenden Stützpunkte nach Südost-Asien zu bringen. Nebenbei sollten alliierte Schiffe, die für den Nachschub im Indischen Ozean, im Arabischen Meer und in den Gewässern von Niederländisch-Indien unterwegs waren, versenkt werden. Die Schifffahrtswege waren in diesem Raum noch nicht ausreichend durch die Alliierten gesichert. Dönitz wollte hier einen Überraschungsangriff durchführen wie bei ‚Operation Paukenschlag' im Atlantik.

Kurz nach der Ankunft von U 511 erreichte auch U 178 vom Typ IX D2 unter dem Kommando von Fregattenkapitän Wilhelm Dommes im August 1943 nach fünf Monaten auf See den Hafen von Penang. Zuvor hatte U 178 östlich von Südafrika das italienische Boot *Luigi Torelli* mit Treibstoff betankt, das mit wertvoller Fracht und Passagieren, zum Beispiel mit der Telefunken-Radaranlage vom Typ ‚Würzburg' und dem mir persönlich bekannten Telefunken-Ingenieur Heinrich Foders, auf dem Weg nach Sabang und Singapur war. Über diese Mission wird noch ausführlich im zweiten Teil des Buches berichtet.

Der Kommandant von U 178, Fregattenkapitän Dommes, hatte schon mehrere Einsätze überstanden, aber nun war er ziemlich ausgelaugt. Dommes war zuvor Kapitän der Handelsschifffahrt, mit Beginn des Krieges wurde er 1. Wachoffizier auf dem Schlachtschiff *Scharnhorst* und ab April 1940 operierte er als Kommandant von U 431 im Mittelmeer. Bei der langen Fahrt nach Südost-Asien kamen die Kommandanten und die Mannschaften der U-Boote an ihre physischen und psychischen Grenzen. Immer öfter plagten Dommes Magenkrämpfe, so dass nach und nach sein 1. Wachoffizier, Wilhelm Spahr, das Kommando von U 178 übernehmen musste. Dommes durfte nach seiner Ankunft in Penang an Land bleiben und wurde, nachdem er sich wieder erholt hatte, im März 1944 der Flottenkommandant im ‚Südraum'.

Im Juni 1943 begann die ‚Operation Monsun'. Elf U-Boote vom Typ IX-C und IX-D2 sowie ein U-Tanker wurden in den Indischen Ozean entlassen. Zwei Boote vom Typ IX-D2 sollten zunächst im Arabischen Golf operieren und die Öltransporte der Briten stören, bevor sie nach Sabang und Penang weiterliefen. Für die enorm großen Entfernungen zwischen Europa und Südost-Asien war eine ausgeklügelte Logistik erforderlich. Je nach Auslauf- und Ankunftshafen lag die Entfernung rund um Afrika bis in den ‚Südraum' zwischen 11.500 und 13.000 Seemeilen (21.000 bis 24.000 Kilometer). Die Fahrtdauer lag, je nachdem, wie lange im Atlantik und im Indischen Ozean operiert wurde, zwischen rund 90 Tagen von U 511 und 171 Tagen von U 188.

Bei einer sparsamen Marschfahrt über Wasser von 10 Knoten (19 km/h) hatten die deutschen Langstrecken U-Boote der Gruppe ‚Monsun' eine Reichweite von bis zu 46.000 Kilometern; bei der Höchstgeschwindigkeit von 18,2 Knoten (34 km/h) und bei Fahrten unter Wasser natürlich sehr viel weniger. Damit sie bei ihrer Fahrt rund um Afrika, vorbei an Ceylon, bis in ihr Zielgebiet fahren und dabei noch unbegrenzt im Indischen Ozean operieren konnten, wurden sie unterwegs und im Einsatzgebiet durch Versorgungsschiffe mit neuem Treibstoff und frischem Proviant versorgt. Dies erforderte eine genaue Planung. Besonders die See um Ceylon war ein wichtiges Operationsgebiet für die deutschen U-Boote. In Trincomalee, an der Ostküste Ceylons, war der wichtigste Ankerplatz der britischen Royal Navy im westlichen Indischen Ozean, und hier sollte der Verkehr mit Handelsschiffen möglichst stark beeinträchtigt werden. Die japanische Luftwaffe hatte hier schon mehrere britische Kreuzer und 23 Handelsschiffe versenkt.[315]

Es kam immer wieder zu Zwischenfällen und Verzögerungen, weil die langsameren und schwerfälligeren Versorgungsboote oft in die Häfen an der französischen Atlantikküste zurückkehren mussten, um sich für eine neue Versorgungsfahrt auszurüsten. Sie boten ein leichtes Ziel für feindliche Angriffe. Später konnten die Vorräte auch in den Stützpunkten im ‚Südraum' wieder aufgefüllt werden.

Auch die jährlichen starken Monsunwinde machten den ‚Asienbooten' zu schaffen. Im Gegensatz zum Atlantik gab es für den Indischen Ozean und die weiter östlich liegenden Gewässer keine verlässlichen Wetterdaten. Die Kommandanten der Boote mussten sich ganz auf die Aussagen des Meteorologen an Bord verlassen. Jede Fahrt war eine Fahrt ins Ungewisse.

Zunächst blies der starke Südwest-Monsun von Juli bis August, danach begann der Nordost-Monsun. Bei starken Winden und hohem Wellengang kamen die U-Boote oft nur langsam voran. Der Indische Ozean ist bekannt und berüchtigt für seine hohe Dünung. Eine See nach der andern kam über das niedrige Boot und rollte über den Turm. Das Boot wurde wie ein Kork

---

315 Tischer, *Die Abenteuer des letzten Kapers*, S. 55

auf dem Wasser hin und her geworfen. Selbst alte erprobte Seeleute waren bei diesem Seegang in einem engen U-Boot vor Seekrankheit nicht gefeit. Dazu beigetragen haben vermutlich auch die schlechten Luftverhältnisse durch die Ausdünstungen von rund 55 Mannschaftsmitgliedern und dem Geruch von Dieselöl in der engen U-Boot-Röhre.

Die Brückenwache auf dem Kommandoturm – mit Gurten gesichert, damit sie nicht von Bord gespült werden konnte – stand oft bis zum Bauch im Wasser. Bei plötzlicher hoher See ging auf der Brücke schon mancher Mann verloren. Die Brückenwache war in dickes Ölzeug eingepackt. Bei den tropischen Temperaturen im Indischen Ozean war dies bestimmt nicht angenehm, aber bei einer Wassertemperatur von etwa 27°C sicherlich besser zu ertragen als im eiskalten Nordatlantik. Die Boote kamen oft aus der eisigen Arktis im hohen Norden Norwegens und durchliefen alle Klimazonen. Oft mussten die Boote aus Sicherheitsgründen rund um Afrika weit nach Süden fahren, bis an die Treibeisgrenze der Antarktis.

In tropischen Gewässern waren die Temperaturen in den U-Booten mörderisch heiß und feucht. Bei Überwasserfahrt erreichte die Innentemperatur der Boote in der Zentrale bis zu 40°C, im Maschinenraum sogar 60 bis 65°C. Klimaanlagen für die Boote gab es damals noch nicht.

Tagsüber mussten die Boote bei drohender Gefahr immer wieder auf langsame Tauchfahrt gehen und mit Elektroantrieb fahren. Nachts wurde aufgetaucht und auf die Dieselmotoren umgestellt. Jetzt konnte das Boot gelüftet und die Batterien für die nächste Tauchfahrt wieder aufgeladen werden. Die Asienboote hatten bis auf ein einziges der letzten entsandten Boote noch keinen Schnorchel, so dass sie nicht unbegrenzt unter Wasser fahren konnten.

Bei ruhiger See gab es ein anderes Problem, das Meeresleuchten, das im Indischen Ozean besonders intensiv ist. Oft zog das Boot in dunkler Nacht eine mehrere hundert Meter lange helle Leuchtspur durch das phosphoreszierende Plankton hinter sich her. Um die Position nicht zu verraten, mussten die Boote in diesen Fällen oft auch ohne eine akute Gefahr unter Wasser fahren.

Der Morgen, wenn die rote Sonne über dem blauseidenen Indischen Ozean aufging und die federgleichen Nebelschwaden rosa färbte, war der schönste Moment des Tages – aber für die U-Boot-Fahrer auch der gefährlichste. Die Männer im Ausguck des U-Bootes durften keinen Blick für die Schönheit dieses Naturwunders verschwenden. Jeder der vier Männer im Turm hatte sein 90° Segment mit Adleraugen zu beobachten und musste bereit sein, jeden Moment das Signal zum Alarmtauchen zu geben. Gerade um diese Zeit, besonders wenn man sich in der Nähe von Land oder eines Geleitzuges mit Schutz aus der Luft befand, stießen die feindlichen Flugzeuge plötzlich aus dem strahlend hellen Hintergrund der aufgehenden Sonne hervor. In dem hellen Licht waren Angreifer erst spät zu erkennen. Dann entschied jede Sekunde über Leben oder Tod. Zum Glück dauerte diese bedrohliche Zeit nicht lange, denn hier, nahe des Äquators, geht die Sonne mit dramatischer Schnelligkeit auf und unter.

Wenn die Alarmhupe zu dröhnen begann und die Wassermassen donnernd in die Ballasttanks strömten, hatte die Mannschaft an Deck und auf der Brücke gerade mal 15 Sekunden Zeit, in das Boot zu kommen und die Luken zu verriegeln. Nach nur 35 Sekunden war das Boot bereits zehn Meter tief getaucht. Dies gelang allerdings nur, wenn eine ausgebildete Mannschaft perfekt zusammenarbeitete. Dies waren besonders die Männer in der Steuerzentrale, der Matrose am Periskop, der Navigationsoffizier, der Leitende Ingenieur, die Horchwache, der Funker an seinen Geräten und allen voran der Kommandant. Alle waren ein höchst konzentriert zusammen arbeitendes Team, eine heterogene Truppe – Jung und Alt, Arbeiter und Akademiker – zusammengeschweißt auf Leben und Tod. Auf engstem Raum war jeder war auf jeden angewiesen.

Bei einer Tauchfahrt herrschte eine unheimliche Stille im Boot. Es war nur das leise Summen der Elektromotoren und Transformatoren zu hören und das zarte Vibrieren des Bootskörpers zu spüren. Kommandos durften wegen der empfindlichen Horchgeräte des Feindes nur im Flüsterton weitergegeben werden. Die Stille wurde nur durch das Klicken von Schaltern, Geräten und Relais unterbrochen. In der Steuerzentrale, dem Herz eines U-Bootes, ließen die Männer keinen Blick von den schwach beleuchteten Skalen der Instrumente. Sie überprüften den Tiefenmesser, den Luftdruck, den Verbrauch der Elektromotoren, steuerten die Pumpen für die Ausgleichtanks und regulierten hier und da an Knöpfen und Handrädern. Es herrschte eine gespenstische angespannte Stille, in der Hoffnung, nicht entdeckt zu werden und wieder unbeschadet nach oben zu kommen.

Der Koch an Bord hatte eine verantwortungsvolle Aufgabe. Er musste die Vorräte rationieren. In der winzigen Kombüse musste er auf dem schwankenden Boot für 50 bis 60 Mann abwechslungsreiche und schmackhafte Gerichte zaubern können. Auch bei starkem Seegang musste das Essen pünktlich fertig sein. Brot wurde an Bord gebacken. An Sonn- und Festtagen und bei besonderen Gelegenheiten gab es ein Festessen mit mehreren Gängen und am Nachmittag eine Torte. Wenn eine Mannschaft mit dem Essen nicht zufrieden war, schlug eine gute Stimmung schnell ins Gegenteil um. Wenn die U-Bootfahrer schon monatelang in einer engen Röhre ausharren mussten, so sollten sie wenigsten das bestmögliche Essen erhalten, verlangte Dönitz. Der Frischproviant war meist nach einer bis zwei Wochen nach

Auslaufen des Bootes zu Ende. Zitronen wurden gekühlt aufbewahrt und hielten viel länger. Das Angeln von Fischen war bei ruhiger See auf Routen abseits der üblichen Seestraßen erlaubt. Manch großer Thunfisch oder eine über einen Meter lange Bonito-Makrele konnten den Speiseplan an Bord abwechslungsreicher gestalten.

Wie deutsche Passagiere, die auf japanischen U-Booten mitfuhren, erzählten, war das Essen dort viel eintöniger und oft wochenlang gleich – Reis mit Gemüse und Würstchen, drei Mal am Tag. Die japanischen Mannschaften waren damit zufrieden.

Auf den monatelangen Fahrten nach Südost-Asien wurde der Mangel an Frischobst und Frischgemüse durch eine tägliche Gabe von Multivitaminen ausgeglichen. Als bei U 66 unter Kommandant Lüdde die ‚Kisten‘ mit den Vitaminpillen versehentlich nicht an Bord gebracht wurden, stellten sich schon nach wenigen Wochen bei der gesamten Mannschaft Anzeichen von Skorbut ein. Gelbe Haut, Gelenkschmerzen, Müdigkeit und wackelnde Zähne waren die Folge.

Die Boote der Asienfahrten waren bis unter die Decke mit Ersatzteilen, Proviant, Munition und ähnlichem vollgestopft. Für die lange Seereise nach Südost-Asien mussten 15 bis 16 Tonnen Proviant an Bord verstaut werden. Riesige Elektrobatterien für die Tauchfahrt, Pressluft und Sauerstoffflaschen, Ventile, Pumpen und Handräder ließen nur wenig Platz für die Mannschaft. Die übermüdeten wachfreien Seeleute schliefen in allen Stellungen an jedem freien Plätzchen. Stühle gab es keine. Man saß auf Proviantkisten, auch im Offiziersraum. Man schlief in Kleidung. Das Leben in der schwimmenden Röhre war arbeitsreich und eintönig. Im Bug- und Heckraum, dem Raum zwischen den Elektro-Maschinen und dem Heckausstoßrohr, lagerten die Ersatztorpedos. Die Mannschaft war um jeden Torpedo froh, der verschossen wurde, denn dadurch gab es etwas mehr Platz im Boot.

Durch das monatelange gefährliche Leben in der unbequemen Enge eines U-Bootes entstanden unter der Besatzung ein Zusammenhalt und eine Kameradschaft, wie sie in den anderen Waffengattungen nicht erreicht werden konnten. Jeder musste sich hundertprozentig auf den andern verlassen können. Entweder überlebten alle, oder alle fanden den Tod. Überleben und Tod waren ganz nah beieinander.

Um die Mannschaft fit und bei guter Laune zu halten, wurden regelmäßig Aktivitäten – wie Sportwettstreite, Spiele, Bastelwettbewerbe, gemeinsames Singen oder Konzerte von Schallplatten – organisiert. An Bord fanden sich immer einige, die mit ihren Mundharmonikas zum Singen anregten. An Bord wurde gemalt und die schönsten Schiffsmodelle zusammengebaut. Manche Kommandanten steuerten im Indischen Ozean sogar ein abgelegenes kleines Atoll an, und erlaubten der Mannschaft, im warmen Meer zu tollen. Als im Atlantik beim Schwimmen ein Teil der Mannschaft verloren ging, weil das Boot auf Grund eines Luftangriffs Alarmtauchen musste, wurde das Schwimmen im Meer vom Oberkommando der Marine verboten.

Auf den meisten Booten wurde eine wöchentliche Bordzeitung mit Nachrichten aus der Welt, allgemeinen Informationen, Kreuzworträtseln und Gedichten herausgegeben. Jedes Bordmitglied durfte einen Beitrag dazu liefern. Auf U 861 unter Kommandant Jürgen Oesten war dies zum Beispiel auf der Fahrt nach Penang *Der Monsun Bote*. Der Redakteur dieser Bordzeitung war der Kriegsberichterstatter Leutnant Hermann Kiefer. Von ihm habe ich keinen Bericht über die geglückte Fahrt nach Penang gefunden, vermutlich, weil er erst wenige Monate vor Kriegsende in Penang eingetroffen war. Leutnant Kiefer ist im ‚Südraum‘ zurückgeblieben und geriet dort bei Kriegsende in britische Kriegsgefangenschaft.

In der Steuerzentrale und in den übrigen Aufenthalts- und Schlafräumen waren die Stahlwände im Innern der Boote mit weiß gestrichenem Kork beklebt, um eine Kondensation in dem feuchten und muffigen, nach Öl riechendem Klima zu verhindern. Die Steuerzentrale in der Mitte war das Gehirn eines U-Bootes. Hier liefen alle Fäden zusammen. In dem gedämpften Licht konnte man Instrumente, Skalen, Ventile und unzählige Handräder erkennen. Auch das Ruder und das Periskop wurden von hier bedient. Von hier aus mussten die Brückenwache und der Ausguck in den Kommandoturm steigen. In der Steuerzentrale stand der Messtisch mit den Plänen und Seekarten. Der nur durch einen Vorhang getrennte Schlafplatz des Kommandanten war von hier aus zugänglich.

Das Vorschiff war durch wasserdichte Schotten von der Steuerzentrale getrennt. Im Vorschiff befand sich auch die Offiziersmesse, die wie alle andern Einrichtungen im Boot keinen Luxus verbreitete. Auch hier herrschte eine stickige Enge. Toiletten gab es zwei für mehr als 50 Mann. Auf den Langstreckenfahrten nach Südost-Asien wurde eine davon meist mit zusätzlichem Dosenproviant bis unter die Decke vollgestopft und war nicht zu benutzen. Als Waschwasser und für die einzige Dusche an Bord gab es nur Salzwasser, direkt aus dem Meer. Die begrenzten Süßwasservorräte in den Tanks durften nur zum Kochen und Trinken verwendet werden.

An Bord der Langstreckenboote waren neben der rund 55 Mann starken Besatzung oft noch Passagiere, die in den ‚Südraum‘ mitgenommen werden mussten. Für die monatelange Fahrt auf hoher See wurde anfangs meist ein Bordarzt mit einem Sanitäter mitgeschickt, um Verletzungen und medizinische Probleme an Bord behandeln zu können. Es kamen auch schwerwiegende Fälle vor. Manch ein Blinddarm wurde unter wenig sterilen Verhältnissen auf dem Tisch der in einen Operationsraum verwandelten Offiziersmesse entfernt.

Bekannt wurden einige schwierigere Operationen, die auf hoher See durchgeführt wurden. Als auf U 861 der Zweite Wachoffizier, Leutnant zur See Lask, eine Mittelohrvereiterung viel zu spät dem Bordarzt Dr. von Gehlen gemeldet hatte, entschloss sich dieser mitten im Indischen Ozean zu einer Schädeloperation, obwohl die geeigneten chirurgischen Instrumente für diesen Eingriff nicht zu seiner medizinischen Ausrüstung gehörten. Mit Hilfe des Leitenden Ingenieurs wurden aus dem Werkzeugkasten des Dieselraums ein kleiner Meißel mit gerundeter Schnittfläche und eine Art Löffel hergestellt. Damit das Boot für eine Operation ganz ruhig lag, wurde es auf 80 Meter Tiefe getaucht. Die Operation verlief erfolgreich. Als U 861 zehn Tage später vor Sabang auf den Geleitschutz nach Penang wartete, war der Matrose schon fast wieder einsatzfähig.

Eine weitere komplizierte Operation ist auf U 859 unter dem Kommando von Kapitänleutnant Johann Jebsen dokumentiert. Das Boot stach am 4. April 1944 in Kiel mit Kurs ‚Südraum‘ in See. Im Südatlantik versenkte U 859 einen Frachter und im Operationsgebiet zwischen Madagaskar, der Insel Réunion und Sansibar weitere Frachter und einen Tanker. Bei einem Zweikampf zwischen dem U-Boot und einem britischen ‚Catalina‘-Flugzeug wurde ein Seemann getötet und der Zweite Wachoffizier schwer verletzt. Mehrere Granatsplitter hatten seine Schädeldecke durchschlagen. Die Offiziersmesse wurde in einen Operationsraum verwandelt und der Bordarzt entfernte die Splitter aus dem Kleingehirn. Selbst diese schwierige Operation glückte in dem getauchten U-Boot. Dr. Erwin Kien (in manchen Dokumenten auch Kühn), der Mannschaftsarzt von U 843, musste den Funkgefreiten Martin auf dem Rückmarsch von Batavia an der Lunge operieren. Auch diese Operation war erfolgreich. In Bergen (Norwegen) wurde er ins Lazarett gebracht, wo er sich auch schnell erholte. Er hatte großes Glück weil er das Boot verlassen hatte, denn auf der Weiterfahrt von Bergen nach Kiel wurde U 843 nur 100 Seemeilen vor dem Zielhafen versenkt. Von den 58 Männern an Bord überlebten nur 12 den Untergang. Ein Arzt an Bord hatte immer neben seinen medizinischen noch andere Aufgaben zu erfüllen. Gegen Kriegsende wurden aus Mangel an Ärzten oft nur Sanitäter mit auf die lange Reise geschickt.

Auch auf den U-Booten gab es für die Neulinge eine spaßige Äquatortaufe mit entsprechendem Zertifikat. Es war ein derber Härtetest für die jungen Seeleute, mit Schuhcreme, Heringslake oder Schmierseife. Auf der langen Reise nach Südost-Asien wurde der Äquator oft mehrfach überquert. Zum ersten Mal auf der Fahrt nach Süden entlang der Westküste Afrikas, dann nochmals im Indischen Ozean auf der Fahrt nach Sabang oder Penang. Eine

Abb. 67
Urkunde einer Äquatortaufe vom
17. Oktober 1944 auf U 195[316]

weitere Äquatorüberquerung fand zwischen Singapur und Batavia statt.

Falls sich im Laufe des Tages nichts Außergewöhnliches ereignet hatte, durfte die Mannschaft in kleinen Gruppen auf den Turm für etwas Tageslicht, etwas frische Luft oder für eine Zigarettenpause. Im Boot selbst herrschte strengstes Rauchverbot.

Das Risiko, gesichtet und angegriffen zu werden, war bei Überwasserfahrt sehr groß. Um den Sichtbereich der nur wenige Meter über Wasser fahrenden U-Boote zu erweitern, wurden die Langstrecken-U-Boote mit sogenannten Schlepp-Tragschraubern ausgerüstet. Durch den Fahrt- und Seewind wurden diese als ‚Bachstelze‘ bezeichneten Geräte der Firma Focke durch Autorotation bis über 100 Meter hochgetragen. Der Durchmesser des zusammenklappbaren Rotors betrug vier Meter. Die Schlepp-Tragschrauber waren mit einem Bootsmannstuhl für einen Ausguck ausgerüstet. Es muss da oben im Fahrtwind ziemlich ungemütlich gewesen sein. Der Ausguck war mit dem Boot durch Telefon verbunden. Da bei einem Flugzeugangriff Alarmtauchen erforderlich war, reichte oft die Zeit nicht mehr, den Ausguck sicher an Bord zu nehmen. Im Boot dringend benötigte Männer gingen verloren.

Der Sichtbereich des aufgetauchten Bootes konnte mit der ‚Bachstelze‘ auf bis zu 50 Kilometer erweitert werden. Man war also rechtzeitig vor feindlichen Angriffen gewarnt und konnte ausweichen, unter Wasser gehen oder frühzeitig einen Angriff planen.

Die japanische Marine interessierte sich brennend für die ‚Bachstelze‘. Fregattenkapitän Wilhelm Dommes, der Leiter der Dienststelle ‚Südraum‘,

---

316 Das Boot befand sich bei der Äquatortaufe etwa 3.000 Kilometer vor der Küste Westafrikas, auf der Höhe von Gabun in Westafrika. Von Bordeaux bis Batavia war das Boot 130 Tage auf See. Unterschrieben wurde die Urkunde der Äquatortaufe von Kommandant Oberleutnant Fritz Steinfeld und dem Leitenden Ingenieur, Leutnant (Ing.) Weber. Der Matrose, der die Urkunde erhielt, hatte den Namen ‚Dienst‘.

machte einen guten Tausch: für eine Bachstelze erhielt er ein japanisches Wasserflugzeug vom Typ *Reichiki* für die deutsche Marineflugstelle in Penang.

Durch die Versorgungs- und Tank-U-Boote im Indischen Ozean konnte der Operationsbereich und die Operationsdauer der ‚Ostasienboote‘ enorm erweitert werden. Zum Beispiel drang U 862 vom Typ IX D2 bis weit in den Pazifik vor und versenkte vor der Ostküste Australiens ein Handelsschiff.

Schon der Anmarsch der ersten ‚Monsun-Gruppe‘ war sehr verlustreich. Vier U-Boote wurden versenkt, ein U-Boot und der U-Tanker beschädigt. Ein weiteres Boot musste seinen Treibstoff an die noch operationsfähigen U-Boote abgeben und zurück in den Heimathafen fahren. Von den ursprünglich zwölf ausgelaufenen Booten der ‚Gruppe Monsun‘ erreichten nur fünf den Arabischen Golf. Hier wurde noch U 533 versenkt. Nur noch vier der ursprünglich zwölf entsandten Boote, nämlich U 168, U 183, U 188 und U 532, erreichten von Oktober bis November 1943 die Häfen im ‚Südraum‘.

Zum Beispiel erreichte U 200, das am 12. Juni 1943 in Kiel nach Südost-Asien auslief, sein Zielgebiet nicht. Es wurde schon im Atlantik mit 68 Mann versenkt. An Bord waren auch Soldaten der ‚Spezialeinheit Brandenburg‘, deren Hauptaufgabe war, hinter den feindlichen Linien Sabotage durchzuführen. Bisher waren Soldaten dieser Spezialeinheit nur im Nahen Osten, in Afghanistan und Südafrika eingesetzt worden. Zwei Versuche, sie in den Vereinigten Staaten einzusetzen, schlugen fehl. Schon kurz nach der Anlandung wurden die Soldaten festgenommen. Ob die Spezialeinheit auf U 200 bis nach Niederländisch-Indien mitgenommen oder schon vorher in Afrika oder Indien an Land gesetzt werden sollte, ist aus den überlieferten Unterlagen nicht ersichtlich.

Viele Volksdeutsche hatten sich freiwillig der ‚Spezialeinheit Brandenburg‘ angeschlossen, da sie dort durch ihre perfekten Kenntnisse der lokalen Sprachen für Einsätze hinter der Front hoch qualifiziert und willkommen waren.

Auch U 533, das von Kiel nach Lorient im Golf von Biskaya überführt wurde, hatte kein Glück. Am 5. Juli 1943 lief das Boot von Lorient nach Penang aus. Zunächst sollte es im Arabischen Meer und im Golf von Oman operieren, um dort den alliierten Schiffsverkehr zu stören. Im Oktober 1943 wurde U 533 vor der Küste Omans überraschend von einem Bomber der Royal Air Force angegriffen und versenkt. Von den 53 Männern an Bord konnte sich als einziger der Matrosengefreite Günther Schmidt retten. Er schwamm 28 Stunden lang in Richtung Küste, bevor ihn die Mannschaft des britischen Patrouillen-Bootes *HMS Hiravati* aus dem mit Haien verseuchten Meer zog.

Was machte ein deutsches U-Boot im Golf von Oman? Das fragte sich auch die Zeitschrift ‚Der Spiegel‘. Am 8. Dezember 2009 berichtete das Magazin mit der Überschrift ‚Untergang vorm Morgenland‘ über das Ende von

U 533. Über den weiteren Verbleib des einzigen Überlebenden, des Matrosen Schmidt, sei nur wenig bekannt. Nach der Gefangennahme und Verköstigung in der britischen Unteroffiziersmesse in *Schardscha* habe sich jede weitere Spur verloren, schreibt ‚Der Spiegel'.

Andere Quellen behaupten, dass Schmidt 28 Stunden geschwommen sei, bis er in *Khor-Fakkam* bei Muskat im Oman Land erreichte. Er wäre von einem arabischen Stamm versorgt worden, bevor er in britische Kriegsgefangenschaft geriet. Von Basra wäre er nach Kairo transportiert worden. Auch dort endet seine Spur.

Das Wrack von U 533 liegt bis heute im Golf von Oman, nur 25 Seemeilen vom Emirat *Fudschaira* entfernt. Das Taucherteam des ‚Desert-Sports-Diving-Club' in Dubai hat das Wrack von U 533 in 108 Metern Wassertiefe identifiziert und gefilmt. U 534, das baugleiche Schwesternboot von U 533, wurde am 23. Dezember 1942 in Dienst gestellt und am 3. Mai 1945 zwischen Dänemark und Schweden bei einem Luftangriff versenkt. Das Boot wurde gehoben, restauriert und dient heute als Museumsschiff in Liverpool/England.

Die Versorgungslage Deutschlands mit Rohstoffen aus Südost-Asien wurde immer prekärer. Für konventionelle Überwasser-Frachtschiffe waren die Chancen, in einen Heimathafen zu gelangen, gleich null. Besonders intensiv wurden daher in den beiden letzten Kriegsjahren viele U-Boote für den Transport von Rohstoffen eingesetzt, allerdings mit nur mäßigem Erfolg. Die Alliierten hatten auch für U-Boote die Meere durch neu entwickelte Sonar- und Radargeräte sehr gefahrvoll gemacht.

Die Fracht übernahmen riesige U-Boote vom Typ X, die ursprünglich als Minenleger U-Boote vorgesehen waren. Ab 1939 wurden acht Boote dieses Typs gebaut. Nach nur sechs Wochen Umbauzeit konnten sie als Fracht-U-Boote eingesetzt werden. Mit einer Länge von 90 Metern, einer Breite von über 9 Metern und einer Höhe von über 10 Metern waren sie die größten Unterseeboote der deutschen Kriegsmarine im Zweiten Weltkrieg. Die Reichweite bei sparsamer Marschfahrt lag bei knapp 30.000 Kilometern, die Reisegeschwindigkeit über Wasser war 17 Knoten, (31,5 km/h), getaucht 7 Knoten (13 km/h). Die Fracht-U-Boote konnten also ihr Ziel in Südost-Asien relativ schnell erreichen, zumal sie im Südatlantik und im Indischen Ozean abseits der bekannten Schiffsrouten größtenteils aufgetaucht fahren konnten. Die Überwasserfahrt brachte eine enorme Treibstoffersparnis. Die Besatzung bestand aus fünf Offizieren und 47 U-Boot-Männern. Die Tauchtiefe lag bei erstaunlichen 220 Metern. Bei voller Beladung musste der Leitende Ingenieur beim Tauchen sein ganzes Augenmerk auf die Balance durch Steuerung der Ausgleichtanks richten. Schnell konnte ein voll beladenes Boot mit dem Bug oder dem Heck voraus in die Tiefe stürzen und war dann nicht mehr aufzuhalten.

Als Minenleger konnten die Boote 66 Wasserminen und 15 Torpedos aufnehmen. Nach dem Umbau zum Transport-U-Boot hatten sie als Bewaffnung nur noch zwei Torpedos an Bord, und nur eine 2 cm-Vierling-Flugzeugabwehrkanone an Deck. Die Ladung wurde in druckfesten Containern in den Minenschächten, den Bug- und Heckräumen und den Bilgen verstaut. Jeder kleinste Platz wurde für die Ladung ausgenutzt. Selbst die nicht benutzten Torpedorohre wurden mit Roh-Gummi oder anderen in Deutschland benötigtem Materialien vollgestopft. Alle acht Fracht-U-Boote der Klasse X waren auf der Route nach Südost-Asien und Japan unterwegs.

Die Kampf-U-Boote der Klasse IX D2 wurden in Südost-Asien nun zusätzlich immer öfter als Transport-U-Boote eingesetzt. Sie hatten eine Länge von 87,5 Metern, eine Breite von 7,5 Metern und eine Höhe von 10,2 Metern. Bei einigen Booten wurden die Torpedorohre ausgebaut, um mehr Platz für Fracht und Innentanks zu bekommen. Diese Boote konnten bis zu 260 Tonnen Fracht an Bord nehmen. Die Reichweite dieser Boote betrug bei sparsamer Fahrt über 55.000 Kilometer! Ohne nachzutanken wäre eine Fahrt von Europa nach Japan und zurück möglich gewesen. Diese Boote versorgten unterwegs auch andere Boote mit Treibstoff aus dem eigenen Vorrat.

Die Fracht vom ‚Südraum‘ nach Europa bestand meist aus Kautschuk, Molybdän, Wolfram, Zinn sowie Jod, Opium und Chinin für medizinische Zwecke. Das Zinn wurde in Barren gegossen und im Kiel untergebracht, das Wolframerz und das Molybdän wurde in Zinnbehältern im Boot gelagert. Die kleineren Boote vom Typ IX C hatten eine Ladekapazität von nur rund 150 Tonnen. Die Boote hätten sicherlich mehr Ladung aufnehmen können, aber die maximale Ladekapazität wurde nie getestet.

Die Versorgung der Boote mit Treibstoff und Schmierölen im ‚Südraum‘ erfolgte von den wiederhergestellten Raffinerien aus Sumatra und Borneo. Da die Batterien der U-Boote bei den in den Tropen vorherrschenden hohen Temperaturen unvorhergesehen und überdurchschnittlich stark litten, mussten viele Boote zum Austausch nach Japan fahren, da Batterien dieser Größe im ‚Südraum‘ nicht zu bekommen waren. Wie man feststellte, waren die in Japan nachgebauten Batterien wesentlich besser als das deutsche Original. Die Lebensdauer war länger und die Kapazität größer.

In Penang war das Ersatzlager für Torpedos. Hier wurden die Boote für den Rückmarsch in die Heimat neu bestückt. Normalerweise wurden nur wenige Torpedos nachgeladen, um einerseits mehr Raum für den Rohstoff-Transport zu erhalten, andererseits waren die Torpedos im ‚Südraum‘ Mangelware, seit der Nachschub mit den Blockadebrechern ausgefallen war. Die für den Rückmarsch nachgeladenen Torpedos sollten zunächst im Indischen Ozean gegen alliierte Handelsschiffe verschossen werden, bevor die Boote in die Heimat zurückfuhren.[317] Dann war auch etwas mehr Raum für die Mannschaft vorhanden.

Viel zu spät unterstützte Hitler den Plan, die speziell für die Fracht konzipierten noch größeren U-Boote vom Typ XX bauen zu lassen. Die Nutzlast dieser Boote sollte bis zu 800 Tonnen betragen. Aufgrund anderer Brennpunkte verzögerte sich der Bau dieser Boote immer weiter, so dass sie bis Kriegsende nicht mehr zum Einsatz kamen.

Schon vor dem Ersten Weltkrieg hatte Deutschland Unterwasserfrachter entwickelt, die U-Boote *Deutschland* und *Bremen*. Das 1.860 Tonnen große Boot *U-Deutschland* hatte unter Führung des Kommandanten Kapitän König zweimal Fracht und Post von Deutschland nach Amerika gebracht.[318] Der Typ XX war eine Weiterentwicklung von *U-Deutschland*.

Wie bereits erwähnt, erreichten von der ersten Monsun-Gruppe von 12 Booten nur fünf den Indischen Ozean und nachdem U 533 im Golf von Oman versenkt wurde, letztendlich nur vier die Zielhäfen im ‚Südraum‘. Dönitz wollte die großen Verluste ausgleichen und entsandte von Ende September bis Anfang November 1943 fünf weitere U-Boote nach Südost-Asien. Das Desaster war noch größer: U 219 musste seinen Treibstoff an die anderen Boote abgeben und wurde nach Frankreich zurückgerufen, U 848, U 849 und U 850 wurden von den Alliierten versenkt. Nur U 510 unter Kapitänleutnant Alfred Eick erreichte Penang.

Da die Operationen von U 510 ziemlich lückenlos dokumentiert wurden, werde ich hier die Einätze dieses Bootes detailliert beschreiben: Kapitänleutnant Alfred Eick übernahm das Boot am 17. April 1943. Gleich bei seinem ersten Einsatz vom 3. Juni bis 29. August 1943 im Südatlantik und vor der Küste Brasiliens versenkte er vier alliierte Schiffe, darunter einen Tanker.

In Lorient wurde U 510 für eine weitere Unternehmung, die das Boot in die Gewässer von Niederländisch-Indien und Japan führen sollte, ausgerüstet. Es war eines der ersten U-Boote, das mit den neuen Horchtorpedos bestückt wurde. Der Codename dieser neuen Torpedos war ‚Zaunkönig‘. Horchtorpedos hatten eine eingebaute akustische Zieleinrichtung, die die Schraubengeräusche des feindlichen Schiffes aufnahm und das Ziel selbstständig suchte. Da Horchtorpedos aus wesentlich größerer Entfernung abgeschossen werden konnten, und das U-Boot nach dem Abschuss sofort abdrehen oder tiefer tauchen konnte, wurde die Entdeckung und Verfolgung der U-Boote wesentlich erschwert. Der Einsatz von Horchtorpedos wurde streng geheim gehalten und erst nach Ende des Krieges offiziell bekannt. Die Alliierten hatten jedoch schon früh davon Wind bekommen, und setzten

---

317 Brennecke, *Schwarze Schiffe...* S. 230 ff
318 Gannon, *Operation Paukenschlag,* S. 143

nach den ersten deutschen Erfolgen zur Abwehr dieser Torpedos sogenannte Geräuschbojen ein. Nun steuerten die ‚Zaunkönige‘ die Geräuschbojen an und verschonten das Schiff.

Mit dieser neuen Waffe stach U 510 in der zweiten Novemberhälfte 1943 mit Ziel Südost-Asien in See. Im Mittelatlantik wurde das Boot von dem U-Boot-Tanker U 219 mit Treibstoff und neuem Proviant versorgt, um sein Operationsgebiet so weit wie möglich auszudehnen. U 219 sollte eigentlich Minen vor Kapstadt und Colombo verlegen, aber als das Versorgungsschiff der zweiten Monsun-Welle versenkt wurde, musste U 219 diese Rolle übernehmen und die andern Boote mit Treibstoff versorgen, damit diese wieder sicher in ihre Heimathäfen zurückkamen. Nur U 510 blieb weiter auf Kurs Südost-Asien. In der Nähe von Madagaskar wurde es zusammen mit U 178, das ebenfalls mit Ziel Südost-Asien unterwegs war, aus dem deutschen Tanker *Charlotte Schliemann* mit Treibstoff versorgt.

Anschließend operierte Kapitänleutnant Eick während Februar und März 1944 im Indischen Ozean und Arabischen Meer. Bis zu seinem Eintreffen am 1. April 1944 in Penang hatte Eick drei Tanker und sechs Frachtschiffe der Alliierten im Indischen Ozean versenkt. Die neuen Horchtorpedos hatten ihre Feuerprobe bestanden. Kommandant Eick wurde für seine Erfolge per Funkspruch von Hitler mit dem Ritterkreuz ausgezeichnet.

Im Juni 1944 musste U 510 zur Überholung in die Werft des Stützpunktes Kobe in Japan. Ein Austausch der Batterien war notwendig geworden. Anfang Oktober erreichte das Boot wieder Batavia auf Java, um für die Rückfahrt nach Europa vorbereitet zu werden.

Solange das Boot mit Zinn, Molybdän, Wolfram, Rohgummi und Chinin beladen wurde, erholte sich die Mannschaft in Schichten auf der ‚U-Boot-Wiese‘, dem Erholungsort für U-Boot-Leute auf der Teeplantage Tjikopo (heute: Cikopo). Hier muss ein lebhafter Betrieb geherrscht haben, denn zur gleichen Zeit waren auch 136 gerettete Besatzungsmitglieder des versenkten Versorgungsschiffes und Tankers *Brake* zur Erholung auf der Teeplantage.

Als zuvor U 168 den geheimen Treffpunkt mit der *Brake* im Indischen Ozean erreichte, traf er nur noch die Schiffbrüchigen in ihren Rettungsbooten an. Der Kommandant nahm alle Mann an Bord und hatte sie am 24. April 1944 in Batavia an Land gesetzt.

Dem Spion Dr. Sorge in Tokyo müssen Geheimunterlagen mit den Positionen der Versorgungsschiffe in die Hände gefallen sein. Es passierte nämlich immer öfter, dass diese Schiffe verloren gingen. Durch die Versenkung der Versorgungsschiffe wurden die Mobilität und der Operationsradius der deutschen U-Boote erheblich eingeschränkt. Da die übermäßige Beladung der Boote auf Kosten der Brennstoffvorräte ging, waren die Versorgungsboote zum Nachtanken auf dem Heimmarsch jedoch zwingend erforderlich. Zusätzlich wurden die bewährten Abwehrmaßnahmen der Alliierten gegen die deutschen U-Boote nun auch im Indischen Ozean und in den Gewässern um Niederländisch-Indien eingesetzt.

Andererseits fiel auch den Alliierten auf, dass von den britischen Schiffen in den Konvois meist nur diejenigen versenkt wurden, die die wertvollste Fracht geladen hatten. Es lag nahe, dass auch hier Spionage der Grund war. In der Tat war es so! Der indische Freiheitskämpfer Subhas Chandra Bose forderte über seinen Rundfunksender *Radio Azad Hind* in Berlin alle Inder auf, Deutschland im Krieg gegen die Alliierten zu unterstützen. In den meist durch die Briten kontrollierten Häfen von Australien und rund um den Indischen Ozean bis Südafrika waren Zehntausende indische Hafenarbeiter im Einsatz – in Dhaka, Kalkutta, Ceylon, Goa, Basra, Aden, Lourenco Marques (heute: Maputo in Mosambik) bis Kapstadt. Sie waren die Informanten bezüglich der Ladung der britischen Schiffe, der vorgesehenen Routen und der Abfahrtszeiten. Diese Informationen wurden an die überall sitzenden lokalen deutschen Agenten übermittelt, und dann über Berlin an die entsprechenden U-Boote weitergeleitet. Die vielen indischen Nachrichtenüberbringer waren jedoch nicht Pro-Nazi-Deutschland eingestellt, primär waren sie anti-britisch.

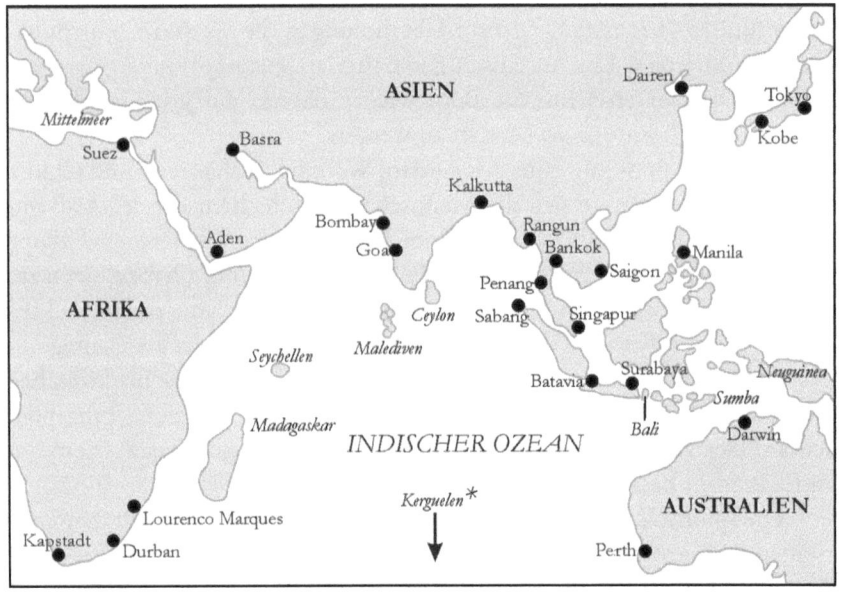

Abb. 68   Indischer Ozean
* Die subantarktische Inselgruppe der Kerguelen liegt jeweils knapp 4.000 km südwestlich von Australien und südöstlich von Südafrika

Ende Dezember 1944 trat U 510 mit nur 2 Torpedos wieder die Rückreise von Batavia nach Europa an. In der Nähe von Madagaskar wurde U 510 von U 861, das gerade aus Surabaya kam, mit Treibstoff versorgt. Im Südatlantik versenkte U 510 noch einen kanadischen Frachter, bevor es Ende April 1945 in den Hafen St. Nazaire im Golf von Biskaya zurückkehrte. Nach der Kapitulation Deutschlands wurde das Boot unter dem Namen *U-Bouan* von der französischen Marine in Dienst genommen.

Kurz nach U 510 erreichte auch das außerhalb der zweiten Gruppe entsandte Boot U 1062 Penang. Es war ein reines Nachschub-Boot, das unter anderem 39 Torpedos für das Lager in Penang geladen hatte, um die im ‚Südraum‘ operierenden U-Boote frisch zu bestücken. Nach dem Desaster der zweiten Monsun-Gruppe ließ Dönitz die Boote nun nicht mehr in Rudeln, sondern einzeln losfahren. Er schickt 16 Boote auf die lange Reise. Immer mehr Boote gingen bereits beim Auslaufen oder bei der Rückkehr aus Südost-Asien im Seegebiet rund um den Golf von Biskaya verloren. Die Alliierten hatte eine Tag und Nacht andauernde Observation dieses Seegebietes im Atlantik mit Flugzeugen und modernster Radartechnik begonnen. Von den 16 entsandten Booten gingen sechs verloren. Einige erreichten auch den ‚Südraum‘, wie U 181, U 183, U 196, U 532, U 861 und U 862.

U 181 fuhr unter dem Kommando des erfahrenen Fregattenkapitäns Kurt Freiwald. Er war bei Kriegsbeginn im Führungsstab von Großadmiral Raeder tätig. Nachdem er in den Führungsstab von Admiral Dönitz versetzt wurde, erhielt er den Auftrag, als Kommandant von U 181 eine besondere Fracht nach Südost-Asien zu bringen. Am 16. März 1944 stach er in Bordeaux in See. U 181 ist eines der wenige U-Boote, bei dem die Ladung dokumentiert wurde und Aufzeichnungen darüber erhalten blieben. Das Boot hatte neben 41 Tonnen Blei auch rund 43 Tonnen Quecksilber an Bord.

Auffällig ist, dass die deutschen U-Boote viele Tonnen Quecksilber von Europa nach Südost-Asien und Japan transportierten. U 195 hatte zum Beispiel 250 Tonnen Quecksilber an Bord, U 234 weitere 65 Tonnen und U 196 hatte 1.404 Stahlflaschen mit Quecksilber geladen. Wo kam das Quecksilber her und für was wurden diese großen Mengen in Südost-Asien und Japan benötigt? In Europa gab es Quecksilbervorkommen in Italien und Serbien. Die größten der Welt waren jedoch in Spanien. Japan hat keine Quecksilbervorkommen und musste dieses Metall für seine Zünder- und Waffenproduktion und für Batterien aus Europa importieren.

Ein Teil des Quecksilbers blieb auch in Niederländisch-Indien. Das Land hat wohl mehrere größere Goldvorkommen, aber dass die große Menge Quecksilber, die nach Niederländisch-Indien geliefert wurde, nur für die Goldwäsche verwendet wurde, ist kaum anzunehmen.

Im Laufe des Krieges sind einige deutsche U-Boote vor den Küsten Japans untergegangen. Falls auch in diesen Booten die giftige Fracht Quecksilber geladen war, wäre die *Minamata*-Krankheit – die eine massive Nervenschädigung verursacht – entlang der japanischen Küste erklärbar. In den 1950er Jahren sind Hunderte Küstenbewohner durch mit Quecksilber vergifteten Fisch in Japan an dieser Krankheit gestorben.

Ein weiterer Fall in Japan war im Jahre 1964. Bei den Bewohnern des Fischerdorfes *Taiji* sind stark erhöhte Quecksilberwerte im Blut festgestellt worden. Bei den Fischern dieses Dorfes stehen Delphine und Wale ganz oben auf ihrer Ernährungsliste.

Ein U-Boot der deutschen Kriegsmarine sorgt in Norwegen bis heute für Aufregung. Das neue Boot U 864 sollte auf seiner ersten Fahrt eine geheimnisvolle Hightech-Fracht über Java nach Japan bringen. Am 7. Februar 1945, kurz vor Kriegsende, ist es aus Bergen in Norwegen ausgelaufen. An Bord waren ein zerlegter Messerschmitt Me 262 Düsenjäger, viele Triebwerksteile der Firmen Junkers und BMW, Konstruktionszeichnungen und wiederum rund 65 Tonnen Quecksilber in Stahlflaschen. An Bord waren eine Besatzung von 73 Mann, sowie einige Luftwaffenoffiziere und drei nicht näher bezeichnete zivile Passagiere.

Was Dönitz und die Marineleitung nicht wussten war, dass die britische Aufklärung von der Planung bereits im Vorfeld Kenntnis erhielt und sich vorbereiten konnte. Sie konnten nun den – wie die Deutschen glaubten – sicheren Enigma-Code dechiffrieren. Die Briten setzten das U-Boot *HMS Venturer* auf die Fährte von U 864. Das britische Boot hatte die Aufgabe, U 864 zu versenken, damit die kriegswichtigen Güter nicht nach Japan gelangen konnten. U 864 konnte zunächst unbehelligt die Blockade der Alliierten durchbrechen, aber wegen eines Maschinenproblems musste es nach zwei Tagen auf See wieder nach Bergen zurückkehren. U 864 fuhr wegen des Motorschadens mit langsamer Fahrt im Zickzackkurs. Es war auf Sehrohrtiefe getaucht. Schon seit Stunden wurde es von dem ebenfalls getauchten britischen U-Boot verfolgt. Kurz vor Bergen, bei der Insel Fedje, schoss *HMS Venturer* vier Torpedos ab. Der vierte Torpedo traf. Das deutsche Boot war sofort verloren. Am 9. Februar 1945 sank es mit seiner gefährlichen, giftigen Quecksilberladung in zwei Teile zerrissen auf den 150 Meter tiefen Meeresgrund. Es gab keinen Überlebenden.

Mehrere Jahre suchte die norwegische Marine nach dem Wrack von U 864. Ende 2003 wurde es gefunden. Taucher bargen eine gusseiserne Flasche mit Quecksilber. Es wurde festgestellt, dass bereits Quecksilber ausgetreten war, das den Meeresboden und das Meer rund um das Wrack stark vergiftet hatte. Der Fischfang in der Nähe des Wracks wurde verboten.

Bis heute ist noch nicht klar, wie eine Umweltkatastrophe verhindert werden kann. Vorschläge gibt es viele. Sie reichen von einer Ummantelung mit einem Sarkophag aus Sand, Steinen und Beton, bis zu einer Hebung des Wracks. Letzteres ist jedoch wegen der noch an Bord befindlichen vollen Bewaffnung mit Torpedos sehr risikoreich. Die Kosten für die verschiedenen Vorschläge sollen sich bis zu 110 Millionen Euro bewegen.

Durch diese ökologische Zeitbombe hat U 864 in den Medien große Aufmerksamkeit erregt. Gemeinsam von ZDF, BBC und Discovery Channel wurde ein historisches TV-Drama produziert. Auch viele Zeitungen berichteten über die Umweltgefahr durch U 864.[319]

Das Langstreckenboot U 196 vom Typ IX D2, das neben 1.404 Stahlflaschen Quecksilber auch über 9.000 Barren Aluminium, 105 Kisten Optik-Glas und einige Tonnen Rund- und Vierkantstahl an Bord hatte, verließ am 16. März 1944 unter dem Kommando von Kapitänleutnant Eitel-Friedrich Kentrat den Hafen La Pallice in West-Frankreich mit Kurs Südost-Asien. Zuvor hatte U 196 mit Kapitänleutnant Kentrat erfolgreich im Atlantik und besonders vor der Küste Süd-Afrikas operiert. Mit 225 Tagen auf See, ohne Landgang, war dies eine der längsten Feindfahrten eines U-Bootes im Zweiten Weltkrieg.

Nun war U 196 auf neuer Fahrt in den ,Südraum'. Im Indischen Ozean versenkte das Boot einen alliierten Frachter. Im Hafen von Sabang auf der Insel Weh lag das Boot einen Tag und wartete auf Geleitschutz für die letzte Strecke über die Straße von Malakka. Von Sabang wurde das Boot von einem japanischen Geleitschiff und einer Arado Maschine mit dem Piloten Oberleutnant zur See Ulrich Horn, dem Leiter der Marine Flugstaffel in Penang, über die nördliche Meerenge der Straße von Malakka geleitet. Am 13. August 1944, nach 152 Tagen auf See, kam U196 mit seiner wertvollen Fracht in Penang an. Im Hafen lag bereits U 18, das drei Tage zuvor Penang erreicht hatte.

In Penang ging der Kommandant Kapitänleutnant Kentrat von Bord, um auf den Stützpunkten im ,Südraum' andere Aufgaben wahrzunehmen. Das Kommando von U 196 übernahm nun Oberleutnant zur See Werner Striegler. Unter Striegler fuhr das Boot zunächst nach Singapur und dann weiter nach Batavia. In Batavia wurde das Boot für einen längeren Einsatz rund um Australien ausgerüstet. Am 30. November 1944 verließ U 196 den Hafen von Batavia und fuhr durch die Sundastraße aufs offene Meer. Der Funkverkehr mit dem Boot brach kurz danach ab und am 12. Dezember 1944 wurde es als vermisst gemeldet.

---

319 Kölner Stadtanzeiger 16.02.2007
SPIEGEL 6/2007, S. 60
Frankfurter Rundschau 30.01.2009

Bis heute ranken sich verschiedene Gerüchte um U 196. Nach der Kapitulation Deutschlands soll U 196 in chilenischen Hoheitsgewässern gesichtet worden sein. Von einem chilenischen Kreuzer hätte das deutsche Boot Kartenmaterial der südamerikanischen Küste erbeten und auch erhalten. Anscheinend war das Ziel Peru. Dorthin soll das Boot in einer Geheimmission mit einem Goldschatz unterwegs gewesen sein. Einige Jahre später habe man ein Mannschaftsmitglied in Buenos Aires angetroffen und so weiter. Für all diese Informationen aus verschiedenen Quellen gibt es keine Beweise. Vermutlich sind dies nur Verschwörungstheorien.

Wenn U 196 Batavia mit vollen Treibstofftanks verlassen hätte, wäre die Überbrückung der Strecke von Batavia nach Peru bei einer Fahrt nach Osten oder nach Westen allerdings ohne Problem möglich gewesen. Sicher ist nur, dass U 196 bis heute verschollen ist. Vermutlich ist es bereits in der Sundastraße auf eine Mine gelaufen.

Der Marinestützpunkt Batavia gewann im Laufe der U-Boot-Operationen im ‚Südraum‘ immer mehr an Bedeutung. Da Penangs Hafen durch die Alliierten vermint wurde und durch Luftangriffe immer unsicherer geworden war, wurden die Leitstelle der Stützpunkte und die Funkzentrale nach Batavia verlegt. Neben anderen Booten wurden U 195, U 219, U 537 und U 843 nach Batavia beordert. Im Laufe des Jahres 1944 operierten nur noch die Kampfboote U 168, U 837 und U 862 in den Gewässern von Niederländisch-Indien. Alle anderen Boote in diesen Gewässern sollten mit Rohstoffen beladen und ohne Zwischenaufenthalt den Rückmarsch nach Europa antreten.[320] Insgesamt haben rund 55 deutsche U-Boote den ‚Südraum‘ erreicht und waren in diesen Gewässern im Einsatz. Manchen Booten gelang nur eine Fahrt, einigen wenigen gelang sogar die Hin- und Rückreise mehrmals, noch mehr Boote wurden bereits auf dem Weg in den ‚Südraum‘ vernichtet.

.

---

320 Brennecke, *Haie im Paradies,* S. 127

26. Ausblick auf Band 2

Im zweiten Teil des Buches wird über den bis heute kaum bekannten Marinestützpunkt Sabang detailliert berichtet, sowie über die Gründe, weshalb dieser abgelegene Stützpunkt mehrfach von dem Alliierten massiv angegriffen wurde. Hier wurde nämlich zur Überwachung der Straße von Malakka eine ‚Würzburg'-Radaranlage der Firma Telefunken installiert. Sabang spielte schon im Ersten Weltkrieg in Zusammenhang mit dem *Kleinen Kreuzer Emden* eine herausragende Rolle, auf die auch kurz eingegangen wird.

Der ‚Würzburg'-Radaranlage, der modernsten Radaranlage des Zweiten Weltkriegs, wurde ein eigenes Kapitel gewidmet. Auf Japans Wunsch sollte diese Anlage in Japan nachgebaut werden. Den Telefunken-Ingenieur, der diese Aufgabe wahrnahm und mit einem italienischen U-Boot nach Japan gebracht wurde, kannte ich persönlich. Seine abenteuerliche Fahrt und seine Erlebnisse in Japan werden ausführlich geschildert.

Subhas Chandra Bose war ein indischer Freiheitskämpfer, der mit seiner ‚Armee Freies Indien' *‚Legion Azad Hind'* mit der Deutschen Wehrmacht in Europa kämpfte. In Berlin wurde ihm ein eigenes Rundfunkhaus mit Sendeanlagen zur Verfügung gestellt, damit er seine anti-britische Propaganda in der Welt und besonders in Indien verbreiten konnte. Spannend und abenteuerlich war Boses Überführung von Deutschland nach Japan in einem U-Boot bis in den Indischen Ozean. Von dort fuhr er mit einem japanischen U-Kreuzer weiter bis zum Stützpunkt Sabang. Im ‚Südraum' war Subhas Chandra Bose auch als Oberkommandierender der ‚Indian National Army' INA aktiv. Mit seiner Armee von mehreren zehntausend Indern unterstützte er Hitler sowie den japanischen Vormarsch in Südost-Asien.

Subhas Chandra Bose traf mit allen führenden Nazi-Größen, einschließlich Hitler, zusammen. Durch meine persönlichen Kontakte zu dem Stabsarzt der ‚Armee Freies Indien' und Leibarzt von Subhas Chandra Bose konnten Ende der 1960er Jahren viele bisher unbekannte Einzelheiten über Bose in Erfahrung gebracht werden. Diese werden hier zum ersten Mal öffentlich gemacht.

Eine wichtige Rolle in Band 2 spielt die Deutsche Botschaft in Tokyo, wo der Spion Richard Sorge täglich ein- und ausging. Sorge und seine an die Alliierten weitergegebenen Informationen waren auch ein Grund dafür, dass so viele deutsche Blockadebrecher und U-Boote auf dem östlichen Kriegsschauplatz verloren gingen.

Die damaligen Möglichkeiten des Funkverkehrs zwischen Europa und den Unterseebooten sowie mit den Stützpunkten im ‚Südraum' und der Deutschen Botschaft in Tokio werden beleuchtet. Auch die anfänglichen Schwierigkeiten, den entsprechenden Proviant – von Dauerbrot bis zu Konserven – für das Personal der Stützpunkte und die nach Europa zurückfahrenden U-Boote zu bekommen, sind ein Thema. Ebenso spielt die Freizeitgestaltung der U-Boot-Männer, die im ‚Südraum' mit einem Aufenthalt von mindestens drei Monaten vor dem Rückmarsch rechnen mussten, eine wichtige Rolle.

Im ‚Südraum' waren nicht nur deutsche Unterseeboote im Einsatz, es gab auch einige Staffeln von Marinefliegern. Die Maschinen waren nicht nur für die Aufklärung und Sicherung von Booten im Einsatz, es wurden damit auch Schiffbrüchige gerettet. Wie wir noch sehen werden, finden auch einige abenteuerliche Operationen von deutschen Hilfskreuzern und U-Booten in Australien, Neuseeland und im Pazifik Erwähnung.

Viel wird über den frühen Freiheitskämpfer Indonesiens, Soekarno, zu erfahren sein. Während der japanischen Besetzung Niederländisch-Indiens wurde von ihm die erste indonesische Armee PETA, *Pembela Tanah Air*, gegründet und aufgebaut. In meinem indonesischen Freundeskreis waren Personen, die aktiv dabei mitgewirkt hatten. Ich kann mich bei meinen Aufzeichnungen auf diese Zeitzeugen berufen. Es wird gezeigt, wie das Dritte Reich die Unabhängigkeitsbewegung Soekarnos kräftig mit Menschen und Material unterstützte.

Wie in jedem Krieg gab es Kriegsverbrechen auf beiden Seiten, auch auf See im ‚Südraum'. Diese werden in einem eigenen Kapitel Erwähnung finden. Dann wird noch über den Angriff der Alliierten auf den Stützpunkt Surabaya berichtet, sowie über die Operationen der letzten im ‚Südraum' verbliebenen U-Boote.

Ein umfangreiches Kapitel wird der ‚Deutschen Schule Sarangan' gewidmet. Nachdem Java von den Japanern besetzt war, kamen in dem abgelegenen Gebirgsdorf Sarangan im Osten Javas viele deutsche Frauen mit ihren Kindern zusammen. Hier wurde eine gut funktionierende deutsche Schule aufgebaut, die über das Kriegsende hinaus ihren Schulbetrieb mit über hundert Kindern aufrecht erhielt. Nach 1945 wurden hier sogar die ersten Kadetten für eine neu gegründete provisorische indonesische Militärakademie von deutschen Lehrern in Deutsch und Sport unterrichtet. Nach der Kapitulation Deutschlands und der Auflösung der Stützpunkte waren deutsche Offiziere als Ausbilder in der von Soekarno gegründeten Militärakademie in Yogyakarta tätig.

Wie die deutsche und danach die japanische Kapitulation in Niederländisch-Indien – das Land, das von nun an ‚Republik Indonesien' hieß –aufgenommen wurde, wird in getrennten Kapiteln dargelegt. Ebenso, welchen Anteil Deutschland durch seine Hilfe an der Unabhängigkeit Indonesiens hatte. Über den Tod Hitlers kursieren in Indonesien ganz besonders bizarre Verschwörungs-Theorien. Ich bin diesen so gut es ging nachgegangen und fand Erstaunliches heraus.

Es wird noch kurz auf den fast fünf Jahre dauernden Unabhängigkeitskrieg Indonesiens gegen die zurückkehrende Kolonialmacht Niederlande eingegangen. Dabei wird die Sicht von indonesischen Zeitzeugen darlegen.

Zu guter Letzt berichte ich über einige interessante deutsche Persönlichkeiten, die nach Erreichung der Unabhängigkeit einen überaus positiven Beitrag zum Aufbau der noch jungen und unerfahrenen Republik Indonesien leisteten. Darunter ist auch der ehemalige Reichsbankpräsident Hjalmar Schacht.

Walther Hewel, dem wir in diesem Band durchgehend begegnet waren, wird auch im zweiten Band wieder eine Rolle spielen. Er war bei allen wichtigen Entscheidungen, die Niederländisch-Indien betrafen, involviert. Er setzte sich nicht nur für das Wohl der Deutschen in Niederländisch-Indien ein, er hatte auch das Wohl der einheimischen Bevölkerung und deren Drang nach Freiheit im Auge.

Da das von mir behandelte Thema noch kaum erforscht wurde und das in den verschiedenen Archiven gefundene Material mehr war, als ich erwartet hatte, habe ich viele Ereignisse möglichst detailliert dargestellt. Daher wurde ein zweiter Band des Buches erforderlich. Wenige Wochen nach dem nun vorliegenden ersten Teil wird auch der zweite Teil des Buches veröffentlicht werden. Bis dahin bitte ich die verehrten Leserinnen und Leser noch um etwas Geduld.

Abb. 69
Die Woche, 24. Februar 1937

Abb. 70
Kölnische Illustrierte Zeitung, 28. Oktober 1943

Anlage 1
Zusammenstellung von deutschsprachigen Büchern über Niederländisch-Indien, die zwischen 1930 und 1945 erschienen sind

Erstmals 1930 aufgelegt:

Balner, Leon: *Palmen, Sumpf und Sonne;*

Beebe, William: *Im Dschungel der Fasanan;*

Dauthendey, Max: *Mich ruft dein Bild. Briefe an seine Frau;*

Fehn, Hans: *Die Insel Borneo;*

Geiger, Wilhelm: *Unter tropischer Sonne;*

Heise, Hermann: *Kleiner malayischer Sprachführer für den täglichen Gebrauch;*

Juynboll, Hendrik H.: *Molukken;*

Karlin, Alma: *Drachen und Geister. Novellen aus China, Insulinde und der Südsee;*

Karlin, Alma: *Im Banne der Südsee. Die Tragödie einer Frau;*

Katz, Richard: *Heitere Tage mit braunen Menschen;*

Kühnle-Degeler, Rosa: *Piet, das Dajakbüblein. Eine Kindergeschichte aus Borneo;*

Lauterbach, Julius: *1000 Pfund Kopfpreis, tot oder lebendig;*

Lehner, Stephan: *Geister- und Seelenglaube der Bukaua und anderer Eingeborenenstämme im Huongolf, Nord-Neuguinea;*

Maass, Alfred: *Astrologische Kalender der Balinesen;*

Mjöberg, Eric: *In der Wildnis des tropischen Urwaldes. Abenteuer und Schilderungen aus Niederländisch-Indien;*

Rensch, Bernhard: *Eine biologische Reise nach den kleinen Sunda-Inseln;*

Schöppel, F. A.: *Einreise, Aufenthalt und Ansiedlung in Niederländisch-Indien;*

Schurig, Margarete: *Die Südseetöpferei;*

Unger, Hellmut: *Heimkehr nach Insulinde*

Erstmals 1931 aufgelegt:

Bezemer, Tammo Jacob: *Indonesisches Kunstgewerbe;*

Ettling, Karl: *Unter Pflanzern und Goldgräbern im Kannibalenland Neuguinea;*

Hambruch, Paul: *Einführung in die Abteilung Indonesien. Geschichte, Lebensraum, Umwelt und Bevölkerung;*

Jensen, Hans: *Das indische [indonesische] Schattentheater;*

Kebschull, Dietrich: *Auf Java und Sumatra. Abenteuer eines Abenteurers;*

Keysser, Christian: *Papuamädchen;*

Kindt, Ludwig: *Handbuch der malaiischen Sprache für Reisende und Neulinge in Niederländisch-Indien;*

Müller-Krüger, Theodor: *Die große Reue auf Nias;*

Munnecke, Wilhelm: *Mit Hagenbeck im Dschungel;*

Nobs, Max: *Hinterindien und Malaiische Inseln;*

Otto, Eduard: *In den Urwäldern Sumatras;*

Prinz, Johannes: *Das württembergische Kapregiment 1786-1808. Die Tragödie einer Söldnerschar;*

Sarasin, Fritz: *Aus den Tropen. Reiseerinnerungen aus Celebes;*

Spohr, Wilhelm: *Deutsche in Übersee in Verbindung mit dem Verein für das Deutschtum im Ausland;*

Voigt Erich: *Wirtschaftsgeschichte Niederländisch-Indiens;*

Wirz, Paul: *Die totemistischen und sozialen Systeme in Holländisch-Neuguinea;*

Wirz, Paul: *Im Lande des Schneckengeldes. Erinnerungen und Erlebnisse einer Forschungsreise ins Innere von Holländisch-Neuguinea;*

Wirz, Paul: *Nias, die Insel der Götzen*

Erstmals 1932 aufgelegt:

Arndt, Paul: *Mythologie, Religion und Magie im Sikagebiet;*

Beinhorn, Elly: *Ein Mädchen fliegt um die Welt;*

Braun-Dipp, Elisabeth: *Im Kampf mit dem Krokodil. Erlebnisse am Kahajan-Fluss in Borneo;*

Cohn, William: *Asiatische Plastik. ...Hinterindien, Java;*

Flierl, Leonhard: *Unter Wilden;*

Gerftmayer, Hermann: *Bei den Kopfschnellern auf Borneo;*

Heinrich, Gerd: *Der Vogel Schnarch. Zwei Jahre Rallenfang und Urwaldforschung in Celebes;*

Helbig, Karl: *Batavia. Eine tropische Stadtlandschaftskunde im Rahmen der Insel Java;*

Hörlyck, Hel: *Inge auf Sumatra. Abenteuerliche Erlebnisse eines jungen Mädchens;*

KLM 1932: *Postflugzeug Niederländisch-Indien;*

Kühnle-Degeler, Rosa: *Das Schreierlein. Geschichte aus Borneo;*

Kühnle-Degeler, Rosa: *Salamat. Eine Kopfjägerstochter aus Borneo erzählt aus ihrem Leben;*

Lachmann, Erna: *Durian. Kinder heißer Zonen;*

Loos, Wilhelm: *Kritische Betrachtungen von Flach- und Pfahlgründungen, besonders in den Hafenplätzen Niederländisch-Indiens;*

Metz, Theodor: *Java-Sumatra-Bali. Über Kolonialpolitik im tropischen Holland;*

Moellwitz, Gino Forst von: *Weiße Frau auf Borneo;*

Rönninger Hermann: *In den Goldfeldern Neuguineas. Abenteuer im Flugzeug und zu Lande;*

Rönninger, Hermann: *Tigerjagd auf Java;*

Rudert, Otto: *Das Land der Gifte. Abenteuererzählungen aus der malaiischen Inselwelt;*

Sundermann, Hermann: *Opfer des Aberglaubens. Erzählungen aus dem niassischen Heidentum;*

Sydow, Eckart: *Kunst der Naturvölker. Afrika – Ozeanien – Indonesien;*

Vatter, Ernst: *Ata Kiwan. Unbekannte Bergvölker im tropischen Holland;*

Volz, Wilhelm: *Leben und Tod im Urwald;*

Vuuren, L. van: *Die Niederlande und ihr Kolonialreich*

Erstmals im Jahr 1933 aufgelegt:

Beinssen, Ekkehard: *Kolun-Neuguinea. Drei Männer suchen Gold;*

Bertram, Hans: *Flug in die Hölle. Vom Rhein zur Timorsee;*

Deutsche Kriegsmarine: ‚*Handbuch für den ostasiatischen Archipel'* mit Seekarten (Erweiterungen 1934 und 1940);

Epple, K. D.: *Kurze Einführung in die Hgadjoe-Dajaksprache;*

Haberlandt, Gottlieb: *Erinnerungen, Bekenntnisse und Betrachtungen;*

Hartenau-Thiel: *Erlebnisse eines Deutschen auf Sumatra;*

Haushofer, Karl: *Der nationalsozialistische Gedanke in der Welt;*

Helbig, Karl: *Bei den Orang-Loeboe in Zentral-Sumatra;*

Jensen, Adolf Ellegard: *Beschneidung und Reifezeremonien bei Naturvölkern;*

Karlin, Alma: *Erlebte Welt, das Schicksal einer Frau. Durch Insulinde und das Reich der weißen Elefanten;*

Loeb, Edwin M.: *Die soziale Organisation Indonesiens;*

Nevermann Hans: *Masken und Geheimbünde in Melanesien;*

Pilhofer, Georg: *Grammatik der Kate-Sprache in Neuguinea;*

Ross, Colin: *Haha Whemua – das Land das ich suchte. Mit Kind und Kegel durch die Südsee;*

Schuberth, H. F.: *Durchs bunte Reich von Insulinde;*

Schuurman, Barend Martinus: *Mystik und Glaube im Zusammenhang mit der Mission auf Java;*

Spies, Walter: *Das große Fest im Dorfe Trunjan* (Anm. d. Verf.: auf der Insel Bali);

Wirz, Paul: Dies *und jenes über die Sentanier und die Geheimkulte im Norden von Neu-Guinea;*

Wirz, Paul: *Wildnis und Freiheit. Aus dem Tagebuch eines Weltvaganten*

Erstmals 1934 aufgelegt:

Berghaus, Erwin: *Propeller überm Paradies;*

Bernatzik, Hugo Adolf: *Südsee. Neu-Guinea und Bali;*

Braun-Dipp, Elisabeth: *Goan und Heret. Aus den Lehrjahren zweier Dajak-jungen;*

Collins: *Twin Flowers, A Story of Bali;*

Conrad, Joseph: *Der Verdammte der Insel;*

Cosijn, Emile: *Beitrag zur Kenntnis der Arbeitszustände und soziale Maßnahmen in Industrie und Gewerbe in Niederländisch-Ostindien;*

Deutsche Kriegsmarine: *Handbuch für den ostasiatischen Archipel,* Erweiterungen 1934

Dürr-Frankhauser, Leni: *Siehe ich bin des Herrn Magd. Aus dem Leben einer Missionsfrau auf Borneo;*

Eppelein, Friedrich: *Luther und Neuguinea. Die Neu-Guinea-Mission;*

Fuchs H.: *Heimkehr ins Dritte Reich, Reisebriefe von Kreuzer ,Köln';*

Heinrich, Walter: *In 180 Tagen um die Erde, mit Java und dem Paradiesland Bali;*

Helbig, Karl: *Tropischer Urwald und Mensch;*

Helbig, Karl: *Tuan Gila, Ein verrückter Herr wandert auf Sumatra;*

Keysser, Christian: *Zake, der Papuahäuptling;*

Kirschbaum, F. J.: *Anleitung zu ethnographischen und linguistischen Forschungen, mit Berücksichtigung der Verhältnisse auf Neuguinea und den umliegenden Inseln;*

Lulofs, Madelon, *Gummi. Ein Roman aus Sumatra;*

Pernitzsch: *Die Chinesen in Niederländisch-Indien;*

Schellong, Otto: *Alte Dokumente aus der Südsee. Zur Geschichte der Gründung einer Kolonie;*

Warneck, Johannes: *Sumatra-Bilderbuch*

Erstmals im Jahr 1935 aufgelegt:

Ammers-Küller, Jo van: *Erlebtes und Erschautes aus Niederländisch-Indien;*

Arndt, Paul: *Aus der Mythologie und Religion der Riunger;*

Bock, Carl: *Salis und Aminta. Erzählungen aus der indischen Inselwelt;*

Bunsen, Maria von: *Im fernen Osten. Eindruck und Bilder aus Java;*

Conrad, Joseph: *Almayers Wahn;*

Emmerich, Ferdinand: *Reiseberichte. Kopfjäger auf Borneo;*

Fischdick Maria: *Geschichten aus der Nias Mission;*

Geurtjens, Hendrik: *Unter den Kaja-Kajas von Südneuguinea;*

Hacker, Hekmut: *Die Klimaprovinzen von Niederländisch-Indien;*

Helbig, Karl: *Bau und Bild der Insel Java;*

Helbig, Karl: *Bemerkungen über die sittlichen Zustände und die Erotik der Toba-Batak auf Sumatra;*

Keysser, Christian: *Papuanische Abenteuer;*

Koenigswald, Gustav Heinrich Ralph von: *Vorläufige Mitteilung über das Vorkommen von Tectiten auf Java;*

Kornrumpf, Martin: *Mensch und Landschaft auf Celebes;*

Lachmann, Erna: *Mutterland;*

Leufkens Hub: *Eindrücke aus Batavia;*

Lulofs, Madelon: *Kuli;*

Maass, Alfred: *Mein astrologischer Kalender aus Bali;*

Metz, Theodor: *Mangkoe-Negaran. Analyse eines javanischen Fürstentums;*

Munnecke, Wilhelm: *Mit Hagenbeck auf Sumatra;*

Ohlendorf, Heinz: *Das Schattenspiel. Werkbuch für Schattenspieler;*

Pelzer, Karl Josef: *Die Arbeiterbewegungen in Südostasien;*

Reschke, Heinz: *Linguistische Untersuchung der Mythologie und Initiation in Neuguinea;*

Rudolf, Axel: *Amor im Pazifik;*

Schnee, Heinrich: *Die deutschen Kolonien vor, in und nach dem Weltkrieg;*

Veen, Gretchen van: *Eine Reise durch Zentral-Celebes;*

Vorklage, Bernhard Andreas G.: *Magie und Soziologie in Indonesien*

Erstmals 1936 aufgelegt:

Flierl, Johann: *Als erster Missionar in Neuguinea;*

Flierl, Johann: *Vom Reitochsen zum Flugzeug;*

Hahl, Albert: *Deutsch-Neuguinea. Koloniale Fragen im Dritten Reich;*

Henning, Joachim: *Die Frau im öffentlichen Leben in Neuguinea;*

Joest, Wilhelm: *Kapitäne und Kopfjäger. Fahrten und Erlebnisse zwischen Peking und der Timor-See;*

Johann, A. E.: *Kulis, Kapitäne und Kopfjäger. Fahrten und Erlebnisse zwischen Peking und der Timorsee;*

Körner, Theo: *Totenkult und Lebensglaube bei den Völkern Ostindonesiens;*

Kunst, Jaap: *Ein musikologischer Beweis für Kulturzusammenhänge zwischen Indonesien – (Java, Bali) – und Zentralafrika;*

Lässig, Robert: *Javanisch;*

Lehner, Stephan: *Die Papua und die neue Zeit;*

Link, Otto: *Die Reise nach Java;*

Lulofs, Madelon, *Die andere Welt;*

Lüring, Emil: *Bei den Kopfjägern auf Borneo und andere Erlebnisse im Fernen Osten;*

Moshage, Julius: *Mit Zirkel und Hammer durch die Welt. Bilder und Geschichten aus dem Leben eines Montage-Ingenieurs daheim und unter dem Äquator;*

Nolde, Emil: *Südseereise;*

Pfalzer, Johann Georg: *Erinnerungen aus alter Zeit;*

Plessen, Victor von: *Bei den Kopfjägern von Borneo,* (mit Leinenumschlag);

Rensch, Bernhard: *Die Geschichte des Sundabogens;*

Reschke, Heinz: *Tunggal panaluan. Der heilige Stab der Batak;*

Rittlinger, Herbert: *Südseefahrt;*

Roch, Gerhard: *Die politisch-geographische Entwicklung von Sumatra;*

Sarasin, Fritz: *Beiträge zur Prähistorie der Inseln Timor und Roti;*

Schnabel, E.: *Der Missionar und die Gehilfen;*

Sperling, Irene: *Beiträge zur Länderkunde von Niederländisch-Neuguinea;*

Vorklage, Bernhard Andreas G.: *Das Schiff in den Megalithkulturen Südostasiens;*

Vorklage, Bernhard Andreas G.: *Die sozialen Verhältnisse Indonesiens;*

Wadia, A. S.: *Die Schönheit von Bali* (*The Belle of Bali: Being Impressions of a Pleasures Cruise to the Dutch East Indies*);

Wagner, Leonhard: *Die Erneuerung eines Papuastammes;*

Warneck, Johannes: *Die Inseln harren auf mich;*

Zobeltitz, Fedor von, *Der Herr aus Java*

Erstmals 1937 aufgelegt:

Arndt, Paul: *Déwa, das höchste Wesen der Ngadha;*

Baum, Vicki: *Liebe und Tod auf Bali;*

Behrmann, Walter: *Der malaiische Archipel;*

Brandstetter, Renward: *Wir Menschen der indonesischen Erde;*

Bühler, Alfred: *Bericht über die im Jahre 1935 auf Timor, Rote und Flores angelegten ethnographischen Sammlungen;*

Covarubias: *Island of Bali;*

Dreesen, Walter: *100 Tage auf Bali;*

Hahl, Albert: *Gouverneursjahre in Neu-Guinea;*

Halusa, Karl: *Vom Wesen der javanischen Musik;*

Helbig, Karl: *Körperliches und seelisches Befinden auf Tropenmärschen in Sumatra;*

Hupbach, Frida: *Land der ewigen Sonne. Erinnerungen eines Tropenkindes an Java und die Sundainseln;*

Kähler, Hans: *Untersuchungen über die Laut-, Wort- und Satzteile der Nias;*

Lockhart, R. H. Bruce: *Wieder in Malaya;*

Loubèr, Johannes A.: *Indonesische Frauenkunst;*

Lulofs Madelon: *Kolonisten;*
Lulofs, Madelon: *Hungerpatrouille, Roman aus Niederländisch-Indien;*
Müller, Fritz: *In Sumatra und anderswo;*
Nevermann, Hans: *Bei Sumpfmenschen und Kopfjägern. Reisen durch die un-erforschte Inselwelt und die Südküste Niederländisch-Indiens;*
Nevermann, Hans: *Der Kopfjäger Gesigen und sein Weib. Geschichte einer Lie-be auf Neuguinea;*
Schröter, Richard: *Versuch einer grammatischen Auslegung des Kemering-Dia-lektes der Lampong-Sprache;*
Schwägerl, Anton: *Das Auslandsdeutschtum im niederländischen Kolonialreich unter Berücksichtigung der geographischen und sozialen Verhältnisse;*
Treslong, Prius Bloys van: *Die Deutschen in Niederländisch-Indien;*
Velter, Joseph Matthäus: *Männer im Urwald. Ein Forscherschicksal auf Borneo;*
Weck, Wolfgang: *Heilkunde und Volkstum auf Bali;*
Wöller, Johannes: *Von Jütland bis Java. Aus dem Reisetagebuch eines dänischen Arztes*

Erstmals 1938 aufgelegt:
Arndt, Paul: *Demon und Padzi, die feindlichen Brüder des Solor-Archipels;*
Baumann, Rudolf: *Nachtwache im Durianhain. Asnap aus Java erzählt seine Geheimnisse;*
Bornemann, Fritz: *Missionar in Neuguinea;*
Emmerich, Ferdinand: *Streifzüge durch Celebes;*
Fabricius, Johan: *Kapitän Bontekoes Schiffsjungen. Die abenteuerlichste Fahrt aller Zeiten;*
Freemann, John: *Das Orchideenschiff. Verrückte Reise nach Bali;*
Fries, Eduard: *Aus den Bergen von Sifaoro'asi;*
Gerstäcker, Friedrich Wilhelm Christian: *Unter dem Äquator. Javanisches Sit-tenbild;*
Halusa, Karl: *Inseln des Friedens. Eine Reise durch Mentawei;*
Haushofer, Karl: *Geopolitik. Studien über die Wechselbeziehungen zwischen Geographie und Geschichte;*
Helfferich, Emil: *Dienst am Vaterland;*
Helfferich, Emil: *Erlebtes;*
Helfferich, Emil: *Vaterländische Aufsätze, Reden und Gedichte, zusammenge-stellt aus Veröffentlichungen der Zeitschrift ,Deutsche Wacht';*
Kuck, F.: *Deutsche in Fernost (Niederländisch-Indien und Ostasien);*
Kühnle-Degeler, Rosa: *Das Fest der Freude. Zwei Erzählungen aus Borneo;*
Kuntze, Paul Heinrich: *Das Volksbuch unserer Kolonien;*

Lauth, Karl: *Sonne und Whisky. 5 Jahre in Niederländisch-Indien;*
Lehner-Sander, Willy Anna: *Im Schatten der Vulkane. Ein Java Roman;*
Nevermann, Hans: *Die indo-ozeanische Weberei;*
Rabenbauer, A.: *Dewi Angreni. Eine Bali-Novelle;*
Schmutterer, Gottfried: *Europäer und Papua;*
Schöppel, F. A.: *Einreise, Aufenthalt und Ansiedlung in Niederländisch-Indien;*
Steinmann, Alfred: *Indonesische Textilien. Sammlung Alfred Steinmann;*
Steinmann, Alfred: *Über anthropromorphe Schlitztrommeln in Indonesien;*
Thierfelder, M. V.: *Aus dem Land der Marindinesen;*
Ting Liat Djie: *Theoretische Untersuchungen über die Einkommensverteilung mit einer besonderen Betrachtung der Verhältnisse Niederländisch-Indiens;*
Warneck, Johannes: *Werfet eure Netze aus. Erinnerungen;*
Witschi, Hermann: *Bedrohtes Volk. Von den Ngadju-Dajak an den Urwaldströmen Süd-Borneos;*
Zoete, Beryl de (mit Walter Spies): *Dance and Drama in Bali;*
Zweig, Stefan: *Magellan. Der Mann und seine Taten*

Erstmals 1939 aufgelegt:

Beielstein, Felix W.: *Der große Imhoff. Ein deutscher Kolonisator;*
Bühler, Alfred: *Die Herstellung von Ikattüchern auf der Insel Roti;*
Fucks, Friedrich Wilhelm: *Moderne ‚Kolonisation' in Niederländisch-Indien;*
Geck, Heinz: *Der Herr des Dschungels. Tiger und Menschen in Insulinde;*
Haag, Karl: *Der Ausdruck der Denkordnung im Javanischen;*
Haushofer, Karl: *Deutsche Kulturpolitik im indopazifischen Raum;*
Helbig, Karl: *Til kommt nach Sumatra – Das Leben eines deutschen Jungen in den Tropen;*
Jensen, Adolf Ellegard: *Ergebnisse der Frobenius-Expedition 1937-38 in den Molukken und Holländisch-Neuguinea;*
Jensen, Adolf Ellegard: *Volkszählungen von der Molukken-Insel Ceram;*
Jordan, Ilse: *Ferne blühende Erde;*
Katz, Richard: *Die Wildkuh von Lombok. Ein Jagdabenteuer auf der Dunda-Insel Lombok;*
Keysser, Christian: *Wir Heiden und ihr Christen;*
Lehr, Hans: *Sambio. Unter den Kopfjägern von Neuguinea;*
Loeber, Irmgard: *Das niederländische Kolonialreich;*
Lommel, Andreas: *Schlange und Drache in Hinterindien und Indonesien;*
Maass, Alfred: *Die Kunst bei den Malaien Zentral-Sumatras;*
Münsterberger, Werner: *Ethnologische Studien an indonesischen Schöpfungsmythen;*

Sanceau, Elaine: *Die Pfefferflotte. Das Leben des portugiesischen Generalkapitäns Albuquerque;*
Simbriger, H.: *Gong und Gongspiele;*
Steinmann, Alfred: *Das kultische Schiff in Indonesien;*
Tappenbeck, Dietrich: *Geologie des Mollogebirges und einiger benachbarter Gebiete auf Niederländisch-Timor;*
Vollhard, Ewald: *Kannibalismus;*
Warneck, Johannes: *Sumatranische Plaudereien;*
Wendland, Wilhelm: *Im Wunderland der Papua. Ein deutscher Kolonialarzt erlebt die Südsee*

Erstmals 1940 aufgelegt:
Berger, Arthur: *Wunderwelt der Südsee;*
Bonn, Alfred: *Die Sonne geht auf über unseren Bergen;*
Deutsche Kriegsmarine: *Handbuch für den ostasiatischen Archipel,* Erweiterungen 1940;
Freiberg, M. von: *Dschungel, Öl und Kopfjäger. Eine abenteuerliche Reise;*
Gilg, Antoinette: *Sumatra. Erlebnisse einer deutschen Rot-Kreuz-Schwester;*
Helbig, Karl: *Beiträge zur Landeskunde von Sumatra;*
Helbig, Karl: *Urwaldwildnis Borneo. 3000 Kilometer Zick-Zack-Marsch durch Asiens größte Insel;*
Helfferich, Emil: *Gedanken über tropische Wirtschaftsgestaltung am Beispiel Niederländisch-Indiens;*
Helfferich, Emil: *Reiseskizzen;*
Höltker, Georg: *Steinkeulenköpfe und Steinbeile in Neuguinea* (1940 und 1941);
Höltker, Georg: *Die Gende in Zentralneuguinea;*
John, Günther: *So sehe ich Asien;*
Keysser, Christian: *Der Prophet von Tobou;*
Koenigswald, Gustav Heinrich Ralph von: *Neue Pithecanthropus-Funde 1936-38;*
Menz, Julia: *Maha Djalan. West-östliche Reise;*
Ranke, Viktor von: *Die heilige Lanze;*
Schärer, Hans: *Die Bedeutung des Menschenopfers im dajakischen Totenkult;*
Steinmann, Alfred: *Die Ornamente der Ikat-Gewebe von Sumba*

Erstmals 1941 aufgelegt:
Aufinger, Algert: *Siedlungsform und Häuserbau an der Rai-Küste Neuguineas;*
Bothas, Dagmar: *Tropenwelt Java – Reiseeindrücke und Bilder;*

Dempwolff, Otto: *Einführung in die Malaiische Sprache;*

Elfeldt, Anneliese: *Das große Jahr auf Sumatra. Roman aus der holländischen Kolonialarmee;*

Fischer, Otto: *Kunstwanderungen auf Java und Bali;*

Haushofer, Karl: *Der Kontinentalblock : Mitteleuropa, Eurasien, Japan;*

Haushofer, Karl: *Japan baut sein Reich* (Anm. d. Verf.: auch mit Blick auf Niederländisch-Indien);

Helbig, Karl: *Urwaldwildnis Borneo. 3000 km Zick-Zack-Marsch durch Asiens größte Insel;*

Höltker, Georg: *Verstreute ethnographische Notizen über Neuguinea;*

Hörlyck, Hel: *Inge erarbeitet sich die neue Heimat. Rückkehr nach Sumatra;*

Hörlyck, Hel: *Inge muß in die Welt. Erlebnisse unter den Eingeborenen der Sundainseln;*

Horsky, Maria: *Religiöse Holzplastik in Indonesien;*

Hue, Friedrich: *Unter javanischer Sonne. Aus dem Leben des Admirals Janhendrik van Kinsbergen;*

Kähler, Hans: *Indonesische Forschungen. Sprachbetrachtungen;*

Kahlo, Gerhard: *Kleines vergleichendes malayo-polynesisches Wörterbuch;*

Kühnle-Degeler, Rosa: *Erzählungen aus einer Arbeit an den Dajakfrauen in Borneo;*

Kuntze, Paul Heinrich: *Das neue Volksbuch der Kolonien;*

Moshage, Julius: *Weiße Kohle am Tigerberg. Bau einer deutschen Wasserkraftanlage in Sumatra;*

Nevermann, Hans: *Ein Besuch bei Steinzeitmenschen;*

Pichnow, Ernst Hermann: *Die Brücke über den Djambi;*

Reinhard, Rud.: *Das Bevölkerungsproblem auf Java;*

Röder, Josef Georg Benedikt: *Die Sima-Sima. Eine schamanische Kult-Gemeinschaft auf Südmittel-Ceram;*

Schnitger, Martin: *Schönes Indonesien;*

Schreiber, Walter: *Mit der Kamera unter Kopfjägern. Die Filmexpedition des Barons von Plessen ins Innere Borneos. Ein Erlebnisbericht;*

Schuh, Gotthard: *Inseln der Götter. Java – Sumatra – Bali;*

Wylick, Carla von: *Bestattungsbrauch und Jenseitsglaube auf Celebes*

Erstmals 1942 aufgelegt:

Antonescu: *Bildbericht Java, Bali und Sumatra;*

Dauthendey, Max: *Das Märchenbriefbuch der heiligen Nächte im Javanerland;*

Hörlyck, Hel: *Inge auf Plantage Agnetenhöhe. Abenteuerliche Erlebnisse auf Sumatra;*

Kleine, Heinrich de: *Anthropologische Untersuchungen auf Bali und Lombok;*
Mead, Margaret und Gregory Bateson: *Balinese Character, A photographic Analysia;*
Remington Woodbern E.: *Gewitter über Insulinde;*
Schärer, Hans: *Aus königlichem Geschlecht;*
Schucht, Elisabeth: *Eine Frau fliegt nach Fernost;*
Volz, Wilhelm: *Die Besitznahme der Erde durch das Menschengeschlecht;*
Voortland, Andries: *An der Zeit vorbei. Roman aus Insulinde;*
Wulff, Kurt: *Über das Verhältnis des Malayo-Polynesischen zum Indonesischen;*
Zimmer, Woldemar: *Im Sturm auf dem Barito und andere Erzählungen*

Erstmals 1943 aufgelegt:
Ammers-Küller, Jo van: *Indien;* [Anm. d. Verf., lt. niederländischem Sprachgebrauch wird Niederländisch-Indien nur Indien genannt];
Körner, Theo: *Das holländische Kolonialreich;*
Krug, Hans-Joachim: *Götterthrone im Urwald. Auf den Spuren altindo-malaiischer Kultur;*
Liniger, Hans: *Saja, Tuan. Eine Reise durch Niederländisch-Indien;*
Moshage, Julius: *Der Chinesenmord von Batavia. Ein Deutscher rettet Insulinde;*
Räber, Hans: *Der junge Tuwan. Hans erlebt Sumatra;*
Veltheim-Ostrau, Hans Hasso von: *Tagebücher aus Asien. 1937-1939, Bali*

Erstmals 1944 aufgelegt:
Hagenbeck, John: *Raubtierjagd auf Sumatra;*
Plessen, Victor von: *Bei den Kopfjägern von Borneo,* 2. Auflage als Paperback-Ausgabe;
Wegner, Rudolf: *Die Erweckungs-Bewegung auf Nias;*
Zimmer, Woldemar: *Djantik, der Häuptlingssohn. Erzählungen aus Borneo*

Erstmals 1945 aufgelegt:
Dreesen, Walter: *Märchen aus Bali;*
Höltker, Georg: *Das Pidgin-Englisch als sprachliches Missionsmittel;*
Zimmer, Woldemar: *Atjau's Welt auf Borneo*

Diese Zusammenstellung (©Horst H. Geerken) erhebt keinen Anspruch auf Vollständigkeit. Zum Beispiel wurden Ausgaben der Romanheftserien (mit einer Ausnahme) nicht aufgeführt, da einige Titel bereits in Kapitel 4 erwähnt wurden. Es gibt zusätzlich noch viele Veröffentlichungen der christlichen Missionen, oder Werke über spezielle Sprachforschungen, die nicht mit aufgeführt wurden. Diese waren auch im Dritten Reich nicht von allgemeinem Interesse.

Falls weitere Neuerscheinungen aus dem angeführten Zeitraum bekannt sind, bittet der Autor um Mitteilung an h_geerken@yahoo.de, um die Aufstellung in einer weiteren Auflage zu vervollständigen.

Anlage 2
Einladung für Walther Hewel vom ‚Nationalklub von 1919‘

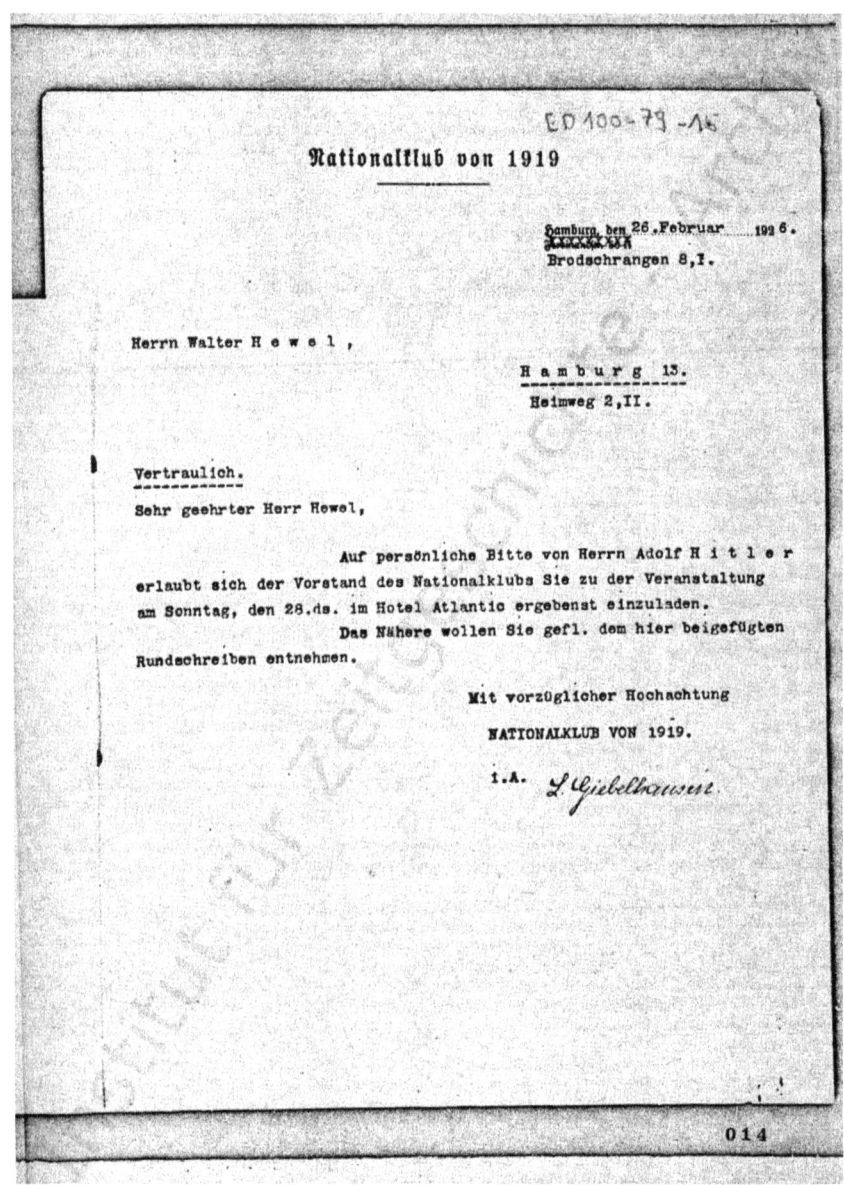

Anlage 3
Bericht von Prof. Dr. Karl Haushofer
aus der Zeitschrift *Deutsche Wacht*

— 28 —

Die weltpolitische Bedeutung des Feldzuges der Japaner im Fernen Osten

Von Universitätsprofessor Dr. Karl Haushofer, Generalmajor a.D.

Offene Tür und gleiche Gelegenheit für alle, ist eines von den Verheissungs- und Trugworten wie sie von der Dollarpolitik der Vereinigten Staaten in die Welt hinaus geschleudert werden, ohne je eingelöst oder gar für den eigenen Macht- und Wirtschaftsraum ernst genommen zu werden. Mit solchen weltpolitischen Schlagzeilen sind, ähnlich wie wir seinerzeit durch Wilsons Punkte, in der Buchstabenfolge genannt, Athiopien, China, Kuba, Haiti, Mexiko, Nikaragua, Panama, die Philippinen, Spanien namentlich, wenn sich noch Genf dazuschlug, auf den Leim oder in die Tinte, in Unheil oder Abhängigkeit verlockt worden. Japan entzog sich seit Admiral Perrys Landöffnung mit List und Gewalt dem ihm zugedachten Los; das grosse China zappelt noch darin. Vielleicht reisst es sich mit tausend Leiden und Wunden heraus, vielleicht geht es darin unter, aber nicht um in westliche, sondern in fernöstliche Hände zu fallen. Auf „Offene Tür und gleiche Gelegenheit für alle", auf alle Neunmächte-Verträge, Kellogg-Pakte und Noten von Waschington antwortet als Responsorium das grausige Totenlied des „Shanghailanders" mit der Prophezeiung: „Zuletzt gibt es in Ostasien nur noch eine offene Tür, die, durch die wir alle hinausfliegen' — wenn wir Glück haben, noch mit Sack und Pack; wenn wir keins haben, mit dem nackten Leben oder ohne dieses letzte Handelsgut."

Zur Autarkie zurück.

So ernst ist die Lagenwende im Fernen Osten an der Schwelle von 1938 auf 1939 geworden; sie ist es, wenn wir nüchtern den Tatsachen ins Gesicht sehen („face facts") — ohne eine unfruchtbare Untersuchung der Schuld und ohne Vorhersage; und zwar gleichviel, ob Japan mit einer grossartigen Anstrengung über die Kraft einen vollkommenen Sieg erreicht, ob ein Kompromiss innerhalb des Fernen Ostens entsteht, oder ob ein wiedererwachtes, erneuertes China wieder Herr seines Raumes werden sollte, oder endlich das ganze Festland in rote Zustände von der Art Spaniens versänke, die 363 Millionen Indiens mit in das Verderben der 160 Millionen Eurasiens und der 450 Chinas reissend. Denn ein neues ostasiatisches System unter Japans oder unter festländischer Führung muss, wenn es sich retten will, zur Autarkie zurückstreben und nur hereinlassen, was es unbedingt braucht, abstossen, was ihm nicht lebensnotwendig ist.

Das ist, soweit die Gründung eines japanischen Fernost-Imperiums dafür entscheidend ist, mit seltener Offenheit der Reihe nach von Fürst Konoye,

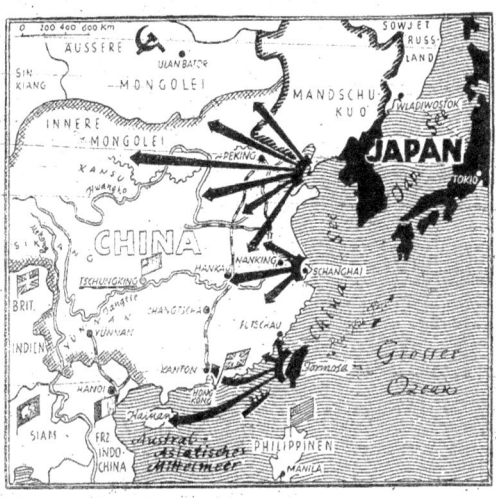

Die Pfeile geben die Ausdehnung Japans auf dem chinesischen Kontinent an. (Kartendienst des BLA)

General Araki, Admiral Yamamoto ausgesprochen wurden, und ganz zuletzt hat eine Stimme aus dem Heerlager die Unwiderruflichkeit neuer Ordnungen und die Unmöglichkeit einer Rückkehr zum Zustand vor dem Kriege für Japan verkündet, ohne Widerspruch zu finden.

Japans Machtgebiet in China.

➤ Das uralte Staatsschiff Dai Nihons segelt vollkommen neuen Ufern zu, und dem Enkel des Meiji-Kaisers sind dessen Regierungsmethoden so ferngerückt wie das zweite deutsche dem Dritten Grossdeutschen Reich. Für landläufige wehrgeopolitische Vorstellungen liegt das Okkupationsgebiet über dem eigentlichen Kulturland von Alt-China, über seiner nördlichen gelben Erde fester, über seinem südlichen Bergland und seinem Wasserverkehrsgebiet lockerer; etwa so, ähnlich wie das Eisenbahnkreuz über der Mandschurei. Sobald die nordsüdliche Eisenbahn-Leitlinie Peking—Hankau—Changschà—Kanton betriebsfähig fest in japanischen Händen war, der Stromlauf des Yangtse und Hwangho von ihr aus nach Osten dienstbar wird, lag ein Etappengerüst über etwa anderthalb Millionen chinesischer Quadratkilometer, dessen Abschüttelung von Marschall Tschiangkaischek übernatürliche Kräfte gefordert hätte.

Übernatürlich insofern, als er nur mehr über die grossen Binnenlandschaften Szechuan, Yünnan,

Schensi und Kansu mit sehr unvollkommenen Zubringern von aussen her verfügt, die (abgesehen von der schmalspurigen Yünnanbahn aus Französisch-Indochina, das sehr vorsichtig sein muss) — nur aus Land- und Flugverbindungen bestehen, die von Birma und Chinesisch-Turkestan ins obere Yangtsegebiet führen, da die Innere Mongolei weitgehend abgeriegelt ist. Insofern war die Wegnahme von Hankau wirklich der Verlust einer lebenswichtigen Zentralstelle, wenn auch Rüstungswerkstätten im Innern noch so schnell aus dem Boden wachsen. Aber auch abseits der Etappenlinien verfügt der Führer Chinas (des Marschalls neuester Titel) noch über weite Räume und ihre menschlichen und wirtschaftlichen Hilfsquellen, so gross die Leiden und Opfer des chinesischen Bauern sind, der immer noch 80 Prozent der Volksmasse ausmacht.

Diese Tatsache seiner wurzelhaften Bodenverbundenheit mit wenigstens 350 Millionen seiner gewaltigen Volksdichte gibt China jene Widerstandskraft im Leiden, deren falsche Einschätzung zu Anfang der „Strafexpedition" nun in Japan allgemein zugegeben wird, sosehr man immer noch versucht, die breiten Schichten des eigenen Volks werbungsmässig über die seelische Tiefe und mögliche Dauer dieses Widerstands hinwegzutäuschen.

Die Bewältigung des Riesenraumes.

Machen wir den Versuch, die japanische Imperiumsgründung durch Eroberung Chinas und dessen Eingliederung in ein neues gewaltiges System politisch als Raumbewältigungsaufgabe, klarzumachen, so wird die wirtschaftliche Answertung auf lange Dauer scharf von der politischen und einer wirklichen Eroberungsmöglichkeit abgehoben werden müssen. Schon eine wirtschaftliche Verfügungsgewalt über die Gesamtheit des Fernen Ostens auf beschränkte oder geraume Zeit ist in allen Rückschlägen auf Europa und seine Mächte, auf ihr Europa-Afrika-Ziel und, den mehr oder weniger verschwommenen Panamerikanismus der Neuen Welt bedeutsam genug.

Noch viel weiter wäre die Wirkung, wenn eine wirkliche, zuletzt auch seelische Eroberung Chinas gelänge, so dass der riesige Landkörper nicht (wie der indische innerhalb des britischen Indiameer-Reiches) einen beständig mit Sorge zu betrachtenden kontinentalschweren, wankenden Gewölbeschlussstein bilden würde, bereit zum Herausbrechen oder Herausgebrochenwerden, sondern die entscheidende Machtgrundlage. Dann aber würde diese Macht chinesisch, nicht mehr japanisch sein nach dem uralten Sprichwort: „China ist ein Meer, das alle Flüsse salzig macht, die sich hinein ergiessen."

Aber zu diesem letzten, gewiss als heimliche und öffentlich zugegebene Hoffnung in der japanischen Volksseele brennenden Wunschziel fehlt noch viel; vor allem fehlt es breiten Kreisen in Japan an der Fähigkeit, kontinental zu denken, aus der eigenen insularen Enge heraus den Notwendigkeiten der gelben Festlanderde gerecht werden zu können. Solange, bis es diese Aufgabe angehen kann, sitzt der japanische Erfolg auf Bajonetten und sonstigem Kriegsgerät, das sich zum Sitzen weniger eignet als zum Inbesitznehmen. Beides ist nur durch Flotte und Luftmacht ermöglicht, wenn es dauern soll.

Die Riesenleistung der japanischen Flotte ist bisher gewesen, dass sie dem Landheer bei seinen Festlandaufgaben den Rücken frei gehalten hat und eine unvergleichliche Landungsgewandtheit und Fähigkeit zum Verwerfen von Truppenmassen über

See entwickeln konnte. Das war zunächst leichter, solange sich dieser Vorgang innerhalb der sogenannten inneren japanischen Seewehrzone des 100-Millionen-Reiches vollzog, die durch Japanese und Ostchinasee, zwischen dem eigentlichen japanischen Inselbogen mit seinen 72¼ Millionen, dem Riukiu-Bogen und der Formosastrasse flutet. Ein viel höherer weltpolitischer und wehrpolitischer Gefahrengrad entstand mit dem Hinausgreifen der Operationen über die Formosastrasse nach Süden in das mit Spannungen geladene Zerrungsfeld des Australasiatischen Mittelmeers hinein mit teilweiser Überwallung von Hongkong und Bedrohung Indochinas über Hainan.

Das Ausgreifen nach Süden.

War das Verdrängen von Britenmacht und Britenwirtschaft aus Nordchina ein Tritt auf die Zehen, aus dem Yangtsegebiet mit Lahmlegung von Schanghai ein Kernhieb, so der Griff nach Hongkong ein Griff an die Kehle: das britische Machtdreieck Hongkong-Singapore-Port Darwin (Australien) mit seiner Flankendeckung in Manila-Korregidor auf den amerikanischen Philippinen. So erklärt sich denn auch das erste gemeinsame Auftreten von Washington und London um den zusammenbrechenden Neunmächtepakt als Deckmantel. Aber man kennt in Japan die sonstigen Bindungen des Inselreichs am Westende der Alten Welt: in Mittelmeer, Palästina-Grossarabien, Ägypten, Iran, Indien und sonst innerhalb des Dreiecks Berlin-Rom-Tokio. Man weiss, dass Paris sich jetzt mehr um Korsika und Tunis kümmern muss als um seinen pazifischen Balkon Indochina, sosehr es trauern mag, sein natürliches Gibraltar an der Kamranhbucht im früher in ein besseres Seitenstück zu Hongkong und Singapore verwandelt zu haben.

Man sagt sich in Tokio, dass man mit vollem Einsatz der Werte von zweieinhalb Jahrtausenden um die künftige Weltgeltung, die westpazifische Vormacht und ein unüberwindliches wirtschaftliches Hinterland spielt und dass die innere Zerrüttung der Sowjetunion, bei dem Kämpfen am Amur und Tjumen an der mandschurischen Westgrenze zutage getreten, vielleicht nie wiederkehrt, und das so vielfältig vorbereitete Zusammenwachsen des transasiatischen (Sowjets) und des transpazifischen Hauptgegners (NS) gegenstandslos macht.

Weltaufrüttelnde Stürme.

Aut nunc aut nunquam! Jetzt oder nie! — So sehen das hohe Spiel des japanischen Weltmachtwerbens die Hoffnungsfrohen und Starkwilligen in Tokio, im Heer und in der Flotte; so sieht es ganz gewiss die hinreissende, suggestive Persönlichkeit

des japanischen Botschafters in Berlin und weiss.
ihr Weltbild zu übertragen. Anderen wird dabei zu
Mut wie dem Reiter über dem Bodensee. namentlich den Männern und Frauen in Japan und anderswo. die vielleicht noch immer geglaubt haben. es
gäbe für Japan oder China eine Rückkehr zu Vorkriegszuständen. zum Schanghai von 1900. zum
Jangtsetal des Chang-Chi-Tung. zum Nordchina Li-Hung-Tschangs oder was solche Phantasiebildungen
mehr sind. Asien hat eine passive. verträumte und
eine höchst aktive. tatenfrohe Seite. die abwechselnd
hervortreten können.

Dschingiskhan ist mit Kavallerie-Divisionsbreiten
über vergletscherte Hochpässe geritten. und was
fiel. das fiel. Solche weltaufrüttelnden Stürme sind
doch nicht zum erstenmal aus Asien hervorgebrochen: warum nicht einmal aus seiner ganzen. vollen
Tiefe: der Westen muss sich darauf einrichten. und
seine inneren Verbände verfestigen. damit sie Erdstössen weltüber standhalten. wie es die Achsenmächte getan haben. „Victrix causa dis placuit devicta Catoni" („Die siegreiche Sache erfreut die
Götter. die besiegte den Cato"). — aber Cato endete
schliesslich stolz durch Selbstmord: und das wird
man Völkern nicht ansinnen können — namentlich.
wenn sie zur rechten Zeit Verständnis für die stärkere Sache aufgebracht haben.

Es gibt in der Fernostfrage kein Zurück. wie sehr
man die entschwundene Schönheit der einst ungestört emporgeblühten Fernostkultur beklagen mag.
Auch nun „klagen um die verlorene Schöne". Aber
Japan traut sich zu. der Halbgott. „Mächtiger der
Erdensöhne" zu sein. der sie wieder aufzubauen vermag. Ob es das kann. erweist nur die Tat. Zu ihr
kämpft es sich vorwärts von einer Mauer. die vor
seinem ozeanischen. überseeischen Gesicht durch
lauter Einwanderungs-Verbote aufgebaut ist. So
machte es entschlossen kehrt. in der einzigen offenen Ausdehnungsrichtung aus seinem raumbeengten
Volksgedränge festlandswärts. in einem schweren.
vom Abendland aufgezwungenen Rüstungspanzer.
der zunächst China zu erdrücken scheint. nachdem
er sich über Korea und Mandschurei hinweggestülpt
hatte. Aber wer hat China — trotz dem Rat. des
weisen Prinzen Kung — das Opium und die Missionare aufgedrängt? Die Westmächte des Abendlandes.

Wer hat mit Gewalt Japan. „das letzte verschlossene Paradies der Erde". gegen seinen Willen aufgebrochen? Ein Geschwader unter den Sternen und
Streifen der USA und dann der edle Wetteifer Russlands mit den Kolonialmächten alten Stils! Nun
haben sie alle die Neujahrsbescherung. an der sie
alle sie selbst gearbeitet haben. Weder das Dritte.
grossdeutsche Reich noch Italien waren an den entscheidenden Wendungen dieser „Erschliessungspolitik" des Fernen Ostens beteiligt. die seine zentripetalen. Neigungen zu Selbstgenügsamkeit in Ausdehnungslust und Ausdehnungszwang verwandelten.
Erst als beides schon in unerhörtem Wanderdruck
und Wälter-Ausstossung der Welt sichtbar wurde.
trat die Notwendigkeit zu eigener Stellungnahme an
die wartigen Achsenmächte heran.

Berlin—Rom und Tokio.

Kein Wunder. dass sie keine Lust hatten. sich für
Vorrechte Dritter an fremden Küsten einzusetzen.
von denen sie ausgeschlossen oder aus denen sie in
völliger Verkennung einer ehedem möglichen weissen Rassenpolitik ausgetrieben und ihrer Rechte
einseitig beraubt worden waren. woran das Lügenspiel der Genfer Liga nichts. aber auch nichts geändert hatte. Berlin und Rom stehen dem Lagenwandel im Fernen Osten nur. mit dem Wunsch gegenüber. dass neues. aufbauendes Leben aus ihm
hervorgehe und so viel von den eigensten Kulturwerten des Fernen Ostens darin erhalten bleibe. als
irgendwie mit dieser unvermeidlichen Erneuerung an
Haupt und Gliedern zusammengeht. Sie wünschen
die Mächte der Ordnung. als deren stärkster Träger bis jetzt Japan das Feld behauptet. so stark zu
sehen. dass Ostasien der furchtbare Schmelztiegel
der roten Lohe erspart bleibt. Darum haben sie den
Abwehrverband des Antikominternpaktes mit Japan
geschlossen. Sie können nicht verstehen. wie die
grösste Wirtschaftsmacht der Erde (USA) mit dem
unerbittlichen Feinde jeder Wirtschaftsfreiheit. wie
die grossen Kolonialreiche mit den Zerstörern aller
fremdstaatlichen Ordnung immer wieder ein Zusammenspiel versuchen mögen. die weder das anerkennen. was sie unter imperium. noch was sie unter
libertas oder gar der Vereinigung beider verstehen.
Aus solcher Einsicht sieht man innerhalb des
Dreiecks Berlin—Rom—Tokio den Tatsachen des
Lagenwandels in Ostasien ins Gesicht und findet
seine politische Konstruktion in dieser Hinsicht bewährt. auch wenn man die Gefahren kennt. die sich
an jede Tat anreihen können!

Anlage 4
Lebenslauf von Walther Hewel, 1944

Lebenslauf:

(Ausführlich und eigenhändig mit Tinte geschrieben.)

(Durch mir bei einem Flugzeugunfall zugezogenen Verbrennungen bin ich z.Zt. nicht in der Lage, eigenhändig zu schreiben)

1904 Geboren zu Köln am Rhein als Sohn des Fabrikbesitzers Anton Hewel besuchte ich dortsebst das Realgymnasium bis zum Abitur im Frühjahr 1923.Da ich beabsichtigte,die Maschinentechnische Laufbahn einzuschlagen ,arbeitete ich anschliessend 6 Monate als Maschinentechnischer Volontär in der Werkzeugmaschinenfabrik Alfred Schütte in Köln-Deutz.Anfang August 1923 immatrikulierte ich auf der technischen Hochschule in München und trat gleichzeitig dem Stosstrupp Hitler bei.Am 9ten Nov. nahm ich an allen Aktionen des Stosstrupp teil und machte als Fahnenträger des Stosstrupps den Marsch zu der Feldherrnhalle mit.Im sogenannten "Kleinen Hitlerprozess" wurde ich zu 1 1/4 Jahr Festungshaft mit Bewährungsfrist verurteilt. In den Universitätsferien arbeitete ich als Monteur in der Fa. Herrmann Bauermeister in Hamburg-Altona .Im August 1924 wurde mir die Bewährungsfrist entzogen und ich trat kurz darauf meine Festungshaft auf der Festung Landsberg,wo sich auch der Führer befand,an. Am 30.Dez.24 wurde ich auf Betreiben des Führers begnadigt.Da inzwischen mein väterliches Vermögen durch die Inflation verloren gegangen war,suchte ich einen praktischen Beruf und trat im Febr.25 als kaufmännischer Volontär in die Im-und Exportfirma Daarnhower und Co. im Hamburger Freihafen ein. Im März 1926 fuhr ich auf Anregung und mit Hilfe eines Holländischen Kaufmannes nach England, um mir dort Erfahrungen im Umgang mit Engländern und das engl. Leben kennen zu lernen.Ich lebte zunächst 3 Monate mit dem Leiter eines engl.Internats zusammen und erledigte später Aufträge in der engl.Geschäftswelt.Im März 1927 fuhr ich auf eigene Faust nach Java,Niederl.Indien ,um die Welt kennen zu lernen und trat als Pflanzungsassistent bei der Fa. Anglo-Dutch Plantations of Java Ltd. ein.Nach 7jähriger Tätigkeit als Pflanzer,hauptsächlich auf Quinin- Thee- und Kautschukplantagen wurde ich in die Zentralverwaltung des Konzerns versetzt wo ich hauptsächlich mit den

Fortsetzung des Lebenslaufes oder sonstige Angaben:

kaufmännischen und Schiffahrtsmässigen Arbeiten des Konzerns in Berührung
kam.Ende 1935 entschloss ich mich,einer Anregung von massgebender Stelle
aus Deutschland folgend,meine Stellung in Indien aufzugeben und in die
Heimat zurückzukehren. Anfang 1936 begann ich eine 4 monatl.Reise nach
China - Japan - Hawai -die ich mit einem längeren Aufenthalt in den Vereinigten Staaten abschloss.Nach Deutschland zurückgekehrt trat ich zunächst
in die Leitung der Auslandsorganisation der NSDAP ein,nachdem ich in Java
bereits seit 1933 der Landesgruppe - zuletzt als Wirtschaftsstellenleiter,angehört hatte. Im Februar 1937 trat ich mit Zustimmung des Gauleiters und auf Wunsch des damaligen Botschafters von Ribbentrop in dessen
Dienstelle ein und wurde dort Referent- später Hauptreferent -seines
Englandreferates - eine Tätigkeit ,die mich fast wöchentlich nach England führte. Im März 1938 ,nachdem Herr v. Ribbentrop Aussenminister-
geworden war, trat ich in den Stab des Führers als ständiger Beauftragter
des Reichsministers des Auswärtigen beim Führer ein - die Stellung,
welche ich heute noch innehabe. Am 31.März 1943 wurde ich vom Führer
zum Botschafter ernannt.

Anlage 5
Auskunft vom Polizeipräsidenten in Berlin über Blanda Ludwig

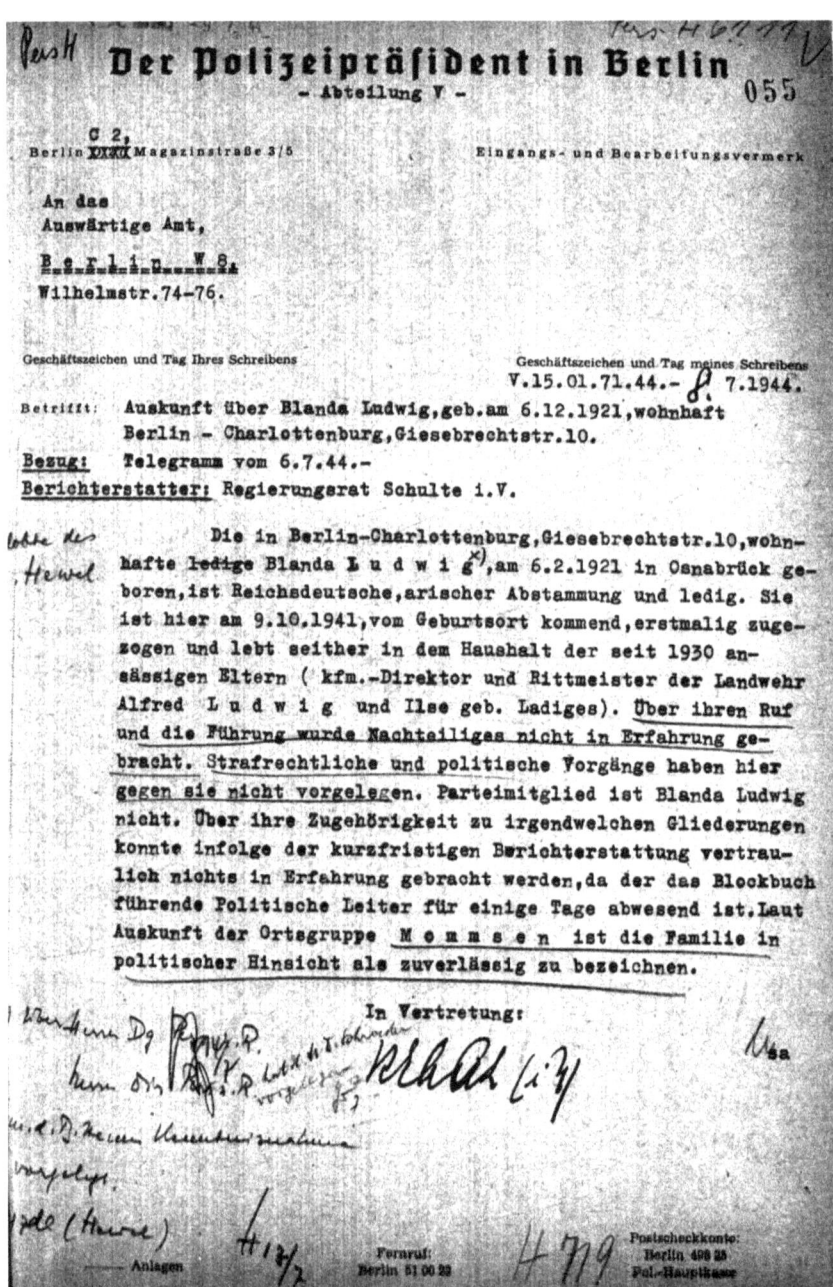

Anlage 6
Heiratsurkunde Hewel/Ludwig

057

F 1

Heiratsurkunde

(Standesamt **SALZBURG** Nr. 647/44)

Der Botschafter Anton Otto Walter H e w e l - - - - - - - - -

gottgläubig - - - -, wohnhaft Siezenheim, Schloß Kleßheim - - -

geboren am 25.März 1904 - - - - in K ö l n - - - - - - - - -

(Standesamt III Köln - - - - - - - - - - - - Nr. 406/1904), und

die Krankengymnastin Blanda Elisabeth Sophie Jeanette Margarete

Ludwig, evangelisch, wohnhaft Berlin-Charlottenburg, Gieselbrecht-
straße 'lo,
geboren am 6.Dezember 1921 - - in O s n a b r ü c k - - - - - - -

(Standesamt Osnabrück - - - - - - - - - - - - Nr. 1661/21).

haben am 12.Juli 1944 - - - - - - - - - - - - vor dem Standesamt

der Gauhauptstadt S a l z b u r g - - - - - - die Ehe geschlossen.

Vater des Mannes: Anton H e w e l, zuletzt wohnhaft in Köln - -
- -

Mutter des Mannes: Elsa geborene Freiin von L i n d e n f e l s,
wohnhaft in Berlin - - - - - - - - - - - - - - - - -

Vater der Frau: Alfred,Ewald,Kurt L u d w i g, wohnhaft in Osnabrück -

Mutter der Frau: Ilse,Blanda,Elisabeth geborene L a d i g e s,- -
wohnhaft in Osnabrück - - - - - - - - - - - - - -

Vermerke: -

- -

- -

Salzburg, den 12.Juli 1944.

Der Standesbeamte

Eheschließung der Eltern:

des Mannes am 18.7.1899 (Standesamt Stuttgart Nr. 936/99)

der Frau am 4.1.1919 (Standesamt Hamburg Nr. 21/19)

N. Heiratsurkunde (mit Elternangabe). Nachdruck verboten!
Verlag für Standesamtswesen G.m.b.H. Berlin SW 61, Gitschiner Str. 109
A.W.10 O/898

B 151

361

Personenregister

Japanische, vietnamesische und chinesische Namen sind *kursiv* geschrieben. Namen wie Adolf Hitler, Eva Braun, Joachim von Ribbentrop, Walther Hewel, Präsident Soekarno oder Winston Churchill sind im Personenregister nicht aufgeführt, da sie im Buch durchgehend vorkommen.

Sachregister

Die *kursiv* geschriebenen Wörter sind Namen von Schiffen und Booten. Begriffe wie NSDAP, SS, Zweiter Weltkrieg, Kriegsmarine, Deutsches Reich, Großbritannien, Japan, Tokyo, Niederländisch-Indien, RAF (Royal Air Force), Sumatra, Java, Surabaya, Singapur oder Penang wurden nicht ins Sachverzeichnis mit aufgenommen, da diese Namen durchgehend im Buch erscheinen.

Verwendete Archive und Bibliotheken

AA, Auswärtiges Amt, Politisches Archiv, Berlin

ANRI, Arsip Nasional Republik Indonesia/Perpustakaan Nasional RI, (Nationalarchiv der Republik Indonesien), Jakarta

BA, Bundesarchiv, Koblenz

DHM, Deutsches Historisches Museum, Berlin

DMM, Deutsches Marinemuseum, Wilhelmshafen

DUBM, Deutsches U-Boot-Museum, Cuxhafen

Historisches Archiv der Friedrich Krupp AG (heute: Thyssen Krupp)

IfZ, Institut für Zeitgeschichte, München

KIT, The Royal Tropical Institut, Amsterdam

MPNP, Museum Perunusan Naskah Proklamasi, Jakarta

MSN, Museum Sepuluh Nopember (Museum und Archiv der Schlacht der Briten um Surabaya), Surabaya

NAA, National Archives of Australia

PNRI, Perpustakaan Nasional Republik Indonesia (National Library), Jakarta

PPA, Plessen-Privat-Archiv, Wahlstorf

UPT, Perpustakaan Proklamator Bung Karno (Soekarno Archiv), Jalan Kalasan 1, Blitar, Ost-Java

Literatur zu den Quellenangaben

Adams, Cindy, *Sukarno, An Autobiography,* New York 1965

Ahrens, Adolf, *Die Siegesfahrt der Bremen*, Berlin 1940

Anwar, Rosihan, *Penetrasi Ekonomi dan Intel Jepang ke Hindia Belanda Se-blum Perang,* Jakarta 1993

Anwar, Rosihan, *Sejarah Kecil, Petite Histoire Indonesia,* Jakarta 2010

Brennecke, Jochen, *Haie im Paradies,* München 1975

Brennecke, Jochen, *Jäger – Gejagte, Deutsche U-Boote 1939 – 1945,* München 1986

Brennecke, Jochen, *Schwarze Schiffe – Weite See,* Oldenburg 1958

Bucher Gruppe, *Freundeskreis Himmler,* Books Llc 2010

Büttner, Ursula und Voss-Louis, Angelika, *Neuanfang auf Trümmern,* Oldenburg 1992

Cigaretten Bilderdienst, *Raubstaat England*, Hamburg 1941

Creutzberg, Pieter und van Laanen, J.T.M., *Sejarah Statistik Ekonomi Indonesia,* Jakarta 1987

Doel, H. W. van den, *Afscheid van Indie,* Amsterdam 2000

Doel, H. W. van den, *Het Rijk van Insulinde. Opkomsten ondergang van een Nederlandse kolonie,* Amsterdam, 1996

Dönhoff, Marion Gräfin, *Um der Ehre willen,* Berlin 1994

Eckert-Rotholz, Alice M., *Wo Tränen verboten sind,* Hamburg 1956

Farago, Ladislas, *The Tenth Fleet,* New York 1962

Fest, Joachim. C., *Hitler – Eine Biographie,* Frankfurt 1973

Flicke, Wilhelm F., *War Secrets in the Ether,* California 1991

Frank-Rutger Hausmann, *Ernst Wilhelm Bohle, Gauleiter im Dienst von Partei und Staat,* Berlin 2009

Frei, Norbert und Schmitz, Johann, *Journalismus im Dritten Reich,* München 1989

Gannon, Michael, *Operation Paukenschlag,* Berlin 1997

Geerken, Horst H., *Der Ruf des Geckos,* Norderstedt 2009

Genin, Robert, *Die Ferne Insel. Aufzeichnungen von meiner Fahrt nach Bali,* 1929

Gerstmayer, Hermann, *Bei den Kopfschnellern auf Borneo,* Leipzig 1932

Gideon M. Polya, *Jane Austen and the Black Hole of British History. Colonial Rapacity, Holocaust Denial and the Crisis in Biological Sustainability,* Melbourne ²2008

Gilbert, Martin, *Churchill and Eugenic,* 2009

Globus, *Illustrierte Zeitschrift für Länder- und Völkerkunde,* 1876

Gottowik, Volker (Hg.), *Die Ethnographen des letzten Paradieses,* Bielefeld 2010

Gräbner, Dieter, *Die ‚van Imhoff' - Das Totenschiff,* Saarbrücken 2012

Günther, Dr. Lothar, *Indien und Deutschland – Berichte und Analysen,* Nr. 4/2007

Günther und Rehmer, *Inder,* Indien und Berlin

Haffner, Sebastian, *Anmerkungen zu Hitler,* Frankfurt a.M. [27]1981

Halamish, Aviva, *The Exodus Affair: Holocaust Survivors and the Struggle for Palestine,* Syracuse 1998

Hausmann, Frank-Rutger, *Ernst Wilhelm Bohle, Gauleiter im Dienst von Partei und Staat,* Berlin 2009

Helfferich, Emil, *Dienst am Vaterland,* Hamburg 1938

Helfferich, Emil, *Ein Leben,* Hamburg 1948

Helfferich, Emil, *Vorträge in Japan, März – April 1940, vor der ‚Japan Economic Federation',* Tokyo

Herlin, Hans, *Der letze Mann von der Doggerbank,* München 1979

Joachimsthaler, Anton, *Hitlers Liste. Ein Dokument persönlicher Beziehungen,* München 2003

Jog, N. G., *Churchills Blind Spot,* Bombay 1944

Jong, Loe de, *Het Koninkrijk der Nederlanden in de Tweede Wereldoorlog,* Band 12, Den Haag 1985

Jong, Louis de, *The German Fifth Column in the Second Worls War,* Chicago 1956

Kagie, Rudie, *Bikkel. Het verhaal van de politieke mord van het Bouterse,* Amsterdam 2012

Keppner, Gerhard, *Wie weit bis Airmolang?,* Berlin 2006

Kerst, Georg, *Jacob Meckel,* Sudheim 1970

Krause, Gregor, *Bali: Volk, Land, Tänze, Feste, Tempel,* München [2]1926

Krug, Hans-Joachim; Hirama, Yoichi; Sander-Nagashima, Berthold J.; Niestlé, Axel; *Reluctant Allies, German-Japanese Naval Relations in World War II,* Annapolis 2001

Leasor, James, *Botschafter ohne Auftrag,* Oldenburg 1963

Loeber, Irmgard, *Das niederländische Kolonialreich,* Reihe: Weltgeschehen, 1939

Lowell, Mary, *The Saga of the Mitford Family,* London 2003

Madhusree Mukerrjee, *Churchills Secret War,* New York 2010

Magener, Rolf, *Die Chance war Null,* Frankfurt a.M. 1961

Mak, Geert, *Das Jahrhundert meines Vaters,* München 2005

Mallmann-Showell, J. P., *Das Buch der deutschen Kriegsmarine 1939 – 1945,* Stuttgart 1982

McDonogh, Giles, *A Good German: Adam von Trott zu Solz,* London 1989

McKale, Donald M., *The Nazi Party in the Far East*

McKale, Donald M., *The Swastika Outside Germany,* Ohio 1977

Mosley, Charlotte, *The Mitfords: Letters Between Six Sisters,* London 2008

Müller, Werner, *Bibliographie deutschsprachiger Literatur über Indonesien,* Hamburg ³1983

Ofer, Dalia, *Escaping the Holocaust: Illegal Immigration to the Land of Israel 1939-1944,* Oxford 1991

Plessen, Baron Viktor von, *Bei den Kopfjägern von Borneo*, Berlin 1944

Procter, Robert N., *Blitzkrieg gegen den Krebs. Gesundheit und Propagande im Dritten Reich,* Stuttgart 2002

Procter, Robert N., *The Nazi War on Cancer,* Princeton Press 1999

Reinfelder, Georg, *MS St. Louis. Die Irrfahrt nach Kuba, Frühjahr 1939,* Berlin 2002

Rhodius, Hans, Walter Spies, *Schönheit und Reichtum des Lebens,* Den Haag 1980

Rohwer, Jürgen, *U-Boote, Eine Chronik in Bildern,* Hamburg 1962

Roskill, S. W., *The War at Sea, Vol. 2,* London 2006

Rupp, Bernhard Albert, *Ernest Albert Christen, Ein Leben für die Kunst,* Bernesto La Ripa Edition, Montecatini Terme 1976

Schreiber, Dr. Walther, *Mit der Kamera unter Kopfjägern. Die Filmexpedition des Barons von Plessen ins Innere Borneos. Ein Erlebnisbericht,* Berlin 1941

Schröder, Gustav, *Heimatlos auf hoher See,* Berlin 1949

Siebecke, Horst, *Die Schicksalsfahrt der Exodus 1947*, Frankfurt/M 1987

Sigmund, Anna Maria, *Die Frauen der Nazis,* München 2000

Stahmer, Heinrich Georg, *Japans Niederlage – Asiens Sieg,* Bielefeld 1952

Teraine, John, *The U-Boat Wars,* New York 1989

Tischer, Heinz, *Die Abenteuer des letzten Kapers. Hilfskreuzer Thors Reise in die Katastrophe,* Selbstverlag 1983

Tsuda, Kiyokazu, *Vorhaben Würzburg,* Tokyo 1981 (Übersetzung des japanischen Titels)

Vaughan, Hal, *Sleeping with the Enemy, Coco Chanel,* UK 2011

Veltheim-Ostrau, Hans Hasso von, *Tagebücher aus Asien – Bali,* Berlin 1943

Vogt, Martin, *Herbst 1941 im Führerhauptquartier,* 2002

Werth, Alexander, *Der Tiger Indiens,* München 1971

Wickert, Erwin, *John Rabe. Der gute Deutsche von Nanking,* Stuttgart 1997

Wilson, *Orang dan Partai Nazi di Indonesia,* Jakarta 2008

Witthöft, Hans Jürgen, *Lexikon zur deutschen Marinegeschichte,* Herford 1977/78

Wunderlich, Dieter, *Operation 'Modellhut',* Regensburg 1999

Yoshimi Yoshiaki, *Comfort Women,* New York 2000

Zöllner u. A., *Sarangan,* Hamburg 1989

Quellenangaben der Abbildungen

Abb. 1, Übersichtskarte, © Horst H. Geerken

Abb. 2, Deutscher Kolonialbesitz, © Horst H. Geerken, Cigaretten Bilderdienst, *Raubstaat England*, S. 96, Hamburg 1941, Ausschnitt

Abb. 3, Feind hört mit, Deutsches Historisches Museum Berlin, Dok. 1988/1304

Abb. 4, Britisches Plakat, © dreamstime, image ID: 16482563, Download 26.08.2013

Abb. 5, Erlebnis Bücherei, © Sammlung Horst H. Geerken

Abb. 6, Film Plakat, © Horst H. Geerken, nach einem Foto des Autors aus dem ARMA Museum Ubud/Bali/Indonesien

Abb. 7, Walter Spies, © Walter-Spies-Gesellschaft-Deutschland

Abb. 8, The Village Street, © Privatbesitz, mit Genehmigung des Eigentümers und der Walter-Spies-Gesellschaft-Deutschland

Abb. 9, Walther Hewel, Narodowe Archiwum Cyfrowe, Signatur: 2-12242, gemeinfreies Dokument, http://de.wikipedia.org/wiki/Datei:Walther_Hewel.png

Abb. 10, Schiffsticket, IfZ, Hewel ED 100-79-29

Abb. 11, Brief an Schenzinger, IfZ, Hewel ED100-79-7

Abb. 12, Deutsches Haus, *Dienst am Vaterland, Vaterländische Aufsätze, Reden und Gedichte von Emil Helfferich, 1915 – 1928*, S. 95

Abb. 13, Emil Helfferich, *Dienst am Vaterland, Vaterländische Aufsätze, Reden und Gedichte von Emil Helfferich, 1915 – 1928*, S. 4

Abb. 14, Deutsche Wacht, ANRI, *Deutsche Wacht*, 14. März 1939, Mikrofilm

Abb. 15, Polizeiliche Meldebescheinigung, IfZ, Hewel ED 100-79-29

Abb. 16, Hewels Karteikarte, IfZ, Hewel Fa 74-18

Abb. 17, Anti-Raucher-Kampagne, www.alifrafikkhan.blogspot.com/2012/02/gerakan-anti-merokok-zaman-nazi-jerman

Abb. 18, Rauchverbot, Ausschnitt aus Titelseite des Buches *Blitzkrieg gegen den Krebs* von Robert N. Procter

Abb. 19, Rohstoffvorkommen, © Horst H. Geerken

Abb. 20, Hitler im Hotel Dreesen, © BA, Bild 146-1977-159-11

Abb. 21, Münchner Abkommen, Mit freundlicher Genehmigung aus privater © Sammlung Sch.

Abb. 22, Oswald Mosley, http://eintages.spiegel.de/public

Abb. 23, Diana Mitford, Bayrische Staatsbibliothek/Preußischer Kulturbesitz/Public

Abb. 24, Unity Mitford, www.dailymail.co.uk / public

Abb. 25, Mitgliedskarte Mussert, http://en.wikipedia.org/wiki/File:Musserts_lidmaatschapskaart.jpg

Abb. 26, Mussert in Batavia, http://alifrafikkhan.blogspot.com/2009/08/partai-fascist-indonesia-pfi-dan.html

Abb. 27, Zensierter Luftpostbrief, Mit freundlicher Genehmigung aus Sammlung © F. Flakowski

Abb. 28, ANRI, *Hou Zee* vom 2.1.1938, Mikrofilm

Abb. 29, ANRI, *Hou Zee* vom 15.9.1937, Mikrofilm

Abb. 30, Beerdigung Husni Thamrin, Ausschnitt von Frontcover Buch Wilson, *Orang dan Partai Nazi di Indonesia,* Komunitas Bambu, Jakarta 2008, De Vletter Me. et. al. 1997. *Batavia/Djakarta/Jakarta Beeld van een Metamorfose, Asia Major, Purmerend*

Abb. 31, Zensierte Postkarte, mit freundlicher Genehmigung aus Sammlung © F. Flakowski

Abb. 32, Asama Maru, mit freundlicher Genehmigung aus Sammlung © F. Flakowski

Abb. 33, Einreisevisum, mit freundlicher Genehmigung aus Sammlung © F. Flakowski

Abb. 34, Bordkarte, mit freundlicher Genehmigung aus Sammlung © F. Flakowski

Abb. 35, Ankunft Asama Maru, mit freundlicher Genehmigung aus Sammlung © F. Flakowski

Abb. 36, Deutsche Schule und Club Concordis, Kobe, mit freundlicher Genehmigung aus Sammlung © F. Flakowski

Abb. 37, Japanische Sonderbriefmarke, mit freundlicher Genehmigung aus Sammlung © F. Flakowski

Abb. 38, Aus ‚Le Petit Journal' von 1898, http://en.wikipedia.org/wiki/File:China_imperialism_cartoon.jpg

Abb. 39, http://de.wikipedia.org/wiki/Datei:Wang_and_Nazis.jpg

Abb. 40, Mit freundlicher Genehmigung aus privater © Sammlung Sch.

Abb. 41, Mit freundlicher Genehmigung aus privater © Sammlung Sch.

Abb. 42, Mit freundlicher Genehmigung aus Sammlung © F. Flakowski

Abb. 43, © Horst H. Geerken

Abb. 44, University of Hawaii at Manoa, Hamilton Library, http://evols.library.manoa.hawaii.edu/handle/10524/32073

Abb. 45, The Royal Tropical Institute KIT, Amsterdam, CC-BY-SA-3.0 http://creativecommons.org/licenses/by-sa/3.0

Abb. 46, Moshage, *Der Zauberer von Nias,* Umschlag Innenseite, Ausschnitt

Abb. 47, National Archives of Australia: D3597, ALBUM

Abb. 48, http://commons.wikimedia.org/wiki/File:Death_Railway.png, Creative Commons Attribution-Share Alike 3.0 Unported

Abb. 49, © Horst H. Geerken

Abb. 50, Mit freundlicher Genehmigung meines Freundes Gabbi Mayer, dem Sohn des am 1.6.1933 emigrierten jüdischen Bürgers mit deutscher Staatsangehörigkeit, Eli Mayer

Abb. 51, http://en.wikipedia.org/wiki/File:Lond-expr-news-1.jpg, Public domain, Datum unbekannt

Abb. 52, Ort, Datum und Quelle der Aufnahme unbekannt. Die Aufnahme wurde mir von einem indonesischen Sammler zur Verfügung gestellt

Abb. 53, BA, Bild 183-R99057

Abb. 54, http://forum.axishistory.com/viewtopic.php?f=45&t=89360

Abb. 55, Mit freundlicher Genehmigung aus Sammlung © F. Flakowski

Abb. 56, www.alirafikhan.blogspot.com

Abb. 57, Mit freundlicher Genehmigung aus © Sammlung Bode

Abb. 58, © Horst H. Geerken

Abb. 59, www.wehrmacht-awards.com, http://alifrafikkhan.blogspot.com, © Private Fotosammlung Martin, J.W.

Abb. 60, www.wehrmacht-awards.com

Abb. 61, www.u-boote-online.de, public

Abb. 62, © Horst H. Geerken

Abb. 63, Mit freundlicher Genehmigung aus © Sammlung Bode

Abb. 64, Mit freundlicher Genehmigung aus © Sammlung Bode

Abb. 65, © Horst H. Geerken

Abb. 66, http://alifrafikkhan.blogspot.com

Abb. 67, Mit freundlicher Genehmigung aus © Sammlung Bode

Abb. 68, © Horst H. Geerken

Abb. 69, © Ibrahim Ahmad

Abb. 70, © Ibrahim Ahmad

Der Autor hat sich bemüht, die Urheber der Abbildungen und Texte ausfindig zu machen und die Genehmigung zur Veröffentlichung zu erlangen. Falls dennoch jemand Rechte an einer Abbildung oder an einem Text haben sollte, wird gebeten, den Autor zu kontaktieren.

Einige Abbildungen aus den 1930er und 1940er Jahren haben leider eine schlechte Qualität. Aus historischen Gründen habe ich sie trotzdem im Buch wiedergegeben. Auf einigen historischen Aufnahmen sind auch das Hakenkreuz und andere Nazi-Symbole zu sehen. Dies geschieht aus rein historischen Gründen und dient nicht der Verherrlichung der Nazi-Zeit. Dies ist in der Berichterstattung über Vorgänge des Zeitgeschehens und der Geschichte erlaubt.

Weitere Bücher des Autors

Horst H. Geerken
Der Ruf des Geckos, 18 erlebnisreiche Jahre in Indonesien
436 Seiten, Paperback, Norderstedt 2009

Horst H. Geerken
A Gecko for Luck, 18 years in Indonesia
392 Pages, Paperback, Norderstedt 2010

Horst Henry Geerken
A Magic Gecko, CIA's Role Behind the Fall of Soekarno
360 Pages, Paperback, Jakarta 2011

Horst Henry Geerken
A Magic Gecko, Peran CIA di Balik Jatuhnya Soekarno
498 Pages, Paperback, Jakarta 2011

Horst H. Geerken
Missbrauchte Kindheit, Geboren im Jahr von Hitlers Machtergreifung
240 Seiten, Paperback, Norderstedt 2011

Piet Jonasson (Hrsg. Horst H. Geerken)
Die Tote am Blutturm. Schatten über dem Schützenfest
192 Seiten, Paperback, Norderstedt 2010

Piet Jonasson (Hrsg. Horst H. Geerken)
Glaube? Sitte? Heimat?, Pecunia non olet!
254 Seiten, Paperback, Norderstedt 2013

BukitCinta Books
www.bukitcinta.com

Pressestimmen zu
‚Der Ruf des Geckos' und ‚A Gecko for Luck':

Amüsante und interessante Ereignisse aus dem eigenen privaten und beruflichen Leben machen das Buch zu einer historisch spannenden, aber auch menschlich heiteren Lektüre für all diejenigen, die Indonesien abseits der Touristenpfade kennenlernen wollen.

(*General-Anzeiger*, Bonn, 30. Juli 2009)

Von Interesse für den niederländischen Leser sind vor allem die zahlreichen Passagen über das koloniale Terrorregime und die blutige Antwort auf die indonesischen Unabhängigkeitsbestrebungen.

(Übersetzt aus *Vrij Nederland*, Amsterdam, 1. August 2009)

Geerken describes Indonesian history and the atrocities committed by the Dutch colonial power in an honest, clear, lively and intelligent way, revealing and documenting events which were previously little known about.

(*Koran Tempo*, Jakarta, October 26th, 2009)

The book A Gecko for Luck uncovers the involvement of Central Intelligence Agency (CIA) in the 1965 coup. [...] Geerken says that the US secret agents were the real masterminds behind the operation.

(*The Jakarta Post*, Jakarta, July 4th, 2010)

To the reader of 'A Gecko for Luck' the distress radio call send by the Chogyal [King] of Sikkim to Horst Geerken shows a true picture of that scenario where the Chogyal tried his best to gather last minute help to save his kingdom.

(*Sikkim Express*, Gangtok, Sikkim, November 21st, 2010)

I gained from the background Geerken provided to the history and politics of Indonesia, both preceding his time there and as it actually happened during his stay. Geerken delves into the Dutch colonial history of Indonesia to understand the impetus it gave to Indonesia's declaration of independence in 1945 and its future trajectory. **The Dutch Past** is a frightening story of the profit-motivated power that the Dutch East Indies Company wielded over the conomy and the people of Indonesia.

(*Wombat News*, Sydney, Australia, März 2012)